中小企業の
イノベーション

（日本中小企業学会論集31）

同 友 館

//
は　し　が　き

―日本中小企業学会論集第31号の刊行にあたって―

　日本中小企業学会・第31回全国大会は，2011年10月1日～2日，兵庫県立大学にて開催された。本書は，この第31回大会の研究報告と討論を踏まえて執筆された論文を中心とした学会論集である。
　第31回全国大会は，統一論題「中小企業のイノベーション―失われた20年からの脱却をめざして―」というテーマで開催された。周知のように，1990年代以降，日本経済は「失われた10年」から「失われた20年」へと停滞基調にあり，中小企業の存立維持は一層困難な状況となっている。そのため，中小企業はさまざまな側面におけるイノベーション（革新）を実現していかねばならない時代を迎えている。こうした状況下で，この統一論題テーマは，中小企業のイノベーションを経営面，技術面，政策面から総合的に幅広くとりあげる内容として設定された。
　統一論題の研究報告では，「イノベーション，中小企業の事業継続力と存立条件」（髙橋美樹会員），「イノベーションと中小企業の新事業創出」（山田基成会員），「大都市自治体の中小企業政策とイノベーション―大阪市を事例とした行財政分析―」（本多哲夫会員）の3報告が行われた。
　髙橋報告では，企業規模とイノベーション創出能力との関係を理論と実証分析から検討し，問題解決能力・イノベーション創出能力の向上という，中小企業の「質的成長」を考察している。また，山田報告では，技術イノベーションによる新事業を創出する取り組みを検討し，事業アイデアの必要性，補完資産の活用，専有性の確保，経営者の役割等を考察している。本多報告では，イノベーションを基軸とする中小企業政策が具体的に自治体の政策実施体制再編に如何に関連しているか，行財政の視点から分析・考察している。
　以上の3報告に対して，佐竹隆幸，太田進一，寺岡寛の各会員，それぞれの視点からの詳細なコメントが行われ，それに対する報告者からの回答がなされた。フロアとの質疑応答においても，活発な討論が展開された。

また，本大会では，信金中金協賛による国際交流セッションが同時に開催され，統一論題と連動した「中小企業のイノベーション」という共通演題のもと，3つの報告を頂いた。第1報告として，上海対外貿易学院大学副教授・陳子雷氏から「中小企業のイノベーションと日中協力」，第2報告として，パナソニック液晶ディスプレイ㈱取締役CTO・大和田淳一氏から「日本が牽引する液晶技術の状況」，第3報告として，兵庫県中小企業家同友会アドック神戸会長・藤谷良樹氏より中小企業の連携について実際に携わっている立場から，報告された。これに引き続き，黒瀬直宏会員，足立文彦会員の司会のもと，フロアから積極的な質疑応答がなされ，非常に意義深い国際交流セッションとなった。

　ところで，2011年3月11日に発生した東日本大震災により，未曾有の甚大な被害が発生し，現在震災からの復興，中小企業の復興・発展が喫緊の課題となっている。このため，第31回全国大会では「震災からの復興と中小企業」というテーマで特別セッションを開催し，佐竹隆幸会員から「リスククライシスと中小企業―阪神淡路大震災の経験から」というテーマで特別講演を頂いた。

　自由論題では，10分科会，計28報告がなされた（プログラム予定では30報告であったが，本人都合により，実際は28報告となった）。そのテーマも「産業集積と中小企業」「中小企業経営」「東アジアの中小企業」「連携と中小企業」「産地中小企業」「中小企業と支援施策の役割」「個別業種研究」「ベンチャーとイノベーション」「金融，ネットワーク，環境」「事業の運営と承継」等，多岐にわたる視点から，中小企業を論じる多くの貴重な報告を得た。
　第30回会員総会にて承認された「若手研究奨励賞」設置もあって，近年次世代を担う若手を中心に，研究報告希望が増える傾向にある。こうしたことは，本学会としても誠に喜ばしい限りである。今後とも，こうした若手を含めた多くの研究者の研究報告によって，学会活動の重要な成果である本論集の一層の充実・発展に向けて，全力を尽くしたいと考えている。
　また，会員相互の懇親の機会である懇親会においても，いつもながらなごやかな雰囲気のもとで会員相互の親睦を深めることができ，大会全体として成功裡に終了した。大会運営に関わった方々，とりわけ大会準備委員会委員長・佐竹隆幸常任理事，プログラム委員会委員長・太田進一副会長のご努力により，大きな成

果を得ることができたことに感謝申し上げたい。

　また，第29回会員総会で承認された「国際学会で中小企業に関する研究報告を行う本学会員に対する経費助成」にもとづく若手会員らの海外学会発表成果も，内規により，本論集に掲載されることになっている。今回は，該当する会員1名の報告を掲載している。

　周知のように，本論集は査読制度を導入しており，査読を希望し，かつ査読に合格した論文については，各論文末尾に「査読受理」と表記している。この査読制度の運用と編集事務にあたっては，とりわけ編集長・池田潔常任理事，編集担当・文能照之幹事に多大の労力を費やして頂き，また査読委員を務められた会員各位にも多くのご努力を頂いた。さらに，出版業務にあたって同友館出版部の方々にも，一方ならぬご助力を頂いた。あわせて，心から感謝の意を表したい。

2012年3月

　　　　　　　　　　　　　　　　　日本中小企業学会会長　髙田　亮爾

目　次

はしがき・・・・・・・・・・・・・・・・・・・・日本中小企業学会会長(流通科学大学)　髙田亮爾・ⅲ

【統一論題:中小企業のイノベーション】

イノベーション，中小企業の事業継続力と存立条件
　・・・・・・・・・・・・・・・・・・・・・・・・・・・・・・・・・慶應義塾大学　髙橋美樹・3

イノベーションと中小企業の新事業創出
　・・・・・・・・・・・・・・・・・・・・・・・・・・・・・・・・・・・名古屋大学　山田基成・16

大都市自治体の中小企業政策とイノベーション支援
　―大阪市を事例とした行財政分析―・・・・・・・・・大阪市立大学　本多哲夫・30

【特別セッション】

震災からの復興と中小企業の存立　―クライシス・リスクからの脱却―
　・・・・・・・・・・・・・・・・・・・・・・・・・・・・・・・・・・・兵庫県立大学　佐竹隆幸・49

【自由論題】

産業集積の再生と発展を促進する地域産業政策　―3つの産業集積の比較考察―
　・・・・・・・・・・・・・・・・・・・・・・・・・・・・・・・・・高崎経済大学　河藤佳彦・63

東京の古い産業集積地域におけるイノベーション
　・・・・・・・・・・・・・・・・・・・・・・・・・・・・・・・千葉商科大学　鈴木孝男・78

中小企業経営者能力に関するコンピテンシー論的分析
　・・・・・・・・・・・・・・・・・・・・・・・・・・・・・・・・・・・・長野大学　河野良治・91

中小企業における経営革新と従業員行動
　―経営革新促進行動とその規定因としての組織の経営革新支援と変革的リーダーシップ―
　・・・・・・・・・・・・・・・・・・・・・・・・・・・・・東京富士大学　高石光一・105

中小企業のIT投資意思決定プロセスとIT活用能力　―分析枠組の検討と課題―
　・・・・・・・・・・・・・・・・・・・・・・・・・・・・・・・広島大学(院)　溝下　博・119

新興国市場を開拓する中小企業のマーケティング戦略
　　―中国アジア市場を開拓する消費財メーカーを中心に―
　　……………………………………………日本政策金融公庫総合研究所　丹下英明・133

中国自動車補修部品企業の発展　―浙江省温州市・瑞立集団の事例研究―
　　…………………………………………………………慶應義塾大学(院)　陳　　傑・146

韓国の中小企業銀行の設立とその役割
　　…………………………………………………………札幌学院大学　三好　　元・160

産学連携から生まれる自立型小規模企業経営を目指した取組
　　…………………………………………………………兵庫県立大学　小寺倫明・174

中小企業の医療機器分野参入における医工連携に関する研究
　　―滋賀県での中小企業と医療専門家との認知ギャップ調査―
　　………………………………………………………立命館大学(院)　西平守秀・189

草履産業集積地の存続と衰退の要因に関する実証研究
　　……………………………………………………大阪市立大学(院)　竹田英司・203

豊岡カバン産地の構造変化
　　……………………………………………………兵庫県立大学(院)　長谷川英伸・216

地方自治体の産業振興ビジョンと中小企業　―広島県を事例として―
　　…………………………………………………………高千穂大学　川名和美・230

日本の中小企業の事業再生政策の課題
　　………………………………………………………関西学院大学(院)　松本日彦・243

中小建設業における事業イノベーションに関する一考察
　　―「組織能力」の構築要素を中心に―　………………広島大学(院)　大杉奉代・256

ベンチャー企業の育成とエコシステムの構築
　　…………………………………………………………同志社大学　熊野正樹・271

中小企業ネットワークの理論的背景と特性　―ブリッジの役割と地域産業政策への含意―
　　……………………………………………………………明治大学　木村元子・284

小企業のパフォーマンスと家族従業員の存在の関係性
　　……………………………………日本政策金融公庫総合研究所　深沼　光・藤井辰紀・297

岩手県宮古市における産業集積　―コネクタ産業における企業間ネットワークに注目して―
　　…………………………………………………………横浜市立大学　山藤竜太郎・311

【報告要旨】

中小企業における産学連携の意義と効果に関する一考察
　　―社会科学系学部による産学連携の将来を探る―‥‥‥　兵庫県立大学(院)　石澤雄一郎・327

中小企業の開発支援と公設試験研究機関の役割
　　‥‥‥‥‥‥‥‥‥‥‥‥‥‥‥‥‥‥‥‥‥‥‥‥‥　高知短期大学　梅村　仁・329

航空機産業における参入障壁の形成とその克服
　　‥‥‥‥‥‥‥‥‥‥‥‥‥‥‥‥‥‥　日本政策金融公庫総合研究所　海上泰生・334

国際分業生産体制下における地方ソフトウェア産業の活路
　　‥‥‥‥‥‥‥‥‥‥‥‥‥‥‥‥‥‥‥‥‥‥‥‥　同志社女子大学　加藤　敦・339

中小企業に環境改善活動を促す政策のあり方について
　　‥‥‥‥‥‥‥‥‥‥‥‥‥‥‥‥‥‥　日本政策金融公庫総合研究所　竹内英二・343

信用調査データを活用した地域における金融機関と中小企業の関係の変化
　　‥‥‥‥‥‥‥‥‥‥‥‥‥‥‥‥‥‥‥‥‥　㈱帝国データバンク　北村慎也・348

フランスにおける事業承継研究の展開
　　‥‥‥‥‥‥‥‥‥‥‥‥‥‥‥‥‥‥‥‥‥‥‥‥‥‥‥　関西大学　亀井克之・353

【国際学会報告助成による国際学会報告要旨】

Government-Sponsored Intermediaries and Joint Product Development:
　　Evidence from Three Methods in Japan ‥‥‥‥　大阪市立大学　高橋信弘・357

編集後記‥‥‥‥‥‥‥‥‥‥‥‥‥‥‥‥　論集編集委員長(兵庫県立大学)　池田　潔・362

Japan Academy of Small Business Studies: 2011 Conference Proceedings

CONTENTS

Preface: TAKADA, Ryoji ·· iii

Keynote Section of the 31st JASBS Annual Conference:
Innovative Activities of SMEs

Innovation and the Determinants of Sustainable "Growth" and Survival of
　　Small Firms······························· TAKAHASHI, Miki　3

Innovation and New Business Creation of SMEs
　　··· YAMADA, Motonari　16

Municipal Policies for SMEs and Innovation in the Metropolis: Administrative
　　and Fiscal Analysis for Osaka City ··············· HONDA, Tetsuo　30

Special Session

Reconstruction after the Great Earthquake and the Existence of SMEs
　　··· SATAKE, Takayuki　49

Articles

The Regional Industrial Policy for Revitalization and Development of industrial
　　Agglomeration - A Comparative Study on three Industrial Agglomerations
　　··· KAWATO, Yoshihiko　63

Innovation of Old Industrial Districts in Tokyo
　　··· SUZUKI, Takao　78

A Competency-Based Approach for Education of SME Managers
.... KONO, Ryoji   91

Innovation and Innovation-Enhancing Behavior in SMEs (Small and Medium-sized Enterprises) .... TAKAISHI, Koichi   106

IT Investment Decision Making and IT Capability of SMEs - A Discussion of Analytical Framework and Challenges- ...... MIZOSHITA, Hiroshi   119

The Marketing Strategy of SME to Tap Emerging Markets: The Case of Consumer Goods Companies in Asia .... TANGE, Hideaki   133

Development of the Automobile Repair Parts Industry in China - A Case Study of Ruian city .... CHEN, Jie   146

Establishment and role of Industrial Bank of Korea
.... MIYOSHI, Hajime   160

Small Business Management Initiatives from Autonomous Industry-University Collaboration .... KOTERA, Michiaki   174

Research Collaboration in Medical Engineering and the Entry of Small and Medium Firms in Japan's Medical Equipment Industry
.... NISHIHIRA, Morihide   189

An Empirical Study on Factors of Survival and Decline of Agglomeration in the Zori Manufacturing Industry .... TAKADE, Eiji   203

Structural Change in the Toyooka Bag Production District
.... HASEGAWA, Hidenobu   216

Local government policies for industrial development and local SMEs: A Case Study of Hiroshima .... KAWANA, Kazumi   230

The Restructuring Policy of SMEs in Japan: Institutions and Problems
.... MATSUMOTO, Hidehiko   243

A Study of Business Innovation of Small Construction Enterprises: Focus on Organizational Capability · OHSUGI, Kotoyo 256

Construction of an Ecosystem for the Promotion of Venture Business
· KUMANO, Masaki 271

The Theoretical Background and Characteristics of SMEs Network
· KIMURA, Motoko 284

Business Performance and Presence of Family Workers in SMEs
· FUKANUMA, Hikaru & FUJII, Tatsunori 297

Industrial Agglomeration in Miyako, Iwate: A Study of Corporate Networks in the Connector Industry · YAMAFUJI, Ryutaro 311

Summary of the Presentations

A Study of the Significance and Effects of Industry-University Collaboration of SMEs: Exploring the Future of Collaborative Alliances in the Social Science Department · ISHIZAWA, Yuichiro 327

Innovative SMEs and the Role of Public Research Institutes
· UMEMURA, Hitoshi 329

Formation and solutions of barriers to entry into the Aircraft Industry
· UNAKAMI, Yasuo 334

"Near-shore" outsourcing of domestic software firms in Japanese IT service industry · KATO, Atsushi 339

The state of policies promoting environmental improvement activities of SMEs
· TAKEUCHI, Eiji 343

Changing relationships between banks and Small and Medium-sized Enterprises in Ota district and Higashiosaka city: Analysis of Corporate credit research data · KITAMURA, Shinya 348

Research on Business Succession in France ········ KAMEI, Katsuyuki 353

Report on the International Conference

Government-Sponsored Intermediaries and Joint Product Development:
　Evidence from Three Methods in Japan
　　　···TAKAHASHI, Nobuhiro 357

Editor's Note: IKEDA, Kiyoshi ···································362

統一論題

イノベーション，中小企業の事業継続力と存立条件

慶應義塾大学　髙橋　美樹

1．はじめに

　近年の環境激変下で，企業の倒産（その99％超は中小企業である）が懸念されている。負債総額1,000万円以上の件数（かっこ内は中小企業の件数）は，2007年14,091（14,015）件，2008年15,646（15,523）件，2009年15,480（15,395）件，2010年13,321（13,246）件である（出所：東京商工リサーチ『全国企業倒産状況』）。倒産の原因は，大半を「販売不振」が占めており，その割合は，2007年64.9％，2008年65.2％，2009年69.4％，2010年74.8％と，増加傾向にある。このような事実を踏まえれば，一般に，中小企業が事業継続能力を高める上で最も重要なのは，イノベーションによって販売不振を克服することだと言えよう。

　イノベーションについて古くから議論されてきたテーマのひとつに，「企業規模とイノベーション」がある。企業倒産のほとんどが中小企業であることに鑑みれば，イノベーション創出にあたっては大企業に分があるようにもみえる。その一方で，画期的な「痛くない注射針」などのイノベーションで知られる岡野工業（東京都）・岡野雅行代表社員の，次のような見解もある。「会社は大きくすりゃいいってもんじゃないよ。自分の器の大きさをよくわかった上で，何を作れば生活できるかという範囲をしっかり見極めた方がいい」（『日経トップリーダー』2011年3月号）。

　この論文は，「中小企業の事業継続力」，「中小企業の存立条件」という観点から，企業規模とイノベーション創出能力との関連を考察することを目的とする。ここで言う「事業継続力」とは「事業体（establishment）の継続能力」であり，事

業転換によって生き残るようなケースも,「事業継続」は達成されているものとみなしている。

　イノベーション創出能力を,広く,「自社や顧客が抱える問題を解決する過程で生まれるイノベーション─①新しい財貨の生産,②新しい生産方法の導入,③新しい販路の開拓,④原料あるいは半製品の新しい供給源の獲得,⑤新しい組織の実現(独占的地位の形成あるいは独占の打破)─によって,利益を獲得する能力」とするならば,事業の継続に問題が発生する状況は,イノベーション創出能力に何らかの問題があることを意味する。一方で,中小企業の存立が危ぶまれる状況があるならば,「中小企業の存立条件」(あるいは,その変化)とイノベーション創出能力との間に不適合があることを意味しよう。本論文では,企業規模とイノベーション創出能力との関係を,理論と若干の事例を用いて検討し,最後に,中小企業にとっての「企業成長」の意味を考えてみたい。なお,本論文で取り上げる「中小企業の存立条件」論は,紙幅の都合で,欧米に始まり,我が国で「最適規模論」的アプローチや「(不完全)競争論」的アプローチとして発展した諸議論に限定する[注1]。

2.「中小企業の存立条件」論とイノベーション～先行研究の検討

2.1　事業継続の鍵としての市場創造・イノベーション創出

　かつて,ドラッカーは『現代の経営』の中で「企業の目的として有効な定義は一つしかない。すなわち,顧客の創造である」(p.46)と唱え,(イノベーションによって)「企業の行為が人の欲求を有効需要に変えたとき,初めて顧客が生まれ市場がうまれる」(p.46)と論じた。

　このような観点に立てば,販売不振を克服するための鍵は,イノベーションを通じた顧客・市場の創造(以下,「市場創造」と略す)にあると言える。ここでいう「市場創造」とは,「潜在的なニーズを掘り起こして開発機会を自ら創造し,新製品・新サービス(以下,新製品)や新技術によって新たな顧客を獲得して利益拡大をはかること」と定義される。そこには,新製品の開発・販売,新規事業展開,下請企業の取引先多角化,いわゆる「脱下請」など,多様な形態が含まれることになる。

2．2　「中小企業の存立条件」論と市場創造・イノベーション

(1)　最適規模論アプローチと市場創造・イノベーション

　市場創造やイノベーションという観点に限って「中小企業の存立」論を検討する際，最適規模論アプローチと競争論的アプローチに共通している概念は，今日でいう「ニッチ」戦略を含む「競争の不完全性」である[注2]。

　E.A.G.ロビンソンやペンローズの議論を踏まえた最適規模論的アプローチの代表例である末松（1965）では，次のように論じられる（pp.64-77）。①不完全競争下では「最大収益規模（最適経営規模）」（市場条件を考慮に入れた上で利益額ないし付加価値額のもっとも大きい経営規模）と「最大能率規模」（平均費用，利益率など能率を示す基準で測定して最大になる規模）が乖離し，「最適地帯」が最大能率規模（＝最適規模として中小企業の存立の根拠）と最大収益規模（成長の到達目標）の間に存在する。②「差別化され細分化された市場」のように，「市場が異質的で競争が不完全」である場合には経営規模の拡大が妨げられる。③技術革新という面では，根源的な創意発明を担う中小企業と，中小企業による新しいアイデアを基礎として細部の革新の役割を演じる大企業との間で役割分担がある。

(2)　競争論アプローチと市場創造・イノベーション

　他方，スタインドルらの議論を踏まえた「競争論」的アプローチの一例である佐藤（1976）では，次のように論じられる（pp.35-39）。①「同一産業内において大企業＝寡占的核と，中小企業＝競争的周辺とが競争し，競争上差別化され，しかも『共存』する」というとき，多くの場合「商品サービスの品質・性能・プライス・顧客クラス等において相違，つまり『製品差別化』ないし『独占的競争』が存在するであろう」。②新製品や新技術をもとに生成・活動する小企業・産業は「既存中核大企業」が支配する産業の「異部門ないし亜種部門として発生するもの」であり，「産業の成長性に応じて，既存大企業の参入」（内製等を含む）が生じれば，「やがてこの新産業は既存産業に吸収され，埋没していき，『同一部門』となる」。

　なお，佐藤（1976）にも部分的に引用されるSteindl（1947）では，中小企業が根強く生き残り大企業と共存する理由が次のように示されている（pp.59-62）。

①中小企業の犠牲の上に成り立つ大企業の発展は漸進的なものであり，中小企業の衰退には時間がかかる。②製品の差別化等に基づく不完全競争[注3]が，中小企業の市場を保護する。③寡占的な産業において「独占が存在していないというカモフラージュ[注4]」のために，大企業が中小企業の存続を保証する。④非常に低い報酬で異常に高い危険を引き受けるという意味で「賭博的」な中小企業家の態度（'gambling' attitude of small entrepreneurs）が，不断の新規参入を招く。

2．3　「ニッチ」特化，「差別化」と中小企業の事業継続力

以上のように，「中小企業の存立条件」論からは，「ニッチ」（＝市場の特定のセグメント）特化や「差別化」が，中小企業存立の有力な条件となっていることがわかる。これを逆にみれば，「ニッチ」の消滅や「差別化」優位の消滅が，中小企業の事業継続を困難にしているということである。

ただし，ニッチや差別化優位が消滅する理由は明らかにされていない。また，競争の不完全性と経営規模との関連，技術革新における役割分担の根拠[注5]，「賭博的な態度」と他の議論との関連なども必ずしも明確ではない。

「ニッチ」の消滅が起こる理由は2つ考えられる。ひとつは，「ニッチ」の拡大に伴って，ライバル企業が参入して来る場合，もう一つは，同じような機能をもたらす代替財の出現によってニッチそのものが衰退する場合である。前者の例には，既存大企業による"FAST SECOND"戦略[注6]をあげることができ，後者には新興国からの安価な製品の輸入なども含めることができよう。

他方，「差別化」優位消滅の理由は，製品ライフサイクルの進行に伴う「ドミナント・デザイン」あるいは「イネーブリング技術」の確立によって，設計競争から工程の漸進的改善への転化が生じ，また，製品アーキテクチャのモジュール化（＝完成品間の魅力の差異の縮小）が進むためである[注7]。これらによってコモディティ化が進めば，競争のウエイトは，差別化競争から価格競争へとシフトし，中小企業には不利な状況となる。

ただし，以上のような理由で「ニッチ」や「差別化」優位が消滅したとしても，それが直ちに倒産などに結びつくわけではない。市場創造やイノベーションによって新たに利益の源泉を獲得できれば，事業体としては継続・存続可能なはずである。では，何が，中小企業による市場創造やイノベーション創出を阻むのだろうか。また，その原因は，これまでの議論とどのように関わるのだろうか。

3. イノベーション創出における中小企業の利点と不利な点[注8]

3.1 イノベーション創出において中小企業が有利な点

(1) 画期的イノベーション創出のインセンティブの（相対的）強さ

規模の大小を問わず，企業は，自社内外の経営資源を活用しながら，イノベーション創出（＝自社や顧客の問題解決）を達成する。このような考え方の基礎にあるのは，企業を「経営管理組織の下にある経営資源の集合体」としてとらえる考え方（「資源ベースの企業論」）である。

資源ベースの企業論にしたがえば，イノベーション創出にあたって重要なのは，企業の経営資源活用能力ということになろう。それは，「生産の過程で『投入』されるのは資源そのものではなく，資源がもたらす用役（service）」であり，「同じ資源が別の目的に用いられる場合や別の仕方で用いられる場合，あるいは別の資源と一緒に用いられる場合には，異なった用役，または用役の集合体をもたらす」(Penrose, 1959, p.25) からである。

したがって，問題解決能力の基礎にあるのは，企業の「経営資源活用能力」であり，また，その基盤にある「(組織的)学習能力」——問題解決に必要な知識を探索・評価・吸収して，問題解決に活用する能力——である。

企業は，多種多様な問題を解決する中で得られた知識やスキルを組織の「ルーティン」あるいは「レパートリー」（スキルやルーティンの総体）として組織内部に蓄積し，学習能力・問題解決能力を向上させる。このような「学習」には，「新規の知識と既存知識との関連が強いほど，学習能力は発揮されやすい」という性質（累積的な性質）がある。そしてこのことは，学習や問題解決が当該企業の歴史的歩みに依存して，従来の企業活動の周辺に限られやすいこと，また，保有する知識が多様なほど学習能力・問題解決能力が高くなることを意味する。

結局，イノベーション創出の基盤となる学習能力は，知識の「深さ」（個別知識についての専門性）と「幅」（知識分野の多様性）に依存することになる。この場合，知識の幅という点では，大企業の方が有利であろう。一般に，中小企業は比較的狭い専門分野に特化しているからである。

ところが大企業では，相対的に，イノベーション創出のインセンティブは弱い傾向にある。上述のルーティンは，スキル同様，使われることで強化され，「暗

黙の知識」として既存の企業活動を円滑に進める機能をもつ。このようなルーティンは，同時に，組織の構成メンバー間のコンフリクトを「休止」(truce) する機能をもつ。この場合，歴史を重ねて肥大化した大企業では，組織の行動がルーティンに支配されることが多く，既存のルーティンを破壊するような画期的イノベーションに対して組織的な抵抗が生じやすいといえる（ルーティンの逆機能）。

　結果的に，大企業では，組織的抵抗の少ない改良型イノベーションが中心となり，画期的イノベーション創出のインセンティブという点では，トップの意向が反映されやすく機動的な中小企業の方が有利になる。しかも，常に激しい競争にさらされ，また，「一発必中」を求められる中小企業では，危機感も強く，イノベーション創出のインセンティブは強いと考えられる。このような主張は，末松(1965) で論じられた，技術革新における大企業と中小企業の役割分担の議論とも整合的である。また，組織的抵抗に立ち向かってでも自らのアイデアを具現化しようとする姿勢が，スタインドルの言う「賭博的態度」に結びつくこともあろう。

　なお，後の事例にも見られるように，中小企業でも，歴史を重ねればルーティン化が進むことには注意が必要である。

(2) ニッチあるいは画期的イノベーションの狙いやすさ

　平成21年『工業統計表（企業統計編）』（平成23年8月31日公表）に基づき，単純な計算によって，出荷額について大企業と中小企業[注9]を比較してみると，大企業では，1社あたり平均1,323人の従業者で814億1,181万円の出荷額をもたらしている一方，中小企業では，1社あたり平均25人で5億3322万円の出荷額をもたらしている。同様に，粗付加価値額でみると[注10]，大企業では，1社あたり平均1,012人で180億5,742万円の粗付加価値をもたらしているのに対し，中小企業では，1社あたり平均22人で1億8,326万円の粗付加価値をもたらしている。見方を変えて言えば，大企業と中小企業では，従業者を支える上で必要とされる出荷額や付加価値額が違うのである。

　このことは，よく知られるように，中小企業は，市場規模の小さなニッチに特化することで大企業との競争を回避しやすいことを意味する。さらに，市場規模という点では，画期的イノベーションの初期段階も一種のニッチとみなすことができる。製品ライフサイクルやイノベーション普及過程を想起すればわかるように，初期段階では市場規模が小さいからである。

ただし、小さなニッチに多くの企業が押し寄せれば、ニッチに特化するメリットは無くなってしまう。先の議論とあわせて考えれば、ニッチに参入する際に注意すべきは、①早期に参入して大きなシェアをとり、「先発者の優位」を確立してライバルの参入を防ぐこと、②ニッチが拡大する兆しをみせたら、ライバルが参入して競争が始まる前に退出することである。

3．2 イノベーション創出において中小企業が不利な点

(1) 危機意識の欠如と組織的な抵抗が存在する場合

先にも述べたように、たとえ中小企業といえども、歴史を重ねれば企業活動のルーティン化を免れない。中小企業でルーティン化の進展を阻止するのは、強い危機意識である。したがって、危機意識が欠如すれば、ルーティン化の影響を強く受けることになる。

企業の倒産要因としてしばしば挙げられる「成功体験による縛り」というのも、背後には、危機意識の欠如がある。そして、危機意識をもてるかどうかは、なによりもまず、自社の現状を客観的にみられるかどうかにかかっている。この点、トップダウンで経営者の意向が反映されやすく、チェックが働きにくい中小企業よりも、多くのステークホルダーとの接点を持つ大企業の方が有利な面があろう。

また、中小企業の場合、経営者が危機意識をもって新たな取り組みを始めても、従業員から組織的な抵抗が生じることもある。例えば、事業への予算配分方法がルーティン化されているような場合に、既存事業への予算を減らして新規事業への配分を増やすようなことがあれば、既存事業に携わる人間から抵抗が生じることになろう。この場合、組織的抵抗が生じること自体に規模による差はない。だが、企業を構成する個々人の行動が企業の成果に結びつきやすい（渡辺，2006，p.13）中小企業の場合、組織的抵抗が企業成果に及ぼす影響は相対的に大きなものとなろう。

(2) 学習能力と補完資産による制約

先述のように、イノベーション創出の基盤となる学習には累積的な性質がある。このような性質を前提にすれば、比較的狭い専門分野に特化している中小企業にとって、現在の知識から大きく離れた問題（＝イノベーションの起点）の解決（＝イノベーション創出）は難しくなるであろう。このような中小企業の特徴は、環

境が大きく変化する中で抜本的な改革が求められるような場合には，環境適応への妨げとなる。

　以上のような学習能力の制約を克服し，例えば，新たなアイデア，新たなニッチを見つけたとしても，それを製品やサービスに具体化し，市場に投入して利益に結び付けることは容易ではない。それは，アイデアを利益に結び付ける上では，生産設備，外注先，販路，アフターサービス等の様々な「補完資産」が必要になるからである。一般的に言って，このような補完資産を多く持つのは大企業であり，中小企業は相対的に不利な立場におかれることになる。

(3)　既存の経営資源による縛り

　最後に，市場創造・イノベーション創出において中小企業が直面する障害は，企業が保有する経営資源によってももたらされ得る。

　企業は，事業活動を継続する中で，設備，人材，技術・スキル，取引関係など多くの経営資源を蓄積する。そのとき，これら経営資源が，①永続性をもち，②特定の技術・製品や戦略に固有で，③取引（売買）不可能ならば，当該企業が既存の戦略に「ロック・イン」（固定化）される可能性が高い。戦略を変更すれば期待利益が失われること（①），また，これまでの投資が回収できないこと（②，③）が予想されるからである。しかも，このようなロック・イン効果は，学習の累積的性質ともあいまって，いちど戦略を変更すればもとに戻すことは難しいという問題をももたらすことになる。

　既存の経営資源による縛りあるいはロック・イン効果も，中小企業に限ったものではない。また，戦略を変更できないことが「戦略的コミットメント」として競争上有利に働く場合もあろう。しかしながら，一般に複数事業の大企業と単一事業の中小企業を比較すれば，中小企業の方がより大きな影響を受けることは疑いないであろう。

　イノベーション創出にあたって中小企業に有利な点および不利な点は，以上のようにまとめられる。以下では，一般にコモディティ化が進んでいると考えられる分野で，ニッチでの市場創造・イノベーション創出を通じて事業継続を達成した中小企業の事例によって，ここまでの議論を例証したい。

4．不利を克服し，市場創造・イノベーション創出を達成した事例

4．1　地球儀専業メーカー[注11)]～ニッチの衰退を市場創造で克服した例

(1)　かつてのニッチの衰退

　今日，日本で売られている地球儀の大半は中国からなどの安価な外国製で，昨年の輸入額は約4億400万円である（この10年間で約2.7倍）。今年4月からの新しい学習導要領で小学校高学年の授業で地球儀を活用することになっており，市場の拡大が期待されている（『日本経済新聞』2011年8月15日大阪夕刊）とはいえ，大きな市場ではない。

　A社（埼玉県）は，「夜の地球儀」「火星儀」，色覚バリアフリーの「ユニバーサル地球儀」などユニークな地球儀・天球儀などの開発・製造・販売で知られる，地球儀専業メーカーである。同社は，また，職人技が必要とされる特注品，オンリー・ワン地球儀の製作を引き受けたり（版権は自社所有），国境や国名など世界情勢が変わるたびにこまめに地球儀を更新したりすることで，ニッチを獲得している。A社が，多くの市場創造・イノベーションを成功させるようになったのは，1995年，現社長（4代目）が社長に就任してからである。

　現社長が社長に就任した契機は，夫の急逝である。経営のことも地球儀の作り方も知らない普通の主婦から，突然，社長に転じて最初に知ったのは，会社に赤字体質が染みついていることだった。1937年の創業から一貫して地球儀等の製作に携わってきた同社は，長年，卸売業者経由で学校や公共施設へ販売しており，学校などではよく知られていたという（当時売上の70～80％が学校向け）。しかしながら，少子化や学校数の減少などで学校関係の需要（＝かつてのニッチ）がどんどん減っていたのである。

(2)　市場創造・イノベーションへの組織的抵抗とロック・インの克服

　そのような中，A社社長は，自社の厳しい状況を従業員に伝えると同時に，作業工程の見直しによるコスト削減，文具店や百貨店への積極的な新規販路開拓へと，大きく舵を切ったのである。同社の地球儀は，今日，大手百貨店，大手文具店などで高く評価されている（売上の60～70％）。

新社長の新たな取り組みに反対したのは，古参社員である。一人ひとりで作業のやり方が違う職人気質の社員は作業工程の見直しや技能伝承には非協力的であった。また，せっかく新しい顧客から仕事を取ってきても，「新しい仕事はやりたくない」「社長がいくら一生懸命仕事を取ってきても受注に生産が追いつかない」などと反対したという。そこでA社社長がとった手段は，自ら生産ラインに入って生産工程での問題を見つけて解決し，同時に粘り強く，リストラ，組織変革を進めるというものであった。
　一時は貴重な財産だった古参社員が抜けた後を埋めたのは，リストラ最中に入社した現在のベトナム人工場長である。手先が器用で仕事をキチンとこなし，人柄もよい人を採用できたことで，改革を進めることができたという。

(3) 社外知の活用による学習能力の向上
　同社は，また，社外の知識（社外知）を活用して学習能力を高めている。例えば，東海大学・情報技術センターと協力関係を築き，人工衛星画像の提供を受けて最新の正確な地球儀や火星儀製作に活用しているのである。さらに，日本地学教育学会，日本天文学会など，多くの学会・協会に参加して，新製品のアイデアをもらったり，様々な問題解決のヒントを得たりしているという。なお，A社社長は，伊東屋への提案から始まった「地球儀フェア」で自ら先頭に立って顧客ニーズの把握に努めるほか，「試作や特注品を頼まれたら断らない」ことで顧客の信頼を獲得し，さらに，本社に「ミニ博物館」を併設して，情報発信も積極的に行っている。

4．2　業務用"気配りミラー（鏡）"メーカー[注12]
　　　～事業転換とニッチの絶えざる深耕によって成功した例

(1) 事業転換と"業務用"というニッチへの進出
　今日，ATM，航空機の手荷物入れなど，日常生活の至る所に業務用の鏡が設置されている。鏡には「一般用商品（個人向け）」と「業務用商品（法人向け）」があるが，B社は，後者の中で，"気配りミラー"の開発・製造・販売に特化することでニッチを獲得している（売上高約5億円）。
　街の看板屋さんとしてスタートしたB社が，業務用ミラーの会社へと事業転換するきっかけとなったのが，「JAPAN SHOP '78」という展示会への出展であっ

た。出展したのは，凸面鏡をサンドイッチにし，中に電池とモーターを入れて回るようにした回転看板（「回転ミラックス」）である。関心を集めたものの，ほとんどが，1～2個の注文だったという。そんな中，スーパーから，30個という大量の注文が入る。

気になったB社社長がユーザーの使用現場へ出向き，使用方法を尋ねたところ，スーパー店頭では，万引き防止用として利用されていた。以来，回転ミラックスは，万引き防止用として，ロングセラーとなっている。

(2) ニッチの絶えざる深耕

製品に意見を寄せてくれるユーザー（B社では「有能ユーザー」とよぶ）に育てられたというB社社長は，「使用現場を訪ねてみて初めて，真のユーザーは誰か，どんな使い方をしているかがわかる」という。B社では（購買部の仕入担当などの）"CS"ではなく，"US（Users' Satisfaction）"とよび，「なぜ売れないか？」ではなく，「なぜ買ってくれたか？」を聞くことで，ユーザー・ニーズの把握を実現し，販促活動や市場創造に役立てているのである。三菱重工業などの名だたる大企業に並んで，エアバスA380等，世界中の航空機に採用され，累計出荷台数10万台以上を誇る，同社の「FFミラーエア」（米国・欧州特許取得済）も，乗客や客室乗務員のニーズを徹底的に考えた上で開発・提案したという。

(3) 「ヌシ化」の進行とその対応策

B社では，現場で仕事の担当者が固定化し，ルーティン化が進むことを「ヌシ化」と呼ぶ。ヌシ化を防ぐために同社がとっているのは，社員の肩書きを無くして，一人ひとりが，何でも自分で考えるようにもっていき，「職場にベテランをなくすこと」である。具体的には，①毎朝のミーティング等で様々な問題をあげ，共有すること，②皆で『何故？』を繰り返して，問題の真因を明らかにし，解決することで，ヌシ化を防いでいる。

(4) 社外知・社外「補完資産」の活用による能力強化

B社は，また，社外の力も積極的に活用する。例えば，"Mirror Competition"を主催して，建築に携わる大学院生や実務家から鏡の新しい使い方の提案を受けて，学習能力を高めているのである。

先述のFFミラーエアを米国大手航空機メーカーに売り込む際に，航空会社の客室マネージャーの推薦を受けている。これは社外に，販路という補完資産を求めた具体例と言えるであろう[注13]。

以上のようなB社の取り組みは，「企業規模を大きくすることに興味はない。限られた獲物を争ってとる『狩猟民族』ではなく，限られた場所で種をまきじっくり育てる『農耕民族』的企業でありたい。他社が競争に向けるエネルギーを，創造に向けたい」というB社社長の考えに裏付けられている。ちなみに，「多様な出会いが創造のベース」というB社社長は，新たな出会いを求め，世界中で"共通の話題"が持てる場として「国際箸学会」まで設立している。

5．まとめに代えて

一般に「企業成長」という場合に想起されるのは，売上高，経常利益，資本金，従業員数などみた「量的成長」であろう。しかしながら，企業成長には，問題解決能力・イノベーション創出能力の向上という「質的成長」の側面があると考えられる。それを踏まえた本論の結論は次の通りである。

中小企業は徒に量的成長を追うべきではない。企業規模を拡大しなくとも，「問題」意識を持って，イノベーションに基づく質的成長を持続する限り事業継続は達成される。

〈注〉
1 他にも「企業成長論」的アプローチや，「社会的分業（垂直的分化，同一市場内での棲み分けを含む）論」的アプローチが考えられるが，ここでは，広い意味で，最適規模論的アプローチや競争論的アプローチに含まれるものとして扱っている。
2 末松（1965）の論述中にも見られるように，最適規模論と競争論的アプローチとの間には論争があるが，この点では，意見の一致を見せている。
3 スタインドルは，不完全競争の構成要素に労働市場の不完全性を含めているが，三井（2011，p.15）も言うように説得力に欠けるため，ここでは取り上げない。
4 佐竹（2008）による表現である（p.92）。
5 末松（1961）には，米国の文献を紹介する形で根拠が述べられているが，他の論点との関連がうすく，説得力が弱いように思われる（pp.458-485）。
6 このような戦略は，「安泰度の主観確率」を踏まえた，効率効果，直接効果という文脈でも論じることができる（髙橋，2007aなどを参照）。
7 山田（2010），pp.47-101

8 議論の詳細については，髙橋（2007a），髙橋（2007b）などを参照のこと。
9 大企業については，「会社組織」は，資本金3億円超，かつ，従業者300人超，「組合・その他」，「個人」は従業者300人超の企業。中小企業については，「会社組織」は，資本金3億円以下，または，従業者300人以下，「組合・その他」，「個人」は従業者300人以下の企業である。
10 従業者数4人～299人を中小企業，300人以上を大企業とした。
11 この事例は，筆者のヒアリング調査による。
12 B社の事例は，筆者によるヒアリング調査および日経トップリーダー編（2011）『なぜ，社員10人でもわかり会えないのか』日経BP社による。
13 見方を変えれば，「信頼関係のネットワーク」の具体例ともいえよう。このような信頼関係には，必要な知識の探索を容易にする効果と同時に，知識の有効性に関する評価を円滑にする効果がある。信頼関係は，さらに，新しい知識を創造する際にも重要な役割を果たす。批判的議論を通じて新しい知識の創造を目指す場合は，信頼関係が不可欠だからである。

〈参考文献〉（本文や注に記載があるものを除く）
1 太田一樹（2008年）『ベンチャー・中小企業の市場創造戦略』ミネルヴァ書房
2 佐竹隆幸（2008年）『中小企業存立論』ミネルヴァ書房
3 佐藤芳雄（1976年）『寡占体制と中小企業』有斐閣
4 末松玄六（1961年）『中小企業成長論』ダイヤモンド社
5 末松玄六（1965年）「現段階における最適経営規模論の意義」中小企業金融公庫調査部『調査時報』（7巻1号）
6 髙橋美樹（2007年a）「イノベーションと中小・ベンチャー企業」『三田商学研究』（50巻3号）
7 髙橋美樹（2007年b）「企業の『慣性』とイノベーション」『三田商学研究』（50巻4号）
8 林　伸彦（1996年）「第6章　市場を創造する中小企業」巽　信晴・佐藤芳雄編『新中小企業論を学ぶ[新版]』有斐閣選書
9 三井逸友（2011年）『中小企業政策と「中小企業憲章」』花伝社
10 山田基成（2010年）『モノづくり企業の技術経営』中央経済社
11 渡辺幸男（2006年）「第1章　中小企業で働くこと」渡辺幸男・小川正博・黒瀬直宏・向山雅夫『21世紀中小企業論[新版]』有斐閣アルマ
12 ドラッカー（2006年）『現代の経営（上）』ダイヤモンド社
13 Penrose, E.（1959）*The theory of the growth of the firm.* John Wiley
14 Robinson, E. A. G.（1931）*The Structure of Competitive Industry.* Nisbet & Co. Ltd
15 Steindl, J.（1947）*Small and Big Business,* Basil Blackwell

（査読受理）

イノベーションと中小企業の新事業創出

名古屋大学　山田　基成

1. イノベーションに関わる基礎的考察

　本稿では中小企業のイノベーションについて，技術イノベーションによる新事業を創出する取組を通じて考察するが，その際の分析視点として次の4点を踏まえて検討する。

(1) イノベーションとは何か

　イノベーションは，シュンペーター（Schumpeter, J. A., 1926）が言うところの創造的破壊に端を発する概念であることはよく知られ，社会や市場の多様な場面で従来とは異なる新しい財やサービスを創造することに関わるものである。しかしながら，イノベーションは単に新しいアイデアを思いつくことではなく，そのアイデアを製品や技術へと具現化し，これを社会に普及するまでのプロセス全体を包含する概念である。

　新しい製品やサービスを創出する技術イノベーションで考えると，世の中に存在しないアイデアを思いつき，新しい原理や原則を発見することが出発点とはなるが，その発見を特定の製品や技術として具体化する発明を経て，最終的に製品やサービスとして社会の多くの人々が利用できるようにする，あるいはそれらの製品やサービスを生産する製法を確立することがイノベーションである。その意味で，技術イノベーションはこの一連の活動プロセス全体を指している。

　したがって，イノベーションの本質は新しい製品や技術を開発することに留まらず，世の多くの人がこれを利用して便益を享受できる状況を実現することにあ

る。この観点から眺めると，日本企業は規模の大小を問わず総じてイノベーション・プロセス前半の発見や発明については精力的に取り組んでいるものの，新技術の開発で先行しても，その先発のメリットを活かして市場での普及スピードを上げる行動が進まない点に，経営上の課題を抱えている。

(2) イノベーションの収益化

2つめの視点は，企業はいかにしてイノベーションを通じて収益を獲得するかである。多くの日本企業は開発した技術を利用して新製品を市場に導入しても，利益を持続的に上げることができない状況にある。

ティース（Teece,D.J.,1986）は，企業がイノベーションから利益を得ることを可能にする条件として，①専有性の程度（Regimes of Appropriability），②ドミナント・デザインの確立（Dominant Design Paradigm），③補完資産（Complementary Assets）の3点を指摘した。ティースが主張するこの3点は，イノベーションから利益を生む能力に関わる要因として何れも重要ではあるが，ここでは専有性と補完資産に注目する[注1]。

前者の専有性は，製品や工程に関する技術やノウハウなどの知識を自らが専有可能な程度に関わるものであり，たとえば特許権などの知的財産の保護制度を活用して，独自能力や知識の独占的な利用を実現することである。後者の補完資産は，イノベーションの主たる技術やノウハウに加えて，それ以外の能力や資産がイノベーションの普及や事業としての成否に関わりを持つことを指している。企業はたとえ新技術の開発に成功しても，競争力ある価格で製造したり，流通チャネルやブランド，アフターサービスなどの能力を伴わなければ，市場での売上には結びつかない。

加えて，補完資産には市場での調達が容易な一般資産とは異なり，調達が困難で自社の資産との間に一方的な依存関係が存在する特殊資産（Specialized Assets）や，相互特殊資産（Co-specialized Assets）と呼ばれる，相手のそれが無いと自らの資産のみでは価値を生まない相互の依存関係にある特殊な資産が存在する。たとえばパソコンとアプリケーション・ソフト，ビデオ機やゲーム機と映像やゲームのコンテンツのように，片方のみでは利用できない，価値を生まない関係にある資産のことである。この相互特殊資産の価値は他の資産との関わりの中で決まり，競争相手にとって同じ資産の獲得が短時間で難しければ，同じ製

品やサービスを同じ価格では提供できないので，相互特殊資産への投資ニーズや機会を識別する経営者の能力が，新製品や新事業の成否に大きな影響を及ぼす。

(3) 事業アイデアの必要性

3つめに，イノベーション・プロセスを企業における新事業や新製品の開発行動として表現すると，その活動プロセスは図1に示される技術開発―試作―製品化―事業化（量産化）の各段階から構成される。そして，事業化ないしは量産化に至るその過程では，段階に応じて各種の新規アイデアが必要となる。新技術の開発には技術アイデア，その開発成果を市場で販売可能な製品に具体化するには製品アイデアが求められるが，この段階までは日本企業も比較的得意である。

ところが，昨今のようなライバル企業との競争が熾烈な中では，製品の機能や性能に優れるといった特性を訴えるだけでは，顧客の獲得は難しい。あるいは，イノベーションを通じて市場に投入した新製品も，短期間のうちに低価格化が進行し，製品がある程度売れても長期間に亘って収益を確保することが容易ではない。このような現状を鑑みると，単にユニークな機能や性能を備えた製品を創出するだけでなく，これを市場に普及させ，そこで収益を上げるためのアイデア―事業アイデアを伴うことが，事業化にとっては不可欠となる。

図1　新事業・製品の開発活動とアイデア

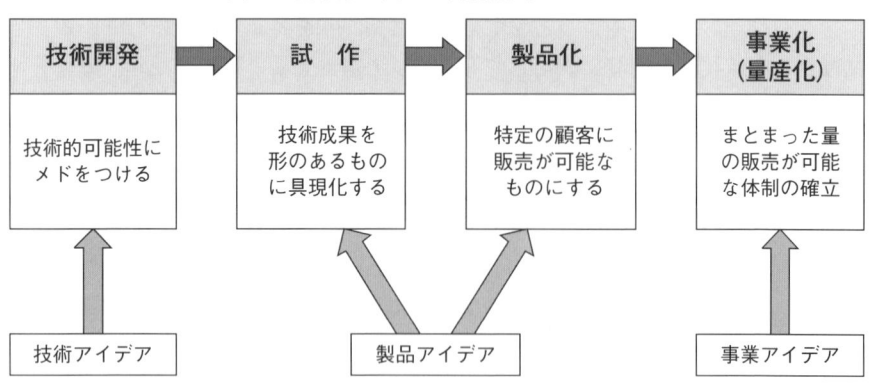

ここでの事業アイデアは，製品やサービスを介してターゲットとする顧客の許に経済価値を届け，その価値への対価を顧客に支払ってもらい，そこから収益を

上げる仕組みを確立するものである。より具体的には，製品やサービスを産出して顧客に配給し，経済価値を発現する活動の仕組み―事業システムと，その提供した価値に対する売上から収益を上げる仕組み―事業（ビジネス）モデルの両者を構築して結合することである。

　この事業アイデアについての発想力と実行力ということになると，近年の日本企業には疑問符が付く。これを象徴するのが，スティーブ・ジョブズに率いられたアップルと日本のエレクトロニクス企業との相違である。アップルのiPodは，消費者に手頃な価格で音楽を届ける仕組みを，従来とは根本的に変えた点にイノベーションとしての本質が存在し，ハードウェアとしての携帯音楽プレーヤーのメーカーはもとより，コンテンツとしての楽曲の生産者や販売者にも激震をもたらした。電子書籍端末としてのアマゾン・ドット・コムのキンドルなどでも，事情は同様であり，こうした事業化行動の視点からは，イノベーションの普及プロセスに関連して事業アイデアの有無を問うことができよう。

⑷　大企業のイノベーションとの異同
　ここまで取り上げた3つのイノベーションに関わる視点は，理論上は企業規模の大小に関係を有しない，共通に適用可能な要因であるとの仮説を置きたい。たとえば，目標とする新事業の規模として，年商100億円と1億円の金額の相違はあっても，新事業を創出するイノベーション行動としての本質は同じであると考える。しかしながら，その事業規模の実現に向けた組織としての実際の取組には，企業規模による根本的な相違が存在するはずである。

　とりわけ，組織の構成人員の多少がもたらす差異によって，イノベーションの実践に関わるメンバーの働きや貢献は異なり，人数の少ない中小企業では一人一人には多様な役割を果たすことが求められよう。中でも，経営者が果たす役割には大きな相違があると考えられる。

　そこで，次に試みる中小企業における新事業創出の事例分析では，前述の3つの視点に加えて，大企業におけるイノベーション行動との相違にも着目したい。

2．中小企業における新事業創出の事例

　ここでは4社の新事業創出への取組を通じて，中小企業におけるイノベーショ

ンのあり方について分析する。4社の企業概要と新事業の取組内容は以下の通りである[注2]。この4社を選んだ意図は，何れも既存事業がこれ以上の成長が見込めない中で，新事業の創出に向けてイノベーションに取り組んでおり，日本の多くの中小企業が置かれた現状を打破するための示唆を与えると判断したことによる。

(1) 錦見鋳造：鋳造鉄フライパンの製造販売事業
　錦見鋳造株式会社（三重県木曽岬町）代表取締役　錦見泰郎　従業員10名
　錦見鋳造は1959年創業の鋳物メーカーとして，工業用モーターの部品製造などを手がけてきたが，1990年代に入りバブル経済の崩壊に伴い取引先から3割のコストダウンを求められた。これに対して後継者である錦見社長は，下請けからの脱皮を目指すことを決意し，焼肉用の鉄板からスタートし，試行錯誤の末に1995年に厚さ2ミリの鋳物フライパンを造ることに辿り着いた。
　知人に有名ホテルの料理長を紹介してもらい，フレンチの高級料理が美味しくできるとの評価を得た。ところが，プロの料理人には問題のないフライパンも，家庭の主婦には重くて扱いにくいことが判明し，さらに薄いフライパン造りを目指し，9年かけて2001年に厚さ1.5ミリ，重さ980gのフライパンが完成した。
　売り出し当初は，東急ハンズのフライパンコーナーで1番の売上となり，地元マスコミにも取り上げられたが，その後の売上が続かなかった。そこで社長夫人は，新聞やテレビなどのマスコミに取り上げてもらおうと，毎日のようにFAXを流し続けた。たまたまこれを記憶していた記者が他の取材の合間に立ち寄り，2004年に「日経ビジネス」で紹介されたのを契機に，鋳物フライパンは一躍全国にその名を知られるようになる。製品名もいつしか「魔法のフライパン」と呼ばれ，料理人から道具マニア，主婦へと客層が拡がり，売上は拡大していった。
　しかしながら，このフライパンの製造には手作業の表面研磨に時間を要するというボトルネックがあり，月産で1,000個程度しか製造できず，一時は納品までに顧客は2年半待ちの状態となった。そこで研磨ロボットを導入して，職人のスキルをデータベース化し，錦見社長自らがロボットの操作プログラムを作成して生産性を上げた。さらに現在は，研磨工程を省いた生産システムの構築に着手し，全自動の金型鋳造により2分で1個生産する体制を目指している。

(2) カネミヤ：汚濁プラスチックの再生・製品化促進事業

株式会社カネミヤ（愛知県半田市）代表取締役　間瀬隆夫　従業員30名．

カネミヤは間瀬社長が1989年に創業し，10年ほどは半導体挿入装置の下請けとして板金加工に従事していたが，2002年に自社商品の開発に着手した。事業機会を探し求める中で，自動販売機の空き缶を回収する業者から，同時に収集されるプラスチックのゴミ袋洗浄の開発依頼を受け，汚濁廃プラスチック（以下，廃プラと略）を洗浄する仕事に着目した。当時は廃プラの洗浄作業には多くの人手と水を要し，機械化は複雑で困難という理由から焼却・埋め立て処分されていた。

この洗浄作業に対して，廃プラを機内で高速回転する翼の中を通過させて摩擦により汚れを落とす方式で，水の使用量を少なく，洗浄時間も数秒で可能な洗浄機「ブンセン」を開発した。そして，この機械を廃プラの排出業者に向けて販売する営業活動を開始したが，その洗浄能力は高く評価されても，洗浄後の廃プラの引き取り手が無く，製品としてのリサイクルもできず，商談は成立しなかった。

仕方なく全国の樹脂材料の再生加工業者をリストアップし探す中で，洗浄後のプラスチック原料から高品位のペレットを生産する技術を持つ神奈川の秋葉樹脂に辿り着いた。同社はプラスチックの再生に長く携わり，材料ブレンドのノウハウと高品質のペレット製造能力を保有していたが，再生原料の安定した入手先が確保できずに困っていた。そこでお互いの協力により，洗浄後の再生製品をあらかじめ決めてペレットを造る体制の構築に取り組み，カネミヤが機械の営業を行うさいに再生原料の最終用途を含めて提案する事業アイデアを確立した。

カネミヤは洗浄機の購入を検討する顧客に対して，排出された廃材が秋葉樹脂に有価で引き取られ，再生原料として，たとえば大手文具メーカーのボールペンとしてリサイクルされるという仕組みの目処をつけて提案する。こうしてカネミヤの洗浄機と秋葉樹脂のペレット製造技術は，再生原料の供給を介して相互に不可欠な関係となり，この連携を通じて両社共に成長することが可能となった。

(3) おぎそ：学校給食用食器の回収・再生事業

株式会社おぎそ（岐阜県土岐市）代表取締役　小木曽順務　従業員11名．

おぎそは陶磁器の輸出向け販売事業を営んできたが，1980年代後半の円高による輸出の不振から内需への転換を決意し，給食用食器事業に取り組むことにした。当時，メラミン食器に含まれるホルムアルデヒド，ポリカーボネート等が問題視

され，陶磁器への切り替えが検討されていたことがその背景となった。
　他方，以前から地元の美濃焼は，ライバルの有田焼に比較すると欠けやすく，破損しにくい食器の開発を目的に強化材料としてアルミナを混ぜて，曲げ強度を高める試みが地元の土岐陶磁器試験場で試みられていた。おぎそは試験場から技術指導を受けて，地元企業との連携により高強度の磁器食器を開発し，社長自らが全国の市場調査に出かけ，他社製品に対する自社製品の強度を認知した[注3]。
　しかしながら，いざ製品販売に乗り出すと，知名度が高い大手企業の牙城を崩すことは容易ではなく，苦戦を強いられる。そうした中で東京都北区において運良く納入でき，おぎそと他社の破損率のデータが開示されることで，自社製品の価値を認められた[注4]。とはいうものの，給食用食器の採用は地元の各教育委員会等の判断によるので，他地区での納入には広がらなかった。全国の市町村に出向いて営業活動に苦労を重ねる中で，その打開策の必要性を痛感する。
　そこで食器のリサイクルを思いついて，仲間の製陶業者に相談すると，強化磁器を粉々にするのは大変だと尻込みされたが，実際に試すと思ったほどではなく，食器リサイクルの仕組みの構築に乗り出す。先ず学校で壊れた食器をトン当たり3,000円で買い取る。これらの食器には，破損を減らす材料として既にアルミナが重量比で約30％含まれている。アルミナは資源としての価格が高騰しており，これを粉砕して再資源化したものを，新しい陶土に15～16％配合して給食用の強化磁器を製造し，学校に補充品として納入する。おぎそは，これを「O（オー）システム」と名付けて，専用の回収箱を用いて学校から割れた磁器食器を他社製品であっても有償で回収し，壊れた分だけ補充品を納入するというビジネスを提案することで，取引先を増やすことに結びつけた。

(4)　プールス：紙おしぼり製造機と消耗品の製造販売事業
　プールス株式会社（愛知県豊橋市）代表取締役　高畑昌隆　従業員10名．
　高原社長はフジ電材を1967年に創業して家電製品の総合卸を営んできたが，大手量販店の隆盛により家電小売店の廃業が増える中で，新たな事業の必要性に迫られた。10年ほど前にドイツの見本市で中国製のおしぼり製造機を見つけて興味を抱き，帰国後，これを1台入手した。調べると，台湾製や韓国製もあることが分かり，韓国製のものをフジ電材の新事業として1,000台ほど販売した。
　ところが，機械のトラブルが頻発し，不良品として全て回収して廃棄する結果

となった。日本の大手企業にも技術開発に取り組み，販売するところもあったが，ビジネスとしてはうまくゆかず撤退した。それでも同製品のコピー品が登場する状況を見て，高原社長は製品さえよければ事業機会はあると確信し，自らおしぼり製造機を造ることを決意し，2003年に別会社としてプールスを設立した。

機器開発のパートナーを求めて知り合いを辿り，新潟のツインバード工業が機器の設計と製造を承諾してくれた。開発のさいの技術課題が，コンベヤー，散水部，紙詰まりの修復などにあることは，過去の失敗体験で熟知していた。これを機器の設計変更により克服し，機械としての性能は大幅に向上した。機器のメンテナンスもユーザーが簡単にできるようにして，従来の弱点を解消した。

機械のボタンを押すと，3秒弱で40℃ほどの紙おしぼりが巻かれた状態で出てくる。カットするロール紙の長さは18〜48cmまで6段階で調整可能であり，おしぼりの大きさを変えることができる。除菌液は当初は銀イオンを検討したが，代替品を探す中で地元企業から兵庫のエヴリ・カムを紹介してもらった。

営業活動は飲食関係やパチンコ店などへの売り込みに加えて，医療介護施設の納入業者を中心に代理店を募集し，営業品目のアイテムに加えてもらう活動を展開した。しかし，製造原価4万5千円ほどのおしぼり製造機も代理店経由で販売すると，手数料等が加わってユーザーへの価格は20万円あまりになる。そこで，5年のリース契約にすることで，機器の利用代金は1日100円程度になることをＰＲした。さらに，現在はロール紙の消費量に応じて，1ヶ月にロール紙を36個以上使用すると機器は無償，24個以上なら月1,000円，それ未満は2,000円とするレンタル契約の提案により，機器本体への負担感を軽減する工夫を凝らし，ロール紙と除菌液の消耗品で売上と収益を稼ぐ事業モデルを採用している。

3．4社の事例を通じた考察

この4社の事例を冒頭に示した4つの視点を踏まえて，中小企業における新事業創出に伴うイノベーション行動として考察してみよう。議論の焦点とするのは，製品の普及と事業としての収益化を実現する経営要因の抽出である。

(1) 事業化に関わる3つのアイデア

4社の取組における技術アイデア，製品アイデア，事業アイデアを整理したも

のが表1である。何れの事例においても，3つのアイデアが事業化を進める上で重要な役割を果たしたことが確認できるが，とくに次の2点を強調しておきたい。

表1 事業化促進に向けた3つのアイデア

	技術アイデア	製品アイデア	事業アイデア
錦見鋳造	鋳造鉄の厚さを従来の1/3にした薄物製品を造る技術	鋳造鉄による薄物フライパンの開発	マスコミで製品紹介を無償でしてもらう方法の探求インターネットを通じた直販体制の確立
カネミヤ	汚濁廃プラを高速回転する翼の中を通過させることで摩擦により汚れを落とす技術	水の使用量が少なく，洗浄時間も短い汚濁廃プラの洗浄機の開発	排出した廃材をリサイクル製品として再生するまでの仕組みの提案
おぎそ	強化材料としてのアルミナの混合による強度を高めた磁器食器の製造技術	高強度の学校用給食磁器食器の開発	学校で破損した食器を有償で回収し，再生品を補充納入するリサイクルネットワークの構築
プールス	ロール紙の詰まり減少とカッターの耐久性向上，メンテナンスを容易にする機構の設計	紙おしぼり製造機の開発	代理店を通じた営業活動の促進とユーザーの機器負担額を無償にする収益モデルの構築

　第1に，技術や製品のイノベーションを創出するためには，その源泉としての技術アイデアと製品アイデアが存在しなければ，イノベーションは生まれないが，その上で開発成果を製品として市場で普及するためには，3つめの事業アイデアが大きな役割を果たしている。

　カネミヤとおぎそのケースでは，自らの事業を「画期的な自動分別洗浄処理機の製造・販売事業」や「高硬度磁器食器の製造・販売事業」とは捉えず，これを「汚濁プラスチックの再生・製品化促進事業」と「学校給食用食器の回収・再生事業」として，事業システムと事業モデルの構築を試みたことが事業拡大の促進要因となった。また，プールスではユーザーの機器本体への負担感を軽減して，ロール紙と除菌液の消耗品から収益を上げる事業モデルを確立した。

　第2に，事業創出のプロセスは技術開発から試作，そして製品化を経て事業化へと段階的に進んでいくが，その活動は必ずしも逐次的に一方向に進むわけではなく，活動が前段階へと戻ることが日常茶飯事に起きる。これが意味するのは，

事業創出には技術・製品・事業の各アイデアが活動の進行に伴って必要にはなるものの，その内容が固まるのは必ずしもこの順序とは限らず，活動が行き戻りする中で，アイデアの見直しや洗練化が絶えず行われ，アイデアは次第に確固たるものとなる。表現を変えれば新事業は3つのアイデア相互の融合から生まれ，互いに他のアイデアの再検討を促すことが，活動段階の逆戻りをもたらすとも言える。

(2) 補完資産の形成と外部からの取り込み

外部の補完資産の存在が事業の拡張に大きな影響を与えたのは，カネミヤとプールスのケースである。カネミヤでは，洗浄機の売り込みに対して顧客が振り向いてくれないのを克服する手立てとして，顧客が排出する汚濁廃プラに対するリサイクルの仕組みを提案した。この取組を通じて，自社の洗浄機と秋葉樹脂のペレット製造技術は相互に不可分な関係となり，相手の特殊資産を企業間連携により相互特殊資産化した。

プールスでは，紙おしぼりを浸す除菌液が単に体に付着した汚れを落とすだけでなく，大腸菌O157や緑膿菌，MRSA，アシネトバクターなどに対する殺菌効果があることが，取引先を拡大するのに貢献している。2011年6月末現在の納入先約1,200ヶ所の6割は病院や介護福祉関係の施設が占めており，機器の台数ベースではさらに高い割合となっている。加えて，一度利用を開始したユーザーからは契約中止の申し出はほとんどないことに，その経済価値が示されている。カネミヤと同様に，プールスはこの特殊資産である除菌液を，エヴリ・カムとの連携を通じて相互特殊資産化し，紙おしぼり事業の再チャレンジに成功した。

錦見鋳造では，最近はブランドとネットにおける評判の維持に社長夫妻は心血を注いでいる。社長自ら1日3〜4時間はパソコンの前に座って，フェイスブック，ブログ，ツイッターを駆使して，フライパンを使用した料理レシピを配信して，ユーザーの反応に答える日々を過ごしている[注5]。夫人もテレビの料理番組を毎日，録画して，その中からフライパンで調理可能なメニューを造り，夫婦で食して美味しかったものをネット上にアップする。レシピは英語にも翻訳して紹介している。錦見社長によれば，現在は売り込みの営業に出かけるよりも，これらのネットワークを活用した対応の方が製品売上への貢献は大きいという。

(3) 事業継続に資する専有性の確保

　取り上げた4社は何れも10年を超える年月を要して，それぞれの事業を軌道に乗せた。各社のここまでに至る道のりは決して平坦ではなかったが，いったん事業として確立しても，そのままで組織あるいは事業の安定した存続が保証されるものではない。ティースは企業のダイナミック・ケイパビリティとして，①機会と脅威の知覚（Sensing），②機会の捕捉（Seizing），③再構成（Reconfiguring）を挙げているが[注6]，イノベーションを通じて社会に普及した製品や事業においても絶えず再構成する行動が求められる。とりわけ，企業の経営にとっては競争力の源泉についての専有性の確保，換言すれば模倣困難性の維持が不可欠となる。

　一般にヒット商品としてその存在が市場で認知されれば，模倣品やライバル企業が登場する。錦見鋳造にとっては，魔法のフライパンとしての人気や知名度が高まると共に売上は増えたが，同時に鋳造鉄のフライパンを製造しようとする事業者も出てくる。製品を量産する方策として，ボトルネック工程の研磨作業を省いた金型鋳造による生産システムの構築を目指しているが，この試みを通じて製法が外部に漏れることの無いよう，設備メーカーには仕事を分散して発注し，全員が揃う打合せは1回のみとし，納入業者にさえ製造ラインの全体が見えないように配慮している。また，前述のようにブランドと評判の維持に腐心し，製品についてもさらに薄い1.2mmのフライパンを開発する作業を進めている。

　おぎそは地道に各地の市場を開拓して，2011年4月現在で全国の84市町で給食食器の回収と納入をセットで行い，年商も1億円を超えるまでになったが，営業活動の現場では安価なリサイクル食器や，バージン材のみを用いたエコマーク製品との競争にさらされ，苦労は絶えないという。顧客確保の手段として，食器の汚れや茶渋がついたものを回収し，汚れをきれいに落として学校に戻すサービスなども無償で行っている。

　プールスも事業の拡大とともに，模倣の脅威への対策を検討している。2012年夏には新機種への切り替えを予定しており，新たな機構の導入による機器のコンパクト化とロール紙の大容量化，メンテナンスのさらなる簡便化を進め，既存の納入先でも機種の更新を順次行うという。収益源である消耗品についても，ロール紙は市場に出回っている通常の紙幅12cmより5mm幅狭の11.5cmにして専有化を図ってきた。顧客との契約書には純正品を使用することが謳われているが，もし市販品を使用する事態に至ったときには，機械本体にセンサーを組み込み，ロー

ル紙にICチップ等を付け，これを検知して作動する特許を既に取得しており，対応への備えには余念がない。

(4) 大企業のイノベーションとの相違

事例として取り上げた4社は従業員数10名～30名の小企業であり，年間売上は数億円の事業である。何れも既存事業が行き詰まる中で別の事業，いわば第二創業に取り組んだものであるが，そのプロセスでは大企業を対象に議論されてきた補完資産や専有性の確保が同様に大きく影響した点では，中小企業と大企業とのイノベーション行動に，理論上の本質的な相違は存在しないと判断できよう[注7]。

ただし，企業規模がもたらす差異として，活動に従事する人数の多少がもたらす各自の役割の大きさや担う仕事の多様性という点では，中小企業は大変である。とりわけ，リーダーとしての経営者の果たすべき役割には量だけでなく質的にも違いが見られ，中小企業では経営者自らが先頭に立って活動に取り組むことが不可欠となる。大企業であれば，経営者は部下が新事業の形成に精力的に取り組めるようリーダーシップを発揮して指導やアドバイスを行えばよいが，中小企業では経営者が各種アイデアの着想とこれを事業へと結実するための一連の活動を，率先して担わざるを得ない。ただし，その中で事業アイデアの創出にトップ自らが責任を持って関与する点には，事業アイデアの創出が誰の仕事であるのかが必ずしも判然としない大企業の取組に比すと，利点が存在しているとも言える。

結局のところ，イノベーションの創出に伴うリーダーの役割は企業家職能そのものであり，中小企業では経営者がこれを果たすしかない。紙幅の制約もあり，企業家職能の詳細については，ペンローズ（Penrose, E.T., 1980）や小川（1988）らの議論に譲るが，中小企業にあってはこの企業家職能の遂行を代替し得る人材を社内に見つけることが容易ではない点に，大企業に比した弱点が存在する。

最後に，目指す事業規模を実現するイノベーション自体の技術レベルには，大企業と中小企業との間には差異が存在するかもしれない。年間売上が1～10億円程度の事業であれば，必ずしも業界で最新あるいは最先端の高度な技術力や科学的知識を必要とはしない。ただし，繰り返すように技術あるいは事業としての専有性を保持し得るだけの製造技能やノウハウを備えることは必須の条件となる。

4. むすび

　本稿では中小企業の新事業創出の取組を通じて，イノベーション行動を検討した。イノベーションは，その開発成果である製品やサービスを市場に広めることや，これを産出する製法として利用することの実現までを含むものであり，これを視野に置いた行動が企業には求められる。そして，この点にこそ企業規模に関係なく日本企業に共通する経営課題が存在し，同時に技術力を保有しながらも収益を上げることのできない根本的な原因にもなっている。

　ここではその対応を，①事業アイデアの必要性，②補完資産の活用，③専有性の確保という3つの要因から主に考察した。結局のところイノベーションは，社会における価値創出の仕組みづくりに他ならない。4社の事例を通じた考察には限界は存在するものの，3つの要因が中小企業の新事業創出に際しても必要条件と成り得ることは明らかにできたように思う。もちろん，他にも考慮すべき経営要因は存在するであろうし，最先端の技術を活用したベンチャー企業のイノベーションについても言及すべきであったが，これらについては今後の研究課題としたい。

＊学会における報告に際して，討論者の太田進一先生（同志社大学）からは有意義かつ適切なコメントを頂戴した。また，黒瀬直宏先生（嘉悦大学），名取隆先生（立命館大学）からも今後の研究課題とすべきご質問をいただいたことに感謝する。

〈注〉
1　ドミナント・デザインの確立はイノベーションの収益化に大きな影響力を持つが，限定された市場規模の獲得を指向する中小企業の行動に焦点を当てた議論にとっては，その重要度は低いと判断したことによる。
2　ここで取り上げた4社の事業内容の詳細は，山田（2011）を参照されたい。
3　おぎその強化磁器は，国内の陶磁器団体の自主的な基準である曲げに対する強さの測定法の数値（MPa）で230MPa以上の高強度磁器に分類される。曲げ強さ230-270MPaの高強度磁器のお椀は，高さ80cmから滑り落としても破損しない程度の強度を備えている。
4　製品の破損率はおぎその年間6～7％に対して，他社製品では40％程度であった。
5　詳細は錦見鋳造のホームページ（http://www.nisikimi.co.jp）を参照されたい。

6 ティースのダイナミック・ケイパビリティの議論については，Teece,D.J.（2009），Teece,D.J.（2010）などを参照されたい。
7 厳密にはこれを実証するために大企業における事例との比較研究を必要とする。

〈参考文献〉
1 小川英次（1988年）「新事業形成のプロセスと企業家職能」『組織科学』Vol.22, No.4, pp.15-25.
2 Penrose,Edith T.（1980）The Theory of the Growth of the Firm 2nd ed.,Basil Blackwell.（末松玄六監訳『会社成長の理論（第2版）』ダイヤモンド社, 1980年）
3 Schumpeter,Joseph A.（1926）Theorie der Wirtchaftlichen Entwicklung,2nd. Ed.,（塩野谷祐一・他訳『経済発展の理論（上・下）』岩波書店, 1977年）
4 Teece,David J.（1986）"Profiting from Technological Innovation:Implications for integration,collaboration,licensing and public policy," Research Policy, Vo.15,pp.285-305.
5 Teece,David J.（2009）Dynamic Capabilities & Strategic Management,Oxford University Press.
6 Teece,David J.（2010）"Technological Innovation and the Theory of the Firm: The Role of Enterprise-level Knowledge, Complementarities,and（Dynamic） Capabilities," in Hall,B.H. & Rosenberg N.,Handbook of the Economics of Innovation,Vol.1,North-Holland,pp.679-730.
7 山田基成（2007年）「企業間連携による事業化のマネジメント」『商工金融』第57巻, 第6号,（財）商工総合研究所, pp.6-22.
8 山田基成（2010年）『モノづくり企業の技術経営』中央経済社.
9 山田基成（2011年）「新事業の形成と事業化能力」岩田憲明・山田基成編著『中小企業のマネジメント―名古屋経営の実証的研究』中央経済社, pp.249-270.

（査読受理）

大都市自治体の中小企業政策とイノベーション支援
―大阪市を事例とした行財政分析―

大阪市立大学　本多　哲夫

1. はじめに

　1999年に全面改定された中小企業基本法（以下，新基本法）の新しい政策理念の特徴として，中小企業のイノベーション促進を重視していること，新産業創出や経済低迷打開を目標としていることが指摘できる。こうした政策理念の変化は，自治体の中小企業政策に影響を与えていると思われるが，具体的にどのような政策実施体制の変化として自治体に現れ，いかなる問題を生み出しているのであろうか。

　自治体の役割は新基本法でも重視されており（第六条），地域に身近な政府である自治体が中小企業政策を主体的に実施していくことが期待されている（池田，2002，黒瀬，2006，植田，2007，清成，2009など）。とくに，基礎自治体の役割が注目されているが，個別の基礎自治体の中小企業政策に関する研究は，松永（2007），河藤（2008），植田・立見編（2009）などがあるものの，多いとはいえない。なかでも，政策の中身が複雑で捉えづらい大都市自治体に関する研究は少ない。また，既存研究において中小企業政策を担う商工部局に焦点を当て，行財政面に踏み込んで研究しているものが無く，政策実施体制の分析が不十分である。

　本稿では，大阪市を事例として，イノベーションを基軸とする新しい中小企業政策の理念が具体的にどのように自治体商工部局の政策実施体制の再編に結びついているのかについて，行財政の視点から分析を行い，この再編の特徴や問題点について検討したい。

2. 中小企業政策とイノベーション支援

(1) イノベーションと新基本法の政策理念

　新基本法の政策理念の特徴として，次の2点に注目したい。第1に，中小企業のイノベーションを重視していることである。新基本法ではイノベーションという言葉自体を条文には使用していないが，旧基本法には無かった「経営の革新」「創造的な事業活動」というイノベーションを想起させる言葉を頻繁に使用し，創業促進と並んで「経営の革新の促進」と「創造的な事業活動の促進」を基本的施策の冒頭に掲げている。黒瀬（2006），寺岡（2010），長山（2010）など既存研究における新基本法の評価をみても，中小企業のイノベーションを重視する点に新基本法の理念的特徴があることが指摘されている。

　第2に，新産業創出や経済低迷打開が政策目標として強調されていることである。新基本法の基本理念（第三条）では，中小企業の創意工夫を生かした事業活動が新産業創出や地域経済活性化につながることが示され，「中小企業のイノベーション促進」によって「新産業創出・経済低迷打開」を目指すという論理となっている。新基本法のこうした方向性は，福島（2006），三井（2001），佐竹（2002）などで指摘されているように，成長産業・成長企業を「選別」して成長エンジンを創出しようとするイメージを与える。すなわち，経済低迷打開のために新たな産業の創出が必要であり，そのためにイノベーションを生み出す成長企業・ベンチャー企業を集中支援していくという政策イメージである。こうした新基本法の政策理念は，自治体の産業政策・中小企業政策にも影響を与えていると思われる。

(2) 大阪市における産業政策と政策理念の変化

　大阪市は，上記の新基本法における政策理念の影響を強く受けた自治体といえる。大阪市は国に先駆けて戦前から中小企業支援体制を整備してきたが，高度成長期から1990年代まで土木系・建設系部局が進める開発型産業政策が経済振興策の中心であり，経済局が進める中小企業政策は中小企業の体質改善や集約化によってそれをバックアップするという位置づけであった[注1]。1980年代から1990年代には「国際中枢都市づくり」を標榜し，アジア太平洋トレードセンター，ワールドトレードセンター，インテックス大阪などの南港を拠点とした開発が進んだ。また，1980年代後半から1990年代には「集客都市構想」のもと，フェスティバル

ゲートや大阪ドームなどの集客施設開発が進んだ。しかし，1990年代後半から大阪市の産業政策は「開発型」から「中小企業支援型」へのシフトが進んでいる。その主な理由として，第1に，バブル崩壊後に開発事業の破綻が相次ぎ，開発型産業政策が行き詰まりをみせたこと，第2に，企業数の減少が他都市以上に進んでいること，第3に，新基本法の理念にみられるように経済成長に果たす中小企業の積極的な役割が評価され始めたことが挙げられる。つまり，大阪市は，成長エンジン創出の手段として，「開発」に代わって「中小企業のイノベーション」を捉えるようになったのである。

　大阪市中小企業政策の理念は，大阪市の産業ビジョンや総合計画に表れている。大阪市では大阪市中小企業対策審議会の提言が実質的な産業ビジョンとなっているが，その2001年版である『ビジネスチャンスがある大阪，ベンチャーできる大阪の実現に向けて』では，次のように述べている。「これまでの格差是正を目的とした施策でなく，企業の持つ強みを伸ばしていくことが重要であり，そのために，やる気のある企業の可能性を引き出せるように施策の選択と集中が必要である。中小企業を社会経済環境の変化や国際集客都市づくりから生まれるチャンスをいかせる強い企業へと育成していくことで，大阪経済全体の活性化も図られる。大阪をビジネス創造都市としていくためには，こうした『強い企業を育てる取組み』が不可欠である」(p.13)。また，2005年の総合計画（『大阪市総合計画―大阪が，はじまる。―』）では「企業競争力の強化」「成長企業創出」という戦略を掲げており，そこには元気な中小企業が成長エンジンとなって地域経済成長を牽引するとの考えがみてとれる。さらに，「新たな産業クラスターの形成による次世代産業の創出」という目標が立てられており，シリコンバレーのように，成長力の高い中小企業・ベンチャー企業が生み出され，新産業が創出されることがイメージされている。こうした成長企業創出や新産業創出を目標とした大阪市中小企業政策の方向は，中小企業のイノベーション支援を成長エンジン創出政策として捉える新基本法の政策理念の影響を強く受けているとみられる。では，イノベーションを基軸とする新基本法の理念が，どのような形で大阪市の政策実施体制の再編に結びついているのであろうか。次節では，大阪市の中小企業政策の担当部局である経済局に焦点を当て，行財政の視点から政策の変化について分析したい。

3. 大阪市中小企業政策の行財政分析

(1) 歳出構造の変化

　大阪市の普通会計決算の目的別歳出において，主に経済局の歳出をあらわす「商工費」の構成比をみると，1960年度は1.8％（約8億円），1970年度は4.5％（約109億円），1980年度は3.3％（約292億円），1990年度は3.7％（約550億円），2000年度は7.8％（約1,453億円），2008年度には5.7％（約885億円）となっている。2000年度頃をピークに近年は構成比が下降しているが，1980年代まで1～4％台であったことを考えると，長期的には商工費の構成比は上昇しているといえる。一方，他の歳出項目における構成比の長期的推移をみると，民生費と公債費が上昇傾向にあるほかは，すべて下降している。こうした状況を考えると，縮小傾向にある大阪市の財政のなかで，中小企業政策は財政上の地位をある程度確保できているようにみえる。

　この商工費の中身はどのように変化しているのであろうか。商工費の中身を分析するためには，大阪市の一般会計レベルでの経済局の支出をみる必要がある[注2]。大阪市の一般会計で経済局の支出にあたるものは「産業経済費」ならびに「産業経済事業費」という歳出区分に分類され，これらが商工費にほぼ相当する歳出である（以下，本稿ではこの2つの歳出項目の合計を「産業経済費」とする）。大阪市では1970年度頃から毎年度，「大阪市歳入歳出決算に係る主要な施策の成果に関する報告について」という資料を市議会に提出し，その資料のなかで産業経済費の決算額をいくつかの歳出項目に分類し，経済局の施策の成果として掲載している。この資料に示されている歳出項目が，大まかではあるものの，大阪市の商工費の中身として捉えることができる。表1は，1990年度以降の歳出項目の大項目における金額と構成比についてみたものである。これをみると，次の特徴が指摘できる。第1に，中小企業金融対策が歳出の大半を占めており，その財政的比重が近年高まっている。第2に，貿易（観光）対策や商工振興対策など中小企業金融対策以外の歳出項目は構成比を低下させている。商工振興対策は2000年度に一時的に構成比を上昇させているが，その後は低下傾向にある。

表1　産業経済費の内訳

(百万円, %)

	1990年度		1995年度		2000年度		2005年度		2008年度	
	歳出額	構成比	歳出額	構成比	歳出額	構成比	歳出額	構成比	歳出額	構成比
中小企業金融対策	30,639	57.1	116,727	84.9	114,766	82.0	79,100	87.8	74,006	90.3
貿易(観光)対策	9,693	18.1	8,978	6.5	8,573	6.1	2,710	3.0	1,481	1.8
商工振興対策	5,526	10.3	7,432	5.4	11,781	8.4	5,426	6.0	4,447	5.4
農畜産対策	4,611	8.6	213	0.2	181	0.1	65	0.1	53	0.1
その他(人件費等)	3,152	5.9	4,186	3.0	4,690	3.4	2,777	3.1	1,941	2.4
合計	53,622	100.0	137,536	100.0	139,990	100.0	90,078	100.0	81,928	100.0

注1　「貿易(観光)対策」は1999年度まで「貿易観光対策」、2000年度以降は「貿易振興対策」という名称で、「商工振興対策」は2008年度は「産業振興対策」という名称であった。
注2　「合計」は産業経済費全体を示している。
注3　年度によって、「民生事業費」の一部(同和対策事業費など)が掲載されている場合があったが、これは分析から除いている。
出所：大阪市「大阪市歳入歳出決算に係る主要な施策の成果に関する報告について」各年度版より筆者作成。

　表2は、構成比が比較的高い①中小企業金融対策、②貿易(観光)対策、③商工振興対策の3つの歳出の内訳を示している。紙幅に限りがあるため、1990年度、2000年度、2008年度のみを掲載した。時系列で比較分析すると次のような特徴がみられる。
　第1に、中小企業金融対策と貿易(観光)対策の内訳に出てくる歳出カテゴリーがあまり変わっていないのに対し、商工振興対策のそれは2000年度を境に大きく変化していることである。中小企業金融対策については、「中小企業融資基金への繰出」(制度融資のための金融機関への預託)や「信用保証協会への補助金」など、歳出カテゴリーに変化がない。これは制度融資と信用保証による支援体制が従来から続けられていることを意味している。したがって、表1で示されていたように、中小企業金融対策の歳出水準が比較的維持されているのは、バブル崩壊後の長期不況のなかで、国や大阪市が拡充したセーフティーネット関連の金融支援が盛んに利用されていることが大きな要因と考えられる。貿易(観光)対策についても、「国際交易機能の強化」「国際経済交流の推進」「貿易の振興」など、

歳出カテゴリーがさほど変わっていない。「観光事業の推進」や「集客産業の振興」が2008年度には無くなっているのは，経済局で行ってきた観光業務が2001年度から他部局（ゆとりとみどり振興局）に移ったことによるものである。1990年度の貿易（観光）対策の歳出額をみると，商工振興対策の歳出額を大きく上回っているが，これは大阪市が1980年代から90年代に実施していた「国際中枢都市づくり」の政策路線が当時，経済局の歳出にも反映していたといえる。この路線の縮小，そして，観光業務の他部局への移管によって，貿易（観光）対策の歳出は2000年代に大きく減少したのである。「国際中枢都市づくり」の路線に変わって，2000年代の産業政策の主軸となったのが商工振興対策である。2000年度以降，商工振興対策には「新産業の創出・創業支援」や「中小企業の総合的な経営支援」といったこの時期の産業ビジョンや総合計画に対応する新たな歳出項目が現れており，歳出カテゴリーが2000年度を境に変化していることがわかる。

　第2に，商工振興対策において，ハード整備を中心とした集団化の事業が縮小し，ソフト支援を中心とした個別企業支援の事業が拡大していることである。1990年度で歳出が比較的大きい項目は，ハード整備による支援が中心の「都市型工業の立地適正化対策」であったが，2000年代にはソフト支援が中心の「新産業の創出・創業支援」の歳出が大きくなっている。「新産業の創出・創業支援」の歳出内訳をみると，大阪産業創造館の整備，ソフト産業プラザの拡充，インキュベーション事業の推進などの歳出が大きい。これらはハード整備も含むものではあるが，中小企業の経営支援という個別企業へのソフト支援に重きを置いている事業であり，ハード整備中心の集団支援からソフト支援中心の個別企業支援へと事業の重点がシフトしているといえる。また，商店街や小売市場の整備といった商業関連のハード整備事業も減少傾向にあることがわかる。表には示されていないが，団体助成についても縮小しているとみられる。経済局の「事務事業概要」を遡ると，「商工団体（もしくは経済団体）の指導助成」という事業項目が1990年代まで存在していたが，2000年以降に掲載されなくなった。新基本法が制定され，商工振興対策の政策体系が大きく変化する2000年頃を境に，商工団体支援が縮小あるいは廃止され，個別企業への直接支援の性格を強めていることがうかがえる。

表2 中小企業金融対策，貿易（観光）対策，商工振興対策の内訳

(百万円，％)

	1990年度	歳出額	構成比
①中小企業金融	中小企業融資基金へ繰出	17,000	55.5
	大阪市信用保証協会貸付金、出捐金	12,515	40.8
	商工組合中央金庫貸付金	640	2.1
	大阪市信用保証協会補助金等	484	1.6
	合計	30,639	100.0
②貿易観光	国際交易機能の強化	5,933	61.2
	インテックス大阪の整備	5,880	60.7
	その他	53	0.5
	国際経済交流の促進	1,251	12.9
	海外事務所運営	146	1.5
	インテックス大阪の管理運営	700	7.2
	大阪城ホール設備整備助成	300	3.1
	その他	106	1.1
	貿易の振興	1,110	11.5
	大阪輸出入協会貸付金	740	7.6
	大阪市信用保証協会貸付金	230	2.4
	その他	140	1.4
	観光事業の推進	1,501	15.5
	トラベル大阪21計画事業	70	0.7
	大阪キャッスルホテル貸付金	1,140	11.8
	大阪城天守閣運営整備等	189	2.0
	合計	9,693	100.0
③商工振興	経営安定対策（企業診断等）	350	6.3
	先端技術化対策	72	1.3
	ニュービジネスの育成	242	4.4
	都市型次世代企業育成事業	235	4.2
	ニュービジネスフォーラム事業分担	7	0.1
	都市型工業の立地適正化対策	2,979	53.9
	デザイン、ファッションの振興	139	2.5
	トータルファッション・フェア事業分担	60	1.1
	その他	79	1.4
	商店街の振興	250	4.5
	商店街かがやきクリエーション推進事業	105	1.9
	おおわか商店街振興フェスティバル事業	97	1.8
	その他	48	0.9
	小売市場の振興	364	6.6
	小売市場の整備	237	4.3
	小売市場の管理指導等	127	2.3
	生鮮食料品等の流通対策	141	2.5
	中小企業の経営合理化近代化等	716	13.0
	なにわあきんど塾等	534	9.7
	（財）大阪市中小企業勤労者福祉サービスセンター助成等	182	3.3
	国際経済交流の促進	45	0.8
	情報化対策	220	4.0
	大阪産業情報ネットワーク株式会社出資金	150	2.7
	基盤情報システム開発株式会社出資金	70	1.3
	国際金融機能の強化	9	0.2
	合計	5,526	100.0

	2000年度	歳出額	構成比
①中小企業金融	中小企業融資基金へ繰出	71,500	62.3
	商工組合中央金庫貸付金等	743	0.6
	大阪市信用保証協会貸付金、補助金等	42,523	37.1
	合計	114,766	100.0
②貿易観光	国際交易機能の強化	5,057	59.0
	ワールドトレードセンター大阪の運営	247	2.9
	アジア太平洋トレードセンター事業	4,810	56.1
	国際経済交流の推進	1,605	18.7
	ビジネスパートナー都市経済交流事業等	252	2.9
	海外事務所運営	257	3.0
	インテックス大阪の管理運営	957	11.2
	国際ビジネス都市大阪キャンペーン事業	110	1.3
	その他	29	0.3
	貿易の振興	843	9.8
	大阪輸出入協会貸付金	740	8.6
	輸出手形損失てん補金等	10	0.1
	大阪国際見本市開催分担等	93	1.1
	集客産業の振興	1,067	12.4
	トラベルコンベンションの開催	27	0.3
	大阪キャッスルホテル貸付金等	1,040	12.1
	合計	8,573	100.0
③商工振興	新産業の創出・創業支援	8,421	71.5
	大阪産業創造館の整備	6,018	51.1
	大阪産業創造館事業	403	3.4
	ATCグリーンエコプラザの開設	484	4.1
	中小企業IT化総合支援プログラム等	35	0.3
	ソフト産業プラザの拡充	1,046	8.9
	創業支援センターの運営等	435	3.7
	中小企業の総合的な経営支援	697	5.9
	専門家派遣、経営相談、情報提供等	349	3.0
	（財）大阪市中小企業勤労者福祉サービスセンター助成	217	1.8
	その他	131	1.1
	デザイン、ファッションの振興	423	3.6
	デザイン振興プラザの機能強化	334	2.8
	その他	89	0.8
	商店街・小売市場の振興	1,768	15.0
	商店街にぎわい創出事業	153	1.3
	商店街整備支援事業	679	5.8
	店づくり振興スクエア事業	145	1.2
	小売市場業態転換促進助成事業	157	1.3
	小売市場の整備	384	3.3
	その他	250	2.1
	研究開発機能の強化	331	2.8
	新規市場開拓技術開発支援事業	283	2.4
	中小企業先端技術国際交流事業等	49	0.4
	生鮮食料品等の流通対策	141	1.2
	合計	11,781	100.0

	2008年度	歳出額	構成比
①中小企業金融	中小企業融資基金へ繰出	53,448	72.2
	大阪市信用保証協会貸付金	12,574	17.0
	大阪市信用保証協会補助金等	7,984	10.8
	合計	74,006	100.0
②貿易振興	国際交易機能の強化	736	49.7
	外資系企業等誘致推進事業	48	3.3
	アジア太平洋トレードセンター事業	688	46.4
	国際経済交流の推進	673	45.4
	国際ビジネス活動支援事業等	23	1.5
	国際企業の国際展開支援事業	4	0.3
	アジアへの販路開拓事業等	15	1.0
	インテックス大阪の管理運営等	631	42.6
	貿易の振興	73	4.9
	合計	1,481	100.0
③商工振興	新産業の創出・創業支援	2,510	56.4
	大阪産業創造館事業	775	17.4
	次世代ロボットテクノロジー産業創出事業	129	2.9
	健康・予防医療産業創出事業	63	1.4
	革新的技術の事業化促進事業	65	1.5
	クリエイティブ産業創出・育成支援等	46	1.0
	インキュベーション事業の推進等	1,434	32.2
	中小企業の総合的な経営支援	208	4.7
	（財）大阪市中小企業勤労者福祉サービスセンター助成	188	4.2
	その他	19	0.4
	デザイン、ファッションの振興	35	0.8
	大阪スタイルコレクション事業分担	7	0.2
	国際デザイン・ビジネス交流事業の一部分担	29	0.6
	地域商業の活性化	359	8.1
	地域商業活性化トライアル支援事業	57	1.3
	商店街空間整備支援事業	71	1.6
	店づくり支援センター事業	128	2.9
	コミュニティビジネス支援事業	89	2.0
	その他	13	0.3
	ものづくり産業の再生	1,235	27.8
	（地独）大阪市立工業研究所の運営	1,195	26.9
	その他	40	0.9
	生鮮食料品等の流通対策	100	2.2
	合計	4,447	100.0

注　細項目において1％以下の歳出項目が複数ある場合は，「その他」として一括して示している。
出所：表1と同じ。

(2) 個別企業支援の動向

個別企業支援の内容や体制にはどのような変化がみられたのであろうか。大阪市信用保証協会による金融支援（表3），中小企業指導センター・大阪産業創造館による経営支援（表4），大阪市立工業研究所による技術支援（表5）についてそれぞれみていきたい。

表3は信用保証協会の「事業報告書」に掲載されている保証種類別の保証件数を示している。保証の合計件数をみると，年度によって上下動はあるが，概ね2万件前後で推移している。保証種類別の件数の推移をみると，協会の一般的な保証である「普通保証」メニューと，小企業事業資金融資など「小口」の融資保証メニューの利用が常に多いことが示されている。不況対策として2000年度付近には金融安定化特別保証，2008年度には緊急保証が実施され，保証枠が大幅に拡大されたため，これらの時期は「経営安定関連」で保証件数が顕著に多くなっている。このほか，1990年代前半頃には「当座貸越」（当座貸越根保証）や「カードロー

表3　種類別保証件数

	1990年度		1995年度		2000年度		2005年度		2008年度	
	件数	構成比	件数	構成比	件数	構成比	件数	構成比	件数	構成比
普通保証	7,127	37.1	3,382	19.8	3,294	14.8	3,965	39.6	2,982	13.3
経営安定関連	–	–	–	–	12,644	56.8	379	3.8	14,826	65.9
倒産関連	2	0.0	7	0.0	–	–	–	–	–	–
公害防止	25	0.1	48	0.3	4	0.0	3	0.0	0	0.0
体質強化	27	0.1	1,399	8.2	12	0.1	48	0.5	691	3.1
当座貸越	5,595	29.1	2,460	14.4	1,037	4.7	78	0.8	39	0.2
カードローン	3,061	15.9	1,658	9.7	929	4.2	148	1.5	51	0.2
創業等	–	–	–	–	–	–	23	0.2	138	0.6
流動資産担保融資	–	–	–	–	–	–	235	2.3	58	0.3
小口	1,946	10.1	3,753	22.0	2,343	10.5	1,722	17.2	2,155	9.6
設備	10	0.1	3	0.0	1	0.0	0	0.0	0	0.0
輸出	524	2.7	451	2.6	127	0.6	23	0.2	0	0.0
季節	163	0.8	0	0.0	0	0.0	0	0.0	0	0.0
手形割引	34	0.2	11	0.1	0	0.0	0	0.0	0	0.0
その他	719	3.7	3,908	22.9	1,884	8.5	3,388	33.8	1,556	6.9
合計	19,233	100.0	17,080	100.0	22,275	100.0	10,012	100.0	22,496	100.0

出所：大阪市信用保証協会「事業報告書」各年度版より筆者作成。

ン」(事業者カードローン当座貸越根保証) が多いなど，時期による違いがみられるが，いずれにせよ，中小企業の資金繰りを担うセーフティーネットとしての役割を常に果たしていることがわかる。

表4は大阪市中小企業指導センター（以下，指導センター）と大阪産業創造館

表4　経営支援件数

中小企業指導センターにおける主な支援	1990年度		1995年度	
	件数	構成比	件数	構成比
経営一般	1,023	15.2	1,025	18.2
下請相談	329	4.9	302	5.4
税務（会計）相談	97	1.4	87	1.5
工場経営・生産技術・省エネルギー	89	1.3	73	1.3
商店経営・販売促進	151	2.2	96	1.7
法律	272	4.0	345	6.1
海外取引紹介	2,408	35.8	1,895	33.6
国内取引紹介	1,851	27.5	1,468	26.0
その他	510	7.6	346	6.1
合計	6,730	100.0	5,637	100.0

大阪産業創造館における主な支援	2005年度		2008年度	
	件数	構成比	件数	構成比
ビジネスチャンス倍増プロジェクト（マッチング件数）	255	1.3	260	1.3
オンライン相談	1,900	9.5	902	4.4
電話相談	1,650	8.3	1,343	6.5
面談相談	3,565	17.9	3,875	18.8
専門家派遣（コンサル出前一丁）	385	1.9	296	1.4
創業関連セミナー（参加人数）	2,928	14.7	5,380	26.1
新事業創出・経営革新関連セミナー（参加人数）	7,499	37.6	4,861	23.6
ものづくり関連セミナー等	-	-	1,713	8.3
交流事業（参加者）	1,065	5.3	1,346	6.5
サンソウカンde記者会見（投稿数）	695	3.5	644	3.1
IAG事業発表会（ビジネスプラン発表）	17	0.1	10	0.0
合計	19,959	100.0	20,630	100.0

出所：大阪市「大阪市事務事業概要」，(財) 大阪市都市型産業振興センター「事業状況報告」各年度版より筆者作成。

（以下，産創館）の主な支援内容・件数を示している。大阪市の経営支援は，1968年に設立された経済局の直営機関である指導センターによって実施されていたが，2001年に産創館が開設するとともに，指導センターは廃止となり，産創館が経営支援の拠点機関となった。産創館は大阪市の外郭団体が運営する施設であり，主に民間人材が事業を企画・実施している。表4をみると，産創館に経営支援の主体が代わったことで，支援合計件数が増加していることが示されている。また，支援メニューが多様化していることもわかる。これは産創館が企業ニーズに合った新しい施策を意識的に展開しているためである。例えば，大企業のOBが大阪市内の製造業者を訪問し，自らの経験や人脈を活用してビジネスマッチングを行う「ビジネスチャンス倍増プロジェクト」や，マスコミへのプレス発表の場を設定する「サンソウカンde記者会見」といった多様な支援が実施されている。産創館では民間企業の現場目線での企画を次々と立ち上げていることが，施策の多様化と利用数の増加につながっている。

表5は大阪市立工業研究所（以下，市工研）の受託研究，依頼試験，技術相談，設備利用の件数の推移をみたものである。支援合計件数をみると，増加傾向にあることがわかる。支援の内訳をみると，受託研究が減少し，依頼試験，技術相談，設備利用が上昇している。こうした動向は，市工研が企業の現場支援を強化していることを示している。市工研の組織体制の変化にも，現場支援強化の動きが反映されている。市工研は従来，「化学」を中心とした学問分野ベースでの研究課体制（工業化学課，有機化学課，プラスチック課，生物化学課，無機化学課，機

表5　技術支援件数

	1990年度		1995年度		2000年度		2005年度		2008年度	
	件数	構成比	件数	構成比	件数	構成比	件数	構成比	件数	構成比
受託研究	1,421	8.7	1,678	9.1	1,559	9.3	1,817	7.7	695	2.5
依頼試験	2,107	12.9	3,104	16.8	2,810	16.8	8,463	35.8	7,369	26.1
技術相談	12,681	77.6	13,502	73.0	11,949	71.6	12,758	54.0	19,434	68.9
設備利用	126	0.8	212	1.1	365	2.2	607	2.6	710	2.5
合計	16,335	100.0	18,496	100.0	16,683	100.0	23,645	100.0	28,208	100.0

注　設備利用は機械装置の使用申込件数を示している。
出所：大阪市立工業研究所『平成20年度業務年報』（2009年），同『業務年報―平成19年度における活動状況―』（2008年），同『創立80周年記念誌』（1996年）より筆者作成。

械課）を採ってきたが，2004年に「材料」を中心とした学問分野横断的な研究課体制（有機材料課，生物生活材料課，電子材料課，加工技術課，環境技術課）に再編し，より多くの企業に馴染みやすく，現場レベルでの支援を意識した組織体制へと変化している。また，市工研は1916年の設立以来，経済局の部局（直営）であったが，2008年度に自治体の公設試験研究機関としては東京都立産業技術研究センターに次いで2番目の一般型（非公務員型）の地方独立行政法人へと移行した。この組織と人材の民間化という変化には，個別企業支援をより柔軟に，より積極的に行っていくことが意図されていると考えられる。

　以上のように，金融支援については，中小企業の資金繰りを担うセーフティーネットとして機能し，経営支援，技術支援については，現場ニーズに柔軟に対応した支援が強化されているという傾向がみられた。経営支援と技術支援に顕著にみられるように，個別企業支援においては，中小企業のそれぞれの状況にあわせた新しい取り組みを支援するという形での「イノベーション支援」が行われつつあるといえる。

4．大阪市中小企業政策の再編の特徴と問題点

(1) 政策再編の特徴

　以上の分析から，大阪市の中小企業政策は，ハード整備や団体支援といった中小企業の集団としての環境を整える支援から，個別企業の経営に直接入り込む支援へとシフトしているといえる。すなわち，中小企業の資金繰り支援によって中小企業の経営不安定化を防ぎつつ，経営支援や技術支援などの個別企業の活動への支援でイノベーション促進を図っているのである。これは，国際拠点づくりや商工団体助成のように間接的に支援を行うものではない。また，かつて「指導」や「設備近代化」といった言葉にあらわれていたように，行政サイドが中小企業経営の理想的な状態をあらかじめ確定して，それに向かって誘導させるという支援とは異なる方向性である。新基本法の理念的支柱であるイノベーション支援は，こうした形で大阪市の政策実施体制に具現化しているのである。

　この再編の留意すべき点は，第1に，政策理念と政策実施体制が必ずしも一致していないという点である。新産業分野や成長企業の集中支援という新基本法にイメージされる「選別型」支援の政策観が，2000年代の大阪市の産業ビジョンや

総合計画に反映されていた。しかし，実際の政策実施体制をみた場合，支援の増加・多様化の傾向がみられ，なるべく多くの企業の支援要求に対応していくことを重視する体制が強化されていた。現場の支援体制では，成長する企業に集中支援するという「選別型」支援ではなく，支援を望む企業に支援を行うという，いわば「オン・デマンド型」の支援体制といえる。すなわち，現場の政策実施体制は，支援対象を絞り込むというよりも，あらゆる中小企業に支援ネットを広げていくことに重きを置いているのである。このように，政策理念と政策実施体制に乖離がみられる。この原因として，どのようなイノベーションを支援するのかについて，政策理念と政策実施体制の間でずれが生じていることが指摘できる。イノベーションには市場と技術においてまったく新しい変化をもたらす構築的・急進的イノベーションもあれば，既存の市場と技術の範囲での変化をもたらす通常的・漸進的イノベーションもある。新基本法が政策目標として強調する新産業創出・経済低迷打開に適うイノベーションの形は，構築的・急進的イノベーションといえる。構築的・急進的イノベーション支援を重視する場合，特定のベンチャー企業や成長企業を選別支援するという政策方向が掲げられる。しかし，現実的には，成長性やイノベーションの大きさを評価することは難しく，支援対象企業を選別できない。また，仮にその評価ができたとしても，成長性の低さやイノベーションの小ささを理由に支援を拒否することは，これまでの現場の支援姿勢に反するものといえる。このように，新基本法は，「新産業創出・経済成長」という目標を掲げつつ，その手段であるイノベーション支援が現実的には非選別型の通常的・漸進的イノベーション支援にならざるをえないという点で，ある種の矛盾を抱えている。新基本法の政策体系が自治体商工部局に導入されるときに，この新基本法の矛盾が自治体の政策理念と実施体制の乖離をもたらすのである。

　第2に，財政負担や財政硬直化を抑制しつつ，中小企業のイノベーション支援を行う政策再編となっている点である。商工費は大阪市財政のなかで比較的維持されている歳出分野といえるが，その大きな原因は「中小企業金融対策」の歳出水準の維持・増加にあり，それは主に経済状況の悪化のなかで国や大阪市が拡充したセーフティーネット関連の信用保証・制度融資が盛んに活用されていることによるものであった。一方，総合計画や産業ビジョンで期待され，産業政策の中心的施策であったはずの「商工振興対策」の歳出は著しく減少していた。しかし，「商工振興対策」における経営支援や技術支援といった個別企業支援は，増加・

多様化していた。このように，「歳出縮小と支援拡大」というジレンマを乗り越える政策再編となっていることが特徴的であるが，ジレンマ克服の再編のポイントとして次の要素が挙げられる。①ハード支援や団体支援といった歳出が高額化・固定化する手法を避けていること，②公設試，経営支援機関，保証協会など既存の中小企業支援ツールを生かした施策展開を行っていること，③経営支援や技術支援において組織・人材の民間化を進めていることである。このように，大阪市では，歳出の抑制と中小企業政策の積極化の同時達成を狙った再編を行ったといえる。大阪市における財政緊縮化という厳しい状況のなかで，歳出を押さえるための支援体制が求められていたことが政策再編の促進要因になったと考えられる。

(2) 政策再編の問題点と課題

以上のように，大阪市中小企業政策の変化は，歳出を押さえつつ中小企業のイノベーションをサポートしていくための支援体制の再編であり，その意味ではプラスに評価できる面がある。しかし，大阪市のこの政策再編には，次のような問題点と課題がある。

第1に，新産業創出や経済低迷打開を政策目標としている点である。中小企業政策は成長エンジンづくりの政策として総合計画や産業ビジョンに位置づけられ，そこでは特定の成長産業や成長企業を生み出していくことが謳われている。しかし，これは現在の大阪市の中小企業政策の実施体制には本来，馴染まない路線といえる。この政策理念と政策実施体制との乖離は，政策評価を歪め，自治体中小企業政策の有効性に対する誤った評価につながる危険性がある。なぜなら，成長エンジンをつくり，経済成長を達成するための政策として中小企業政策を捉えるとすると，経済成長が達成されない場合，例えば，事業所数や従業者数が増えない場合，また，中小企業によって地域経済を牽引するような目立った成長産業や成長企業が生み出されていない場合，中小企業政策の実施体制をスクラップする，あるいは，中小企業政策自体が必要ないとする乱暴な議論に陥る恐れがあるためである。地域における中小企業のイノベーション支援には本来，地域コミュニティの維持や地域経済の多様性の確保などの多面的な目的がある。これは，中小企業の地域密着性や多様性を反映したものである。例えば，中小企業の地域密着性という性質を考えると，中小企業のイノベーション支援は地域コミュニティの維持・発展のための政策という要素も含んでいる。中小企業は，経営資源の制約から他

地域に容易に移転することができず，地域と運命を共にしている。また，経営者や従業員の顔も見えやすい。このため，中小企業は，地域のイベントや地域おこしに関わり，自治会の役員になるといったケースが多く，地域コミュニティを支える主体として重要な存在といえる。イノベーションという要素が企業存続のうえで重要になってきていることを考えると，中小企業におけるイノベーションの促進は，地域コミュニティの主体の存続・形成につながるものであり，その意味で地域コミュニティの維持・発展に寄与する面がある。中小企業のイノベーション支援政策は，こうした多面的な視点から評価していくことが必要である。それにも関わらず，新基本法下でみられる政策理念は，新産業創出・経済成長という一面的な目的へと自治体中小企業政策を傾倒させる性格を有している。大阪市は新基本法の理念を安易に受け入れ，開発型政策に代わる成長エンジン創出政策として中小企業のイノベーション支援政策を一面的に捉えるべきではない。

　第2に，本庁と外郭団体の分離傾向である。現場での支援を柔軟に行うため，また，財政緊縮化のなかで歳出を抑制するために，本庁の直営ではなく外郭団体による支援体制を強化し，支援にあたるスタッフも民間人材を登用するなど，組織・人材の民間化を積極的に進める傾向がみられる[注3]。これは現場の企業ニーズに即した支援をより多くの企業に行う体制としてプラスに評価できる面がある。しかし，一方で，本庁職員が現場から遠のくことで本庁の企画機能や現場感覚が喪失されやすいという問題点がある。最終的な政策実施の判断や評価は，本庁職員が行うものであるため，本庁職員が現場から遠くなることで，現場に即した判断や評価が難しくなる。このことによって，外郭団体側で良い企画案が出たとしても，その良さが分からず事業化を認めない，現場での支援活動や支援成果を適切に評価できないといった問題を引き起こす恐れがある。政策理念と政策実施体制の乖離は，こうした組織上の分離からもたらされている面があるといえる。専門組織をつくり支援の効率化や柔軟化を図ることに一定のメリットがあるとはいえ，組織上の分離が，情報，ノウハウ，感覚，関係性の分断をもたらす傾向があることに注意が必要である。本庁の人材が外郭団体における現場支援に恒常的に携わる体制をつくるなど，本庁と外郭団体の分離が極端に進まないように両者の密な関係構築に意識的に取り組むことが今後の課題といえる。

5．おわりに

　新基本法のイノベーションを基軸とした政策の方向性は，大阪市のように従来の開発型産業政策が行き詰まり，財政緊縮化のなかで新たな成長政策の柱を求めていた自治体にとって，受容しやすい政策路線であったといえる。しかし，この政策変化は問題点もはらむものであった。とくに，政策理念と政策実施体制の乖離問題は，新基本法の問題点と密接に関わるものといえる。他の自治体においても，大阪市と同様に，財政が厳しいなかで新たな成長政策の柱を模索する動きがみられ，実際に新産業創出政策と中小企業政策をダイレクトに結び付けて産業政策を展開している自治体もみられる。また，大都市自治体をはじめとして組織・人材の民間化傾向もみられる。こうした状況を鑑みると，本稿での大阪市の事例分析は，自治体一般の中小企業政策のあり方に示唆を与えるものと思われる。しかし，本稿では大阪市の事例がどの程度一般性をもつのかについての検証を行えていない。また，自治体と国との役割分担に関する考察も行っていない。施策利用企業の実態にもとづいてイノベーション支援の実態や効果を分析するということも，本稿ではできなかった。これらは今後の研究課題としたい。

〈注〉
1　大阪市の産業政策における「開発型（都市改造型）」政策と「中小企業支援型」政策の変遷については，本多（2008）を参照されたい。
2　経済局の支出は，普通会計（自治体間比較や時系列比較が可能となる総務省の地方財政決算統計上の会計区分）では「商工費」の歳出区分に分類されている。一方，大阪市の一般会計では「産業経済費」ならびに「産業経済事業費」という歳出区分に分類されている。普通会計の「商工費」と一般会計の「産業経済費（産業経済事業費も含む）」は，完全には一致しない点に注意する必要がある。
3　大阪市の中小企業政策における外郭団体重点化のより詳しい分析については，本多（2011）を参照されたい。

〈参考文献〉
1　福島久一（2006年）『現代中小企業の存立構造と動態』新評論。
2　本多哲夫（2008年7月）「自治体における地域経済政策—大阪市を事例に—」『中小企業季報』第146号，pp. 1〜9。
3　本多哲夫（2011年）「大都市自治体の中小企業政策における行財政システム—大阪

市の外郭団体重点型システムの分析―」日本地方財政学会編『日本地方財政学会研究叢書第18号 地方財政の理論的進展と地方消費税』勁草書房，pp.109〜131。
4 池田潔（2002年）『地域中小企業論―中小企業研究の新機軸―』ミネルヴァ書房。
5 河藤佳彦（2008年）『地域産業政策の新展開―地域経済の自立と再生に向けて―』文眞堂。
6 清成忠男（2009年）『日本中小企業政策史』有斐閣。
7 黒瀬直宏（2006年）『中小企業政策』日本経済評論社。
8 松永桂子（2007年）「地域産業振興のための政策分析・地域比較」日本中小企業学会編『中小企業のライフサイクル（日本中小企業学会論集26）』同友館，pp.98〜111。
9 三井逸友（2001年）「中小企業の創業と革新―99年中小企業基本法改定と中小企業経営の課題―」三井逸友編『現代中小企業の創業と革新―開業・開発・発展と支援政策―』同友館，pp.1〜11。
10 長山宗之（2010年）「新しい産業集積の形成と地域振興」吉田敬一・井内尚樹編『地域振興と中小企業―持続可能な循環型地域づくり―』ミネルヴァ書房，pp.119〜150。
11 佐竹隆幸（2002年）「中小企業政策の歴史的展開」佐竹隆幸編『中小企業のベンチャー・イノベーション―理論・経営・政策からのアプローチ―』ミネルヴァ書房，pp.269〜295。
12 寺岡寛（2010年）「『中小企業政策の日本的構図をめぐって』再考論―第20回大会での報告から10年経過して―」日本中小企業学会編『中小企業政策の再検討（日本中小企業学会論集29）』同友館，pp.17〜31。
13 植田浩史（2007年）『自治体の地域産業政策と中小企業振興基本条例』自治体研究社。
14 植田浩史・立見淳哉編（2009年）『地域産業政策と自治体―大学院発「現場」からの提言―』創風社。

（査読受理）

特別セッション

震災からの復興と中小企業の存立[注1)]
―クライシス・リスクからの脱却―

兵庫県立大学　佐竹　隆幸

　はじめに2011(平成23)年3月11日午後2時46分に発生しました東日本大震災により，亡くなられた方々のご冥福を心からお祈り申し上げますと共に，被災された皆さま，同地域の関連業者方，従業員とそのご家族の皆様には心からお見舞い申し上げます。

1．阪神・淡路大震災と東日本大震災　問題意識と（私の）現状認識

　1995(平成7)年1月17日に発生した阪神・淡路大震災は，自宅で震度7の揺れを体験，そして家屋の全壊という経験を私にもたらした。しかし，今から考えれば阪神・淡路大震災をきっかけに中小企業・経営者に出会うこととなる。それは「兵庫県中小企業家同友会(以下では，兵庫同友会)」からの依頼によって企業の再建に協力したことからスタートした。すなわちこれまでの中小企業「論」の研究のみならず実際の企業経営，いわゆる「真の」中小企業の実情に触れることとなった。実際の経営を学ばせて頂くきっかけとなり，「真の」中小企業の実情と向きあう契機となった。そこでは中小企業経営者が多くの困難を克服しながら，個々の中小企業がさまざまな戦略で復興していく姿があった。

　インフラ等の復旧もまだ進まない状況で1995(平成7)年4月より自転車で被災企業を視察して廻る日々が続く。理念型経営(ビジョナリー・カンパニー)が存立維持にとって不可欠であるといわれて久しいが，田中信吾氏(兵庫同友会筆頭代表理事：日本ジャバラ工業㈱代表取締役社長)，澤田脩一氏(兵庫同友会代表理事：サワダ精密㈱代表取締役社長)をはじめとする経営者の方々は，それぞれに個性

豊かで，経営理念に基づいた経営手腕を持ち，人間としても心から尊敬する素晴らしい人たちである。調査・研究で核となるものは，①経営者の有する経営理念，②企業の有する経営資源と経営者の経営戦略策定能力，③経営者の人間性，を中心に1999(平成11)年に日本の中小企業政策が大転換期を迎えるなかでケースとしてさまざまな検証をさせていただくこととなった。これが現在の私の研究の基盤となったことはいうまでもない[注2]。そして東日本大震災・・。2011（平成23）年5月から月に1度，宮城県仙台市・石巻市・南三陸町等被災地を訪れ，被災状況の視察と，復興支援の講演・研修をさせていただいている。東日本大震災は阪神・淡路大震災と同様に当該地域住民の暮らしや経済基盤に広範囲にわたって甚大な被害を与えることとなった。これは地域の中小企業にとっても同様で，存立基盤を根底から崩壊させてしまう危機的状況をもたらすこととなったのである。私にとって東北被災地の経営者の方々との交流は，始まったばかりである。

そもそも日本経済の変調はいつ始まったのであろうか。バブル崩壊，サブプライムローン問題，リーマンショック，そして東日本大震災，原発問題と節電対策，「アラブの春」に端を発する欧米の信用不安，これに伴う急激な円高，タイの水害に象徴される海外進出のリスク，これらの現象は全て「クライシス・リスク」として個別の対処療法的な方法ではなく，根本的に自社の経営を見直すきっかけとなるべき共通の「リスク」である。こうした時期であればこそ，企業の経営指針（ビジネスプラン）を確立し，企業としての社会に対する責任（CSR）を果たしていくことが，不可欠な経営環境となっている。

「アセンション[注3]」ともいうべき文明の大転換期を迎えて，水俣病患者の苦悩を描いてきた作家の石牟礼道子氏は，「息ができなくなっていた大地が深呼吸をして，はあっとはきだしたのでは。死なせてはいけない無辜の民を殺して。文明の大転換期に入ったという気がする」「亡くなった人たちの魂が伝えようとしている遺言に向き合い，受け止めて立ちあがったとき，今までとは違った文明ができあがるのではないか」[注4]。こうした時期にこそ，企業のコンプライアンスを遵守し，社会に対する責任を果たしていくことが，真に求められることとなる。さらには，人と人がお互いの幸福を尊重し合えるような文明社会を築いていくために，企業として地域に対してどう貢献していけるのか，その可能性を真摯に考え，経営理念や方向性をあらためて明確にすることが重要となる。

2．第二次世界大戦後の日本とクライシス・リスク

　第二次世界大戦後日本では，自然災害による死者・行方不明者は合計で31,000人，特に多かったのは阪神・淡路大震災6,434人，伊勢湾台風4,697人，洞爺丸台風1,761人などとなっている。今回の震災の被害が死者・行方不明者が合わせて現時点で2万人近い数字になっていることを考えれば日本の歴史上特筆すべき大惨事であったといわざるを得ない。なぜこのような事態を招いたか。これは日本が経済成長による日本の先進国化によって自然災害による人的被害は発生しても最小限に食い止められるものとして捉え，経済発展によって政府の防災対策，技術的先進性に伴う建物の耐震性，さらにはインフラ，都市計画，社会制度などに対する急速な整備によって，災害への抵抗力が向上したと考えられていたからである。いわゆるこれが「想定外」といわれるゆえんであるが，社会的抵抗力を上回る自然災害が発生すれば，このような大惨事になることは想定できたのではないだろうか。決して「想定外」が政府の防災対策に対する「免罪符」にはならないわけである。高度な経済発展を遂げた日本では災害が起きても人的被害は最小限に食い止められる，という暗黙の前提を置いていたのではないだろうか。これでは「政策的慢心」といわれても仕方がない。阪神・淡路大震災はあくまで例外であり，防災投資は多少抑制しても大きな被害は出ないと認識されていたこと，政権交代による民主党の施策的柱が従来型の政治情勢からの脱却を意味する「公共事業への批判」となってあらわれた結果であり，「コンクリートから人へ」のスローガンの下，事業仕分より，大型の防災投資を伴うようなハードな施策というよりも，民生安定化へのソフト事業に転換したことも今回の被害の甚大さに大きく関わっていると考えられる。すなわちソフトな事業こそが高齢化・人口減少の日本社会にとって不可欠であり，ソフトな事業への投資こそが必要であると多くの国民が理解したわけである[注5)]。

　以上のような流れを考えると「自然の力に対する侮り」はなかったであろうか。諸外国，特に発展途上国における災害ではいつでも社会の最も脆弱な部分を襲う。今回の東日本大震災においても被害が大きいのは，東北の1次産業従事者とともに中小零細企業である。再建不可能な状況も現れている現状で国内産業・企業の事業継続性を確保するための，創造的な産業構造形成を前提とした，地域ごとに自立しながらも他地域と相互に補完できるネットワーク型の産業構造システムの

構築などが望まれる。阪神・淡路大震災の復旧・復興を活かした早急な東日本地域の再活性化が望まれる。

　近年，バブル経済の崩壊から今日までを指して「失われた20年」といわれている。以前までは，バブル経済が崩壊した1990年代初頭から，小泉構造改革が始まるまでの期間を「失われた10年」と呼んでいた。ところが「失われた10年」から一時的には脱したものの，リーマンショックなどの国際経済の影響によって今に至るまで経済には明るさが戻ってきていない。ここに加えて東日本大震災が発生したことになる。震災前の日本経済は，「失われた20年」による景況低迷がしだいに回復基調に戻りつつあった時期であり，中小・零細企業・個人業主にとっての新たな展開を模索する時期でもあった。にもかかわらず日本を襲った今回の震災は，バブル崩壊・リーマンショック以上に日本経済に与える影響は深刻である。現状は被災者の捜索活動・救済支援はさしあたり終了し，引き続きインフラ復旧が急がれるが，現時点ではあまり進んでいないのが現状である。今後の復興に向けては多大なる財源が必要となる。阪神・淡路大震災は東日本大震災と比較すれば被災地域が限定的であったが，今回は岩手・宮城・福島をはじめ青森・茨城・千葉，さらには首都圏も巻き込んで広範囲にわたっており，喪失した被害額は50兆円ともいわれている。

　そもそも第二次世界大戦以降の日本は，混合経済，すなわち政府（行政）が市場を補填するのみならず主導することにより，急速な先進国へのキャッチアップが先進国の中で最も有効に機能した国であるといわれている。つまり高度経済の成長により国民の生活水準は向上し，「一億層中流化」を果たしたことから，所得再分配が最も機能的に働き，公共事業によるインフラ整備の進展による地域経済の成長，地域間格差の縮小を達成し，産業政策による国際競争力を保持した企業・業種が形成されたわけである。高度経済成長システムが形骸化していることが日本のシステムが劣化している最大の要因といわれるが，今回の震災を機に先進国日本にふさわしい政府（行政）と民間との融合による復興システムの再構築が必要となり，日本のそして政府（行政）の力量が試されることとなる。

　阪神・淡路大震災のみならず東日本大震災においても被災地経済の復興を加速するうえで，地域に存立基盤をおく企業（事業所）が再開・事業活動への復帰を果たすことが不可欠である。このためには地域経済の担い手である中小企業（事業所）の操業・営業の場をまずはさしあたり応急的に確保し，早期開業を支援していく

ことは，被災者の生活再建を促進していくうえでも重要な課題である。阪神・淡路大震災では，かかる状況にたいし，行政が関わる日本の産業政策において前例のない緊急措置として仮設工場（復興支援工場）の建設が行われたが，これはきわめて有効な緊急措置であったと評価されている。阪神・淡路大震災において仮設工場（復興支援工場）が開設されたのが，1月17日の震災当日から2ヶ月ほど経った1995（平成7）年3月末であった。この点から考えれば東日本大震災において未だ仮設工場（復興支援工場）が開設されていないことは地域の復興にとっての阻害要因となっていることは否めない。いずれにしても被災地の中小企業，特に零細企業への支援は，孤立しがちな中小企業への精神的な面でも大きな支柱となったと評価されている。早急な措置またはこれに代わる代替措置が望まれる。また政府系金融機関による緊急融資の実施は当然として，これに加え一般の銀行による融資，特に被災地への融資に対し税制上の優遇措置を講じるなど，被災地への投資を促す仕組が必要である。さらには被災により不安定となった中小企業に対する融資に公的保証を付与するものとして信用保証の拡充が望まれる。これは巨大災害により発生したコストを社会全体で負担することにも繋がる[注6]。

地域に存立する中小企業は，地域内部に幅広く存立する中小企業群と取引連関を有している可能性が高く，その事業再開・本格稼動は地域内再投資力の視点から地域経済再生にとってきわめて重要である。かかる中小企業再生に向けた経済界をも巻き込んだ支援策の検討は喫緊の課題である[注7]。

3．日本中小企業学会に見る震災関連研究の軌跡

日本中小企業学会で「震災」との関連で「中小企業」について取り上げた事例は以下の10報告（統一論題1報告，自由論題7報告，国際交流セッション1報告，部会でのシンポジウム1報告）[注8]である。以下では簡単に各報告の概要について紹介し，日本中小企業学会と震災研究の位置づけについて紹介していきたい。

① 日本福祉大学　森　靖雄（1997年）「神戸被災業者の復興と問題点」

震災で被災した中小企業（特に小規模業者）に着目し，小規模業者を取り巻く震災後の復興過程での制度的不備に起因する問題，経営環境の変化に起因する構造的問題について取上げている。

② 吉備国際大学　田中　道雄（2000年）

「中心市街地の活性化とその課題―具体的事例からの接近―」
　中心市街地活性化の基本的枠組を考察する事例として神戸市新長田地区に着目した研究である。長田区は最盛期に比べ人口，商店数ともに減少しており，震災復興住宅の建設，住宅地整備に必要な財源確保，被災住民の「こころのケア」の問題などがあるとした。

③　福井県立大学　小川　雅人（2003年）「商店街パートナーシップ戦略―地域商業活性化における地域活動組織との関わりについて―」
　商店街の空き店舗を使った被災者救援バザーや募金などの商店街特有の地域活動に触れ，地域社会における商店街の役割について説明している。

④　兵庫県立大学　池田　潔（2006年）
「中小企業ネットワークの進化と課題」統一論題
　新連携事業について取り上げ，中小企業ネットワークの持つ意味について考察している。新連携事業の事例として，震災による兵庫経済の疲弊から脱却するために設立された兵庫県中小企業家同友会の連携組織であるアドック神戸について取り上げている。

⑤　阪南大学　関　智宏（2006年）「中小企業連携の事業システムと競争力」
　中小企業間連携においていかなる事業システムの構築あるいは機能の発揮が中小企業の競争力に結びつくかを，震災以降の兵庫県中小企業家同友会の事例を用いて考察し，共通に持つ信用力（絆）から会員企業の存立基盤を連携によって強化していったプロセスについて検討している。

⑥　兵庫県中小企業家同友会　栄　敏充（2006年）国際交流セッション講演
　震災を契機として発足した兵庫県中小企業家同友会アドック神戸は，共同受注・製品開発を行うにあたり，主幹事企業を中心とした連携活動を行ってきたことが各企業の存立基盤強化に有効に機能したと講演した。

⑦　大阪経済大学　伊藤　博志（2006年）
「コミュニティ・クレジットの活用による地域産業活性化の可能性と課題―㈱日本トラストファンドの事例を中心として―」
　震災被災企業などの自発的な連携により，1999（平成11）年に設立された日本トラストファンド（2008（平成20）年に解散）を取り上げ，コミュニティ・クレジットや少人数私募債発行の支援業務などファイナンス事業につき解説した。

⑧　浜松大学　酒巻　貞夫（2008年）「コンパクトシティと商店街」

商業施設，公共施設，住宅等が都市の中心部に集積するコンパクトシティについて考察し，震災後に，神戸市が街の再生モデルとして取り上げたことで認知度が向上したと指摘した。

⑨ 尼崎市役所　梅村　仁（2010年）
「ビジネス・インキュベーターの再生と地方自治体の産業振興施策―尼崎リサーチ・インキュベーターセンターのケーススタディ―」
　インキュベーターセンターであるARIC（尼崎リサーチインキュベーションセンター）について考察し，震災以後のオフィス需要が高まり，90％に達したが，震災復興が進み，退去が進んだことについて指摘した。

⑩ 東部部会2011年7月17日　日本大学　シンポジウム：「震災と中小企業」
　　コーディネータ：黒瀬　直宏（嘉悦大学）
　　パネリスト鈴木　敏文（(株)松本精機代表取締役社長）
　　　　　　　瓜田　　靖（中小企業家同友会全国協議会政策局長）
　　　　　　　河上　高廣（中小企業基盤整備機構震災緊急復興事業推進部長）

　本年2012(平成24)年全国大会は「日本産業の再構築と中小企業」（予定，嘉悦大学で開催）を統一論題テーマに開催される。大会では東日本大震災の産業再構築への影響についても主要テーマの1つに掲げられている。中小企業の成長，地域経済の振興の視点から，東日本大震災が産業再構築にどのような契機になるのかについての分析を期待したい。
　各報告は具体的な中小企業の復興過程を通じた実態について実証的・政策的見地から検討している。基本的には被災地域経済の復興には中小企業の振興が不可欠であり，被災地域中小企業の存立基盤強化のための戦略行動としては，各企業ごとでのビジネスモデルの構築にかかる，連携，経営革新，CSRなどを進めることで，海外進出・脱下請などの自立的な経営行動を達成し，最終的に自社の存立基盤をよりいっそう強化することを実現した企業が多数存在しているとしている。このように震災と中小企業について扱った報告を通じて，実体経済の動きとも連関させながら，理論的，実証的，政策的に検証された研究内容を通じての研究者の研鑽の場としての日本中小企業学会の役割が再認識されるであろう。

4．震災を経た中小企業・地域経済の復興プロセス

　阪神・淡路大震災は，神戸・阪神地域を中心に未曾有の被害をもたらした。これは住民の生活はもちろん，産業や経済にも大きな打撃を与え，当然，中小企業の存立基盤にも大きな損害を与えた。関西圏には永年に亘って地震などの自然災害が少なく，関東圏と比較した場合に，防災や危機管理といった点に公民を問わず，意識が低かったと推察される。しかし，震災を契機として，"安心・安全なまちづくり"や，"企業の危機管理"等が認識され，議論されるに至り，その課題と対応に，公民一体となった取組がなされている。

　地域の再生・創造にとって，地域の多様な主体と外部のさまざまな主体が情報を共有し，たえず変化する地域環境に機動的に即応するプロセスが必要である。地域の再生・創造を実現するには，企業が存立維持を果たし，成長を実現することが不可欠であり，また企業の存立維持・成長なくして，地域の再生・創造は達成できない。阪神・淡路大震災とバブル崩壊後の「失われた10年＝平成不況」を経て，東日本大震災とリーマンショック後の「失われた20年」といった厳しい状況下においても，積極的な経営革新による第二創業によって，新製品開発・独自ブランドの構築・コスト削減・新規取引先の開拓等に成功している企業や地域は数多く存在している。また地域に蓄積された技能・技術をベースとして，地域内の企業同士のネットワークを活用し，連携を形成して，自身の存立基盤を強化する企業も存在する。このように企業や地域のなかには，経営革新を進め，ネットワークを活用し，地域経済との密接な繋がりを志向する企業も見られ，存立基盤の強化を模索している企業が数多く存在する。こうした活力ある企業・地域の新たな成長・発展への取組は，地域経済の活性化という観点からも非常に効果的であり，こうした取組が新たな産業の苗床となり，持続的に新たな創業を誘発するという相乗効果も期待される。

　中小企業基本法改定以降の中小企業政策の柱の1つとして経営革新（第二創業）がある。経営革新（第二創業）とは，中小企業が保有する既存の経営資源を活用してこれまでの事業領域や活動の方法を見直し，新たに企業を創業するほど抜本的に事業のあり方を再構築するベンチャー的戦略行動である。地域経済の発展にとって，多様性に富んだ地域特性によって創出されるビジネスチャンス，それを背景

として喚起される高い起業意欲とともに，そもそも地域経済を特徴づける多様な産業集積を形成しているという，これまでの地域経済の発展を支えてきた既存中小企業の役割を無視することはできない。しかし地域経済における中小企業を取り巻く経営環境は厳しく，従来型の経営では多くの課題が浮き彫りになっている昨今，既存中小企業による経営革新（第二創業）がまずは原点的戦略となる[注9]。

また「失われた20年」の中で「地域資源」が重視されるようになった。地域経済の「活性化」は，その地域にある経営資源をいかに有効活用するかが重要である。すなわち「ないものねだり」ではなく「あるものさがし」をしつつ，地域活性化の方向性を探ることが重要なのである。自企業で保有する経営資源を基盤に地域資源と組み合わせ，他企業の経営資源を融合しながら連結の経済性を行使し，先導役となる人材の育成や地域住民の協力を実行することで「活性化」を実現することができる。単なる大型工場の誘致だけでは地域経済の「活性化」につながる可能性は低い。地域資源を活用した経営革新（第二創業）の実現が全国各地で模索されている。

さらに中小企業の場合，単独で企業価値を高めようとしても経営資源の側面から限界がある。したがって，「企業間連携」により環境変化に対応可能な自立型企業に向けての存立基盤強化が重要となった。「企業間連携」は以下の場合が考えられる。①自社の強みと他社の強みを結びつけた事業や活動を展開していること，②事業や活動に自らが主体となって積極的に参画していること，③事業や活動の経験・ノウハウが自社の既存事業に役立っていること，④事業や活動が自社の第二創業の糸口になっていること，である。「企業間連携」が成功している事例をみると，さまざまな中小企業連携組織や産業クラスターの形成，地域大学との連携などを試みており，連携という手段を通じて「第二創業＝経営革新」を実現し，自社の存立基盤の強化を図っている[注10]。

加えて経営品質の向上が企業にとって必要であることが指摘され，企業が経営品質向上の実現を目標とすることが求められている。従来企業にとって最も重要な品質とは，提供する製品・サービスの質であった。この質こそがマネジメントでいわれる品質管理の対象となってきた。さらには企業を成長させていくためには優良な経営資源を獲得すること，すなわち質の高い「ヒト，モノ，カネ」を確保することが求められてきた。しかし必ずしも優良な経営資源を保有しても提供する製品・サービスの質が高まるものではないことが認識されるに至った。こう

して普及した考えが経営品質であり，企業にとって重要なのは「ES（社員満足）」であり，ESが向上すれば自ずと「CS（顧客満足）」は高まり，ESを高めるためには，企業は地域貢献を柱に「CSR（企業の社会的責任）」を果たし，人材育成を重視すべきであるという基本的な考えが定着するに至った。

　阪神・淡路大震災によって，兵庫県経済は大きな打撃を受けた。かつては，製造業を中心として大きな躍進を遂げてきた兵庫県であるが，震災後の復興期，国内における設備投資の回復基調を受けて，一部で明るい材料が見受けられる一方で，円高の影響が懸念されるなど，不安材料もあった。このような経済状況は東日本大震災による現在の経済状況と類似している。こうした兵庫県において，各企業は如何なる取組を行ってきたのであろうか。飛躍的に成長した企業の事例では，①経営革新（第二創業），②CSR，③連携を基本的な視点として自社の存立基盤を強化した以下のような事例が見られる[注11]。

　①　経営革新（第二創業）型
　　　ア．ラッキーベル　　　新長田地区に存立する運動靴ファブレス企業
　　　イ．森合精機　　　　　アドック神戸主幹事企業 精密機械器具製造業
　②　経営品質（CSR・ES・CS）追求型
　　　ア．近畿タクシー　　　新長田地区に共立するCSRをテーマに展開する企業
　　　イ．ジュンク堂書店　　三宮地区に本社をおく全国展開する書店
　③　連携型
　　　ア．アドック神戸　　　兵庫同友会製造部会を元に形成された連携組織
　　　イ．ワット神戸　　　　太陽光発電システム開発を目的とした連携組織

　以上３つの視点に見られるように阪神・淡路大震災以後，事例企業は復興をとげ，存立基盤を強化し，企業を安定的に成長させていった。東日本大震災被災地で同様の戦略的方向性によって復興しようと取り組んでいる企業の事例を上げると以下のようになる。

　①　経営革新（第二創業）型
　　　オプス　　　　　　　　仙台市内に存立する総合ビルメンテナンスメーカー
　②　経営品質（CSR・ES・CS）追求型
　　　高野コンクリート　南三陸町　防災リスク管理体制（BCP）確立による信用力創造

各企業の復興過程を通じて検証しうる企業の成長，地域の振興にとって不可欠な条件は，①被災地の実情に応じた，被災地のイニシアティブを重視した施策のパッケージ化を行うこと，②被災地の既存資源への集中的支援による地域内再投資力(地産地消)の拡大，被災地外との連関の拡大を行い，復興投資効果を戦略的に最大化すること，③多様な主体のパートナーシップによる機動的かつ柔軟な連携支援システムを構築すること，があげられる。

　被災地において中小企業が存立基盤を強化していくにはいかなる要因が必要であるのかについて検討していく一方で，現代日本経済において現実に起こっている現象，たとえば企業活動の阻害要因がいかなるもので，その阻害要因がどれほど企業や地域経済に影響を及ぼしているのか明確に解明できている状態とはいいがたい。定常状態，すなわち平常時の企業や地域については，成長・衰退に関しては理論的・実証的・政策的に解明が進んでいると考えられるが，非定常状態，すなわち想定外などといわれるようなクライシス・リスクに陥ったときの企業や地域については，解明がほとんど進んでいない。非定常状態といわれるようなクライシス・リスクに陥ったときに企業や地域はどのような対応をとるべきかについて検討する必要があり，モデル化し，可視化し，復興・復旧システムを体系化していくことが重要である。こうしたプロセスを可視化，すなわち定量的・定性的に評価し，問題点を抽出し，新たなモデル創造への研究はまだ取組途上である。これを理論的，実証的に解明し，理念，戦略，政策を包含した学術的検証が，日本中小企業学会に求められることになる。今後の日本中小企業学会の役割に大いに期待したい。

〈注〉
1　本稿は兵庫県立大学での全国大会において「リスク・クライシスと中小企業―阪神・淡路大震災の経験から―」との論題で特別セッション「震災からの復興と中小企業」において行った講演に基づき作成したものである。ただし講演時間の関係で言及できなかったものも多いため，本稿は当日に配布した講演内容資料に基づいて作成した。またタイトルについても検討した結果，表題のタイトルに修正してまとめたものである。
2　兵庫県中小企業家同友会会員企業に関する阪神・淡路大震災からの復興過程については，兵庫県中小企業家同友会編（1995年）『阪神大震災物語―たくましき中小企業家たちのたたかい―』中外書房，二場邦彦・佐竹隆幸他（1996年）「阪神・淡路大震災

から1年　会員企業の現状の評価と将来展望調査報告」兵庫県中小企業家同友会会員企業実態調査プロジェクト，二場邦彦・佐竹隆幸・関　智宏（1996年～）「ＮＴレポート」No.1～No.30兵庫県中小企業家同友会を参照のこと。
3　「地球の次元上昇」を示す言葉として使われている。いわゆるニューエイジや宗教などのスピリチュアルな思想では，未来の予測の一つとして盛んに取り上げられている。アセンションの存在を支持する人々によれば，アセンションとは人間もしくは世界そのものが現在より高次元の存在へと進化することとされる。アセンションは2012年前後に起こるのではないかと推測されており，現在の地球の環境問題や混沌とした社会現象，人間の善悪に対する意識レベルの低下をその変化への前触れであると見なしている。
4　朝日新聞「人脈記」2011年6月11日。
5　林　敏彦（2011年）「慢心と過信」『Hem21 Opinion vol.5』（公財）ひょうご震災記念21世紀研究機構学術施センター, p.2
6　加藤恵正（2005年）「既存事業が高度化し，次世代産業もたくましく活動する社会づくり　産業・雇用部会総括～自律的経済システム創造に向けて～」兵庫県復興10年委員会『―阪神・淡路大震災―復興10年総括検証・提言報告《第3篇分野別検証》Ⅲ産業雇用分野』pp.1～15
7　当時の震災復興支援施策については，佐竹隆幸（2011年）「中小企業政策（公民）」公益財団法人ひょうご震災記念21世紀研究機構災害対策全書編集委員会編『災害対策全書　3復旧・復興』ぎょうせい，pp.336～341 及び佐竹隆幸「企業間連携による復興」公益財団法人ひょうご震災記念21世紀研究機構災害対策全書編集委員会編『災害対策全書　3復旧・復興』ぎょうせい，pp.356～359を参照のこと。
8　各報告者の所属は当時のまま記載している。
9　詳細は，佐竹隆幸（2003年）「ベンチャー企業の存立と経営行動」太田進一編著『企業と政策―理論と実践のパラダイム転換―』ミネルヴァ書房，pp.136～160を参照のこと。
10　佐竹隆幸・関智宏（2007年）「アドック神戸の10年間の歩み―1996～2006年」
11　各事例企業の戦略行動については，佐竹隆幸（2011年）「クライシス・リスクと地域中小企業」『企業環境研究年報』第16号 中小企業家同友会全国協議会環境研究センター pp.21～42，および佐竹隆幸（2012年）『「地」的経営のすすめ』神戸新聞総合出版センター　において詳細に検討している。参照のこと。

自由論題

産業集積の再生と発展を促進する地域産業政策
― 3つの産業集積の比較考察 ―

高崎経済大学　河藤　佳彦

1．研究の視点と方法

　我が国には数多くの産業集積が存在するが，その多くは主要な取引企業の海外移転に伴う国内取引の減少や新興国との競合，後継者確保の難しさなどの要因から集積規模の縮小を経験しており，その再生と発展の方策が模索されている。

　本稿では，産業集積の再生と発展を図る方策として，地域企業の自立性の強化と，集積内外の企業間における取引・技術交流など，ネットワークの形成や拡大による社会経済情勢の変化への対応力の強化が重要と考え，それを促進する地域産業政策の役割について検討する。

　産業政策とは，企業や産業が困難を克服し自立性を持って成長するため，公共主体やそれに準じる主体が一定の限度において支援策を講じる役割を担うものとする。そして地域産業政策は，この産業政策と住民福祉向上のために実施される地域政策の相互に重なり合う領域として捉える。取り分け，地域の内発的発展に重要な役割を担う中小企業は地域産業政策の重要な対象と考える（河藤，2008，pp.11-15）。また，地域産業政策の担い手としては，地方自治体及びその出資法人である第三セクター，業種横断的な企業支援の役割を担う公的団体としての商工会議所や商工会，業界団体や地場産業の産地組合など幅広く捉える（河藤，2008，p.41）。

　政策展開においては，中小企業ニーズの把握が必要であり，そのニーズに的確に応える支援策の提供が求められる。しかし，その実効性を確保するための手段が併せて必要とされる。それがアドバイザーやコーディネーター（以下「コーディ

ネーター」と総称する。）であり，地域中小企業が個別ニーズに適した支援策を的確にアドバイスし，また集積内外との連携創出のコーディネートができる専門性が求められる。そのため，民間事業者の状況を熟知する民間企業や公設研究機関のOBなどが，コーディネーターとして登用されることが増えている。産業集積の再生と発展を図るためには，コーディネーター人材の必要性が益々高まるものと考えられ，集積の特色に適した人選と活用，地位を安定的に位置づけ活用できる体制を整えることなどが重要になる。同時に，具体的な政策では，個性化・多様化が進む市場ニーズへの対応に迫られるなか，地域独自の個性や優位性を製品に盛り込み差別化を図るための「地域ブランド戦略」が，重要性を増してくるものと考えられる。主にこの2つの観点に着目し，産業集積の再生と発展を促進する産業政策のあり方について統計資料と実地調査に基づいて考察する。

　産業集積の活性化政策を論じる前提としての産業集積の意義については，ウェーバー（Alfred Weber, 1922）やマーシャル（Alfred Marshall, 1920）など，産業が集積して立地する要因やメリットの解明を試みた多くの古典的研究があり，その重要性は今日も変わらない。近年，ポーター（Michael E. Porter, 1998）は，企業が産業集積の諸要素を経営戦略に有効活用する方策について提示している。

　我が国の産業集積については『2006年版中小企業白書』が，企業城下町型集積，産地型集積，都市型複合集積，誘致型複合集積の4つの類型を提示している。近年では，従来の類型に囚われることなく国外も含め集積外との相対的関係を踏まえた幅広い集積活性化の重要性も提起されている（渡辺, 2011）が，集積外部との関係を発展させるためにも，集積内部における構成企業の自立性強化と産業関係主体相互の連携強化が重要になると考えられる。本稿ではその方策について，集積の再生と発展に積極的に取り組んでいる，企業城下町型集積の北海道室蘭市，都市型複合集積の大阪府東大阪市，産地型集積の新潟県燕市（以下各々「室蘭市」，「東大阪市」，「燕市」とする。）の3地域を採り上げ比較考察する。

2．数値による変化と現状の把握

　室蘭市，東大阪市，燕市の各産業集積の変化について定量的に比較し，その特徴を捉える。具体的には，経済産業省「工業統計調査」を基に，集積規模の指標として「事業所数」と「従業者数」，事業力の指標として「付加価値率」と「生

産性」の４つの指標を使用する[注1]。数値は1974年以降６年ごと2009年までを用いる（入手可能な数値により最終期間は５年となる）（図１～３）。

　比較対象とする３つの地域の産業集積について，近年の状況について確認する。３つの産業集積の集積規模は，1990年代以降は共通して減少傾向を示している。室蘭市は，それ以前から減少傾向にある。しかし事業力に関しては，室蘭市と燕市では，1970年代半ば以降，継続的な生産性の向上傾向が見られる。東大阪市では，1990年代当初までは従業者数の減少が伴わずに生産性の向上が見られたが，それ以降は従業者数と生産性の低下が同時進行している。また，付加価値率も低下傾向という厳しい状況にある。

図１　室蘭市

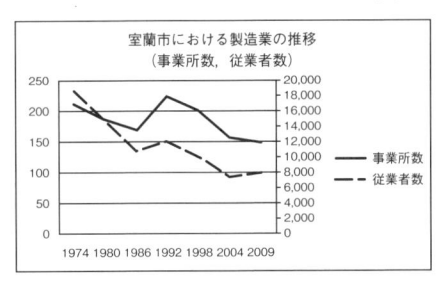

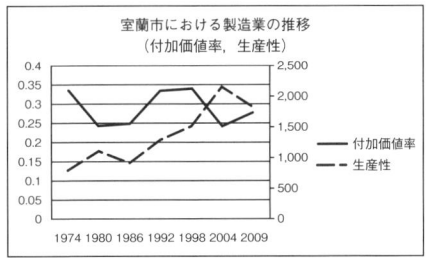

図２　東大阪市

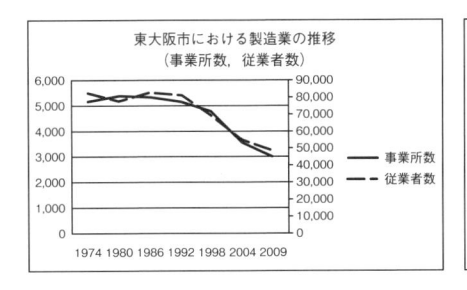

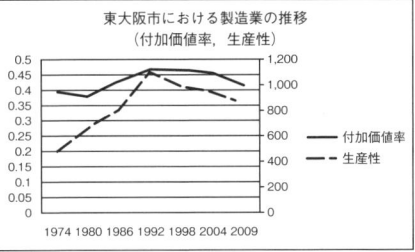

図3　燕市

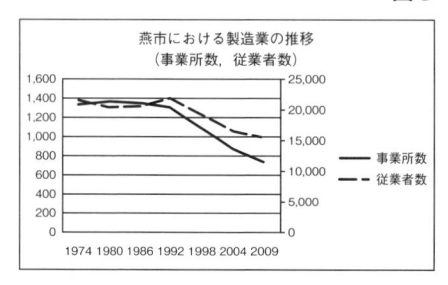

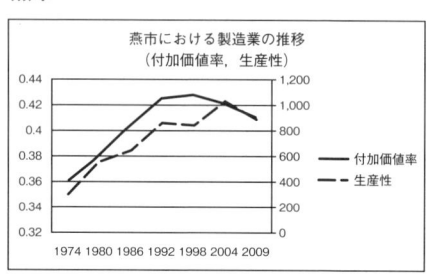

燕市における製造業の推移
（事業所数，従業者数）

燕市における製造業の推移
（付加価値率，生産性）

注1　数値は6年ごとで従業者数4人以上の事業所。
注2　実線：左目盛，破線：右目盛
注3　単位　事業所数：事業所，従業者数：人，付加価値率：単位なし，生産性：万円
注4　燕市については，表示期間内に市町村合併があった。数値は，現在の市域に該当する範囲について算出して使用する。
出典：経済産業省「工業統計調査」各年より作成。

　このように，集積規模の量的な維持や拡大が困難な今日では，地域産業の生産性の向上や付加価値額の増大が重要となる。そこで次に「工業統計調査」（2009年）の数値を用い，比較する3つの地域の産業集積について，各産業集積の発展を支える生産性の高い産業分野を見出す。生産性の高い分野が併せて大きな付加価値を生み出していれば，その産業分野は実質的に産業集積の発展を牽引し主導するものと考える。

　この観点から，分析対象とした3つの産業集積の主導産業の可能性について検討するため，各々の地域について，高生産性産業分野（産業中分類，生産性が1,000万円以上の分野）を抽出し，併せて付加価値占有率（当該産業分野の付加価値額の市域工業の付加価値総額に占める割合）を確認する。また視点を変え，高付加価値占有率分野（占有構成も踏まえ付加価値占有率が概ね10〜13%以上の分野）を抽出し，併せて生産性を確認する（表1）。

表1　産業集積の発展を支える産業分野

	室 蘭 市	東大阪市	燕　市
高生産性産業分野 (生産性：万円，付加価値占有率：%)	鉄鋼業（2,482，67.2）， 窯業・土石製品製造業 (2,467，2.6)， 化学工業（1,938，2.0）， 金属製品製造業 (1,153，7.3)	輸送用機械器具製造業 (1,773，8.8)， 非鉄金属製造業 (1,393，3.4)， 情報通信機械器具製造業 (1,324，0.8)， 鉄鋼業（1,093，4.9)， 窯業・土石製品製造業 (1,025，1.4)	鉄鋼業（2,205，12.8)， 情報通信機械器具製造業 (1,850，9.9)， はん用機械器具製造業 (1,468，11.2)， その他の製造業 (1,373，4.0)， 輸送用機械器具製造業 (1,217，4.6)
高付加価値占有率分野 (生産性：万円，付加価値占有率：%)	鉄鋼業（2,482，67.2）	金属製品製造業 (787，18.9)， 生産用機械器具製造業 (908，13.7)， プラスチック製品製造業 (707，9.8)	金属製品製造業 (653，26.1)

注1　高生産性産業分野：生産性が1,000万円以上の分野（産業中分類）
注2　付加価値占有率：地域工業の付加価値総額に占める当該産業分野の付加価値額が占める割合（%）
注3　高付加価値占有率分野：付加価値占有率が概ね10～13%以上の分野（産業中分類）
出典：経済産業省「工業統計調査」（2009年）より作成。

　室蘭市では，主要産業である鉄鋼業を中心とした産業分野の生産性と付加価値占有率が共に高く地域産業の発展を主導している。東大阪市と燕市については，生産性が高い産業分野の付加価値占有率は低く地域産業発展の主導性は小さい。両市では一方で，生産性は低いが付加価値占有率が高い産業分野は伝統的な主要産業である。このため伝統的な主要産業において，新規事業展開支援などの政策により生産性の向上が促進されれば，地域産業発展の主導性が期待できる。

　ただし，付加価値占有率が低くても生産性の高い産業分野は，将来の成長分野として期待できる可能性がある。この観点から改めて（表1）に着目すると，各地域について，中小企業への支援に重点を置く地域産業政策の振興対象分野は，室蘭市では金属製品製造業，東大阪市では輸送用機械器具製造業，非鉄金属製造業，情報通信機械器具製造業，燕市では情報通信機械器具製造業，輸送用機械器具製造業などである。これらの成長期待分野を見ると，各地域の特色ある産業を支える基盤技術産業分野の充実と併せ，加工組立型産業とその関連分野にも地域産業の牽引役の期待可能性があると言える。

3．産業集積地の状況と産業政策

　本章では，比較分析の対象とした各地域の状況について資料と現地調査の結果に基づいて確認し，再生・発展の方策について考察する。

(1) 室蘭市[注2]（企業城下町型集積）
　(a) 室蘭市の地域と産業の概要
　　　室蘭市は，面積約80.65㎢，人口約9万8千人（2005年国勢調査）の都市で，大規模な基幹企業・事業所が立地している[注3]。主な企業として，日本製鋼所室蘭製作所や新日本製鐵株式会社室蘭製鐵所，日鐵セメント株式会社，新日本石油精製株式会社室蘭製油所などがある[注4]。
　(b) 産業政策の取組み
　　　産業政策の実施主体には，室蘭市と同市が出捐する財団法人室蘭テクノセンター（以下，「室蘭テクノ財団」とする。），室蘭商工会議所，産学官連携事業に取り組む室蘭工業大学などがある。2010年8月18日～20日に実施したインタビュー調査の結果に基づき，室蘭市における産業政策の現状を概観する。
　　(ア) 室蘭市役所
　　　　中小企業を対象とした個別訪問により現状を把握し，的確な支援策を提供する業務を重視している。新製品や新技術の開発に対する助成金，事業化支援，創業時の資金・土地の確保への支援，展示会開催への支援なども実施している。併せて工場誘致にも取り組んできた。
　　(イ) 室蘭テクノセンター
　　　1) 運営主体の概要：中小企業振興のための中核的支援機関として「室蘭テクノセンター」があり，その運営を室蘭テクノ財団が行っている。室蘭テクノ財団の概要は，次のとおりである。設立：1986年12月，施設は1990年に完成。室蘭市，登別市，伊達市の3市が共同で設立・運営している。
　　　2) 実施事業：室蘭テクノセンターの事業は①技術・製品開発支援事業，②市場開拓支援事業，③産学官連携支援事業，④経営支援事業で構成される。
　　　　事業実施体制としては，特にコーディネーターが注目される。室蘭工

業大学の名誉教授が，企業向け支援の産業振興システマタイザーを務める。担当は他に3名，うち2名は新日本製鐵株式会社OBでビジネス・コーディネーターであり，1名は技術に詳しいプロパーである。この4名が連携して，企業訪問や企業相談対応を行っている。

(c) 産業政策の特徴と方向性

室蘭市の地域産業においては，高度経済成長の終焉の後，分社化などにより中核企業の経営合理化が進められたが，中核企業の合理化を支える地域中小企業は中核企業に増して厳しい状況にあったと言える。この状況に対応するため地域産業政策においては，政策の中核的な担い手である室蘭市が中小企業の自立化支援を進めている。

政策の実働部隊としての室蘭テクノ財団は，室蘭市における中小企業振興の事業実施において中心的な役割を担っている。特に注目される点は，コーディネーターが地道な活動により地域中小企業の実態を把握し，その課題やニーズに適した指導やアドバイスを実施していることである。また，企業間や産・学・官連携の共同研究，市場開拓などを促進している点，国や北海道の産業支援制度を地域中小企業に結び付けている点も重要である。コーディネーターを活用した，地域中小企業の自立化の一層の促進，集積内外との取引や連携のネットワーク拡大が更に求められる。

(2) 東大阪市（都市型複合集積）
  (a) 東大阪市の地域と産業の概要 [注5]

東大阪市は，河内平野のほぼ中央部に位置し，西は大阪市，東は生駒山系で奈良県と境を接する，面積61.81㎢，人口約51万4千人（2005年国勢調査）の都市である。製造業を中心とした我が国屈指の産業集積であり，工場数において全国第4位，集積度（工場密度：1㎢あたりの工場数）において全国第1位となっている（2005年）[注6]。

  (b) 産業政策の取組み

東大阪市の産業政策について，2011年2月17日に実施したインタビュー調査の結果に基づき，2010年度の重点施策のうち主なものを確認する。

 1）コーディネーターの充実：集積外部からの需要に対応するため，6名のコーディネーター（元商社勤務4名，元公設試験研究機関勤務2名）を「財

団法人東大阪市中小企業振興会」に置く。主な役割は，市内中小企業の課題把握と市の支援施策の案内などである。

2）デザインの振興：「デザイン」を，製品の外観だけでなく使い勝手や素材なども含めたものと捉え「ものづくり」とマッチングさせ，価格やプロモーションも総合化し競争力の強化を目指す。

3）環境ビジネスの振興：金属系分野の中小企業の新たな発展を目指し，太陽光発電など大手企業が開発を進めている分野について研究会を立ち上げ，その参入方策を検討する。

4）東大阪ブランド推進事業：東大阪は「ものづくりのまち」として，長年培われた高い技術力と「産業関連製品」から「生活関連製品」までの多様性と幅広さが個性と優位性になっている。それを「東大阪ブランド」として打ち出す事業で，2002年度から実施されており[注7]，地域企業による自社製品のブランド化支援を目指す[注8]。

5）異業種交流の促進：1990年代半ばから市の主導によりいくつかの異業種交流会が結成され，法人化に至ったものもある。商工会議所の主導や企業同士で結成されたグループも活動している。今後は，外部専門家の活用によりグループごとの活動支援を進める。

(c) 産業政策の特徴と方向性

東大阪市の産業集積には自立性の高い企業が多く，また機械・金属関係を中心とした多様な産業分野の企業が集積し，互いに連携して産業活動を営んでいる。しかし，定量的考察で確認したように，近年の東大阪市は従業者数と生産性の低下が同時進行している。また，付加価値率も低下傾向にある。

東大阪市は，地域企業の事業力の強化と集積としての維持発展を図るため，様々な政策を展開している。東大阪市の政策の重要な課題とは，多様な産業分野の各々における生産性の向上と連携関係の発展促進による集積規模の維持である。具体的な政策には，企業の事業力や市場開拓力を高めるための人材育成，地域ブランド戦略の推進，地域の中小企業の特色を生かした新規事業展開が可能な分野の開拓，その開拓分野への参加を促す多様な支援などがある。取り分け，「ものづくりのまち」としての個性を明確に打ち出す「東大阪ブランド」による地域ブランド戦略は，集積全体の自立化促進を図るうえで重要な政策である。また，政策の実効性を高めるためコーディネーター

の役割が重要となる。東大阪市では，6名のコーディネーターを市が出捐する財団法人の所属とし事業展開を図っている。

(3) 燕市（産地型集積）
　(a) 燕市の地域と産業の概要 [注9]
　　燕市は，越後平野のほぼ中央，県都新潟市と長岡市の中間に位置している。面積約110.94㎢，人口約8万3千人（2005年国勢調査，合併前の1市2町の合計値）の都市であり，北陸自動車道や上越新幹線など交通網が充実している。また県下有数の工業地帯であり，金属洋食器，金属ハウスウエアー製品は国内の主要産地となっている。特に，1970年代半ばからの中小企業高度化事業により卸商業団地ができ販売が全国に拡大された[注10]。
　(b) 産業政策
　　燕市の産業政策においては，「燕三条地場産業振興センター」（「地場産業振興センター」の運営主体），「燕商工会議所」（以下「商工会議所」とする。），「燕市磨き屋一番館」が積極的な役割を果たしている。そこで，2010年9月1日及び同24日に実施したインタビュー調査の結果に基づき，この3機関の役割と主要な取組みについて考察する。
　　㋐ 地場産業振興センター
　　　「財団法人燕三条地場産業振興センター」（以下「地場産業振興センター財団」とする。）は1988年に設立され，運営は，三条市と燕市の出資により行われている。運営費や事業費は，燕市と三条市が負担しているほか地場製品の受託販売による収入なども財源としている。
　　　2010年度の重点方針は，「燕三条」を国内外に向けて全面的に打ち出すため情報発信機能を強化し，地域一体となり製品の付加価値や信頼性などを高めながら地域全体のイメージアップを図ること，各産業分野における「燕三条ブランド」を推進することである[注11]。そのため，市場調査，プロジェクトデザイン支援事業（地域コーディネーターによる指導，アドバイザー等による講演会・セミナー開催），広報活動事業（観光パンフレット作成，ホームページによる情報発信など），展示会出展事業，燕三条ポータルネットワーク事業（燕三条駅と地場産業振興センターに情報コンテンツを整備）などの事業を実施している。また，異業種交流による事業者連

携支援のため，活動用の部屋を貸し出している。
(イ)　商工会議所
　　商工会議所は燕市の産地振興のリーダーシップを執ってきた。その源泉は次のような点にある。
　1）異業種交流の促進：市場の多様なニーズに応えるため，異業種との連携が重要になってきている。商工会議所は地域最大の異業種団体であり，会員企業に関する多くの情報が入る。この情報を活用して関係者間の連携が図られてきた。
　2）共同受注「磨き屋シンジケート」の成功：「磨き屋シンジケート」[注12]は，インターネットを使った共同受注システムである。その成功要因は，主に次のような点にある。①燕市のものづくりには不可欠であるが，その殆どが小規模な家族経営であり経営が厳しい研磨業に対する，地域外からの受注に重点を置いた支援が，商工会議所の重要な役割と認識した。②商工会議所は研磨業を営む小規模事業者からの信頼が厚く，事業展開が円滑に進んだ。
　3）地域ブランド戦略：地場産業である金属製品を，地域ブランドとして打ち出す取組みである。地域団体商標による認証制度「メイド・イン・ツバメ」[注13]は，商工会議所が商標権を持つ（調査当時は申請中）。また，「磨き屋シンジケート」と共に「enn」ブランドは[注14]商工会議所が商標登録をしている。「enn」ブランドは高級感のある製品で，日本国内よりヨーロッパを中心とした外国向けであり，身近な製品を認証する「メイド・イン・ツバメ」とは差別化している。
(ウ)　燕市磨き屋一番館[注15]
　　金属加工産業の基盤技術である金属研磨に携わる後継者の育成，新規開業者の促進，技術の高度化による産地産業の振興および体験学習による金属研磨技術の普及を図ることを目的として設置された施設である。建物は市が所有し2007年3月に竣工，運営は燕研磨振興協同組合が受託している。
　　実際に製品を製造しており，自動車関係，IT関係，ホテルの厨房品など様々な分野に展開している。その基本となる重要な技術は研磨である。最近では，地場産業製品だけでなく，航空機のジュラルミンの翼なども手掛けている。また，市場開拓により利益を上げており，研修生には給料を

支給している。様々な技術を教える指導力があり，幅広く応用ができることも強みである。

(c) 産業政策の特徴と方向性

燕市の産業政策には，地場産業で地域における付加価値占有率が大きな金属製品製造業の生産性を高めていく必要がある。伝統産業である金属製品製造業の「磨き」を中心とする要素技術は，多くの応用可能性を内包している。その適用分野の開拓や市場とのマッチングを図ることが，燕市の産業集積の発展には重要となる。「地場産業振興センター」は，個々の企業の技術革新や経営革新，人材育成，地域ブランド戦略などに取り組んでおり，この要請に応えていると言える。

しかし，個人事業を営む職人には，新規市場開拓や事業者間連携を図ることは容易でない。その問題を解決したのが，商工会議所による共同受注システム「磨き屋シンジケート」である。小規模事業者が臨機応変に協働態勢を組み，多様な市場ニーズに的確に対応し受注する。この仕組みは，商工会議所という公的団体自体が，地域の中小零細企業との密接な信頼関係と情報ネットワークを活用して，事業者相互の連携関係の構築と市場とのマッチングを支援するコーディネーターとしての役割を担っているものと捉えることができる。

また「燕市磨き屋一番館」は，地場産業を支える優位技術の継承を図るもので，事業運営は地元のベテラン職人が担っている。人材育成と同時に市場開拓も推進しており，地域事業者の人材育成に留まらず，地域事業者と集積外との取引連携のコーディネーター役を果たしていると言える。

4．地域産業の状況と政策に関する比較

本稿では，産業集積の再生と発展可能性について，3つの類型に属する産業集積を採り上げて検討してきた。その状況と政策について総合的に整理した（表2）。

これにより地域産業の状況について比較考察すると，室蘭市のように付加価値占有率の高い従前からの主要産業分野が産業集積の発展を主導できる地域においては，当該産業の発展支援に力を注ぐことにより効果的に産業集積の発展が期待できる。しかし，東大阪市や燕市のように主要産業の生産性が必ずしも高くない

表2　3つの地域産業の状況と政策に関する比較

		室蘭市	東大阪市	燕市
集積類型		企業城下町型集積	都市型複合集積	産地型集積
地域産業の状況		・1990年代以前から集積規模は縮小。 ・1970年代半ば以降，継続的な生産性の向上傾向あり。 ・主要産業の鉄鋼業を中心とした産業分野が地域産業の発展を主導。 ・中核企業は，社内対策と併せ社内部門を分社化することにより，効率化と高度化を促進。 ・地域の中小企業にも，自立化と連携の動き。	・1990年代以降，集積規模は縮小。 ・1990年代当初までは従業者数の減少が伴わずに生産性が向上。それ以降は従業者数と生産性の低下が同時進行。付加価値率も低下傾向という厳しい状況。 ・付加価値占有率が高い伝統的な主要産業において生産性向上が促進されれば，地域産業発展の主導性が期待できる。	・1990年代以降，集積規模は縮小。 ・1970年代半ば以降，継続的な生産性の向上傾向あり。 ・主要産業である金属製品製造業の生産性は低いが付加価値占有率は高い（東大阪市より高い）。 ・付加価値占有率が高い伝統的な主要産業において生産性向上が促進されれば，地域産業発展の主導性が期待できる。
地域産業政策の特徴と方向性		・室蘭テクノ財団が中小企業振興の事業実施の中心的役割を担う。 ・事業の注目点は，コーディネーターの地道な活動による，地域中小企業の課題・ニーズの把握やアドバイス，企業間や産・学・官連携の共同研究や市場開拓の促進，国や道の産業支援制度の導入などの展開。 ・コーディネーターの更なる活用が求められる。	・多様な産業分野における生産性の向上と連携関係の発展促進による集積規模の維持が重要課題。 ・企業の事業力や市場開拓力を高める人材育成，地域ブランド戦略，新規事業展開分野の開拓と参加促進などを展開。 ・地域ブランド戦略の推進が取り分け重要。 ・支援策実施でコーディネーターの役割が重要。	・地場産業振興センター，商工会議所，燕市磨き屋一番館などの支援機関が役割分担。 ・「燕三条ブランド」「メイド・イン・ツバメ」「enn」ブランドなどによるブランド戦略が重要。 ・技術の適用分野の開拓や市場でのマッチングを図ることが重要。商工会議所，燕市磨き屋一番館がコーディネーター役を担う。

出典：筆者作成

地域でも，主要産業の振興に力を注ぐことは重要な方策と考えられる。何故なら，主要産業には長年培われた技術やノウハウ，人材の蓄積があり，それを活用することにより，新用途や新分野への展開が期待できるからである。そのため地域の中小企業に求められることは，①自社製品や自社技術の開発に力を注ぎ自立性を高めること，②企業相互，大学，公的機関など集積の内外に連携のネットワークを拡げることなどである。

　そのための具体的な方策として，政策主体には，支援策を効果的に展開するた

め，民間企業OBなど民間の事業活動を熟知したコーディネーターの充実が不可欠となる。3つの調査対象地域でも共通してコーディネーターの地道な取組みが重視されている。

しかし，各々の産業集積によって，コーディネーターの由来には特色も見られる。室蘭市においては，企業城下町としての特色を活かし中核企業OBを活用すると共に，地域企業との連携強化に積極的な室蘭工業大学の研究者が重要な人材供給源となっている。燕市においては，研磨を始めとする金属加工業のベテラン職人が磨き屋一番館で，若者の人材育成を担うと共に製品の市場開拓にも取り組んでいる。また，東大阪市では，分厚い人材の蓄積を擁する大都市地域としての強みや自治体としての強みを活かし，商社OBや公設試験研究機関からの人材獲得を行っている。このように地域独自の由来を持ち地域産業の現状や課題を熟知する人材には，中小企業を中心とする地域企業の悩みに対し的確なアドバイスや連携づくりの仲介を期待することができる。

産業集積における地域産業政策においては，地域産業の実態を熟知し地域中小企業の個別ニーズに的確に応えていける豊富な経験と知識，人的ネットワークを有するコーディネーターを発掘し，支援体制にしっかりと位置付けることが重要となる。そして政策の立案・実施の両面において有効活用することが求められる。

また，東大阪市と燕市では共通して地域ブランド戦略が重視されている。長年培われてきた高い技術力と，地域の個性や優位性を製品に反映させ地域ブランドとして打ち出すことは，市場への発信力が重視される今日においては重要である。室蘭市においても，「NPO法人テツプロ」（2011年8月設立）による地域ブランド戦略「てつのまちぷろじぇくと」が展開されている[注16]。「ボルタ工房」によるボルト人形「ボルタ」の製作・販売や，鉄の溶接や加工を体験できる「アイアンフェスタ」の開催など，人と鉄の身近な関係に焦点を当て，それらをうまく用いながら室蘭の街を新たに盛り上げようとする取組みである。個性化・多様化の進む今日においては，「ブランド化」は一層重要性を増していくものと考えられる。

今後さらに，産業集積の再生・発展に重要な役割を担う支援人材の活用方策の確立，地域ブランド戦略の推進に重点を置き，集積内中小企業の自立化促進と集積外も視野に入れた連携強化の方策について，総合的な展開のあり方に踏み込んで検討を進めていく必要がある。

〈注〉
1 付加価値率および生産性については，経済産業省「工業統計調査」の数値を用いて次のように定義する。付加価値率＝付加価値額（素付加価値額）／製造品出荷額等，生産性＝付加価値額（素付加価値額）／従業者数。
2 室蘭市に関する記述は，河藤（2011）に基づいて行った。
3 室蘭市（http://www.city.muroran.lg.jp/main/org1200/aramasi.html, 2010年10月15日取得）
4 財団法人室蘭テクノセンター『Techno Message 2010：室蘭地域ものづくり企業カタログ』2010年3月
5 東大阪市（http://www.city.higashiosaka.osaka.jp/koho/plofile/access.html, 2011.7.1取得）。
6 東大阪市立産業技術支援センター資料（2011年2月17日）「東大阪市立産業技術支援センター資料紹介」，出所：経済産業省（2005年）「工業統計調査」
7 「東大阪ブランド推進機構」によって運営されている。東大阪商工会議所，（財）東大阪中小企業振興会，東大阪市工業協会，東大阪市などが発起人となり設立された。（事務局：東大阪市モノづくり支援室）出典：東大阪ブランド推進機構（http://www.higashiosakabrand.jp, 2011年9月28日取得）
8 東大阪ブランド：現時点（2011年2月）で63社の120製品を認定している。市で把握している認定企業の認定のメリット意見例：・・市で事務局を持っている団体（推進機構）で認定されたことで公的な信用力が付いた，またそれを通じて取引が拡大した，大手企業の入札に無条件で参加できるようになったなど，実取引に結び付くようになった。・従業員・経営者の士気が高まった（製品への誇りが高まった），他社の類似製品に対する対抗力がつく。・規模の小さな企業にとっては，事務局がカタログ・パンフレットを作り様々な展示会で配布されたりHPで製品が紹介されることによって，広告費が削減できるなどの効果が得られる。出典：東大阪ブランド推進機構（http://www.higashiosakabrand.jp, 2011年9月28日取得），筆者による東大阪市へのインタビュー調査。
9 燕市（http://www.city.tsubame.niigata.jp/about/history.html, 2011年8月21日取得）
10 1974年に店舗等集団化事業が開始され，1981年に事業が完成した。現在は，協同組合つばめ物流センターにより事業が進められている。出典：協同組合つばめ物流センター（http://tsubame.or.jp, 2011年9月19日取得）
11 「燕三条プライドプロジェクト」として，地場産業振興センター燕三条ブランド推進室を中心に事業が進められている。出典：筆者による燕三条地場産業振興センターへのインタビュー調査。
12 「磨き屋シンジケート」の運営は，商工会議所によって行われている。仕組みは次のようになっている。客からの引き合いがあると，幹事企業に打診が行われる。そして発注に応じたシンジケートが，参加企業や賛助企業も含めて構成される。客との取

引は幹事企業1社が担当し受注する。　出典：磨き屋シンジケート（http://www.migaki.com, 2011年9月8日取得）
13　「メイド・イン・ツバメ」は，燕商工会議所が燕製品の原産地を認証し共通のロゴマークを使用する事業。ロゴマークを付けることにより，消費者が外国製品との違いを認識しやすくすると同時に，燕＝高品質＝安心というイメージをより浸透させることを目的とする。出典：メイド・イン・ツバメ（燕商工会議所）（http://www.made-in-tsubame.jp, 2011年9月9日取得）
14　「enn」は新潟県燕市の金属加工業の集合体から誕生したキッチン＆ダイニングウェアのブランドで，古今東西の食文化，素材，技術の融合を通して新しい「和」を世界に提案していくもの。出典：「enn」ブランド（ennhttp://www.tsubame-cci.or.jp/enn/japanease/index.html, 2011年9月8日取得）
15　燕市（http://www.city.tsubame.niigata.jp/ichibankan/outline.html#facilities, 2011年9月7日取得），燕研磨振興協同組合（http://www.tsubamekenma.com, 2011年9月9日取得）
16　筆者は，2011年8月2日に取材のため「ボルタ工房」を訪問した。その際のインタビュー調査の結果および室蘭市市民活動センター（http://www.kujiran.net/katsudo/dantai-machi.html, 2011年10月26日取得）による。

〈参考文献〉
1　Alfred Marshall（1920）"Principles of Economics", 8th ed., London, Macmillan and Co., Limited（永沢越郎訳『マーシャル経済学原理（第二分冊）』岩波ブックサービスセンター，1997年）
2　Alfred Weber（1922）"Ueber den Standort der Industrien", 2th ed., Tübingen, J. C. B. Mohr（篠原泰三訳『工業立地論』大明堂，1986年）
3　Michael E. Porter（1998）"On Competition", Boston, Harvard Business School Press（竹内弘高訳『競争戦略Ⅱ』，ダイヤモンド社，1999年）
4　河藤佳彦（2006年）「産業クラスターの形成による地域産業の再生に関する一考察：大阪府内の工業地区を事例として」『都市研究』第5・6合併号，近畿都市学会，pp.57-76
5　河藤佳彦（2008年）『地域産業政策の新展開：地域経済の自立と再生に向けて』文眞堂
6　河藤佳彦（2011年）「企業城下町の産業再生と発展に関する考察：北海道室蘭市における取組み」『地域政策研究』第13巻4号，高崎経済大学地域政策学会，pp.71-92
7　渡辺幸男（2011年）『現代日本の産業集積研究：実態調査研究と論理的含意』慶應義塾大学出版会

（査読受理）

東京の古い産業集積地域におけるイノベーション

千葉商科大学　鈴木　孝男

1．企業表彰制度における表彰企業の地域的偏在

　筆者は東京都信用金庫協会が1987年から実施している「会員企業表彰制度」の表彰企業約2000社について，調査を行った。この調査の概要は別稿（『千葉商大論叢』第48巻第2号）で述べているので詳細はそちらに譲るが，そこで興味深い事実を確認することができた。それは，表彰企業のうち城東地域の製造業（特に機械・金属関係）の表彰後のパフォーマンスが優れているということである。城東地域の中でも荒川区・葛飾区の機械・金属関係の表彰企業の実績が全体としてみた場合，他地域に比較して良好であった。
　但し，都内でも機械金属産業の中小企業が大きな集積を形成している城南地域については，この地域で大きな影響力を持っている城南信用金庫がこの表彰制度に参加しておらず，そのことが影響して表彰企業が城東地域により多く集中している。こうした条件を踏まえて，ここでは城東地域の表彰企業のうち機械金属系中小企業を中心に，都内信用金庫の優良中小企業の取引先企業の特性を考察することとしたい。
　東京都信用金庫協会の企業表彰においては選考方法において新製品・新技術を開発したことが選考条件に入っており，製造業が選ばれやすい傾向があって，表彰企業の約半数が製造業であった。実際に選考対象となった企業の事例を見ると，新技術・新製品開発で成果を上げた企業が多くなっている。そこで，これらの中小企業の取り組みをイノベーションとして捉え，それらの企業の多くが立地している城東地域という古い産業集積地域における中小企業のイノベーションがどの

ような特性をもっているのか，それらが地域とどのような関連を持っているのか，などを分析するのが本論文の狙いである。

　産業集積地域においてイノベーションが創発されることは，その地域の産業発展において大変重要である。特に情報通信やバイオテクノロジーなどの高度技術を基盤とする産業の場合はその傾向が強く指摘されている。しかしながら，産業集積の中には，東京に見られるように大都市内部にあって古い歴史をもち，徐々に衰退していると指摘されているものもある。

　このような議論がある中で，今回の調査で浮かび上がってきた城東地域の機械金属関係中小企業が示した実績は興味深い。それらの企業がどのような取り組みをして生き残っているのか。そこにはどのようなイノベーションが行われており，それに地域がどのように関わっているのか。

　本稿では「2 地域イノベーションとは何か」で産業集積地域におけるイノベーションの実態について先行研究を整理しつつ，「3　城東地域の産業集積の形成過程」でこの地域の特性について歴史的に明らかにし，「4　城東地域の表彰企業に見られるイノベーション」で今回確認することができた城東地域の産業集積においてどのようなイノベーションが行われているかを示す。「5　歴史的産業地域に見られる地域イノベーション」ではイノベーションを生み出す地域的特性と，そこで形成されている独自の企業進化（職人的生産から創造的生産へ）について，考察する。最後に「6　城東地域の事例から見られる地域イノベーションの本質」において，イノベーションを発生させるしくみについて，転写と成熟という観点で論じている。

2．地域イノベーションとは何か

　産業集積地域において，新技術や新産業が次々に発生して，その地域の競争優位を高める現象がみられる。これを地域イノベーションと呼ぶ。著名な例としては，アメリカのシリコンバレーやオースチン，あるいはフィンランドのオウル，イギリスのケンブリッジなどがあげられる。

　これらの地域では，情報通信産業やバイオ産業などの先端技術を生かした産業（企業）が発展し，それが外部からの資金や労働力の流入を呼ぶという好循環を作り出している。地域内部においては，労働力の移動や起業が盛んで，地域内で

の知識の流動性が高く，それが産業発展に結びつくという形をとって，学習が進んでいる，というのである[注1]。

こうした地域イノベーションの研究は，産業発展が著しい産業集積地域の事例を中心に進められ，そこでの発展経路を分析して「一般化」しながらそれを他地域に移植する方法を探る，という形が中心であった。

経済学の観点から地域と産業との結びつきに関して記述を残したものとしては，マーシャル（1965）の業績が知られているが，A.マーシャルとその妻（M・マーシャル）による『産業経済学』（原著1879，邦訳1985）において，産業の局地化がもたらす利益に関して注目すべき記述がある。「人々の多くが同じ業種で働いていれば，人々は互いに教育しあう。その仕事に要求される技能と洗練さが空気のように広まり，子供たちは成長につれて，それを吸いとってゆく[注2]。」ここでは特定地域の産業的雰囲気に関してその産業におけるメリットについて経済学的観点から述べていたのである。M.ポーター（1992）においては，国（や地域）における競争環境や政府の政策等が競争優位に影響を与える，という観点を示した。そこでは，市場における消費者の態度が企業側の製品開発に影響を与え，それが競争優位に結びつくことを指摘している[注3]。

地域における学習やそこで形成される独自の進化と環境に関してはGREMI｛とそのリーダーの一人であるカマニ（R.Camagni）｝の指摘がある。Camagni（1991年）によれば特定地域においてイノベーションが発生する要因として，協同的学習過程（具体的にはノウハウの統合的移転，成功体験の模倣，個人的接触，公式・非公式な企業間の協力，商業・金融・技術上の暗黙的情報の循環），情報収集とモニタリング機能，情報発信機能，共同学習機能，経営手法の協同的決定過程，インフォーマルな決定過程の調整，外部エネルギーの転換機能などをあげている[注4]。

これに対してGuiulio Cainelli&Nicola De Liso（2004）は，イタリアの産地におけるイノベーションを取り上げ，その発生要因として知識のスピルオーバーや産業的雰囲気をあげており，産業的雰囲気の内容としてアイデアの伝達，模倣，情報の流失などの非公式的活動が，企業の革新活動と同様の働きをしている，と述べている[注5]。

クリエイティブな産業の発展と地域との関係について分析したCooke & Schwartz（2007）においては，知識探求（研究）とその利用（企業）とが相互関連性を持ちながら同じ地域内で進行する，という観点で地域を捉えている。クリ

エイティブな地域構造とは，文化的・創造的産業が企業家精神や財務における革新と共に交流しながらイノベーションを推進させる，という形をとるのである注6)。

山本俊一郎（2008）は，神戸市と東京都台東区という大都市における地場産業の履き物製造業に焦点をあてて，そこにおけるにおける企業間関係やイノベーションの実情について興味深い分析を行っている。それは神戸におけるケミカルシューズ製造業の担い手が在日韓国・朝鮮人が中心であること，阪神・淡路大震災（1995）においては，ケミカルシューズの関連企業が最も集積していた神戸市長田区において甚大な被害にあった（全体の9割の企業が何らかの被害を受け，企業数が40％近く減少した）が，かなり早期に復興していることなどである。早期の操業再開の要因として山本は，一カ所に集積していたことで，足並みのそろった動きをすることができた，問屋からのサポート，企業間の信頼関係の3点をあげている。その際，同胞社会のネットワークやコミュニティーの一員同士という要素が影響したと述べている注7)。

山本の研究と同じように地域社会（コミュニティー）が産業発展に与える影響を調査したものに韓載香（2010）がある。韓載香は，在日韓国・朝鮮人が所有・経営する企業とそれにより構成される産業について，地域との関連も踏まえながら分析を行った。それによると，在日の人々を取り巻く様々な制約（差別や偏見など）の影響により，民族的なつながりを基礎とした結束力のあるコミュニティが形成され，その中で素早い情報伝達により変化に迅速に対応し，独自の発展を遂げてきた，というのである。また，民族系の金融機関が設立され，そこから資金が提供されて産業構造の変化に迅速に対応した企業活動が行われたという注8)。

これらの分析は，本稿で検討している産業発展に影響を与える地域の独自性を考える場合に重要な示唆を持っている。ある同質的な集団が優越している地域において，迅速な情報流通や金融がなされることは，その地域における特定産業の発展に大いに貢献する。世界的に見ても，ユダヤ人のコミュニティーは有名であるが，他に中国人（華僑）やインド人（印僑）の活動も似たような結びつきとして見ることができよう。

ただ，こうした民族的なマイノリティー集団により形成された産業社会が，イノベーションの発生にどの程度効果を持っているか，ということになると，さらに具体的な事例を集めて検討する必要が出てこよう。

産業集積にイノベーションをもたらすものは何なのか。その根源は地域ごとに

異なっているはずなので，それを明確にする必要がある。ここで取り上げる東京の城東地域のイノベーションの場合についても同様である。1で示したように，筆者はたまたま東京の信用金庫の優良取引先企業の調査をしていて，この「古い産業地域」の企業群の事例を調べることができた。ここに見られる企業群は，けしてハイテク・先端技術で産業界をリードするような企業ではなく，むしろ古い産業集積のもとで生き残っている企業群なのである。

3．城東地域の産業集積の形成過程

第2次世界大戦以前から，城東地域においては製造業の集積が見られた。そこには，明治維新以降に日本に入ってきたいわゆる近代産業の流れを汲むものと，江戸時代以降に発達した問屋制家内工業の流れを汲むものの2つの流れがある。

この地域で近代産業の形態で事業を開始したものとしては，官営工場では千住製絨所（1879年）や深川セメント工場（1873年），石川島造船所（1853年，1876年に平野富二に払い下げ→現IHI），東京砲兵工廠（1871年〜1935年）などがあり，民間では佃島製作所（1907年創立，後に日立製作所の一部となる），平岡工場（1890年創業，後に汽車製造に吸収）などがある。これらの工場の出身者が城東地域で独立して小工場を設立したという[注9]。

『全国工場通覧』（1911年）によると，金属プレス，ダイカスト，メッキ，歯車，バネ，金型等の機械関連基盤産業（板倉らの著作では「底辺産業」となっている）は，城東地域に40％が集中していた[注10]。

機械金属関係の小零細企業としては，官民の大規模近代工場の労働者が独立したケース以外に，日用消費財製造業の中から生じたものもある。例えば金型製造業の場合，墨田区本所の荒金倉吉氏が洋傘の溝骨製造のために始めたのがきっかけであり，この工場から多数の職工が独立して金型工場を建てたという[注11]。

大正時代になると，この地域には自転車，人力車，メリヤス織機，印刷機械などの消費財生産が盛んとなり，本所，荒川を中心に金属プレス，歯車，メッキ，金型などの基盤産業が形成された[注12]。

第2次世界大戦後，高度経済成長が始まった1955年頃の城東地域の製造業を見ると，隅田川，荒川等の河川流域に立地した化学，繊維，機械の大規模工場群を確認することができる。繊維関係では，墨田区・荒川区にあった鐘淵紡績，大日

本紡績等の綿紡績，毛織物の企業群であり，これらは隅田川流域に立地していたが，現在ではほとんど残っていない。

化学関係の企業としては，日産化学，日本化学，旭電化等の企業が隅田川，荒川，江戸川区流域に分布していたが，現在では一部を除いて姿を消している。

金属機械関係では，江東区・墨田区を中心にタンク・橋梁・土木機械等の大型設備・一般機械の企業が立地していた。また，江東区の小名木川沿いに伸線関係の企業も立地していた。このほか，荒川区の三河島周辺には自転車関連の企業集積が存在した[注13]。

一方，問屋制家内工業の流れを汲むものとしては小零細工場による輸出雑貨の製造地域も形成されていた。輸出雑貨の生産においては，一定地域への集積を伴ったケースが多い。具体的には青砥・立石周辺の金属玩具，町屋の鉛筆，台東区の袋物・履物，葛飾区のアンチモニー製造業などである。

このうち荒川区の機械製造企業について調査した青木英一（1997年）は，産業機械関係の企業を調査して，創業者が荒川区内で技術を習得して独立したこと，発注企業に近接していること，関連下請け企業を自社の周辺に確保していること，などを特徴としてあげている[注14]。渡辺（1981）によると，この地域の小零細企業の創業年は高度成長期に入った1955年以降が60％以上を占める。創業前の地位をみると，同業従業員が70％前後となっており，同一地域の中で経験を積んで開業していることがわかる[注15]。板倉・井出・竹内（1973）によると，城南・城東地域においては，機械金属関係の中小・零細企業の労働者が工場周辺に住んでいるとの指摘がある[注16]。

4．城東地域の表彰企業に見られるイノベーション

1で述べた表彰企業の分析により，城東地域の中でも機械関連産業の集積が見られる地域として，荒川区と葛飾区を取り上げることにした。この2区においては表彰企業の比率が高く，かつ表彰後のパフォーマンスが良好であるためである。

そこで，この2区の表彰企業のうち金属・機械関連企業を拾い出し，それらについてのヒアリング調査を行った。15社程度をピックアップして調査を試みたが，実際に協力を得られたのは以下の8社であった。これらの企業に対して2010年11月〜12月にかけてヒアリングを行い，それぞれがどのようにイノベーションに取

り組んでいるかを調べた（表1参照）。

表1　城東地域における中小企業のイノベーション

企業名	事業タイプ	製品概要，イノベーションの型	所在地
KY発條	受注型	トレーニング機器，環境変化に柔軟に対応	葛飾区堀切
NY製網	自社製品	建築用金具，地域技術活用で	葛飾区堀切
TCN	自社製品	解体工事用散水機，顧客ニーズ	葛飾区堀切
TKベル	自社製品＋受注	自転車用ベル，地域技術活用	荒川区西尾久
DT工業	自社製品	ギアポンプ，自社蓄積技術活用	荒川区西尾久
MK電機	自社製品	ネットワーク用電源装置	荒川区西尾久
SK製作所	受注＋自社製品	大型照明器具，顧客ニーズへの柔軟な対応	荒川区町屋
YI製作所	自社製品	避難用ハッチ，顧客ニーズへの柔軟な対応	荒川区町屋

5．歴史的産業地域に見られる地域イノベーション

(1) 城東地域が持っている産業風土

　江戸時代に入って，江戸の町が一大消費都市であるばかりでなく，生産面でも重要な役割を持つようになった。特に問屋が中心となって形成された職人集団による分業体制は，日用品や奢侈品の生産で大きな役割を果たした。これらの職人は一定地域に集まって生活しながら事業を行っており，その地域に独自の雰囲気をもたらした。尾高煌之助（1993）によれば，明治時代初期の職人の居住地域として，「芝から日本橋，京橋を経て神田にいたる東京の中心部と，本所，深川，浅草の下町一帯」があげられており，江戸時代に形成された職人町の様子を窺うことができる[注17]。

　明治維新以降になると，明治政府の殖産興業政策により近代産業の導入が積極的に図られた。ここでは欧米から近代技術を持ち込んで新しい産業を興す動きがある一方，在来産業も存続して生産を持続させていた。東京における生産地域としては，江戸時代の町人町である神田・銀座・日本橋から，次第に隅田川・荒川を超えて周辺部に拡散していった。

　第2次世界大戦後の高度成長が始まる頃になると，墨田区・葛飾区・荒川区な

どに中小零細企業が発生し、様々な業種の小零細企業による「産地」の形成も見られた。

(2) 城東地域中小企業に見る職人型中小企業のイノベーション

　江戸時代から続いて形成されてきた産業地域において、どのような産業風土が形成されてきたであろうか。尾高（1993）によれば、近代産業が導入される過程で様々な技術習得の機会を得た職人が技術者と共に生産現場で重要な役割を果たしていた[注18]。

　明治末期から大正時代にかけての産業化の時代にあっては、職人的作業場と近代的工場とが共存していたが、その中間に町工場があって、そこでは職人的機能を持った経営者（や従業員）が少なくなかった。彼らは自らの判断によって作業方法を考案して作業に当たった。場合によって作業に必要な工具や設備も作ることがあった[注19]。

　尾高によれば、中小企業における職人的生産が支配的な状況は、1960年代に終息していった。設備機械の更新・増設や企業管理の合理化の浸透などにより、かつてのような「職人的世界も工場現場から消え去った」と述べている[注20]。

　尾高は職人の定義として次の4点をあげている。①労働手段（道具、小設備）を持っている、②腕（技能）はその出来映えによって客観的に測定できる、③生産技術は職人に体化され、他人がそれを修得するためには数年間の修行を必要とする、④生産方法については作業者（職人）に大幅な自主裁量権がある[注21]。

　宗像元介（1996）は、職人的労働は現在でも「個別性原理」が働いている場合に存在する、としている。個別性原理とはものづくりに伴って生じやすい予測のつかない状態を解決する場合に作用するものということである[注22]。

　現在の生産現場においてこの定義をそのまま当てはめると、職人的生産が行われているところは相当限られてくるが、①を除けば該当する工場はかなり多く存在するのではないかと思われる。

　筆者が調査で見聞した事例でも、顧客が示した簡単なスケッチに基づいて製品化することができる中小企業がある。また複雑な形状をした製品の製造方法においても創造力を発揮して形にすることができる。例えば表1のＫＹ発條の場合、スポーツ用品の製造において発注者からの簡単なメモを元に設計図を起こして製造している。つまり、かつての職人が持っていた自主裁量権が、創造性（クリエ

イティビティー）の発揮あるいはイノベーションという形で現代的に進化したと見ることができる。ここにかつての職人的生産の形が現代に継承されていると見ることができるように思われる。

(3) 職人型中小企業から創造型中小企業へ

　様々なイノベーションによって職人型中小企業から進化した創造型中小企業は，一定の裁量範囲を持って自由に製品作りを行うところがある。また依頼する方もそれに期待するのである。その場合の価格決定権は発注者側にあるが，量産品は少ないので一方的な低コスト発注ではなく，受注者側にも交渉の余地があるか，あるいは特殊な技術を必要としているため受注者の意向がかなり反映されるところがある。

　創造型中小企業は2つに分類することができる。一つは問題解決型中小企業であり，もう一つは高感度・高機能製品型中小企業である。問題解決型企業とは，高度な技術や技能を持ち，製作が困難な部品・材料等を製造する力を持っている企業のことを指す。表1のDT工業では，顧客の使用条件を踏まえて最適な素材や仕様を提案してニーズに応えている。過去の経験をもとに顧客の求める機能を企業側で推測し，それを製品化する力を持っているのである。

　もう一つの高感度・高機能製品型中小企業というのは，東京という巨大都市特有の機能（多様な資源の混在する環境で先端的な情報が容易に入手できる）を生かした活動をしている企業である。表1のSK製作所は大型の照明器具の製造に際して，デザインの提案も含めて製造を行っている。これらの企業では，それまでの歴史的な積み上げを基礎にしながら環境変化に適応しつつ，創造的で付加価値の高い製品を開発している。

　創造型中小企業は東京という古い集積が作り出した企業であり，他の地域ではこうした企業の成長は難しかったと考えられる。産業発達の歴史，そこで行われていた近代的工場生産システムと職人的生産システムとの併存，巨大消費地となったことによる市場からの刺激，経済的中枢機能やマスメディア等の集中立地による情報・文化の創造機能との協同作業など，様々な要素が重層的に存在して企業活動に反映され，こうした形の中小企業へと発展したと見ることができる。

6．城東地域の事例から見られる地域イノベーションの本質

　城東地域における古い産業集積地域の機械・金属関係企業を調査・分析してみて得られた結果は下記の通りである。

　この地域の産業構造は江戸時代からの職人的生産の技術的蓄積と，明治期以降に入ってきた近代産業の定着によって製造業中心の構造に特徴付けられた。しかし，第２次世界大戦後の技術進歩と経済成長（所得水準の持続的向上），東京の膨張による都市化などにより，城東地域（だけでなく城南地域も含めて）の主要産業であった重化学工業や繊維・雑貨等の軽工業の企業がこの地域から転出していった。特に中小企業に対して部品等を発注する大企業の転出が続き，かつ残った企業からの発注内容も大きく変化して，この地域に残った中小企業の業態を大きく変えた（渡辺幸男，1997）[注23]。

　これらの企業について，私は5の(3)で述べたように創造型中小企業と呼んでいる。創造型企業は，職人型生産の蓄積の上に立って顧客の多様な要望に対して柔軟かつ適切に対応できる問題解決型中小企業と，顧客の多様な要望に応えて魅力的な商品開発をすることができる高感度・高機能製品型中小企業とに分類できるとも述べた。

　職人型生産を続けてきた企業がこのように進化できた要因としては，技術進歩や経済成長による経済の成熟化・高度化の他に，こうした変化が企業に情報として直接入ってくる東京という立地条件をあげることができる。

　２つのタイプのうち，問題解決型中小企業においてどのようにその技術・技能を進化させてきたであろうか。その一つは転写である。東京は既に示したように古い産業集積地域である。そこには累積的に産業の発展が積み重なっており，社会生活や教育を通じて世代間で引き継がれていく。これはあたかも遺伝子の転写により遺伝情報が受け継がれていくのと類似した環境である。転写によるものづくり文化の累積的過程によって技術蓄積とものづくりに対する親和的な価値観が形成されるのである。

　ここでいう転写とは，親子，親方と弟子，経営者と社員，近隣の工場の社員同士など様々であるが，企業や家庭という一般的な組織の枠組みを超えて伝えられてきたものである。そこには経験や勘がものをいう世界があり，それらが特定の地域内で社会環境や人間関係を通して伝えられてきたのである。

一方，高感度・高機能製品の開発はいかにして行われてきたのか。高感度・高機能製品製造中小企業の場合は東京という巨大都市における文化的熟成が影響している。熟練の職人的生産を行っている企業においては，顧客の求める製品を作る技量があるだけでなく，顧客がほしいであろう製品（潜在的な需要のある製品）を掘り起こし製造する力がある。これは東京という巨大市場の中で事業活動を行っていることで，市場の動向（流行）に敏感になったり，商社や発注企業，消費者からの多様な注文を受けているうちに，自然と備わってきた能力である。また企業の経営者や社員（または社外の関係者）の中に，高度に洗練され，研ぎ澄まされた感性を持つ者がおり，こうした人材が消費者の需要を先取りするような商品開発を行っているのである。その例として，今回調査した企業ではないが，表彰企業である株式会社ウィズが開発した「たまごっち」をあげることができる[注24]。

　このように表彰企業は伝統的な職人的技能の転写や，東京の文化的熟成による刺激を受けながら，クリエイティブな製品（技術）を開発してきた。これらの企業は単独で事業を行っているのではなく，周囲の関連企業との連携（分業関係）の中で自らの位置を確立している。東京は日本国内において政治・経済・文化活動の中枢機能を独占的に保有しているだけでなく，今なお多様な産業が重層的に存在している。こうした東京の環境から多くの情報が発信され，多くの情報がそこに集まる仕組みを作っている。

　その中で，音楽・演劇・マスメディア・スポーツなどの文化的活動が活性化して産業として自立し，多くの需要を発生させている。表彰企業の多くはそうした東京の文化産業の影響を受けながら創造性を発揮してきた，ということができよう。そこにおけるイノベーションは，文化の熟成から生じる新たな需要を満たす過程で生じており，そうした文化活動との関連性を失えば企業の存立が危うくなる，という状況になるのである。

　また，転写にしても熟成にしても，その環境がなくなれば実現しなくなることも指摘しておかなければならない。技術・技能やものづくりの雰囲気の転写が行われるには一定の社会環境が必要であるが，最近の状況をみるとかなり厳しい状況がある。かつては自宅が工場であり，そこで現場での作業を見ながら育った子供たちが成長して創造型中小企業の担い手になったのであるが，現在では経営者は工場から離れた場所に住宅を持ち，工場も郊外（国外）に移転しているケースが多くなっている[注25]。都内の集積地域に残っている工場も，機械の作業条件や

騒音問題などの関係から建物ですっぽりと覆われていて，外部からは見えない構造になっている。

　文化的熟成にしても，日本の周辺諸国の経済発展により類似の現象が韓国や中国などに拡散していて，東京だけが文化の中心だとはいえない状況になっている。クリエイティブな環境を保ちつつオリジナリティを持った文化を発展させないと，優位性を保つことができずに縮小していく恐れが十分にある。

　このように見ると，古い産業集積地域の産業基盤としての役割は，ものづくりの伝統や東京の文化的成熟と密接な関係を持っていることがわかる。今後はものづくり文化とIT社会の文化を融合させるような取り組みが必要になると考えられる。

〈注〉
1　若林直樹（2010）
2　A&Mマーシャル（1985），p.66
3　ポーター（1992）第3章ほか
4　Camagni（1991），pp.130-132
5　Giulio Cainelli & Nicola De Liso（2004），pp.243-256
6　P. Cooke & D.Schwartz（2007），pp.1-18
7　山本俊一郎（2008），pp.58-64
8　韓 載香（2010），pp.334-335
9　板倉勝高他（1973），pp.110
10　同書，pp.110-111
11　同書，pp.108-109
12　同書，p.112
13　『東京都区別地図大観』（1958）に示されている工場名を拾ってみたもの。一部に追加した工場もある。
14　青木英一（1997），pp.33-45
15　渡辺幸男（1981），pp.258-267
16　板倉勝高他（1973）　前掲書，p.140
17　尾高煌之助（1993），p.58　地名として紺屋町，大工町，木挽町などが残っていた。
18　同書，pp.23-26，p.103
19　同書，pp.106
20　同書，pp.237-238
21　同書，pp.17-18
22　宗像元介（1996），p.55

23 渡辺幸男(1997)は京浜地域の機械関係中小企業の変化を研究してきた。それによると，この地域の機械・金属加工中小企業の特色としてかつては量産型の部品生産を行っていたが，後に業務の専門化，受注範囲の広域化が進んだ，ということである(第10章，付論)
24 たまごっちは1996年に発売され，国内外で4,000万個以上が販売された。
25 岡野工業所の代表社員である岡野雅行氏の幼少時の様子が本人の談話という形で日本経済新聞に紹介されている。それによると，当時家は「職住一致の5軒長屋。土間に機械が置かれ，家族が住む部分は一間だけ。ちょっと景気がいいと機械のスペースが自然と増えるから住むところは狭くなる。寝ている場所で機械が回っているという生活だから，自然と身近に感じるようになっていましたね」(『日本経済新聞』2011年4月26日，夕刊「人間発見」より)

〈参考文献〉
1 Roberto Camagni (eds) (1991) *Innovation Networks*, Belhaven Press
2 Giulio Cainelli & Nicola De Liso (2004) Can a Marshallian industrial district be innovative? The case of Italy, G.Cainelli & Robert Zoboli edit, *The Evolution of Industrial District*, Physica-Verlag
3 Philip Cooke & Dafna Schwartz (2007) Creative Region an Introduction, P.Cooke & D.Schwartz, *Creative Regions* Routledge
4 青木英一(1997年)『首都圏工業の構造』大明堂
5 板倉勝高他著(1973年)『大都市零細工業の構造』古今書院
6 尾高煌之助(1993年)『職人の世界・工場の世界』リブロポート
7 韓　載香(2010年)『「在日企業」の産業経済史』名古屋大学出版会
8 M.ポーター, 土岐坤訳(1992年)『国の競争優位』ダイヤモンド社
9 A.マーシャル, 馬場啓之助訳(1965年)『経済学原理』東洋経済新報社
10 A&M マーシャル, 橋本昭一訳(1985年)『産業経済学』関西大学出版部
11 宗像元介(1996年)『職人と現代産業』技術と人間
12 吉田敬一他(2000年)『荒川区の機械金属工業とその振興策』政治経済研究所
13 山本健兒(2005年)『産業集積の経済地理学』法政大学出版局
14 山本俊一郎(2008年)『大都市産地の地域優位性』ナカニシヤ出版
15 若林直樹(2010年)「日本のクラスター開発における人的資源開発の課題と経済制度の特性の影響―なぜシリコンバレー複製政策は移植できないのか」『日本政策金融公庫論集』第9号　日本政策金融公庫総合研究所
16 渡辺幸男(1981年)「城東・城南の金属加工業」佐藤芳雄編著『巨大都市の零細工業』日本経済評論社
17 渡辺幸男(1997年)『日本の機械工業の社会的分業構造』有斐閣
18 『東京都区別地図大観』(人文社, 1958年)

(査読受理)

中小企業経営者能力に関するコンピテンシー論的分析

長野大学　河野　良治

1. はじめに

　今日，日本の経済の仕組みは，大きく変化しなければならない状態に直面している。一例を挙げれば，1980年代に決定的な競争優位の源泉であった一部の日本企業が構築したモノ作りに関する組織能力は，もはや決定的な差別化要因ではなくなりつつある。世界的な競争の激化によって，いかに効率的に作るかを競うよりも，何を作るかの競争，規格やビジネスモデルでの競争がより重要になってきたと考えられる。日本の内情に目を向けると，日本は，人口構成の上で成熟期を超えて衰退期に入り，これまでどんな国も経験したことがない超高齢化社会をむかえる。筆者は，こうした社会的変化へ対応するために，日本がより「起業家的な社会」となることが有効であると考える。開業率と実質GDPには正の相関があることはよく知られている。新規起業は正規従業員の雇用を生み出すが，単なる企業の存続は，経営の効率化が求められるからか，正規従業員から非正規従業員への転換がみられるとの報告もある。高齢化とともに人口が減少するこれからの日本が活力を維持するためには，これまで以上に優れた経営者を育成することが重要なのである。

　優れた経営者は，時には起業家として新たな事業機会を見いだし，これを効率的かつ安定化させている。多くの優れた経営者は，学校教育を受けた後に社会で何らかの経験を積み，時には新たな事業を志して起業家として新しいビジネスを構想し，これを効率的かつ安定的に実施する経営者へと成長していくのではないかと考える。ある中小企業経営者へのインタビューで「中小企業なら，一人優れた経営・管理者がいれば何とか保つ。二人いれば御の字だ」というお話を伺った

ことがある。また，楠木（2010）は，実際の経営の成功と失敗を理論で説明できるのは2割程度ではないかと指摘する。二つの指摘に内在する問題は，経営者として優れていることの定義ではなかろうか。筆者の問題意識として，優れた経営者とは単に経営管理の能力に優れた人材ではない，経営者としていかに気概を持った人材であるかという点にある。

　これからの日本で，いかに優れた経営者を育成するかという課題に対して，リスクが高い仕事に果敢に挑戦しつつ自らの能力を高めていく経営者のコンピテンシーに注目し，実証的なデータから新たな事業を構想し，これを効率的に展開するために求められる中小企業経営者をコンピテンシー論的に把握することの有効性を明らかにしていきたい。

2．背景となる研究の整理

2．1　経営者能力と起業家に関する研究

　経営者能力に関する研究で，その源流に位置するものはHenri Fayolであろう。Fayol（1916）は，企業経営者としての経験から『産業ならびに一般の管理』を著して，管理プロセス（計画し，組織し，指揮し，調整し，統制する）を示しながら，経営者に求められる管理能力が管理すべき組織の規模によって変化すると論じた。Fayolは，それまで経験則でしかなかった経営・管理に分析的な枠組みを与え，「管理」を担う人材を育成することの重要性を示した。この本がアメリカに紹介され，経営学の本流となる管理過程学派が形成され，経営者教育に大きな影響を与えている。経営学の成立によって，それまで経験によってのみ育成されてきた経営・管理者を，経営に関する知識を提供することでより短い時間で育成することを可能にするという大きな貢献をもたらした。その後も，経営者・管理者教育は，教育すべき知識体系を拡大・精緻化し，その有効性を高めていった。

　日本における経営者能力に関する研究として，清水（1983）をあげたい。清水（1983）は，経営者の機能を将来構想の構築，意思決定，執行管理の3つに大別している。こうした経営者の機能の違いを前提とし，企業規模や業種と経営者の能力や個人特性との関係を論じている。経営者の能力や特性としては，信念を持つ態度，先見性のある態度，その他の企業家精神，人間尊重の態度，科学的態度，管理者精神，強靱な肉体，知識を重視する態度等が指摘されている。興味深いの

は，経営者の能力に企業家精神が含まれている点である。他社との競争を考えた場合，単なる効率化だけでなく，イノベーティブな商品・サービスを生み出していくことを重視しているからだと考えられる。

　イノベーティブな商品・サービスを生み出す担い手が，ベンチャー企業であり，その中心に起業家がいる。ベンチャー企業の代表的な定義としては，「高い志と成功意欲の強いアントレプレナー（起業家）を中心とした，新規事業への挑戦を行う中小企業で，商品，サービス，あるいは経営システムにイノベーションに基づく新規性があり，さらに社会性，独立的，普遍性を持ち，矛盾のエネルギーにより常に進化し続ける企業」という柳（1997）の定義が適切であろう。柳（1997）は，ベンチャー企業が中小企業に内包されるものであると述べた上で，起業家に求められる能力として「問題意識力」，「変革力」，「実行力」，「マネジメント力」の四つを指摘している。

　先行研究において，これまでの経営者能力論や起業家の能力に関する研究に共通するのは，能力をいかに育成するという視点よりも，能力の高低から人材を選抜する視点に重きが置かれているのではないかと考えられる。清水（1983）では，経営者の能力に起業家としての側面が含まれている点，経営者の技能だけでなくその特性にも注目している点に注目すべきであろう。また柳（2004）は，起業家としての能力が今日ではベンチャー企業だけで無くすべての組織の存続に必要だと位置づけている[注1]。こうした点は，経営者教育をより良いものとするため非常に重要な示唆であると考えられる。

　経営者は，多くの場合，学校を卒業した後に仕事の中で経営・管理の能力を高めて，トップやミドルの経営・管理者としての役割を果たしている。つまり，経営者に求められる能力の向上を，キャリアの発展としてとらえるアプローチが有効だと考えられる。経営者に求められる能力と経営者の経験や特性について，これまでどのような研究があるのだろうか。Shane（2000）は，起業家に関して，起業前の知識とネットワークが起業に大きな影響を与える事を示している。久保田（2011）は，事業承継の事例研究から，次世代経営者の社外経験や新規プロジェクトが事業承継に有効であることを示している。キャリアの発展と能力向上を検討した代表的な研究として「一皮むける経験」（金井，2001）をあげるのが適切であろう。この研究は，移動や配置転換，ワンランク責任の重い業務，困難な業務，といったハードルの高い仕事をこなすことが，その後の成長や良好なキャリア開発につながると指摘する。

ストレスは，時に人間の成長に良い影響を与えるが，時に過大なストレスは悲劇を引き起こす。岩田（2008）は，過労死・過労自殺と突発的な職務（突然要求される未経験で曖昧な職務）との関係が深い事を示している。過大なストレスがメンタルヘルスへ与える悪影響は，社会的な問題な課題である。そして，中小企業やベンチャー企業の経営者は，ストレスを大きく受けていると考えられる。彼らは，大きな不確実性に直面しながら，最終的な意思決定者・責任者として非常に難しい意思決定を下さなければならない存在である。どのように，中小企業やベンチャー企業の企業経営者は，時にストレスを活かして成長し，大きなストレスに処しているのだろうか。

2.2　起業家や経営者のコンピテンシー

　こうした問題意識に対して，起業家や経営者の能力を特性や経験と関係づけ，示唆を与えてくれる研究としてコンピテンシー論をあげる事ができる。Spencer & Spencer（1993）は，図1に示されるような「氷山モデル」からコンピテンシー概念を説明している。コンピテンシー論では，「目に見える」技能や知識などの実際の職務を行うことに関わる要因と，「目に見えない」自己イメージ，特性，動因等を分けている。高い業績を上げる人材は，その人が持つ技能や知識がその人の自己イメージ・特性・動因等と適応している。逆に，高い技能や知識を持っていても，その人の自己イメージ・特性・動因等と適応していなければ十分に能

図1　氷山モデルとしてのコンピテンシー概念

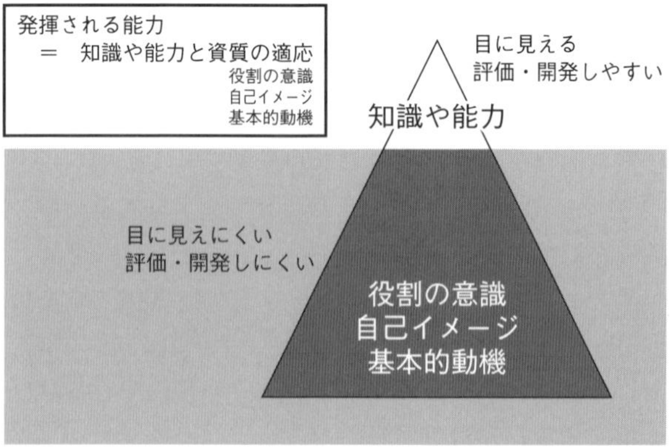

発揮される能力
＝　知識や能力と資質の適応
　　　役割の意識
　　　自己イメージ
　　　基本的動機

目に見える
評価・開発しやすい

知識や能力

目に見えにくい
評価・開発しにくい

役割の意識
自己イメージ
基本的動機

力は発揮されない。コンピテンシー論は，実際にコンサルタントの活動として盛んに労働者，ロワー，ミドルの管理者には応用されているが，経営者や起業家に関しては研究蓄積が多いとは言い難いのが実情である。むしろ，実務的な応用によって理論の精緻化してきたため，応用例が比較的少ない経営者や起業家のコンピテンシーは，より大きく研究の余地が残されている。

本論文では，起業家コンピテンシーのなかでも，自己確信（Self-confidence）について注目した。Spencer & Spencer（1993）は，多くのコンピテンシーのなかでも高い自己確信が，経営者や起業家だけでなく，高い業績を上げる人材に共通した基礎的な特徴であると指摘する。自己確信を備えた人材は，リスクが高い課題にも果敢に挑戦し，失敗から学ぶことができるという特徴を持つ。言い換えれば，ストレスを糧にして成長しつつ，過大なストレスに処することのできる人材像を解明するために有効な分析視点だといえる。

Spencer & Spencer（1993）は，自己確信の形成について，成功する体験を繰り返す中で，強化されると指摘する[注2]。自己確信の形成プロセスについてコンピテンシー研究の源流に位置づけられるMcClelland（1987）の達成動機から解明するのが適当であろう。なぜなら，現代日本の起業家は，金銭等の外発的な誘因だけでは必ずしも十分に説明できないからである。『中小企業白書2002年度版』では，創業の動機について以下のように示されている（複数回答）。「自分の裁量で仕事がしたい（44.2%）」，「自己実現を図りたい（39.6%）」，「専門的な技術・知識を活かしたい（32.4%）」，「社会に貢献したい（30.8%）」と続く。「より高い所得が得たい」との回答は，20.9%でしかない。つまり，多くの起業家は，金銭的誘因よりも，自分らしく仕事すること，社会に貢献することに動機づけられているのである。対応しなければならないリスクやストレスの大きさ等の日本の現状から考えると，起業家だけでなく，経営者も内発的に動機づけられていると考えるべきであろう。

McClelland（1987）によると，達成動機による誘因は，さらにすぐれた課題を解決することから得られる心理的満足であり，達成動機が高い人材は生理的な活性が高まるだけでなく，業績向上に関わる刺激に高い関心を示し，学習と業績の向上に結びつくと述べられている。また，達成動機の高い人材は，易しい課題をより易しいものと認識し，当事者にとって成功の確率が中程度と見積もられる課題に惹きつけられ，その解決に力を注ぐ。容易には為しえない成功の体験は，有

能感を伴って，達成動機と同様に達成感によって（内発的に）動機づけられる。こうした研究から，図2に示されるように成功を体験することによって，有能感が強化されてより高い目標に挑戦するようになる。本人の資質や環境が影響を与えるであろうが，高い目標に挑戦することで「一皮むける経験」によって能力が大きく高まる可能性が生じる。このような好循環が繰り返された結果として，自己確信と高い経営者としての能力が形成されるのだと考えられる。

現代を代表する起業家であり，優れた経営者として評価されたSteve Jobs氏を例に考えてみよう。Jobs氏は，12歳の時に周波数カウンターの部品を求めてヒューレットパッカード社の共同創業者であるBill Hewlett氏の自宅へ電話帳を頼りに電話をかけた。Hewlett氏は，少年の話を笑いながら聞いて，部品だけでなく，当時ハイテクベンチャー企業の代表であったヒューレットパッカード社でのインターンシップの機会を彼に与えた。Jobs氏は，天にも昇る気持ちであったと当時を振り返る。こうした経験は，少年にとって自分だったら何かができることを実感させる有能感を醸成し，同時に「一皮むける経験」となったことは想像に難くない。数年後，その時の周波数カウンターを使って，料金を払わずに世界を数周するいたずら電話もかけられる，デジタル式のブルーボックスを友人と作りあげた。販売を始めた矢先強盗に銃を突きつけられ，彼らは死の恐怖に直面して，この違法なビジネスをやめた。しかし，100ドル程で販売した小さな機械が莫大な投資によって作られた国際電話通信網をコントロールする，その興奮がアッ

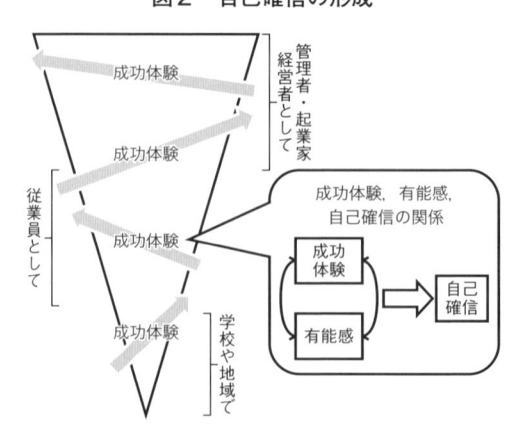

図2　自己確信の形成

プルコンピュータ社の創業につながったと述べている[注4]。その後，大学を中退し，アタリ社で仕事をし，20代でアップルコンピュータ社を創業，紆余曲折を経て偉大な経営者となった。もちろんJobs氏は高い資質を備えていたであろうし，シリコンバレーという地域の環境も好影響を与えたのであろうが，彼が少年期から成功をとおして価値観が変わるような経験から有能感を高め，さらに高い目標に挑戦して「一皮むける経験」によって経営者に求められる能力を高めていったのではないかと考えられる。こうした好循環をその後も繰り返して，Jobs氏は自己確信と経営者としての能力を高めていったと解することができる。つまり，高い自己確信を持った人材にとって，経営者としての技能や知識は，時間を含めた資源と環境の関数であると考えることができよう。

3．調査の内容

3．1　調査の概要

　本論文では，二つの調査の結果を示したい。第一に，2009年9月と2010年9月にベンチャー企業経営者に対するアンケート調査を行った。調査対象となった企業は，2000年以降新興市場に上場した企業，調査時点でグリーンレーベルに登録している企業，アントレプレナーオブザイヤー・中小企業創業国民フォーラムそれぞれに2000年以降ノミネートされた企業，合計約900社あまりである。

　この調査結果がどのような意味を持つのか明らかにするため，2010年8月にマクロミル社の協力でネット調査を実施した。調査対象者は，日本国内の30歳代・40歳代の男性412名である。ネット調査において男性に限定した理由は，ベンチャー企業経営者に対するアンケート調査で得られた回答の98％が男性であったためである。この412名は，4つの集団から構成されている。10名程度の従業員を抱える中小企業経営者，6名程度の部下を持つ管理者，役職の無い正規従業員，派遣社員を除く非正規従業員（それぞれ103名ずつ合計412名）である。それぞれが担うべき曖昧性や責任の重さは，ベンチャー企業経営者＞中小企業経営者＞管理者＞従業員＞非正規従業員となるであろう事が予測される。

3．2　調査結果について-職位と成功を通して価値観が変わるような体験

　第一の調査における顕著な結果の一つとして，図3（2010年調査結果　回答数

100社（内63社が上場））に示されるように，多くのベンチャー企業経営者は，学生時代から繰り返し成功をとおして価値観の変わるような体験していることが明らかとなった。

　図4は学校を卒業するまでに経験した成功を通して価値観が変わるような体験を示したものであり，図5が卒業の後仕事の中で成功を通して価値観が変わるような体験を示している。図4をみると，学校を卒業するまでに成功を通して価値観が変わるような体験をする割合は，経営者＞管理者＞従業員となっており，担うべき曖昧さや責任の重さと正の関係がある。図5をみると，仕事において非正規従業員が成功を通して価値観が変わるような体験が少ないことは当然だと考えられるが，図4と同様の傾向を示している。それだけではなく，過半数の経営者が成功を通して価値観が変わるような体験をしていることは偶然では無いであろう。図3を図4および図5と比較すると，ベンチャー企業経営者は，他の階層に比してより多く成功を通して価値観が変わるような体験をし，特に繰り返して価値観が変わるような成功を経験していることが分かった。こうした調査結果は，大きな曖昧性や責任から生じるストレスに耐えて熱心に働く中小・ベンチャー企業経営者が，成功を通して価値観が変わるような体験から形成される自己確信によって支えられていることを示すものと考える。

図3　ベンチャー企業経営者の成功をとおして価値観の変わるような体験

あなたは，考え方・意識を変えた成功体験をどの程度経験していますか？
それぞれのうちあてはまるものをひとつお選びください。

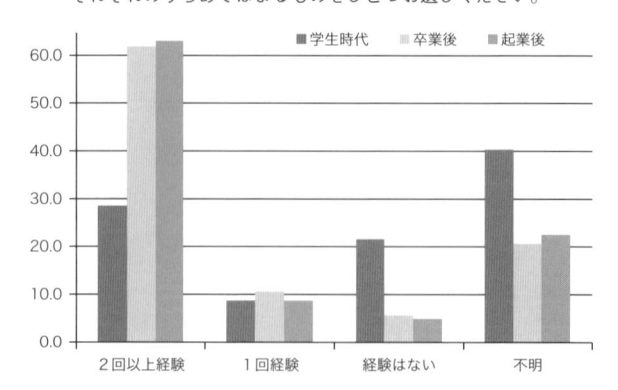

図4　成功を通して価値観が変わるような経験

【学生時代の成功体験について】

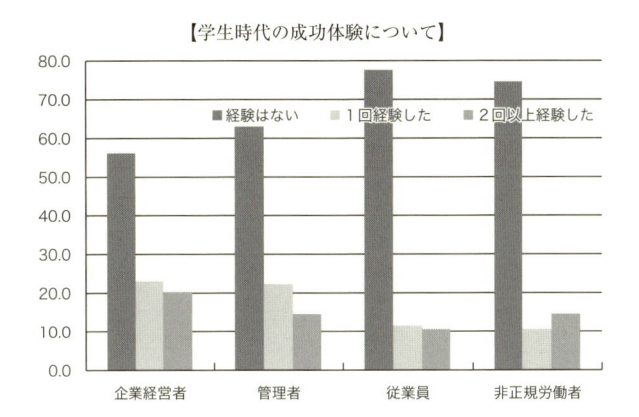

図5　成功を通して価値観が変わるような経験

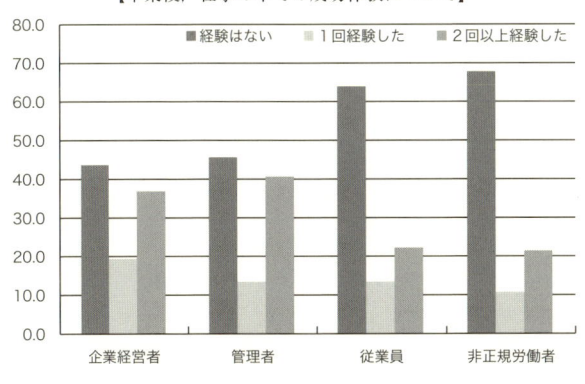

【卒業後，仕事の中での成功体験について】

3．3　調査結果について―職位と成功を通して価値観と有能感

　表1は，ネット調査で得られた学生時代の成功を通して価値観が変わるような経験と有能感の関係を示している[注5]。学生時代に成功を通して価値観が変わるような経験をした回答者はあまり多くはないが，学生時代の成功を通して価値観が変わるような体験と有能感には一定の関係があるように読み取ることができるのではなかろうか。ちなみに，下位10%など非常に低い有能感を持つ回答者では，成功を通して価値観が変わるような経験を繰り返し経験するものは少なかった。

表1　成功を通して価値観が変わるような体験と有能感－学生時代

		経験ない	1回経験	2回以上
	(412)	68.0	17.0	15.0
上位3％程度	(30)	73.3	13.3	13.3
上位10％程度	(49)	63.3	14.3	22.4
上位30％程度	(96)	53.1	22.9	24.0
平均的	(173)	73.4	16.8	9.8
下位30％程度	(40)	75.0	10.0	15.0
下位10％程度	(15)	73.3	20.0	6.7
下位3％程度	(9)	88.9	11.1	0.0

XX	全体より＋10ポイント
XX	全体より＋5ポイント
XX	全体より－5ポイント
XX	全体より－10ポイント

表2　成功を通して価値観が変わるような体験と有能感－仕事の中で

		経験ない	1回経験	2回以上
	(412)	55.3	14.3	30.3
上位3％程度	(30)	43.3	16.7	40.0
上位10％程度	(49)	32.7	12.2	55.1
上位30％程度	(96)	37.5	15.6	46.9
平均的	(173)	67.6	15.6	16.8
下位30％程度	(40)	62.5	10.0	27.5
下位10％程度	(15)	80.0	13.3	6.7
下位3％程度	(9)	100.0	0.0	0.0

　表2は，仕事の中での成功を通して価値観が変わるような経験と有能感の関係を示している。有能感の高い回答者たちは，平均値よりも5％～10％高い割合で成功を通して価値観が変わるような経験を複数回経験し，平均より10％以上低い割合で成功を通して価値観が変わるような経験を体験していない。こうした結果は，当然のことと認識されるかもしれないが，まさに成功を通して価値観が変わるような経験を繰り返す中で，有能感と共に自己確信が形成されていることを示している。

表3を見ると，学生時代の成功を通して価値観が変わるような経験と仕事の中での成功を通して価値観が変わるような経験の相関係数は，0.597であった（1％有意）。こうした事実は，成功を通して価値観が変わるような経験を繰り返して，自己確信を強化している事を示しているのではないかと考えられる。最終学歴は，職位や学校で成功を通して価値観が変わるような経験，仕事の上での成功を通して価値観が変わるような経験にも影響を与えている（1％有意）。ただ，最終学歴と起業後の成功を通して価値観が変わるような経験だけでなく有能感との関係は，統計的には有意ではない。最終学歴だけでは，有能感や自己確信を十分に説明することはできないといえよう。

表3　相関関係の整理

**相関係数（Spearman）は，1％水準で有意（両側）
成功を通して価値観が変わるような経験を成功体験と略して記述

		職位	学校での成功体験	会社での成功体験	起業後の成功体験	学歴	有能感
職位	相関係数	1					
	有意確率	-					
	N	412					
学校での成功体験	相関係数	-.156**	1				
	有意確率	.002	-				
	N	412	412				
会社での成功体験	相関係数	-.201**	.596**	1			
	有意確率	.000	.000	-			
	N	412	412	412			
起業後の成功体験	相関係数	.a	.421**	.639**	1		
	有意確率	.000	.000	.000	-		
	N	103	103	103	103		
学歴	相関係数	-.179**	.247**	.148**	.064	1	
	有意確率	.000	.000	.003	.520	-	
	N	412	412	412	103	412	
有能感	相関係数	.175**	-.133**	-.316**	-.139	-.018	1
	有意確率	.000	.007	.000	.161	.723	-
	N	412	412	412	103	412	412

a 少なくとも1つの変数が定数であるため，一定の変数は計算されません。

4．調査結果の整理と今後の課題

　本論文では，起業家のコンピテンシーのなかで自己確信に注目し量的調査を行った。中小・ベンチャー企業の経営者の多くが，成功を通して価値観が変わるような経験を繰り返すなかで，有能感と共に自己確信しているであろうことが示された。むしろ，成功を通して価値観が変わるような体験から形成される自己確信なくして，中小・ベンチャー企業経営者のように大きな曖昧性や責任に耐えて仕事を続けていくことはできないのではないだろうか。調査の結果として，成功を通して価値観が変わるような経験を経験する比率は，ベンチャー企業経営者＞中小企業経営者≦管理者＞従業員というような傾向を示した。これは一般的に想定される責任の大きさや，対応するべき仕事の曖昧性の高さと一致していると考えられる。こうした調査結果は，二つの意味を持っている。第一に，中小・ベンチャー経営者をより良く育成するためには，経営や起業に関する知識や技術のみならず成功を通して価値観が変わるような経験等が自己確信を高めるために求められる。社会や学校教育において成功を通して価値観が変わるような経験をどのように与えるべきか，検討が求められる。

　第二に，こうした研究結果は，若者のemployabilityや「コア人材」として正規従業員として求められる資質を解明する手がかりとなりえる。パートや派遣等非正規労働が一般している今日，大学を卒業した正規従業員の仕事は，新たな仕事を作り出すことであり，これまでよりも曖昧な仕事に対応することが求められている。大学を卒業する学生が就職先を得られないことが社会問題になっている。この原因の一つは，社会・企業・学校（特に大学）が，現代の正規従業員として求められる能力を十分に示していない点にあるのではなかろうか。巧みに曖昧な仕事に対応しつつ，ストレスを成長の糧とする人材像を明らかにし，これを示すことは今日の研究者にとって解決すべき重要な課題だと考えられる。

　ただ，成功を通して価値観が変わるような経験は自己確信の必要条件であり，十分条件ではない。図4が示すとおり，学生時代の成功を通して価値観が変わるような経験の割合を従業員と非正規従業員で比較すると，非正規従業員の数値が高い。この点からも，優れた経営者として能力向上へとつながる経験の具体的内容とそうでない体験を峻別する必要があろう。また，学生時代に成功を通して価値観が変わるような経験は，その後の好循環へとつながり，有能感・自己確信を

高めている。では，環境の違いや成功を通して価値観が変わるような経験の有無による経営者のストレスからの影響の違い，どのような価値観等を持った人材が自己確信を高めやすいのかという点が疑問として残されている。今回の研究は，研究枠組みとして成功体験に基づくポジティブな経験の積み重ねから優れた経営者が育成される側面を検討した。実際には，優れた経営者であっても，成功よりも失敗を多く経験していると考えられるため，いかに失敗から学ぶことも重要な問題となる。これら点を今後の課題としたい。

【謝辞】
　第31回自由論題報告において，先生方から大変貴重なご意見を賜りました。この場を借りてお礼を申し上げます。本研究は，平成22年度長野大学助成研究，科研費（20530379および23530515）の成果の一部である。研究へのご支援に感謝いたします。

〈注〉
1　柳（2004）　pp. 8-41
2　Spencer, L.M., & Spencer, S.M., (1993) pp.82-83
3　中小企業庁編（2002）『中小企業白書2002年度版』p.52
4　Jobs氏の記述は，以下の資料に基づく。
　Isacson W., (2011) およびSanta Clara Valley Historical Association, (1996)
5　有能感の測定には「ご自分が最も重要だと思う仕事をこなす能力について，同様の仕事をしている人の中でどの位置にいると思いますか」という問の答えである。また，表1および表2の記述で，サンプル数30以下のセルには判定はしていない。

〈参考文献〉
1　Barney Jay B., (2002) *Gaining and Sustaining Competitive Advantage* (*2nd Editiion*) Prentice Hall（岡田正大訳『企業戦略論』ダイヤモンド社，2003年）
2　Deci Edward L., and Flaste Richard (1995) *Why We Do What We Do*, G.P. Putnam's Sons（桜井茂男監訳『人を伸ばす力：内発と自立のすすめ』新曜社, 1999年）
3　Fayol H., (1916) *Administration Industrielle et Générale*, Bordas S.A., （山本安次郎訳『産業ならびに一般の管理』ダイヤモンド社，1985年）
4　Isacson W., (2011) *Steve Jobs*, Sion & Schuster（井口耕二訳『Steve Jobs Ⅰ』講談社, 2011年）
5　McClelland David C., (1987) *Human Motivation*, Cambridge University press（梅津祐良・薗部明史・横山哲夫訳『モチベーション』生産性出版, 2005年）

6　Santa Clara Valley Historical Association, (1996) *Silicon Valley:A 100 year renaissance*
7　Shane S., (2000) *Prior Knowledge and the Discovery of Entrepreneurial Opportunities*, Organization Science Vol.11, No4
8　Spencer, L. M., & Spencer, S. M., (1993), Competence at Work, John Wiley & Sons Inc. (梅津祐良・成田攻・横山哲夫訳『コンピテンシーマネジメントの展開：導入・構築・活用』生産性出版，2001年)
9　Timmons, Jeffry A., (1994) *New Venture Creation:Entrepreneurship for the 21st Century*, Burr Ridge：Irwin (千本倖生・金井信次訳『ベンチャー創造の理論と戦略：起業機会探索から資金調達までの実践的方法論』ダイヤモンド社，1997)
10　岩田一哲 (2008年)「過労死・過労自殺と職務上の出来事との関係の分析」,『弘前大学経済研究』31号，pp.16-27
11　楠木建 (2010年)『ストーリーとしての競争戦略-優れた戦略の条件-』東洋経済新報社
12　久保田典男 (2011年)「世代交代期の中小企業経営」中小企業学会（編）『世代交代期の中小企業経営』中小企業学会論集　同友館，pp.17-31
13　齋藤毅憲 (2006年)『スモールビジネスの経営を考える』文眞堂
14　清水龍瑩 (1983年)『経営者能力論』千倉書房
15　中小企業庁編 (2002年)『中小企業白書2002年版「まちの起業家」の時代へ』ぎょうせい
16　寺島雅隆 (2009年)「大学教育の変容と起業家教育」中小企業学会（編）『中小企業政策の再検討　（日本中小企業学会論集 29）』同友館，pp.90-101
17　松田修一 (1997年)『起業論』日本経済新聞社
18　柳孝一 (1997年)『起業力をつける』日本経済新聞社
19　柳孝一 (2004年)『ベンチャー経営論-創造的破壊と矛盾のマネジメント』日本経済新聞社

（査読受理）

中小企業における経営革新と従業員行動
―経営革新促進行動とその規定因としての組織の経営革新支援と
変革型リーダーシップ―

東京富士大学　髙石　光一

1．はじめに

　今日の激動する経済，社会，自然環境の下で，中小企業の経営革新の成否の鍵は，経営トップの発想のみならず製造・販売などの最前線にいる全ての従業員の知恵と行動力を取り込むことにある。しかし，従業員の行動がいかにして経営革新を促進するかについての理解は十分でない。本研究のねらいは，中小企業における経営革新の源泉としての従業員行動の検証と，この行動におよぼす組織風土としての経営革新支援と管理者の変革型リーダーシップの影響過程について探ることにある。

　経営革新またはイノベーションについて，国内では伊丹（2009），野中・勝見（2004），欧米においてはGhoshal & Bartlett（1997）は，組織に経営革新を推進するプロセスや主要因についての深い知見を提供し，経営革新の源泉が従業員行動にあることを認識している。また，わが国における中小企業論での研究分野では，高橋（2002），文能（2008）などをはじめとした中小企業と経営革新との関連性に関する実証研究がある。しかし，Bunce & West（1995）らが指摘したように，経営革新を促進する従業員行動とは，具体的にどのような行動であるかは，未だに十分に理解されていない。また，中小企業における経営革新に向けた従業員行動に関する研究は稀有である。経営革新またはイノベーションに向けて中小企業の従業員のどのような行動が企業の経営革新に寄与するのか。そして，どのような組織・職務・個人的特性が，そのような従業員行動を促すのか。Kotter & Cohen（2002）が指摘するように，変革に向けた問題の核心は，戦略・構造・

企業文化・制度ではなく,人々の行動を変えることにあり,いかに従業員たちに自発的な行動を促すかを本研究の主題とした。

2. 経営革新促進行動と生起のメカニズム

本研究では経営革新を,中小企業基本法第2条と同様に「新商品の開発又は生産,新役務の開発又は提供,商品の新たな生産又は販売方式の導入,役務の新たな提供の方式の導入,新たな経営管理方法の導入その他の新たな事業活動を行うことにより,その経営の相当程度の向上を図ること」と定めた。よってイノベーション研究におけるラディカルに加えてインクリメンタルな変革を含むものである。経営革新のアイデアの源泉としての従業員の提言は重要であり,企業の将来的な方向性まで踏み込んだ提案があるほど,経営革新の目的を達成できる割合は高まる(中小企業白書,2005)。

このような背景から,本研究では中小企業における経営革新に重要な組織成員の具体的行動の把握とその規定因を探索する。経営革新促進行動とは,組織成員の自発的行動で,それにより組織の新製品や新生産方式の開発,または新規市場の開拓などの経営革新を明瞭に意識した行動である。

従業員の経営革新に向けた行動は,組織自体が経営革新に取組み,従業員のチャレンジングな行動を支援する風土(経営革新支援)により促される(Scott & Bruce, 1994; Takaishi & Furukawa, 2011)。グローバル化が一層進展する中でビジネスチャンスを見出し,独自の技術とサービスを創造するためには,経営革新はトップの示す明確な理念と戦略の下に現場の従業員全てが使命感と自発性を発揮できるかにかかっている。筆者は,これを可能とするには,組織の隅々に革新の風土が浸透していることであり,その要となるのは管理者であると考える。

具体的には,従業員が平素の役割を超えて発揮するこのような行動は,上司の変革に向けたリーダーシップ(変革型リーダーシップ)により大きく影響される(Piccolo & Colquitt, 2006)。しかしながら,これらの実証研究の結果は,大企業に働く従業員もしくは中小企業と大企業の従業員から成るサンプルの分析に基づくものであり,中小企業における経営革新に向けた従業員行動の構造やその規定因についての検証はなされていない。

以上から,本研究では中小企業組織を対象として,組織特性である組織風土と

リーダーシップとに焦点をあて，従業員の経営革新促進行動に及ぼす影響を探ることとする。経営革新促進行動の構造を検証するとともに，組織の経営革新支援の風土と管理者の変革に向けたリーダーシップの影響を検証する。

中小企業におけるリーダーシップ研究は，これまで複数の中小企業の経営者もしくは後継者を対象に横断的に行われたものが主である（Ling, Simsek, Lubakin, Veig, 2008；Matzler, Schwarz, Deutinger & Harms, 清水，1983；八木 2010）が，本研究では，個別の中小企業における経営革新に向けた支援の程度と管理者のリーダーシップが企業の経営革新への取組みにより影響を受け，それにより従業員の経営革新促進行動が生起する過程に注目する。

(1) 経営革新促進行動

経営革新促進行動は，組織行動学者であるKatz（1964）やKatz & Kahn（1978）の理論を基に構築したものである。Katz（1964）やKatz & Kahn（1978）は，組織が機能するためには，①成員として在職し続け組織活動に参加する基本的行動，②最低限のパフォーマンスの質と量を維持する行動，③自分の職務の範疇以外であっても自発的（spontaneous）かつ革新的（innovative）に発揮される行動の3つのパターンに分類した上で，組織の生き残りと効率性には，とりわけ③の自発的に行動し革新を起こす行動が重要であることを指摘した。このような概念をもとに，成員の自発的行動で，それにより組織の新製品や新生産方式の開発，または新規市場の開拓などの経営革新を明瞭に意識した行動を，高石・古川（2008）は経営革新促進行動と命名した。経営革新促進行動は，次の問題発見と解決行動，重要情報収集行動，顧客優先行動，発案と提案行動から成ることが見出された（高石・古川，2008）。

問題発見と解決行動 自分の仕事をより効率的となるよう工夫する，部署やユニットの仕事を改善するよう努めるなど，成員の現状の職務や職場に対する問題意識と改善や改革への行動。

重要情報収集行動 技術やマーケットの変化や業界・競合企業・取引先等の動向など経営革新へのきっかけや推進に重要な情報を社内外で収集する行動。

顧客優先行動 顧客への満足を最優先する行動であり，この行動により顧客の支持を得ると同時に革新に向けた顧客ニーズを把握できる。

発案と提案行動 業務改善のみでなく組織のオペレーション，規則や方針を革新

すべく周囲や組織の上層部等に対して発案・提言する行動。

　しかし，この4次元から成る経営革新促進行動の検証は，マーケティングリサーチ会社による会員を対象としたウェッブ上の調査に基づくものであり，中小企業の従業員行動に焦点をあてたものではなく，中小企業と大企業従業員から成るデータに基づくものであった。中小企業組織と大企業組織において，異なる経営革新促進行動が展開されることを示唆する論拠および先行研究は見当たらず，中小企業における経営革新促進行動の構造を確認することは重要であると考えられる。よって，中小企業における経営革新促進行動について次の仮説を設定する。

　仮説1．経営革新促進行動は，問題発見と解決行動，重要情報収集行動，顧客優先行動，発案と提案行動から構成されるであろう。

(2) 規定因としての経営革新支援と変革型リーダーシップ

　組織全体に浸透する経営革新に向けた方針や支援制度の有無である経営革新支援は，従業員の経営革新に向けた取組みを左右すると考えられ，同時に，この行動は上司の変革に向けたリーダーシップ（変革型リーダーシップ）により影響される（Piccolo & Colquitt, 2006）。

経営革新支援　経営革新に向けた方針や支援制度の有無により，従業員の経営革新への取り組みの程度は異なる。一般に，中小企業においては経営者のもとに経営革新に向けた方策，目標，行動指針，報奨，優先度などが示され，その明示はフォーマルまたはインフォーマルに従業員に伝達され，経営者が直接はたらきかけるとともに幹部・管理職を通して現場の従業員に伝達されるが，その伝達方法や頻度等は組織により異なり，経営革新に向けた従業員の心理的な認知も一様ではない。

　Scott & Bruce（1994）は，組織が変革を受け入れ，そのために従業員からの新たな考えを支持し，異質性を許容する風土に係る従業員の認知を経営革新支援（support for innovation）と呼び，経営革新支援が革新的行動（innovative behavior）を生起させることを検証した。この結果は大企業従業員のサンプルに基づいたものであるが，創造的または革新的であることが価値あることと認められ，組織内で支持されると認識される風土であるのならば，中小企業においても，従業員は革新的行動をとると考えられる。Takaishi & Furukawa（2011）も，中小企業および大企業の従業員から成るサンプルを調査対象とした分析結果から，組織の経営

革新支援は直接的に，および組織コミットメント（organizational commitment）と職務関与（job involvement）を媒介として経営革新促進行動を影響するメカニズムを見出した。組織が経営革新に向けた行動を支援していると従業員が確信している場合には，自分たちの革新に向けた行動が意味あるものと考えることができるであろう。

このような先行研究から，中小企業においても組織の経営革新支援は経営革新促進行動を影響すると考えられる。

仮説2．経営革新支援は，(a)問題発見と解決行動，(b)重要情報収集行動，(c)顧客優先行動，(d)発案と提案行動と直接的に関係するであろう。

変革型リーダーシップ　変革型リーダーシップとは，メンバーに仕事への新しい視点を提供し，組織やチームへの使命やビジョンを明確に示し，メンバーの潜在力を引き出し，さらに自らの利害を越えるよう仕事に動機づけるリーダーシップである（Bass & Avolio, 1994）。その特徴は，組織の外に関心を向け，創造性を志向するところにあり，変革型リーダーシップは次の4の構成要素から成る（山口, 2004）。①理想モデル：メンバーたちに，「リーダーのようになりたい」という同一視を引き起こし，リーダーを見習おうという気にさせるカリスマ性。②志気を鼓舞する動機づけ：メンバーの仕事のもつ意味を理解させ，やる気を引き出し，元気づける特性。志気を鼓舞し，集団を勢いづける。③知的刺激：メンバーの考え方の視野を広げたり，転換させたりするなどの刺激を与える働きかけ。④個別配慮性：メンバー個々の達成や成長のニーズに注意を払って，仕事をサポートしたり，適切な助言をしたり，親身になって面倒をみる配慮。

Bass & Avolio（1994）によれば，変革型リーダーシップは，部下の行動に関するフィードバックを与え，一層の努力をはかることを納得させ，創造的に考え行動することを奨励する傾向がある。また，変革型リーダーシップを発揮する上司は，部下に組織の使命を明確に伝え，組織の目標や方針を浸透させることにより，部下が組織に貢献しようと働きかける行動が高まる（Podsakoff, MacKenzie, Moorman & Fetter, 1990）。

一般的に，中小企業では経営者の果たす役割の重要性への認識に比べて，幹部・管理職等の果たす役割やリーダーシップについては看過され，中小企業における管理職の変革型リーダーシップの影響についての研究は見当たらない。しかし，

規模の大小に関わらず，組織上の上司となる者が発揮するリーダーシップは部下の行動に影響を与えると考えられる。よって，中小企業においても，変革型リーダーシップは部下達の経営革新促進行動を高めると考えられる。

　仮説3．変革型リーダーシップは，(a)問題発見と解決行動，(b)重要情報収集行動，(c)顧客優先行動，(d)発案と提案行動と直接的に関係するであろう。

経営革新支援，変革型リーダーシップおよび経営革新促進行動　最前線の従業員が経営革新促進行動に取組むためには，組織内に経営革新を促進する行動に取組むことを支援する風土が認識されていることが必要であろう。このような中小企業における経営革新支援の風土は経営者のもとに形成され，それゆえ，そのような風土の下では，管理者も変革型リーダーシップを発揮する傾向にあると考えられる。よって，経営革新支援の風土は，前述の組織コミットメントや職務関与を高めることによって従業員の経営革新支援行動を誘発する過程（Takaishi & Furukawa, 2011）に加えて，他のメカニズムが存在すると思われる。すなわち，組織の経営革新支援の風土は，直接，従業員の経営革新促進行動を影響するとともに，管理者の変革型リーダーシップを高めることにより，間接的に経営革新促進行動を影響する過程が存在すると推察できる。

　仮説4．経営革新支援は，管理者の変革型リーダーシップを高めることにより間接的に，問題発見と解決行動，重要情報収集行動，顧客優先行動，発案と提案行動を影響するであろう。

以上から，本研究では，図1により，経営革新支援が直接的および間接的に変革型リーダーシップを媒介して経営革新促進行動に影響する過程を検証する。

図1　経営革新促進行動への影響プロセス（本研究の全体モデル）

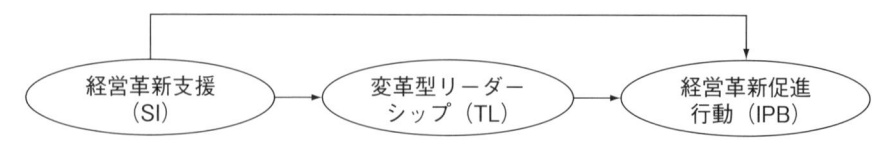

経営革新支援（SI）→ 変革型リーダーシップ（TL）→ 経営革新促進行動（IPB）

3．研究の方法

(1) 調査対象

関東圏域にて住宅関連の製造，販売等を行うグループ企業5社の従業員（従業員規模：最小12人～最大203人），計430人を対象として，質問紙による調査を実施した。無記名式により，各グループ会社の担当者が配布・回収した。配布数430票に対し有効回答353票の回収を得た（回収率 82.1%）。

本研究では，一般従業員による管理者の変革型リーダーシップを研究対象としたため，回収した調査票から管理者29人を除外した。結果，最終サンプル数は324人となった。男性67.4%，女性32.6%であり，年齢は25歳未満15.6%，25～29歳17.8%，30～34歳10.2%，35～39歳12.2%，40～49歳20.9%，50歳以上22.5%，担当業務は製造73.1%，配送7.3%，販売1.3%，その他18.4%であった。

(2) 調査項目の構成

調査項目は，次の3領域から構成し，それぞれの項目に対して5段階評価で回答を求めた。なお，経営革新支援および変革型リーダーシップについては，「当てはまっていない」から「非常に当てはまっている」の尺度により，また，経営革新促進行動については，会社での行動の頻度を捉えるべく「全くしない」から「常にしている」の尺度により回答を求めた。

経営革新支援　企業風土として，自社の経営革新に向けた取組み，およびそれにむけた従業員達のチャレンジについての推奨への認識を測定すべく，Scott & Bruce (1994) のsupport for innovationの設問を参考に3項目作成した（例えば，「この会社は，社員達がチャレンジすることを推奨している」）。

変革的リーダーシップ　変革的リーダーシップの4要素について，Bass & Avolio (1990) を参考にして測定した。以下の13項目からなる合成変数を作成した。

- 理想モデル　「私の上司は，自分やグループの利益のことを越えて行動している」など4項目
- 志気を鼓舞する動機づけ　「何をすべきかを熱く語る」など3項目
- 知的刺激　「部下たちに課題解決に向けて，様々な視点から考えさせる」など3項目
- 個別配慮性　「自分達たちの強みを作れるよう指導してくれる」など3項目

経営革新促進行動　高石・古川（2008）の測定尺度から，以下の項目を選択し測定した。
・問題発見と解決行動　「仕事上の問題を効率的に解決している」など3項目。
・重要情報収集行動　「会社や仕事に必要と考える分野を勉強している」など3項目。
・顧客優先行動　「お客様や関連部署の要求や興味を踏まえて対応している」など3項目
・発案と提案行動　「ささいなことでもみなの役に立つことを提案している」など3項目。

4．研究結果

　本研究の調査対象である中小企業における経営革新促進行動の構成要素を検討するため，確証的因子分析を行なった。問題発見と解決行動，重要情報収集行動，顧客優先行動，発案と提案行動が別々の4因子であるとする4因子モデル（Model 1）の適合度を分析したところ，$\chi^2 = 132.91$（$df=48$）CFI = .97，TLI = .95 RMESA = .07の高い適合度が確認された。次に，このモデルと他の2つのモデルとの間で適合度の比較を行なった。Model 2として問題発見と解決行動，重要情報収集行動および顧客優先行動を合成した1因子と発案と提案行動を1因子とした2因子モデルおよび，Model 3として全ての4因子を合成し1因子としたモデルを作成したところ，Model 2は$\chi^2 = 740.64$（$df=53$）CFI = .78，TLI = .68 RMESA = .19，Model 3は$\chi^2 = 955.71$（$df=54$）CFI = .71，TLI = .58 RMESA = .21であり，4因子モデル（Model 1）の適合度は他のモデルより優れており，χ^2値の変化量も有意に高い（Model 2: $\Delta\chi^2 = .607.73$（$df=5, p<.01$），Model 3: $\Delta\chi^2 = .822.80$（$df=6, p<.01$））ことが示された。よって，仮説1（経営革新促進行動は，問題発見と解決行動，重要情報収集行動，顧客優先行動，発案と提案行動から構成されるであろう）は支持され，経営革新促進行動は4要素に分け，分析することとした。
　表1は，本研究で用いた各変数の平均値，標準偏差，信頼性計数，および相関係数である。信頼性計数は全て.80以上であった。経営革新支援は経営革新促進行動の全ての構成要素と有意な正の関係にあり，また，変革型リーダーシップも

経営革新支援および全ての経営革新促進行動と有意な相関を示した。次いで，4次元の行動から成る経営革新促進行動に対して，組織風土しての経営革新支援が上司の変革型リーダーシップを経由して影響する過程を検討するために，共分散構造分析によるパス解析を行った。図2にその結果を示す。適合度指標は，χ^2 = 87.78 (df = 41, p < .01)，CFI = .98, TLI = .96, RMSEA = .06であり，高い水準の適合度を示していた。よって，経営革新支援から変革型リーダーシップ，変革型リーダーシップから経営革新促進行動，また，経営革新支援から経営革新促進

表1 各変数の平均値，標準偏差，信頼性計数（クロンバックのα），および相関係数

	Means	s.d.	1	2	3	4	5	6	7	8
1.性別	.33	.47	―							
2.年齢	3.73	1.81	-.23**	―						
3.経営革新支援	2.19	.95	-.08	-.14*	(.85)					
4.変革型リーダーシップ	2.42	.92	-.07	-.15**	.62**	(.96)				
5.問題発見と解決行動	3.19	1.03	-.09	.05	.30**	.35**	(.84)			
6.重要情報収集行動	2.31	1.01	-.15**	.06	.34**	.34**	.51**	(.87)		
7.顧客優先行動	2.85	1.09	-.14**	.13**	.24**	.30**	.48**	.56**	(.86)	
8.発案と提案行動	2.44	0.96	-.09	.06	.33**	.34**	.51**	.62**	.65**	(.85)

( ) 内は信頼性係数（クロンバックのα）
性別：男性 = 0　女性 = 1
年齢：25歳未満 = 1　25～29歳 = 2　30～34歳 = 3　35～39歳 = 4　40～49歳 = 5　50歳以上 = 5
n = 322　* p < .05　** p < .01

図2 仮説2，3，4の検討結果

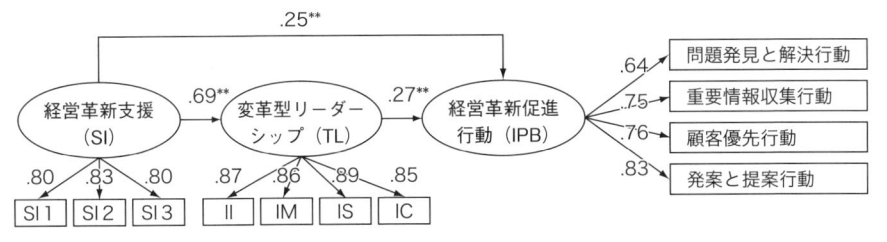

**P < .01
II = 理想モデル（idealized Influence），IM = 志気を鼓舞する動機づけ（inspirational motivation），
IS = 知的刺激（intellectual stimulation），IC = 個別配慮（individualized consideration）

行動への全てのパス係数は有意であった。よって，仮説2（経営革新支援は，(a)問題発見と解決行動，(b)重要情報収集行動，(c)顧客優先行動，(d)発案と提案行動と直接的に関係するであろう），仮説3（変革型リーダーシップは，(a)問題発見と解決行動，(b)重要情報収集行動，(c)顧客優先行動，(d)発案と提案行動と直接的に関係するであろう）は支持された。

これをModel Xとして，その比較モデルによる媒介効果の検証を表2により行なった。経営革新支援は直接的に経営革新促進行動を影響せず，変革型リーダーシップを媒介してのみ，経営革新促進行動を影響する完全媒介モデル（Model Y）および，経営革新支援は変革型リーダーシップを媒介せず，経営革新支援は直接的にのみ経営革新促進行動を影響する（Model Z）の適合度を比較した。表2の各適合度指数とχ^2の変化量（$\Delta\chi^2$）からは，本研究の仮説で設定した部分媒介モデル（Model X）が他のモデルよりも適合率が優れていることが示された。よって，仮説4（経営革新支援は，管理者の変革型リーダーシップを高めることにより間接的に，問題発見と解決行動，重要情報収集行動，顧客優先行動，発案

表2　モデルの適合度

Model X[a]		Model Y[b]		Model Z[c]	
経営革新支援→変革型リーダーシップ	.69**	経営革新支援→変革型リーダーシップ	.69**	経営革新支援→変革型リーダーシップ	.70**
変革型リーダーシップ→経営革新促進行動	.27**	変革型リーダーシップ→経営革新促進行動	.45**		
経営革新支援→経営革新促進行動	.25**			経営革新支援→経営革新促進行動	.46**
χ^2	87.8**	χ^2	95.04**	χ^2	96.83**
df	41	df	42	df	42
$\Delta\chi^2$		$\Delta\chi^2$	7.3**	$\Delta\chi^2$	9.05**
CFI	.98	CFI	.97	CFI	.97
TLI	.96	TLI	.96	TLI	.96
RMESA	.06	RMESA	.06	RMESA	.06

注：[a] 本研究のモデル（部分媒介モデル）：経営革新支援が変革型リーダーシップを媒介して経営革新促進行動を影響すると共に経営革新支援が直接，経営革新促進行動を影響する
　　[b] 完全媒介モデル：経営革新支援は，直接経営革新促進行動を影響せず，変革型リーダーシップを媒介して経営革新促進行動を影響する
　　[c] 非媒介モデル：経営革新支援は，変革型リーダーシップを媒介して経営革新促進行動を影響しない

と提案行動を影響する）は支持された。

　Model Xでは，経営革新支援から変革型リーダーシップ，変革型リーダーシップから経営革新促進行動，また，経営革新支援から経営革新促進行動への全てのパス係数は有意であった。組織風土としての経営革新支援は，変革型リーダーシップを媒介しつつ，直接的に経営革新促進行動を影響する部分媒介モデルが検証された。

5．考察

　本研究では，中小企業における従業員の経営革新促進行動の構造を明らかにした。経営革新促進行動が問題発見と解決行動，重要情報収集行動，顧客優先行動，発案と提案行動から構成されることが検証された。また，従業員の経営革新促進行動は，直接，組織風土としての経営革新支援により影響されるとともに，管理者の変革型リーダーシップを媒介して生起するメカニズムが明らかになった。

　この点，Model Yの完全媒介モデルにおいて，経営革新支援が変革型リーダーシップを経由して従業員の経営革新促進行動を影響する過程のみも，高い説明力を有しており，Model Yはより簡潔なモデルであるとも考えられる。しかし，Model Xにおける経営革新支援は直接，経営革新促進行動に有意な影響が認められており，直接的な影響も十分に認識されるべきものと考える。

　一方，本研究で想定した仮説とは異なる影響メカニズムが考えられる。すなわち，管理者の変革型リーダーシップが組織の経営革新支援についての従業員の認知を促し，それにより従業員の経営革新促進行動を影響する過程である。この過程を追加的に探索したところ，$\chi^2=87.78$（$df=41, p<.01$），CFI=.98，TLI=.96，RMSEA =.06という高い水準の適合度を示していた。このモデルをModel Tとして，Model Xのいずれがより適切なモデルであろうか。変革型リーダーシップは管理者個人に生来備わっている部分に比べ，多くは後天的に学習されるものであり（金井,2005），組織内で学習・獲得したものであると考えるのであれば，本研究で示したModel Xのメカニズムによる説明がより妥当なものと考えられる。さらに，従業員のとる経営革新促進行動自体やその成果が管理者の変革型リーダーシップや組織の経営革新の風土を影響するプロセスなども想定され，このようなモデルの理論構築とその検証も望まれる。

以上，本研究では組織風土としての経営革新支援は，直接，従業員の経営革新に向けた行動を誘発させるのみならず，組織内の管理者の変革型リーダーシップを高め，それにより従業員の経営革新促進行動を生起させる過程を精査した。

　中小企業では，ややもすると，経営者が全てであるとの認識に陥りやすいが，経営者のリーダーシップのもとで醸成される経営革新への支援は，同時に管理者のリーダーシップをとおして最前線にいる現場従業員に浸透することについての認識を深めるべきと考える。とりわけ企業規模が大きくなるに従い，管理者の果たす役割は大きいと思量される。

　近年，企業の従業員一人当たりの教育研修費は減少傾向にあり，特に昨今の不況下の中小企業における人材育成の機会は充分ではい。企業内での人材育成を行なう余裕のない中小企業にとっては，このような状況は長期的な視点から，経営革新に向けた組織と人材の弱体化を招くことが懸念される。経営革新に向けて組織を活性化できる変革型リーダーの養成は，個別の中小企業の自主努力のみでは限界があり，公的および民間研修機関による体系的な研修が効果的であろう。中小企業の経営者や幹部を対象としたイノベーション・経営革新のセミナーは中小企業大学校などで，広く開催されているが，これに加えて一般管理者を対象に，財務や営業・生産等の専門分野に係る研修とともに，経営革新を明確に意識した組織づくりやリーダーシップスキルの修得などの充実が要請されると考える。

　本研究は，中小企業5社のみから成るサンプルにおける，ケース的な研究にとどまっており，本研究の結論を一般化するためには，中小企業の多様性を考慮した，更なる検証が必要であると考える。また，方法論として本研究では，従業員へのセルフチェックによるワンショットの調査であり，バイアスとしての同一方法バリアンス（common method variance）の問題（Podsakoff & Organ, 1986）を有している。今後は，従業員の上司・同僚等による経営革新促進行動の評価や経営革新促進行動の業績等との関連性を確認するとともに，上司や同僚等への面談調査などによりこの問題をカバーしていきたい。

〈参考文献〉
1　Bass, B.M. & Avolio, B.J. (1990) *Manual for the multifactor leadership questionnaire*. Palo Alto, CA: Consulting Psychologists Press
2　Bass, B.M. & Avolio, B.J. (1994) *Improving organizational effectiveness through transformational leadership*. Thousands Oaks, CA: Sage Publications

3 Bono,J.E. & Judge,T.A.（2003）Self-concordance at work:Toward understanding the motivational effects of transformational leaders.*Academy of Management Journal*,46, pp.554-571
4 Bunce,D. & West,M.A.（1995）Self perceptions and perceptions of group climate as predictors of individual innovations at work.*Applied Psychology:An International Review*,44, pp.199-215
5 文能照之（2008年4月）「中小企業におけるイノベーション促進要因」『中小企業季報』No1.pp. 1 -13
6 Ghoshal,S.& Bartlett,C.A.（1997）*The Individualized Corporation*,Harper Collins Publishers,Inc．（クロービス・マネジメント・インスティテュート訳『個を活かす企業』ダイヤモンド社，1999年）
7 伊丹敬之（2009年）『イノベーションを興す』日本経済新聞出版社
8 Kotter J.P. & Cohen,D.S.（2002）*The Heart of Change*,John P.Kotter and Deloitte Consulting LLC．（高遠裕子 『ジョン・コッターの企業変革ノート』 日経BP，2003年）
9 金井寿宏（2005年）『リーダーシップ入門』日経文庫
10 Kats,D.（1964）The motivational basis of organizational behavior.*Behavioral Science*,9, pp.131-146
11 Katz,D., & Kahn.L.（1978）The social psychology of organizations.New York:Wiley
12 Matzler,K.,Schwarz,E.,Deutinger,N.& Harms,R.（2008）The relationship between transformational leadership,product innovation and performance in SMEs.*Journal of Small Business and Entrepreneurship*,21,2, pp.139-151.
13 Piccolo,R.F., & Colquitt,J.A.（2006）Transformational leadership and job behaviors:The mediating role of core job characteristics. *Academy of Management Journal*,49, pp.327-340
14 Podsakoff,P.M.,MacKenzie,S.B.,Moorman,R.H.,& Fetter,R.（1990）Transformational leader behaviors and their effects on followers' trust in leader, satisfaction,and organizational citizenship behaviors.*Leadership Quarterly*,1, pp.107-142.
15 Podsakoff,P.M.,&Organ,D.W.（1986）Self-reports in organizational research :Problems and prospects.*Journal of Management*,12（4）: pp.531-544
16 Scott,S., & Bruce,R.A.（1994）Determinants of innovative behavior:A path model of innovation in the workplace.*Academy of Management Journal*,37, pp.580-607
17 高石光一・古川久敬（2009年9月）「経営革新促進行動に関する研究－職務自律性の影響過程について－」『産業・組織心理学研究』 第23巻第1号, pp.43-59
18 Takaishi,K., & Furukawa,H.（2011）Innovation-Promotive Behaviors and

Organizational Support for Innovation. *Asia Pacific Journal of Innovation and Entrepreneurship*, Vol.5, 1, pp.37-58
19 髙橋美樹（2002年10月）「イノベーションと中小企業」『日本中小企業学会論集』22, pp.16-29
20 野中郁次郎・勝見明（2004年）『イノベーションの本質』 日経BP社
21 八木陽一郎（2010年5月）「内省経験が変革型リーダーシップに与える影響 －中小企業後継経営者を対象とした実証分析を通じて－」『日本政策金融公庫論集』第7号, pp.67-80
22 山口裕幸（2004年）「職場集団におけるリーダーシップ」外島裕・田中堅一郎（編）『産業・組織心理学エッセンシャルズ』ナカニシヤ出版, pp.146-147

(査読受理)

中小企業のIT投資意思決定プロセスとIT活用能力
―分析枠組の検討と課題―

広島大学大学院　溝　下　　博

1．はじめに

　IT（Information Technology：情報技術）の活用が企業の生産性向上に影響を与えていることは広く認められている。多くの産業で中小企業がサプライチェーンの一角を担っていることを考えると，中小企業にIT活用を促すことは，個々の企業のためだけでなく，産業全体にとっても有意義だと考えることができる。

　日本コンピュータシステム販売店協会（2011）によると，9割を超える中小企業が「営業・販売」，「財務・会計」等の業務にITを活用している（p.52）。しかし，30%の企業が「今後，導入の予定・計画は無い」と回答している（p.53）。中小企業はいまなおIT投資に消極的だとの報告もある（中小企業庁，2008，pp.81-83）。IT投資に積極的になれない理由としては，「投資・費用に見合った効果が期待できない，効果を評価できない」ことをあげる中小企業が多い（中小企業庁，2008，p.82）。

　IT投資から効果を引き出すための手法が産学官で検討され，IT導入・活用の規範として提案されてきた。しかし，多くは大企業の成功事例を基にしており，経営資源や能力が乏しく，事業の位置付けも大企業とは異なる中小企業が，こうした提案を実行することは困難であった。

　ところが現実には，企業規模は小さくても，ITを活用し，売上や利益，生産性を向上させている企業も少なくない。クラウド・コンピューティングやソーシャル・ネットワーキング・サービスなど，中小企業でも容易に活用できるIT環境が拡がっている。ITを使いこなす企業と使いこなせない企業の間の事業機会や業績の差が固定化しないように，IT投資やIT活用の意思決定を支援する方策は引き続き必要である。

以上のような問題意識に立ち，IT活用により経営成果を高めている中小企業が，どのようにIT投資を決定しているのかを記述的に論じる。本稿では，その分析枠組を検討することを目的とする。

　なお，企業がITを活用した事業活動に対して，財務的な資源だけでなく，人的・組織的な負担などを含む経営資源を投入することをIT投資と呼ぶことにする。

2．先行研究

(1) 中小企業のIT活用の進展と現状

　中小企業が活発にITを導入し始めたのは1980年代からである。製造業では，加工設備のデジタル化が進み，メカトロニクス（mechatronics，以下ME）機器が盛んに導入されるようになった。ME機器の利用は加工品質や生産能力の向上をもたらした（藤川，2010）。

　1982年に民間企業によって中小企業向けの付加価値通信サービス（中小企業VAN：Value Added Network）が提供された。大企業の下請けや系列の中小企業では，親企業や取引先からVANへの加入を促された。複数の取引先を持つ中小企業では，相手先ごとにデータを変換する仕組みが必要となり負担となることも少なくなかった（小川，1986）。

　小売業では，EOS(Electronic Ordering System：電子発注システム)やPOS(Point of Sales：販売時点管理)システムの導入が始まった。しかし，関心は高まったものの，導入はそれほど進まなかった（中小企業庁，1985）。POS導入の効果として，大企業が「日報作成などの事務作業の効率化・迅速化」や「商品管理（単品管理）の充実」を上位にあげる一方で，中小企業は「レジ係の教育機関の短縮」や「顧客の信頼性（イメージ）の向上」を上位にあげている。中小企業のPOSの利用は，作業の省力化にとどまり，分析的な情報活用にまでは達していなかったのである。

　1990年代になると，PC（Personal Computer）やLAN（Local Area Network）を利用した情報システムが普及した。ハードウェアの低価格化やOS（Operating System）の標準化が進んだ。技術的なプラットフォームが統一されると，業務パッケージソフトウエアも豊富になり，中小企業の基本的な業務の情報化は進展した。EDI（Electronic Data Interchange）やCALS（Commerce At Light Speed）などの取引の電子化が進展し，VANからEDIへの移行が進んだ。

大企業との取引にEDIへの変更を余儀なくされた中小企業も少なくなかった。

1990年代後半には，インターネットが一般にも広がり，中小企業の通信ネットワークの普及率も5割を超えた（服部，2010）。大企業の下請けや系列の企業だけでなく，中小企業の間でもデータ交換が行われるようになった。

2000年代になると，「e-Japan戦略」によって，低料金でブロードバンドを利用できる通信環境が国を挙げて整えられた。商工中金（2008）によると，中小企業の94.5％がPCを導入し，86.8％がブロードバンドを利用している。社内の基本的な業務だけでなく，部門間や企業間，消費者とのコミュニケーションツールとしてITが活用されるようになっている。社内の業務システムとコミュニケーションツールとしてのITを連携させている企業も多い。

以下では，広範囲に連携したITの利用状況や急速な技術変化を考慮して，個別の情報システムや特定の技術要素に議論を絞るのではなく，中小企業が利用するITを包括的に検討することにする。

(2) 初期のIT導入の意思決定

企業がITを導入し始めた情報化の萌芽期には，どのようにITを導入し，運用すべきかといった管理手法に関心が向けられた。当時はコンピュータメーカーやコンサルタントが導入方法を提案し企業を主導した。それは，高額なコンピュータや大規模な情報システム開発の受注を目的とした営業活動の一環でもあった。しかし，人手の作業の自動化や省力化のようにITの導入目的が明確であったので，こうした提案が支持され投資が決定されることも少なくなかった。特に，ITの導入に不慣れな中小企業には他に選択する方法がなかった。定型的な業務を効率的に行うために，速く正確に大量のデータを処理できるITの能力を活用する利点は容易に理解できる。そこで，いかにITを効率的に導入するかが課題とされ，その解決には知識や経験が豊富な専門家に任せることが合理的だと考えられたのである。

中小企業の中には，ITを利用するために業務プロセスの変更が必要な企業もあった。業務担当者の負担が従来よりも増えるケースすらあった。しかし当時は，新技術の導入こそが「経営の近代化」には必要だと判断され，受容されたものと考えられる。

(3) IT投資マネジメント

企業の多くの業務がITで行われるようになると，ITの維持更新費用や作業負

担を軽視することができなくなった。維持・更新の段階になると，目新しい効果もなく，経営者からIT投資の効果を疑問視する声も聞かれるようになった。

人手の作業の自動化や省力化を目的にITが導入された時代には，ITの利用によって削減できる仕事量を導入効果と見なすことができた。導入効果を人件費や経費などの財務数値に変換して評価することも容易であった。

ところが，近年のIT投資には業務の効率化を目的としたものの他に，コミュニケーションや情報共有の手段などの多様な意図が含まれている。投資と効果を直接的に関連付けることも，投資の経済性を評価することも困難となっている。

そこで，IT投資効果の最大化を目的として，財務的な指標だけでなく総合的に管理を行う「IT投資マネジメント」が提案されるようになった。IT投資の目的を「情報関連」「戦略関連」「業務関連」「インフラ関連」に区分し，経営成果が向上する投資バランスを秤量するIT投資ポートフォリオ論（Weil and Broadbent, 1998），IT投資効果の計量化は困難であるため，事前評価の正確性の追及よりも利害関係者との合意形成に重点を置く合意形成論（松島，1999），IT投資を戦略的な資本投資としてとらえ，経営戦略との関連をバランスト・スコアカード（Balanced Scorecard, 以下BSC）で管理するIT資本レディネス論（Kaplan and Norton, 2004；小酒井，2008）など，多くの提案がなされた。

(4) ITと組織能力

「IT投資マネジメント」が規範的に論じられてきたのに対して，成功事例からIT投資が経営成果につながる要因を析出しようとする研究も盛んに行われている。

遠山（2003）は，IT投資によって生産性が向上している企業は「意思決定の分権化，自己管理チーム，教育訓練の充実」などの人的・組織的な変革とIT投資を連動させていると指摘している。歌代（2007）は，BSCの戦略マップでITを含めた評価指標と収益性との因果関係を解析した。ITを活用して経営成果を高めるためには，PDCAサイクルでのITの管理，トップマネジメントが関与した業務の革新が必要であることを示した。平野（2008）は，「組織IQ」を用いてIT投資と収益性の関係を分析した。組織IQが高い場合にはIT投資が増加すると収益性が向上するが，一方組織IQが低い場合にはIT投資の増加は収益性の低下につながるとの傾向を明らかにした。IT投資による収益性の向上には，組織能力の向上が不可欠だと主張した。

組織能力は，経営戦略論で「資源ベース視角」のアプローチとして議論されて

いる。近年では，特定の目的を効率的に遂行するために資源を調整しコントロールする「オペレーショナル・ケイパビリティ」と競争環境の変化や実行による学習を通して資源を構築，統合，再構成する「ダイナミック・ケイパビリティ」の階層構造で概念化されている（遠山，2005）。この概念は，IT活用に関する組織能力の議論にも適用されている。

IT経営の総合評価に関する調査委員会（2010）は，ITを効率的・効果的に組み合わせて組織の有効性を向上させる組織能力の評価モデルの提示と検証を行っている。中小企業では，顧客や取引先の影響が強いことや人材や経営者への力量への依存が大きいことが示されている[注1]。

3. 先行研究の課題と分析枠組の検討

(1) 記述的な意思決定論

「IT投資マネジメント」は，管理会計などの理論を援用しながら規範的に論じられている。理論の多くは大企業の事例により実証が行われている。しかし，中小企業の意思決定プロセスの実態は考慮されておらず，中小企業がそれらの手法を採用することは容易ではない。中小企業のIT投資の意思決定プロセスを検討するにあたり，まず中小企業のIT投資意思決定プロセスの実態を記述的に整理することが必要だと考える。

意思決定プロセスを記述的に論じるために，March & Simon（1958）やMarch & Olsen（1972）などが展開した意思決定論を参照する。組織的な意思決定は，①決定理論やゲーム理論に基づいた合理的意思決定モデル，②近代組織論に基づいた限定された合理性を基にした意思決定モデル，③ゴミ箱モデルに基づいたあいまい性下の意思決定の3系統のモデルに特徴づけられている（桑嶋・高橋，2001）。これらの分析枠を併用して意思決定プロセスを分析している研究は多い[注2]。

Eisenhardt（1992）は，戦略的意思決定を扱った研究が，①「合理性と制限された合理性」，②「政治と権力」，③「ゴミ箱モデル」のどのパラダイムに基づいているかを調査している。合理性に限界があることには議論の余地がないので，限界を認めたうえで合理性に着目する観点を①のパラダイムとしている。その結果，戦略的な意思決定は，①と②の枠組を織り混ぜることによって最も巧みに記述できるとしている。本稿においても，こうした組織的な意思決定論の枠組を参照して分析枠組を検討する。

(2) 意思決定プロセスと組織的なIT活用能力

　先行研究では，組織能力が高い企業ほどIT活用から高い成果が得ていることが明らかとなっている。組織能力を高めなければ，IT投資は経営成果につながらない。つまり，IT活用で経営成果を高めている企業のIT投資の意思決定プロセスは，単にITの導入を決定するだけでなく，IT活用の組織能力を形成したり，方向づけたりするプロセスであると考えられる。

　IT活用に関する組織能力の研究では，どのような組織能力がITを伴って経営成果に影響を及ぼしているかを示している。しかし，組織能力自体がどのように形成されるか，どのように方向付けされるかは示されていない。

　組織能力には，オペレーショナル・ケイパビリティとダイナミック・ケイパビリティの2つの能力があるとされる。IT活用の組織能力では，ITを導入目的どおりに効率的に活用する能力と，創意工夫によってITの新たな利用目的や利用方法を発見する能力などである。

　本稿では，意思決定プロセスとこうした2つのIT活用の組織能力の関係を中心に置いた分析枠組を検討する。

(3) 意思決定プロセスの参加者

　IT経営の総合評価に関する調査委員会(2010)によると，中小企業におけるIT活用の組織能力は，顧客や取引先の影響が強く，人材や経営者の力量にも大きく依存している。商工中金(2008)は，IT化の推進力やきっかけについて，「経営者のリーダーシップ」「外部との連携強化のため」「顧客からの要請」の順で調査結果を示している。そこで，本稿においても，顧客や取引先の影響や人材などがIT活用の組織能力に影響を与えていることを追証することにした。IT投資の意思決定プロセスを記述するにあたり，意思決定参加者を誰と考えるのが適切か，枠組に加えて検討しておこうと考えたからである。

図1　検討する分析枠組

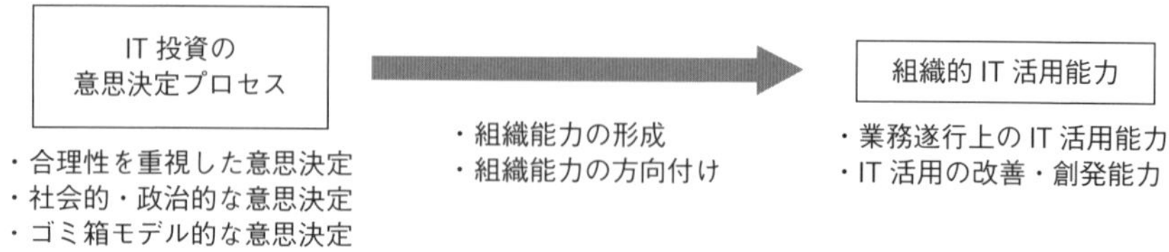

IT投資の意思決定プロセス	→	組織的IT活用能力
・合理性を重視した意思決定 ・社会的・政治的な意思決定 ・ゴミ箱モデル的な意思決定	・組織能力の形成 ・組織能力の方向付け	・業務遂行上のIT活用能力 ・IT活用の改善・創発能力

4．分析枠組の有効性の調査

(1) 調査目的

上記の分析枠組の有効性を評価することを目的として，どのような意思決定プロセスや意思決定参加者がIT活用に関する組織能力に影響を与えているのかを明らかにするために以下の調査を行った。

(2) 調査対象と時期

経済産業省が実施した「中小企業IT経営力大賞」[注3]で「IT経営力認定企業」に選ばれた306社に対し，2011年8月10日に質問票を郵送し，9月30日までに150社から有効回答を得た。IT活用の成果につながる意思決定プロセスの分析枠組を検討することを目的としているので，IT活用の成果をあげているとされる中小企業群を調査対象に選択した。

(3) 調査内容

中小企業庁（2008）などを参考にIT投資の意思決定プロセスに関して質問項目を作成した。ITの組織的活用能力については，「業務遂行上のIT活用能力」と「IT利用の改善・創発能力」を構成概念とする観測変数を設定した。また，先述のように，顧客や取引先の影響や人材への依存などに関する質問項目も追加した。いずれの質問も適合性を1（まったくあてはまらない）から5（よくあてはまる）の5件法で回答を求めた。質問項目を表1に示す。分析枠組に従って，「意思決定プロセス」と「業務遂行上のIT活用能力」（パス1），「意思決定プロセス」と「IT利用の改善・創発能力」（パス2），「顧客・取引先の影響，人材への依存」と「業務遂行上のIT活用能力」（パス3），「顧客・取引先の影響，人材への依存」と「IT利用の改善・創発能力」（パス4）の合計4つの関係について分析を行った。パス1を図2に例示する。分析にはAmos Ver.19を利用した。

表 1　質問項目

		質問項目
構成概念	合理性を重視	コスト，投資と効果の調査・分析している。
		IT導入の手続きや手順が定めている。
	社会的・政治的	先例や経験に基づいてIT導入を決定している。
		経営者や管理者の権限で導入を決定している。
		現場の利用者の納得によって，IT導入を決定する。
	ゴミ箱モデル（主体性が低い）	大口取引先の意向，業界慣行，法令規則等に従う。
		故障や修理が必要になって検討する。
		支援施策や強力な支援者がいると決定する。
		直感や衝動，思い入れで決定する。
業務遂行上のIT活用能力		業務やシステムの手順が明確で周知されている。
		システムの操作に慣れ，効率よく利用できる。
IT活用の改善・創発能力		社内には，パソコンを応用できる人材が多い。
		業務プロセスを積極的に見直す。IT利用を工夫する。
		新たなIT利用の提案が活発である。
その他の要因	人材への依存	経営陣のリーダーシップのもとで進められている。
		経営陣はITに関する理解や知識，思い入れがある。
		業務とITの両方に詳しい人材が多い。
	顧客・取引先の影響	取引先等との連携や提携に積極的である。
		外部委託先やコンサルタントを活用している。

出所：中小企業庁（2008），全国中小企業情報化促進センター（2008），商工総合研究所（2010），IT経営の総合評価に関する調査委員会（2010）を参考に筆者作成

図2　「意思決定プロセス」と「業務遂行上のIT活用能力」（パス1）

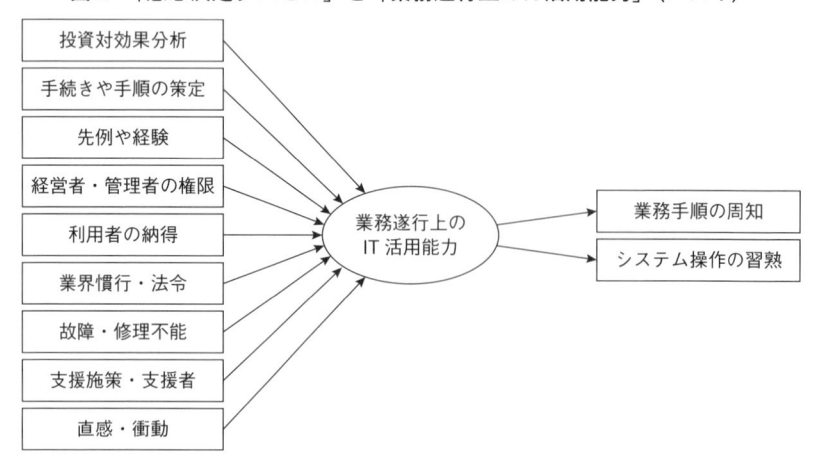

(4) 調査結果

パス1からパス4の順に，共分散構造分析を行った結果を表2から表5に示す。全ての項目で有意な標準化推定値が得られたわけではないが，モデル適合度指標は十分な適合を示した。

表2　意思決定プロセスと業務遂行上のIT活用能力

IT活用能力	意思決定プロセス	標準化係数	確率
業務遂行上のIT活用能力	←費用対効果の分析	0.228	0.012
	←手続きや手順の策定	0.240	0.014
	←先例や経験	-0.044	0.643
	←経営者・管理者の権限	0.145	0.109
	←利用者の納得	-0.186	0.029
	←業界慣行・法令	0.112	0.219
	←故障・修理不能	-0.202	0.025
	←支援施策・支援者	-0.078	0.402
	←直感・衝動	-0.097	0.312

GFI=.992, AGFI=.931, CFI=1.000, RMSEA=.000

表3　意思決定プロセスとIT利用の改善・創発能力

IT活用能力	意思決定プロセス	標準化係数	確率
IT利用の改善・創発能力	←費用対効果の分析	0.183	0.052
	←手続きや手順の策定	0.139	0.158
	←先例や経験	0.037	0.688
	←経営者・管理者の権限	0.094	0.296
	←利用者の納得	-0.057	0.499
	←業界慣行・法令	0.055	0.537
	←故障・修理不能	-0.098	0.278
	←支援施策・支援者	-0.185	0.055
	←直感・衝動	-0.131	0.177

GFI=.983, AGFI=.927, CFI=1.000, RMSEA=.000

表4　顧客・取引先の影響，人材への依存と業務遂行上のIT活用能力

IT活用能力	顧客・取引先，人材	標準化係数	確率
業務遂行上のIT活用能力	←連携・提携	0.080	0.409
	←経営陣の理解	0.040	0.710
	←リーダーシップ	0.251	0.011
	←リードユーザー	0.151	0.113
	←支援者	0.299	0.001

GFI=.997, AGFI=.978, CFI=1.000, RMSEA=.000

表5　顧客・取引先の影響，人材への依存とIT利用の改善・創発能力

IT活用能力	意思決定プロセス	標準化係数	確率
IT利用の改善・創発能力	←連携・提携	0.079	0.364
	←経営陣の理解	0.149	0.126
	←リーダーシップ	0.218	0.017
	←リードユーザー	0.331	***
	←支援者	0.005	0.948

GFI=.987, AGFI=.954, CFI=1.000, RMSEA=.000

以下では，IT活用能力に対して，5％水準で有意で，一定の影響を与えている要因について述べる。

「投資対効果の分析」と「手続きや手順に従った決定」は，「業務遂行上のIT活用能力」に対してプラスの影響を与えている。合理的な手順でIT投資を決定すれば，ITを活用した業務が効率的に遂行される傾向にあると解釈できる。「故障や修理不能を契機とする決定」は，「業務遂行上のIT活用能力」にマイナスの影響を及ぼしている。故障が発生したり修理不能になったりするまでIT投資に無関心では，ITを活用した業務の効率も期待できないと考えられる。

表4と表5に示すように，「経営者のリーダーシップ」は「業務遂行上のIT活用能力」にも「IT利用の改善・創発能力」にもプラスの影響を与えている。中小企業経営においては多くの場面で経営者のリーダーシップが求められているが，IT活用においても同様だということができる。

表4によると，「信用・信頼できる外部委託先やコンサルタント等の支援者の

存在」が「業務遂行上のIT活用能力」に影響を与えている。業務遂行の効率性を向上させるには，外部資源の活用も有効な手段の1つであることがわかる。

表5によると，「業務とITの両方に詳しい人材」の多寡が「IT利用の改善・創発能力」に影響を与えている。実際に業務を行っている現場部門のIT利用者が，利用方法の改善や新たな業務への適用を生み出している可能性を示唆している。

5．考察

(1) 合理性を重視した意思決定プロセス

IT投資の効果を評価する能力が低いことが，中小企業のIT活用が進まない要因のひとつとして指摘されている（中小企業庁，2008：商工中金，2008など）。今回の調査では，IT投資の効果を分析・評価する，投資決定の手続きを定めているなど，「合理性を重視した意思決定」を行っていると回答した中小企業が「業務遂行上のIT活用能力」を高めている傾向を確認することができた。

近年，IT投資から得られる経営成果には不確実性が増している。IT投資は，経営成果に対して間接的・支援的で因果関係があいまいである。成果が発現するまでにはタイムラグもある。急速な技術変化やネットワークの外部性等の外部環境の影響も大きい。こうした状況にあっても，IT活用で成果を高めている中小企業は，「合理性を重視した意思決定」を行っていると自己評価している。IT投資の目的を設定し，効果を仮定し，評価するプロセスを経ることが，業務活動の調整やコントロールの支援につながっているのではないかと考えられる。分析枠組における「合理性を重視した意思決定」の有効性を確認できた。

(2) 新たなIT活用を引き出すプロセス

今回の調査では，「IT利用の改善・創発能力」に影響を与える意思決定プロセスを発見することができなかった。「合理性を重視した意思決定」も「IT利用の改善・創発能力」には影響が少なかった。

「IT利用の改善・創発能力」は，事前の決定では意図しなかった発見や工夫が行われる能力である。新たな領域にITを適用して問題解決を図るには，問題を的確に認識し，その解決方法としてITを選択することの意味を読み解くことができなければならない。Teece（2007）は，①機会・脅威を感知・形成する能力，

②機会を活かす能力，③企業の有形・無形資産を向上させ，結合・保護し，必要時には再構成することで競争力を維持する能力をダイナミック・ケイパビリティだと述べている。「IT利用の改善・創発能力」もダイナミック・ケイパビリティの一部であると仮定して検討を進めてきた。「IT利用の改善・創発能力」につながるプロセスを記述するためには，問題を発見するプロセスやIT適用の可能性を思索するプロセスなどに関する質問項目を設定した調査が必要であったと考える。

(3) 社会的な意思決定プロセス

中小企業の経営が人的資源に強く依存していることは明らかにされている。今回の調査においても，「経営者のリーダーシップ」や「業務とITの両方に詳しい人材」，「外部の専門家等」がIT活用能力に影響を与えていることが確認できた。彼らはIT投資意思決定の主要な参加者であり，IT投資意思決定プロセスを記述する際に，外すことのできないアクターとして考慮しなければならない。IT活用に対する理解や賛同のために，彼らが関係者と織り成した社会的なプロセスに着目することの有効性を確認することができた。

6．おわりに

今回の調査では，IT投資意思決定プロセスを記述するための大きな分析枠組を検討したにすぎない。「IT利用の改善・創発能力」につながる意思決定プロセスに対して，調査の不足も認識された。今後，分析枠組を改善し，IT投資意思決定プロセスを通して，どのようにIT活用能力の形成や方向付けがなされるのかを分析していくつもりである。

〈注〉
1　IT経営の総合評価に関する調査委員会（2010）p.59, p.66。
2　Allison（1971），Lynn（1982）など。
3　「中小企業IT経営力大賞」とは，経済産業省が，2007年度に創設した，優れたIT経営を実現し，かつ，他の中小企業がIT経営を取り組み際に参考となるような中小企業等をIT経営実践認定企業として認定し表彰する制度である。審査は，学識経験者及び有識者で構成される審査委員会で行われている。本稿では，2008年度，2009年

度，2010年度に認定された中小企業，組織・団体等のうち，中小企業（中小企業基本の定義と同じ）を選択し調査対象とした。

〈参考文献〉
1 IT経営の総合評価に関する調査委員会（2010年）『IT経営力の総合評価に関する調査研究報告書—IT経営力総合評価システムの構築—』日本情報処理開発協会
2 歌代豊（2007年）「IT投資を経営成果に繋ぐための組織能力とマネジメント要件」，『経営情報学会誌』，Vol.16 No.3,December 2007.
3 小川英次（1986年）「OAと中小企業」『オフィス・オートメーション』Vol.7 No1.
4 桑嶋健一・高橋伸夫（2001年）『組織と意思決定』朝倉書店
5 小酒井正和（2008年）『BSCによる戦略志向のITマネジメント』白桃書房
6 商工中金（2008年）『中小企業のIT活用に関する調査』
7 全国中小企業情報化促進センター（2008年）『平成19年度 中小企業のIT利活用実態調査報告書』
8 中小企業庁（1985年）『中小企業白書 昭和60年版』大蔵省印刷局
9 中小企業庁（2008年）『中小企業白書 2008年版』ぎょうせい
10 遠山暁（2003年）「今日的IT環境での競争戦略」『競争優位のビジネスプロセス』中央経済社
11 遠山暁（2005年）「ダイナミック・ケイパビリティの進化と学習プロセス—ITケイパビリティの可能性に関連させて—」『中央大学商学論纂（第46巻第5号）』pp.263-303.
12 日本コンピュータシステム販売店協会（2011年）『中堅・中小企業におけるIT活用実態と企業環境の変化に伴うIT化計画の調査研究』
13 服部繁一（2010年）「中小企業情報化の歴史的展開—中小企業向け情報化施策の分析—」『立命館経営学（第48巻第6号）』pp.105-127.
14 平野雅章（2008年）「IT投資の収益性に対する組織特性の影響の研究：経済産業省『IT経営百選』の分析」『経営情報学会誌』Vol.16 No4.
15 藤川健（2010年）「中小企業の情報化に関する研究の成果と課題」日本中小企業学会編『中小企業政策の再検討』同友館
16 松島桂樹（1999年）『戦略的IT投資マネジメント：情報システム投資の経済性評価』白桃書房
17 Eisenhardt,Kathleen M.and Mark J.Zbaracki（1992），"Strategic Decision Making, *Strategic Management Journal*," Vol.13,pp.17-37.
18 Kaplan,Robert S.and David P.Norton（2004），*Strategy Maps,Converting Intangible Assets into Tangible Outcomes*,Harvard Business School Press（櫻井通晴，伊藤和憲，長谷川恵一監訳『戦略マップ』ランダムハウス講談社，2005年）．
19 Teece,David J.（2007），"Explicating Dyanamic Capabilities:The Nature and

Microfoundations of (Sustainable) Enterprise Performance," Strategic Management Journal, Vol. 28, Issue13, pp. 1319-1350.
20　Weill, Peter and Marianne Broadbend (1998), *Leveraging the New Infrastructure: How Market Leader Capitalize on Information Technology*, Harvard Business School Press（福嶋俊造訳『ITポートフォリオ戦略論』ダイヤモンド社, 2003年）.

（査読受理）

新興国市場を開拓する中小企業のマーケティング戦略
―中国アジア市場を開拓する消費財メーカーを中心に―

日本政策金融公庫総合研究所　丹下　英明

1．はじめに

　近年，少子化などに伴う国内市場の縮小が進む中で，海外販路開拓に取り組む中小企業が増えつつある。海外展開の目的をみても，コスト低減や取引先への追随といった従来型の目的に代わり，現地市場の開拓を主な目的とする中小企業が増加している（商工総合研究所，2011，pp.42-46）。
　そうしたなか，中国やインドなど，成長著しい新興国市場に注目が集まっている。中小企業にとって新興国市場開拓は，今後の成長を目指す上で重要な意味を持つ。だが，大企業でさえ新興国市場の開拓に苦労するなか，中小企業もその手法を模索している。そのため，大企業はもとより，中小企業においても新興国市場開拓に向けたマーケティング戦略を体系化することが求められている。
　特に，消費財分野でのマーケティング戦略を示す必要がある。アジア新興国では，世帯可処分所得5,000ドル以上の富裕層・中間層の増加が予想されるなど，消費市場の拡大が見込まれている（中小企業庁，2011，pp.259-260）。しかしながら，消費財を生産する「生活関連型」中小製造業の輸出割合は，いまだ低水準にとどまる（中小企業庁，2011，pp.261-262）。アジア消費市場の拡大に対し，中小消費財メーカーは，十分に対応できていないのが現状である。
　そこで，本稿では，中小企業のなかでも消費財メーカーに焦点を当てて，新興国市場を開拓するにはどのようなマーケティング戦略が有効なのか，事例研究を通じて明らかにしたい。
　以下ではまず，新興国を含め，新市場開拓時のマーケティング戦略が先行研究

でどのように議論されてきたのかを整理する。次に，アジア新興国市場の開拓に成功した中小消費財メーカーの事例研究を通じて，各社がどのようなマーケティング戦略を採用しているのか，またそうした戦略を採用するに至った背景は何かについて考察していくこととする。

2．先行研究

(1) 新市場開拓とマーケティング

先行研究をみると，中小企業による新興国市場開拓時のマーケティング戦略に焦点を当てた研究は少ない。そこで，新興国市場に限らず，新市場や海外市場（先進国を含む）開拓時のマーケティング戦略まで幅広く先行研究を整理してみよう。

新市場開拓とマーケティング戦略について，Anzof,H.I.（1965）は，製品と市場の関係に焦点を当て，それぞれを既存・新規に分類した成長ベクトルを提唱している（Anzof,H.I.,1965,pp.136-138）。新市場開拓では，製品差別化も重要とされる。Barney, J.B.（2002）は，製品差別化の源泉として，評判，消費者マーケティング，タイミングなどの要素をあげている（Barney,J.B.,2002,pp.111-148）。また，経済性，コントロール力，適応性の基準から評価したうえで，チャネルを決定し，チャネル・メンバーを教育・動機・評価するチャネルマネジメントも，新市場開拓では必要とされる（Kotler,P.,1999,pp.612-618）。

中小企業の新市場開拓に焦点を当てると，山本（2002）は，企業規模にかかわらず，製品戦略が中心的活動として位置づけられるべきであるとする（山本久義,2002, pp.14-83）。一方，宮脇（2008）は，「中小企業がマーケティング戦略を行う場合は，市場選択が大きな要因となる」として，市場設定の重要性を指摘する（宮脇敏哉，2008, pp.70-79）。弘中・高石・渡辺（2011）も，中小企業の市場設定とニッチ戦略に着目し，ニッチ市場でシェアトップを獲得するためには，ニーズの普遍化を意識し，事業範囲を広域化する必要性があるとしている（弘中・高石・渡辺，2011, pp.157-170）。以上より，中小企業は，新市場開拓において市場設定や製品戦略を熟慮する必要があるといえよう。

(2) 海外市場開拓とマーケティング

海外市場開拓時のマーケティング戦略に関しては，全世界共通の戦略を採用す

る「標準化」と，現地市場にあわせて戦略を修正する「適合化」について議論がなされてきている。Levitt,T.（1983）は，各国市場の特異性ではなく，類似点に着目して標準化された製品を提供する戦略を提示する（Levitt,T.,1983,pp.92-102）。一方，Kotler,P.（1999）は，安易に標準化に走るのではなく，製品特徴や色，ブランド名などの要素について適合できる点はないか，コストと収益を比較したうえで吟味する必要性を指摘している（Kotler,P.,1999,pp.470-471）。それらに対して，吉原（2002）は，初期参入段階（輸出マーケティング）では，本国市場向けに開発された製品を投入し，相手国市場への適応化は最小限にとどまり，続く現地市場拡張段階では，製品は現地に適応化したものになるとし，参入段階に応じて製品戦略が変化することを指摘している（吉原英樹，2002,pp.91-100）。

Hamel,G.and Prahalad,C.K.（1994）は，こうしたマーケティング・ミックスの視点に加えて，市場に参入するタイミングの重要性を指摘する。企業が最大の利益を得るためには，他社に先駆けて製品を市場に投入する「先行」（Preemption）が重要な戦略であるとしている（Hamel,G.and Prahalad,C.K.,1994,pp.374-392）。

新興国市場開拓時のマーケティング戦略に焦点を絞った研究も進み始めている（新宅（2009），天野（2009）など）。JETRO（2011a）では，多くの日本企業は従来，日本で販売展開している製品と同様の製品，または若干仕様を変更した製品を中国で販売してきたが，現地消費者の購買力上昇に伴い，ボリュームゾーンにいかに踏み込むかが新たな課題であるとしている（JETRO, 2011, pp.59-82）。新宅（2009）は，新興国市場開拓時の製品戦略として，①品質設計基準を見直し，品質を落としながらコストや価格を低下させる「低価格製品の投入」，②高品質・高価格の製品を投入する「高付加価値戦略」，③現地市場が重視する品質・機能軸を高め，重視しない品質・機能軸では若干手を抜く「現地化商品の開発」，という3タイプを提示している（新宅純二郎，2009, pp.58-65）。新宅の提示する3分類は，①と③において，品質を落とす点で一部重複がみられるものの，新興国市場開拓時のマーケティング戦略として一定の方向性を示すものと考える。

ただし，こうした戦略は，いずれも主に大企業の事例から抽出されており，中小企業にも適用可能かどうかについては，十分な議論がなされていない。

では，中小企業の海外市場開拓に関しては，どのような議論がなされてきたのだろうか。先行研究では，部品などの中間財や生産設備などの産業材を製造する中小企業の海外進出が多いことを反映し，本稿の考察対象である消費財メーカーよりも，中間財などを製造する中小企業，特にその生産機能に焦点を当てた研究に蓄積がある（渡辺・小川・黒瀬ほか（2006）など）。

　そうしたなか，弘中・髙石・渡辺（2011）は，ニッチに市場を設定する中小企業は，一般的な中小企業と比べて，海外へ顧客を広域化する傾向があるとしている（弘中・髙石・渡辺，2011，pp.157-170）。太田（2008）も，「ニッチ」と「グローバル」の組み合わせが競争優位を獲得する可能性を指摘している（太田一樹，2008，pp.228-253）。太田の指摘は，産業材を扱う中小企業1社の事例から試論的に導きだされたものであるが，中小消費財メーカーの新興国市場開拓を考える上で示唆に富む。ただ，実際にどのようなマーケティング戦略で「ニッチ」と「グローバル」による競争優位を獲得するに至ったかについては十分には触れられていない。したがって，そうした点を明らかにする必要がある。

　近年では，中国内販に成功した事例を中心に，中小企業の新興国市場開拓に関する研究が蓄積されはじめている（JETRO（2010），JETRO（2011b）など）。これらは，詳細な事例調査が紹介されている点に特徴がある。一方で，中小消費財メーカーの事例は少なく，また市場設定と製品戦略との関係については，さらに分析が深められるべきであろう。

(3) 研究の視点と研究方法

　以上，先行研究レビューの結果をまとめると，「中小消費財メーカーは，どのようなマーケティング戦略で新興国市場の開拓に成功しているのか」といった問題意識に関しては，十分には議論されてこなかったことが指摘できる。

　そこで本稿では，中国を中心とするアジア新興国市場の開拓に成功した中小消費財メーカーの事例研究を行う[注1]。分析の視点としては，宮脇（2008），太田（2008）などの中小企業における市場設定の重要性に関する指摘や，山本（2002），新宅（2009）らの製品戦略に関する議論を踏まえて，新興国市場における市場設定と製品戦略との関係に主に着目し，どのような特徴がみられるのか考察する。

3．事例研究

(1) A社

A社（資本金2億4,020万円，従業員924名）は，タオルやバスローブなどの企画・製造・販売を手掛けている。1993年に自社工場を上海に設立し，中国に進出。2005年には上海地区での小売営業許可を取得し，中国での販売を開始。2006年には中国全土の卸・小売の営業許可を取得し，販売先を中国全土に広げている。

A社は，主に富裕層をターゲットに設定し，中国一級都市の高級百貨店を中心に出店する戦略を採用した。同社の海外店舗では，商品はもちろん，店舗の内装に至るまで日本と同様の企画を採用している。

2009年12月末時点で店舗数は約160店にのぼり，中国以外にもタイやシンガポールに店舗を展開する。中国国内では，上海のみ直営店舗とし，ほかはすべて代理店が運営する形態をとる。A社では，代理店に対してノルマをあらかじめ提示し，達成できればインセンティブを付与し，達成できない場合はペナルティを課す。ただし，基本スタンスは代理店と一緒に繁栄することであり，代理店が地元の百貨店に売り込む際のプレゼンテーションには協力・支援している。

(2) B社

B社（資本金6,000万円，従業員525名）は，家庭用品やアウトドア・レジャー用品などの企画・製造・販売を手掛ける企業である。中国市場向けに日本製のキッチン用品を輸出・販売している。

2001年に販売子会社を設立して中国に進出。B社では，中国からの研修生受け入れに以前から力を入れており，中国に帰国した元研修生が，「ぜひ中国でB社の商品を売りたい」といってきたことがきっかけとなり，進出を決意した。

当初，百貨店への出店は考えていなかったが，日系百貨店から声がかかったため，出店を決意。これを機に，ほかの百貨店からも次々に声がかかるようになり，テナント出店による事業展開を開始する。店頭で扱う商品はすべてB社日本工場及び燕三条地域で生産される日本製製品であり，ターゲットは富裕層である。

現在，中国では，北京をはじめ主要都市の百貨店内に約160店の直営テナントを展開している。テナントはB社販売子会社の直営で，テナントのスタッフはすべて同社の正社員である。今後は，地方都市への拡販を目指しており，現在約40

ある代理店を増やしていく方針である。

(3) C社

C社（資本金1,000万円，従業員5名）は，1853年から続く日本酒メーカーである。1995年に中国天津に工場を建設。中国では大衆酒ではなく，日本と同様の高品質な純米吟醸酒づくりを目指した。だが，中国には，杜氏がいないため，社長自ら南部杜氏から酒造りを学び，その経験と醸造試験所などの研究成果を取り入れてマニュアルを作成。徹底した数値管理に基づくマニュアル化を進めた。

当初は，天津工場で生産した製品を日本などへ輸出することも検討していたが，水処理の問題から日本へ持ち帰るには不具合が生じたため，中国国内での販売を開始する。ちょうど日系企業の中国進出ラッシュに伴い日本料理店が増え始めていたため，中国国内の日本料理店をターゲットに設定することを決めた。

だが当時，中国では在庫管理などの流通を安心して任せられる地場企業が育っていなかった。そこで，日本料理店の多い沿海都市ごとに営業所をつくり，そこから自社の営業マンが地域の日本料理店に配達する直接販売網を構築した。

現在，天津工場の出荷量はこの3年間，毎年25％増で推移。一部日本へも輸出しているが，多くを中国国内の日本料理店に販売しており，中国全域の日本料理店の80％近くをカバーするまでに成長している。

4．中小企業の新興国マーケティング戦略にみられる特徴

(1) ニッチ市場に先行して高付加価値製品を投入

事例企業をみると，いずれもニッチと呼べる市場にターゲットを絞り，そこに高付加価値製品を投入したことが成功のポイントとなっている。A社は，富裕層を主なターゲットに設定して，富裕層が多く集まる主要都市の高級百貨店に集中的に出店し，アジアでも高価格となる日本と同じ企画のタオルやバスグッズを販売している。B社も富裕層をターゲットとし，自社日本工場や燕三条地域のメーカーが生産する日本製キッチン用品を中国国内の高級百貨店で販売している。日本での販売価格と比べ5倍近い商品も存在するという。C社は，純米かつ日本品質にこだわった日本酒を中国で生産し，一升瓶で110元（約1,400円，小売価格）と比較的高価格で中国全土の日本料理店に販売している。このように事例企業各

社は，ニッチ市場をターゲットとし，低価格製品や現地化製品ではなく，高品質・高価格の製品を投入する戦略で新興国市場の開拓に成功している[注2]。

事例企業が新興国市場開拓に成功した要因は，それだけではない。そうしたニッチ市場へ他社に「先行」して参入したことも大きい。たとえば，C社は，中国で酒造りをする中小企業があるとの情報を耳にし，その後わずか1年弱で工場稼働から現地販売網の構築まで完了させ，他社に先駆けて現地販売を開始している。

事例をみると，先行性獲得には経営者の果たした役割が大きい。A社の場合は，経営者が中国市場の将来性を早い段階から認識し，現地に生産拠点を設けた時点から既に，中国での内販を視野に入れて進出地域を決めるなど，現地市場開拓の準備をトップダウンで実行している。

新興国市場の開拓では，「ニッチ市場」「高付加価値戦略」に加え，Hamel,G. and Prahalad,C.K. (1994) の示す「先行」を組み合わせることが中小企業においても重要な要素となっている。特に大企業と比較した場合，中小企業には，経営トップによる迅速な意思決定やトップダウンによる実行など，「先行」に有利な強みが多い。新興国市場開拓を目指す中小企業は，そうした強みを活かして「先行」を実現し，他社との差別化を図ることが重要だろう。

(2) 日本と同じ製品（コンセプト）をあえて投入

高品質・高価格の製品を投入した事例企業は，新興国向け製品を一から開発したのだろうか。事例をみると，3社とも，新たに製品を開発するのではなく，日本品質にこだわり，日本と同じ製品を意識的に投入している。また，製品だけでなく，店舗の内装などコンセプト全般まで日本と同様にする事例もみられる。

A社では，製品はもちろん，店舗の内装に至るまで日本と同様の企画をアジアでも採用している。それは，①中国を始めとするアジアでは，消費者の嗜好が日本と同じ，②日本ブランドの信用は世界一なので，アジアでも日本と同じ商品企画が有利に働く，との考えに基づいている。B社も自社の日本工場や燕三条の地場メーカーが日本国内で製造・販売するキッチン用品を輸入し，販売する。同社は，中国の協力工場が生産した安価なキッチン用品を日本に輸入し，ホームセンターなどに販売しているが，中国の店舗では，そうした中国製製品は一切取り扱わないという徹底ぶりである。C社は，杜氏のノウハウを数値化・マニュアル化したり，数値管理が可能となる最新鋭の設備を生産工程に導入することで，日本

と同様の酒造りを中国でも実現した。そうしてできた製品を，現地で販売するだけでなく，日本にも輸入して販売している。

JETRO（2011a）では，ボリュームゾーンの台頭に対して日本企業は，これまで日本と同様の製品を販売してきた戦略をどうするかが最近の課題としているが，中小企業においては，まだ日本と同じ製品を投入する企業が多いことがわかる。

こうした戦略は，先行研究で示したマーケティングの「標準化」戦略の一環に位置づけることができる。新興国市場開拓に成功した中小企業は製品に関して，現地市場に合わせる「適合化」でなく，日本と同じ製品・コンセプトを投入する「標準化」戦略を採用しているといえる。加えて，日本と同じ製品を投入する戦略は，新製品開発期間の短縮・削減につながるため，前述の「先行」戦略の実現にも寄与する一要因と考える。

(3) 日本製であることをアピール

日本と同じ品質，同じ企画の製品をあえて投入した3社とも，そのことを消費者に理解してもらうため，自社の製品が「日本製」[注3]であることをアピールする戦略を採用している。

A社は，日本国内で使う漢字のブランド名をアジアでも採用している。自社のブランド名について，日本国内と同じ読み方を現地でもしてもらうためには，当て字を使う必要があった。だが，A社は当て字を使わず，現地での読み方が変わることを覚悟の上で，あえて日本国内で使う漢字のブランド名を採用した。それは，「日本の企業が作る製品だと分かってもらいたい」との思いからだという。

B社の場合も，フライパンなどの店舗で販売する製品には，あえて日本語で記載された説明書をそのまま添付している。現地の消費者は内容を理解できないが，日本語の説明書を添付することで，製品が日本製であることをアピールしている。

C社は，明治時代からC社で使われていた伝統ある商標を現地でも利用する。日本酒の場合，海外で販売する際には，現地の消費者が覚えやすいよう，現地式の名前をつけることもある。だが，C社では，日本の商標をそのまま利用することで，日本製であることをアピールしている。酒のラベルも，日本と同じデザインを使用しており，現地の従業員から地味と言われたが，変えなかったという。これも日本製であることを現地の消費者に伝えるための戦術といえる。

(4) 流通に積極的に関与し，提供品質をコントロール

　3社は，あえて日本と同じ製品を投入し，日本製であることをアピールするだけではない。そうした戦略の前提となる製品やサービスの「品質」をコントロールするために，流通にも積極的に関与している。

　A社では，ブランドイメージにかかわる店舗設計や什器の配列，商品ラインアップについては，代理店に任せずA社が決めることで，提供品質をコントロールしている。B社の場合，直営店舗の販売スタッフを正社員として採用し，ノルマ制を導入することで，やる気を引き出すよう工夫している。現地販売を統括する現地法人の社長には，元研修生として気心の知れた中国人を登用することで，意思疎通をしっかりさせ，流通のコントロールをより容易なものとしている。C社では，現地法人の営業マンが中国全土の日本料理店に直接配達する方式を採用し，流通をコントロールする。営業マンには，現地人材を登用しているが，社長自ら，配送中の品質管理や料理店内での品質管理の重要性を教え，徹底させている。日本酒は高温と光，それに時間経過に弱いデリケートな商品であるため，こうした取り組みは提供品質をコントロールする上で非常に重要なのである。

　なお，最終消費者の満足につながる価値を生み出すのは，職務に満足し，ロイヤルティのある従業員であるとされる（Heskett, Sasser, and Schlesinger, 1997, pp.23-26）。A社は代理店スタッフへの販売支援や代理店との契約を通じ，B社は直営店舗のスタッフを直接管理することで，最終消費者と接する従業員をある程度コントロールすることができる。一方，C社は，日本料理店が直接の顧客であるため，最終消費者と接する料理店従業員を直接コントロールすることが難しい。そのため，C社では，そうした不利を補うべく，料理店で毎週消費される量だけを小口配送したり，料理店内の日本酒在庫が先入れ先出しになるように倉庫内の積み替えをC社営業マンが行うことで，料理店から最終消費者への提供品質の劣化を防ぎ，消費者の満足度が低下しないように努めている。こうした取り組みは，直接消費者に接することの少ない中小消費財メーカーにとって参考となるだろう。

(5) 背景

　以上，新興国市場開拓に際して，事例企業が採用するマーケティング戦略について，市場設定と製品戦略を中心に考察を行った。結果は図1のとおりである。

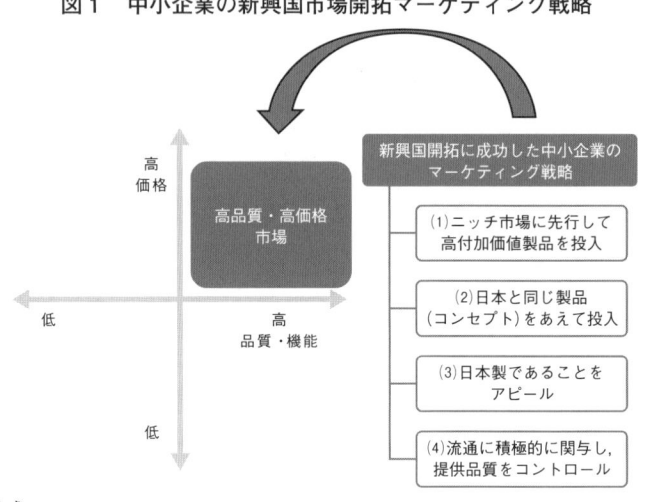

図1　中小企業の新興国市場開拓マーケティング戦略

```
        高
        価格
         │
    ┌────┼────┐         ┌──────────────────────────────┐
    │    │高品質・│         │新興国開拓に成功した中小企業の│
    │    │高価格  │         │     マーケティング戦略       │
    │    │ 市場  │         ├──────────────────────────────┤
    │    │       │         │(1)ニッチ市場に先行して       │
    │    │       │─────┤   高付加価値製品を投入       │
────┼────┼────── 高       ├──────────────────────────────┤
 低 │    │    品質・機能   │(2)日本と同じ製品             │
    │    │                 │   (コンセプト)をあえて投入   │
    │    │                 ├──────────────────────────────┤
    │    │                 │(3)日本製であることを         │
    │    │                 │   アピール                   │
    │   低│                ├──────────────────────────────┤
    │    │                 │(4)流通に積極的に関与し,      │
         │                 │   提供品質をコントロール     │
                           └──────────────────────────────┘
```

出所：筆者作成

　では，なぜ事例企業は，低価格戦略や現地化商品の開発ではなく，高品質・高価格の製品を投入する戦略を採用しているのだろうか。それは，需要サイドである新興国市場の消費者に起因する要因と，供給サイドである中小企業に起因する要因とに分類できると考える。

　まず，需要サイドに起因する要因として，新興国市場の消費者に「日本製」に対する信頼やニーズ，憧れが存在する点があげられる。インタビュー調査では，「日本のブランドの信用は世界一なので，ブランド展開する上では日本向けの企画で通した方が有利」，「日本のメーカーというだけで品質への信用を得ることができる」という言葉が聞かれた。

　こうした需要サイドにおける日本製への信頼を受けて，事例企業は，日本と同じ製品をあえて投入し，「日本製」をアピールするといった日本製に対する「信頼を活かす」戦略と，流通に積極的に関与し，提供品質をコントロールするという「信頼を維持する」戦略を採用している。高付加価値戦略については，「提供する製品・サービスの価値を顧客に納得してもらう努力が鍵」（新宅純二郎，2009, p.62）とされるが，事例からは，製品の価値を伝えるだけでなく，流通に積極的に関与するなど，製品価値を維持する仕組みも重要と考える。

一方，供給サイドである中小企業に起因する要因としては，経営資源の脆弱性があげられる。経営資源に乏しい中小企業の場合，低価格製品の投入や現地化商品の開発に取り組むことは，資金的にも人材的にも簡単ではないだろう。そのため，現在，手持ちの製品と同じものをまず海外市場にも投入するのが現実的といえる。市場開拓において企業は，品目を多様化することと低コスト化を図ることとの葛藤に直面する（山本久義，2002，p.98）。中小企業は，まず日本と同じ製品を新興国にも投入し，標準化戦略を採ることで，こうした葛藤を防いでいる。

また，自社ブランドを構築できる大企業と異なり，中小企業の場合は，自社ブランドを持たないあるいは構築に時間がかかるケースが多い。そうした中小企業だからこそ，日本と同じ製品を投入したり，日本製であることをアピールするといったような，「日本製」そのもののブランド力をより積極的に活かすマーケティング戦略を採用しているものと考える。

4．研究の結論と課題

本稿では，「中小消費財メーカーは，どのようなマーケティング戦略で新興国市場開拓に取り組んでいるのか」という，中小企業研究ではこれまで十分に議論されてこなかった問いに対して，市場設定と製品戦略の関係を中心に，その特徴を明らかにした。新興国市場の開拓を目指す中小企業は，「ニッチ」「先行」「高付加価値製品」を組み合わせることで差別化を図るとともに，提供する製品・サービスの品質維持に努め，その製品の価値を顧客に納得してもらえるようなマーケティング戦略を採用している。

本稿の結論は，中小企業が「ニッチ」と「グローバル」による競争優位（太田一樹，2008，pp.228-253）を獲得するうえでの，具体的なマーケティング戦略であり，これから新興国市場開拓を目指す中小消費財メーカーにも，ある程度業種横断的に活用できると考える。日本製品は，中国以外のアジア新興国市場でも品質，信頼，技術力といった点で評価が高い（経済産業省，2010，pp.188-191）。また，新興国市場は，いずれも発展途上にあり，今後，富裕層や中間層の拡大による様々な消費財需要の増加が見込まれている。そのため，中小企業の迅速な意思決定と実行力という強みを「先行」「ニッチ」による差別化につなげるとともに，日本製に対する高い信頼を活用・維持する戦略が重要という本稿の結論は，ブラ

ンド力に乏しい中小企業にとって参考になるだろう。

　最後に，本稿の課題をあげておきたい。本稿の結論は，限定された事例調査に基づくものである。事例選定の困難さから，本稿では中国での事例が多い。アジア以外の新興国開拓に取り組む事例も踏まえて，理論を精緻化する必要がある。また，マーケティング戦略は，進出国の産業・国家特性や，経済の発展段階による違いといった国家間の差などの変化に将来的に影響される可能性も考えられる。前述のとおり，本稿で示した戦略は，当面の新興国市場開拓においては有効と考えるものの，長期的には変化する可能性がある。今後，新興国市場の発展に応じた戦略変化についても，時系列で検証していく必要があるだろう。

　以上の点を精緻化して，今後更なる研究を進めていきたいと考える。

〈付記〉

　第31回全国大会での報告及び匿名レフェリーによる査読において，多くの先生方から大変貴重なご意見を賜りました。この場を借りてお礼申し上げます。

〈注〉

1　インタビュー調査は，三菱UFJリサーチ＆コンサルティング(株)と共同で2009年8〜11月に計15社実施した。詳細は，日本政策金融公庫総合研究所（2010）を参照。
　　また，事例研究企業の選定にあたっては，JETRO（2010），JETRO（2011b）などの事例研究結果を踏まえたうえで，インタビュー先15社のうち，本稿の事例には適切でないと判断される5社を除き，10社を抽出。紙幅の関係上，本稿ではそのなかから典型的事例と考える3社について重点的に行うこととした。
　　なお，本稿の事例には適切でないと判断した5社の内訳は，主力製品が産業材（1社），現地日本人への販売がほとんど（1社），新興国市場開拓の計画段階（1社），外食産業（2社）である。外食産業2社については，「その成功要因には個別具体的な要素も大きい」（JETRO, 2010, p.2）との意見を踏まえ，類型化にはなじまないと判断し，事例から外した。
2　注1で抽出した10社中9社が高付加価値戦略を採用していると判断できる。
3　本稿における「日本製」には「Made in Japan」（日本で製造された製品）だけでなく，「Made by Japan」（日本企業によって日本流の品質管理をもって海外で製造された製品）も含む。

〈参考文献〉

1　天野倫文（2009年）「新興国市場戦略論の分析視角」日本政策金融公庫国際協力銀行『JBIC国際調査室報』第2号, pp.69-87

2 Anzof,H.I.（1965）*Coporate Strategy*，McGraw Hill.（広田寿亮訳『企業戦略論』産業能率短期大学出版部，1969年）
3 Barney,J.B.（2002）*Gaining and Sustaining Competitive Advantage,Second Edition*,Prentice Hall.（岡田正大訳『企業戦略論（中）事業戦略編』ダイヤモンド社，2003年）
4 中小企業庁編（2011年）『中小企業白書2011年版』ぎょうせい
5 Hamel,G.and Prahalad,C.K.（1994）*Competing for the Future*,Harvard Business School Press.（一條和生訳『コア・コンピタンス経営』日本経済新聞社，2001年）
6 Heskett,Sasser,and Schlesinger（1997）*The Service Profit Chain*,The Free Press.（島田陽介訳『カスタマー・ロイヤルティの経営』日本経済新聞社，1998年）
7 弘中史子・高石光一・渡辺孝志（2011年）「中小企業の市場設定とニッチ市場におけるシェア獲得」『日本中小企業学会論集』同友館，Vol.30，pp.157-170
8 経済産業省編（2010年）『通商白書2010年版』日経印刷
9 Kotler,P.（1999）*Marketing Management:Millenium Edition*,Prentice Hall.（恩蔵直人監修・月谷真紀訳『コトラーのマーケティング・マネジメント　ミレニアム版』ピアソン・エデュケーション，2001年）
10 Levitt,T.（1983）*The Globalization of Markets*,Harvard Business Review,May-June,pp.92-102.
11 宮脇敏哉（2008年）『マーケティングと中小企業の経営戦略』産業能率大学出版部
13 日本貿易振興機構（JETRO）（2010年）『中国内販に成功している中小企業事例調査報告書』
13 日本貿易振興機構（JETRO）（2011年a）『中国GDP世界第2位時代の日本企業の対中ビジネス戦略報告書』
14 日本貿易振興機構（JETRO）（2011年b）『中国内販に成功している中小企業事例調査報告書Ⅱ』
15 日本政策金融公庫総合研究所（2010年）「中小企業の海外販路開拓とマーケティングの実態」『日本公庫総研レポート』No.2010-1
16 太田一樹（2008年）『ベンチャー・中小企業の市場創造戦略』ミネルヴァ書房
17 新宅純二郎（2009年）「新興国市場開拓に向けた日本企業の課題と戦略」日本政策金融公庫国際協力銀行『JBIC国際調査室報』第2号，pp.53-66
18 商工総合研究所（2011年）『グローバル経済下の中小企業』
19 渡辺幸男・小川正博・黒瀬直宏・向山雅夫（2006年）『21世紀中小企業論〔新版〕』同友館
20 山本久義（2002年）『中堅・中小企業のマーケティング戦略』同文舘出版
21 吉原英樹編（2002年）『国際経営論への招待』有斐閣

（査読受理）

中国自動車補修部品企業の発展
―浙江省温州市・瑞立集団の事例研究―

慶應義塾大学大学院　陳　傑

1．はじめに

　2011年，中国の自動車生産台数と販売台数はともに三年連続でアメリカを抜き，世界一位となった^{注1)}。中国自動車産業の成長振りが世間に注目されると同時に，このような大量生産，大量販売を背景に，自動車産業の幅広い裾野に重要な位置を占める部品産業と部品市場も大きく変わり，進化を遂げている。

　現在，中国国内で部品の生産額と販売額ともに首位を占めている地域は長江デルタ地域である^{注2)}。しかし，第一節で紹介するように，同じ長江デルタ地域においても，2007年から生産額・販売額一位の座を争ってきた浙江省，上海市の部品産業の発展パターンは同様のものとは言えない。具体的には，集積に立地する企業の発展パターンから見れば，OEM部品（組付け部品）を主に生産する上海の「完成車主導型」と浙江の補修部品を主に生産する「独自発展型」といった二つのパターンが存在しており，この二大産地形成の経緯，企業個体が生産している製品，またこれらの製品の販売市場，発展パターンからは大きな違いが見られる。本稿では，後者の地場系民営補修部品企業に焦点を当て，彼らの経営実態を解明することによって，彼らが遂げられた発展の中身を分析する。

2．本稿の視座と先行研究のレビュー

　第一節では，補修部品に言及した先行研究を紹介し，本稿の視座を提示しておく。通常，産業の発展方向としては，技術の高度化を伴う製品内容の高度化の方

向が想定されている。日本の自動車補修部品産業の発展はまさにこの方向で進んできたとも言える。

　植田（1998）では，戦前期の日本の自動車部品産業は規模が小さく，量産化も進まなかった一方，海外車の輸入・現地生産化に伴う国内での自動車供給の増大は補修部品を供給する部品メーカーの出現を促し，補修部品メーカーが主に外国車部品を模倣した補修部品の生産に従事し，戦前期の日本国内の自動車部品工業の中心を占めたと指摘した。それ故，戦前から戦後の復興期にかけて補修部品は品不足が続き，耐久性に乏しい粗悪品が多数市場に出回った。

　また戦後のこれらの補修部品メーカーの変化について，児玉（2002）は次のように述べた。戦後，自動車の量産化に伴う純正部品の外製化が進み，数多くの補修部品メーカーが完成車メーカーの純正OEM部品メーカーとなり，完成車の系列に納められた。このため，市販ルートでは優良部品の確保が出来なくなり，市場流通形態も自動車メーカールートが主流となった。その結果，日本の自動車補修部品の生産企業も，流通主体も完成車メーカーによって系列化され，市場における純正部品のシェアが増え，さらに不良品の流出の改善策も実施され，市場全体の部品の品質が大きく向上した。

　しかし中国の補修部品産業の発展が日本と同様な系列化による高度化の道のりを歩むかどうかについては，中国自動車補修部品を言及した研究書を見る限りでは，異なる発展パターンが示唆された。つまり，中国の補修部品メーカーは日本と同様に完成車メーカーに系列化され，OEM部品メーカーになるといった単線的な発展傾向がほとんど見られておらず，むしろ，経営の多角化を図りながら，補修部品メーカーとして独自の方向で成長していく可能性が示唆されている。以下では，中国自動車補修部品産業に関する先行研究をレビューし，残された課題を提示しておく。

　まず，市場流通の視角から，中国自動車補修部品企業が系列化されない一因を述べた陳（2010）では，現段階での中国補修部品市場での流通経路の多種多様性が指摘され，完成車メーカーのディーラールートが市場を支配できない理由はディーラー経営上の硬直性と補修部品専門市場の流通上の優位性にあると主張した。

　生産側から見ると，上海の自動車部品産業と浙江省の自動車部品産業の異なる性格を認識している研究として関・池谷（2008）と小林・竹野（2005）を挙げることができる。それによれば上海の部品産業は上海汽車集団の大量の外注協力企

業群を編成することによって，いわゆる完成車メーカーの求心力で部品集積の厚みが増されつつある。その一方，浙江省にある自動車部品メーカーは上海の部品メーカーと違い，独立系民営企業であるため，特定の自動車メーカーへの部品供給にこだわらず，販路の開拓や海外市場の参入に積極的であると指摘された。

また，長年長江デルタ地域の自動車補修部品産業を観察してきた丸川（2005）では，長江デルタ地域における補修部品産業の変化を昔の「品質の低さと不安定さ」「完成車メーカーとの提携の弱さ」から現在の「企業規模の大型化，組織の現代化」「輸出の拡大」といった変化を遂げたと指摘した。

しかし，上記の生産側に関する研究書の内容から見れば，ほとんどが産業事情の紹介にとどまっており，補修部品企業が変革している姿が多少描かれてはいるものの，彼らが如何にこのような変革を遂げたかについてはいまだに未解明のままである。これは本稿の第一の問題意識である。

上記の議論をより一歩前進した理論化した研究は東（2008）である。論文の中で，「産業高度化」の概念を用いて，補修部品の生産から出発したメーカーが，より高い技術水準を要求される完成車メーカー向けのOEM事業への進出を果たせるかどうかを高度化の指標とした。

しかし，東（2008）では，地場系補修部品メーカーの「OEM部品メーカー化」を部品メーカーの発展方向性として捉えているが，ここの「OEM」の中身についてより深く追究する必要があると筆者は考えている。この点が本稿の第二の問題意識である。一般的には，「OEMメーカー」が外資系乗用車の組付部品のサプライヤーとイメージされがちであるが，筆者の現地調査の結果から見れば，浙江省にある補修部品メーカーはそれとまったく異なる「OEM部品」を生産している。この相違点は二つある。第一に，必要とされる製造技術が違う。アーキテクチャ論では，自動車部品は高度なすり合わせ型の製品と認識されているが，瑞安の補修部品メーカーが生産している「OEM部品」はそれらの部品と大きく違い，技術の面から見れば，組み合わせ型の補修部品生産の延長線上のものとも言える。第二に，生産規模が違う。「OEM部品」の生産には不可欠なのは量産規模である。しかし，瑞安の補修部品メーカーが生産している「OEM部品」は外資系傘下のメーカーと比べ，比較的に生産規模が小さい。その理由は後の節で述べるように，商用車や中国地場系完成車メーカー向け，いわば周辺的な分野への部品供給が指摘できる。

上記の問題意識を踏まえて，以下では中国の瑞安市を取り上げ，そこに立地している典型的な企業の経営実態を詳しく分析することによって，地場系補修部品企業の発展の中身を明らかにする。

3．中国自動車・オートバイ補修部品の都：瑞安市

本節では浙江省に位置する瑞安市を研究対象として取り上げる理由を述べ，瑞安市補修部品産業の現状を紹介した上で，歴史を振り返り，瑞安市の自動車補修部品産業集積の形成のプロセスを探りたい[注3]。

(1) なぜ瑞安なのか？

本稿で事例研究の対象として取り上げる瑞安市は温州市に属する県級市であり，「温州モデル」の重要な発祥地として世間に知られ，数多くの民営企業の急成長の苗床でもある。瑞安市には産業集積が多く存在しているため，瑞安市自身もさまざまな肩書を持っている[注4]。その中で，もっとも知られているのが「中国自動車・オートバイ部品の都」である。つまり，当該地域は中国において，最大の自動車補修部品産地の一つとも言える。

現在「中国自動車・オートバイ補修部品の都」としての瑞安市では，自動車およびオートバイの補修部品の生産が盛んに行われている。2010年時点では瑞安市には自動車・オートバイ部品のメーカーが合計約1554社あり，瑞安市製造業企業数全体の約25％を占めている。そのうち，年間売上が一億元を超える企業は33社もある。2009年の工業販売収入は250億元に達し，輸出額は4.3億ドルに達した。2010年の工業販売収入は310億元に達し，輸出額は5.4億ドルに達した。主な輸出先としては，ヨーロッパ，中東地域，東南アジアが挙げられる。市場別の状況から見れば，2010年時点では瑞安市の自動車部品生産企業の製品市場分布は，25％は輸出し，海外市場で販売されている。25％～30％はOEM向け生産，50％～55％は国内のアフターマーケットに供給されている[注5]。

こうした瑞安市の自動車補修部品産業を観察することによって，中国全体の補修部品産業の一側面が理解されると考えている。下では，瑞安市自動車補修部品産業の歴史を探りながら，瑞安市自動車補修部品産業の形成プロセスを確認する。

(2) 瑞安市自動車補修部品産業の歴史 注6）

　瑞安市は浙江省の東南部，飛雲江の下流に位置しており，物産が豊富で，交通の便がよい。明，清の時代にわたり，浙江省と福建省地域では有数の港であった。1949年5月10日，瑞安県が解放され，伝統産業である手工業合作社事業が大きな発展を遂げ，主に紡織，メリヤスの生産を行っていた。1954年時点で，既に手工業合作社61ヶ所，従業者数9165人に達していた。その後，「大躍進運動」と「文化大革命」の影響で，手工業は大きな打撃を受け，手工業からの転業が盛んに行われ，機械，電気製品，自動車部品，金属製品の企業が増加した。自動車部品の場合だと，例えば，1968年城関日用工芸品廠の従業員は浙江省汽車配件公司で開催された「汽車大会戦」から「CA-10」といった自動車走行距離メーターのサンプルを持ち帰り，社内で一年間の研究開発を経て，模倣生産を開始し，翌年，企業はメーター生産企業に変身した。また，莘塍服装社は自社内の研究開発チームを設立し，1971年に「トランジスターポンプ」の開発に成功し，このポンプは既存製品より7％のガソリンを節約できたため，当時中国自動車製造業の有名企業となった。その後，「文化大革命」を終え，手工業局は第二軽工業局に改名され，手工業製品をはじめ，プラスチック，金属製品，家電製品，自動車部品などへの転業によって生まれた新興工業企業も管轄範囲に組み入れられた。

　1979年後，「改革開放政策」が打ち出され，瑞安市の企業も第二軽工業局の指導の下で，新たな発展段階を迎えた。まず，経済体制の改革である。各企業間の生産経営の請負制度が進められ，1992年には，自動車部品企業間では「企業株式合作制」が実施され，企業の生産経営が活性化され，生産性が高められた。続いて，輸出主導型の経済発展である。瑞安市においては，第二軽工業局の組織の下で，自主輸出権を取得した企業が急増した。輸出企業は50年代には3社しかなかったが，90年代になると55社まで増え，全国の88社の対外貿易会社と緊密な提携関係を持ち，製品はアメリカ，イギリス，ドイツ，日本，オーストラリアなどの数十カ国に輸出されていた。輸出主導型の経済発展といった企業発展方向性の確立はその後の自動車補修部品産業の発展にとって，大きな追い風となる。

　この過程で，その後瑞安自動車部品産業のサポーティングインダストリーにあたる金属加工産業，プラスチック産業，機械産業，電器製品産業も大きな発展を遂げた。瑞安市の自動車部品産業も既に述べたように，70年代に，アパレル，建築業，日用品生産の企業からの転業によって，徐々に形成された。1993年，瑞安

市で生産されている自動車・オートバイ補修部品は合計245のシリーズに達し，国産車及び輸入車の約20車種の修理需要に対応できるようになった。同年の自動車部品工業総生産額は2317.75万元，輸出額は152万元に達した。

1993年時点では自動車部品工業が瑞安市の他の産業と比べ工業に占める比重は大きくはなかった。しかしその後，中国全土の経済が成長し，経済が活性化すると，物流が発展し，物の輸送手段としてのトラックの需要が飛躍的に伸びた。当時，温州地域では，養蜂商人が多数存在し，彼らは一年中中国の各地を走り回っているため，いち早くトラックの補修部品市場の商機を気づき，さらに，温州商人の独特な地縁・血縁ネットワークを通じ，所有制改革により独立した製造業職人のスピンオフ効果をうまく利用し，自動車部品製造企業が雨後の筍のように現れてきた。後で紹介する「瑞立集団」の前身もこの時代に誕生し，トラック部品を生産していた「瑞安重型汽車配件廠」である。

このように，瑞安市における自動車補修部品企業の前身の多くは計画経済期の手工業などの企業であるため，在来産業との連続性を持っており，さらに，出稼ぎなどに中国各地で市場情報に接してきた温州人によって，トラックの補修部品の市場需要が急増するという偶然の情報がもたらされ，自動車補修部品を製造する企業が増え，大手完成車メーカーが瑞安市に不在の中でも，自動車補修部品の産業集積が形成された。

以下では，瑞安市の産業集積に立地している代表企業である瑞立集団の事例を取り上げ，代表企業の発展プロセスと実態を深掘りして，発展の実態と要因について分析する。

4．瑞安市自動車補修部品企業の事例研究――瑞立集団[注7]

(1) 瑞立集団の概況

瑞立集団は専門的に自動車部品を生産する典型的な温州民営企業である。1987年に現社長の張暁平氏が瑞安市北門頭で「瑞安市紅旗汽配廠」を創立した。その後，十数年の事業拡大に伴い，2004年7月瑞立集団傘下の瑞安汽車零部件有限公司がアメリカのナスダックに上場し，温州では初の海外上場を達成した企業となった。

現在，企業の資本金は2.5億元，従業員は合計3000人，工場の敷地面積は430ムー

あまりで，建築延べ面積は16万平方メートルである。企業は既にISO/TS16949，ISO14001，OHSAS18001，AAA級国家標準化良好行為，計量測定システムなどの品質，環境，生産安全システムに関する認定を取得している。今現在，企業の主な製品は自動車のエア・ブレーキ，油圧式ブレーキなどの制動部品である。瑞立集団は自動車用の補修部品を生産しているほか，中国第一汽車集団，東風集団，上海汽車集団など60社あまりの国内トラック，バスメーカーにOEM製品を提供する実績も有している。

　2010年の上場企業の瑞安汽車零部件有限公司の年間売り上げはおよそ6億ドルである。企業の製品の60％が国内OEM市場に供給されており，国内外のアフターマーケットは残りの40％を半々で占めている。その内の輸出製品は主にヨーロッパ，アメリカ，日本の車種に対応する補修部品である。

(2)　瑞立集団の経営特徴
①　異なる市場に適する部品生産方式
　瑞立集団は中国国内アフターマーケットの補修部品供給からスタートしたが，中国自動車主流市場の情報と状況を把握するため，OEM部品生産も拡大しつつある。瑞立集団の理念としては，OEM部品の生産を通して，アフターマーケット向けの補修部品の生産品質の向上を促進することである。

　OEM部品生産においては，最初のころ，完成車メーカーの要求に準じる部品の開発生産ができるかどうかが大きな問題となったが，現在瑞立集団が完成車メーカーにOEM部品供給メーカーとして承認されるまで，技術水準を向上させ，大きな成長を遂げた。現在自社内で部品の研究，開発，設計，生産を一貫的に行い，完成車メーカーへ部品の提案ができるようになった。その理由は二つあった。第一に完成車メーカーと常に戦略関係を持つことである。完成車と部品の同時開発を行うことに固執し，いわゆるデザイン・インを実現した。同時に，最高品質の部品を完成車メーカーへ交付することを保証するため，瑞立集団は業界最先端な検査設備と実験室を導入し，生産された製品の品質確保を徹底化している。第二に，海外市場への進出による技術のレベルアップである。海外のアフターマーケットへの部品供給によって，国際市場の需要を把握し，いち早く世界中のもっとも先進的な製品の情報を入手できる。今海外市場へ供給されている部品の半分は顧客がサンプル持参の開発依頼によるもので，

海外市場で積み重ねた開発経験と製造技術をOEM部品生産に生かし，企業は「提案型企業」に変身した。例えば，中国解放汽車有限公司の第五代目のトラック車種である「J5」のエア・ブレーキシステムの中，20個の部品のうち，17個は瑞立集団が提案し，供給したといった実績を持っている。

　補修部品生産においては，アフターマーケット向けの補修部品は高く要求されるのは汎用性である。中国でも，海外でも，自動車車種が増える一方で，これは企業の生産組織にとっては，大きなチャレンジである。この問題を解決するために，企業が率先してアメリカ市場輸出向けの補修制動部品に着手し，補修部品の基本構造を統一化するなど，インターフェース上の改造によって，汎用性をアップさせた。なぜなら，米国は車種体系がシンプルで部品点数は少なく，自動車メーカー間で部品の共通化が進んでいることもあり，補修部品の生産，輸出品目の把握は比較的容易である。その後，企業がアメリカ市場輸出向けの補修部品の汎用化改造の経験と技術を利用し，現在他の地域への輸出補修部品及び国内向けの部品の生産に関しても，標準化，シリーズ化させつつ，アフターマーケット向けの汎用補修部品の全体の割合を増やしている。補修部品市場向けの部品の汎用性を高めることによって，設計も部品の基本仕様も統一化されるようになり，開発コストが大幅に低減できるのみならず，一国あるいは一地域の市場変動が発生した場合でも，生産のぶれが他の市場に吸収できる。

② 人材プラットフォーム構築による企業の技術革新

　瑞立集団でも他の中国民営中小企業と同じく，技術革新及び製品の品質の向上は企業の発展過程で重要な課題となっている。

　瑞立集団の場合では，企業の技術のハイテク化により，主力製品を昔の伝統的な「機械部品」からハイテクな「電子部品」への転換は企業発展の大きなポイントとなった。そこに欠かせないのは，電子技術と自動車製造技術に精通する人材の確保と活用である。中国の自動車電子部品産業の現状は，電子技術と自動車製造技術両者に精通する技術者が少なく，このような人材の養成は長時間の模索の繰り返しが必要である。これらの人材を確保するため，瑞立集団は「三位一体」の人材プラットフォームを構築した。

　第一に技術センターを設立した。この技術センターには，情報，特許，生産製品基準，機械，電子部品開発，設計，製品製造技術など各分野の技術者合計

100名あまりが集まっている．技術者の中は，大手国有企業から各分野のトップ専門家を引き抜いてきたケースも少なくない．例えば，済南中国重型汽車集団から副総エンジニアを引き抜いた．また，重慶から一つのABS研究開発のチームを丸ごと引き抜いた．これらの人材と自社養成した人材とともに，自主知的財産権を有するエレクトロリック・アクセレレータ，エレクトロリック・コントロールクラッチなどを開発した．

　第二に，瑞立汽車電子技術研究院を設立した．この研究拠点は既に浙江省の科学技術庁の認可を受けており，政府からの援助を受けながら，より先端の自動車産業に応用する電子技術の研究開発をすることが主な役割である．

　第三に，博士，修士との共同研究拠点を設置した．定期的に大学及び研究機関から高学歴の人材を招致し，共同研究開発を行った．瑞立集団は各大学及び研究機関の間に緊密な協力関係を持っている[注8]．こうした外部の導入と内部での養成を有効に融合し，様々な企業の特色に満ちた高品質な製品の開発に成功した．

　その他，他の産業界との提携関係も緊密である．たとえば，最近では中国航空航天局と提携し，航空技術を導入し，新世代の自動車用エレクトリック部品の研究開発に用いる予定である．また，すでに中国鉄道部と共同開発した製品も多数あり，高速鉄道車両及び地下鉄などのレール式交通道具に対応する各エレクトリックコントロールブレーキ製品が挙げられる．一部の製品は既に車両に組みつけられ，走行している．

　このように瑞立集団においては，人材プラットフォームの構築により，外部から人材の引き抜き，「産，学，研」の三方との緊密な協力，自社内養成が可能となり，さらにこれらが社内で有効に融合し，企業の技術革新を促進している．

③　よりニッチなターゲット市場の選定

　瑞立集団が現段階で生産しているOEM部品は，中国国内完成車メーカーの量産セダンタイプの乗用車用部品ではなく，ほとんどトラック・バス用の制動部品を中心とするものである．同社がセダンタイプ乗用車の制動部品を製造する技術を持っているにもかかわらず，敢えて参入しない理由は三つある．第一に，瑞立集団はトラックの補修部品生産から起業したため，トラック部品製造

に関する技術の蓄積があり，この分野では優位に立っている。第二に，トラック，バス用の補修部品は比較的にニッチな市場であり，完成車メーカーからのコストダウンの圧力が比較的少なく，競合相手も比較的少ない。第三に，公共交通に使用されるバスのメーカーへのOEM部品供給を実現することにより，その後の補修部品の持続的な供給も可能になるため，バス用のOEM部品の付加価値は高い。

　トラック用OEM部品に関しては，既に述べたように，中国解放汽車有限公司などに供給する実績があるほか，バス用OEM部品に関しては，既に鄭州宇通，中通客車，アモイ金龍，丹東黄海などの国内大手バスメーカーへのOEM部品納入実績があり，バス用の補修部品も中国国内の各大手公共交通公司に多く使用されている。2008年瑞立集団が生産したバス用補修部品は中国都市公共交通協会から「公共交通推薦ブランド」と認定された。

　一方，瑞立集団が生産している自動車補修部品はトラック，バスにとどまらず，農用車，乗用車などおおよそ7大シリーズ，5000あまりの種類をカバーしている。国内販売に関しては，国内には40あまりの一級ディーラーのほか，1000の二級ディーラーも設置している。海外においては，アメリカ，アラブ首長国連邦，インド，ブラジル，ベルギーなどの国で101ヶ所の海外販売拠点を布石した。現段階の海外市場分布から見れば，中東地域，アジア，ヨーロッパ，アメリカの順になるが，中東地域とアジア市場は企業市場の大半の三分の二を占めている。

　このように，瑞立集団は補修部品の生産品目の多様性を保ちながら，一方汎用化開発，標準化生産を行っている。その結果，国内外二つの補修部品市場のニーズを確実に満たせ，これらの市場で蓄積された技術と資金は企業の次世代事業展開の基盤となった。同社はその技術を十分に生かし，企業にとって，利益を最大化できるニッチなOEM部品市場に進出した。

5．おわりに

　瑞安市の多くの自動車補修部品企業の経営方針は瑞立集団と同様に，多角化経営を実施し，こういったニッチなOEM市場へ積極的に進出している。

　例えば，同じく瑞安に立地している松田汽車電器系統有限公司という会社は，

従業員420人の中小企業である。現在国内外アフターマーケット向けのワイパーモーターをメインに生産している。最近では社内の実験室及び検査設備の充実を図り，生産設備の半自動化も戦略的に進めている。その背後に中国国内ローカル乗用車メーカーへのOEM部品供給という狙いがある。また同じ地元の中小補修部品メーカーである浙江固久汽車電器有限公司は従業員が200人規模で，自動車用のホーンを主力製品とし，乗用車のステアリング部品も生産している。同社のホーン製品の市場割合から見れば，海外アフターマーケットは50％，国内アフターマーケットは30％，国内ローカル自動車メーカーのOEM部品は20％となっている。ステアリング部品生産はまだ新規参入分野なので，現段階でも市場はまだ国内アフターマーケットに留まっている[注9]。

これらの企業の事業展開に不可欠な技術的ノウハウの獲得手段としては，外部からの技術者の引き抜きおよび海外先端設備の導入が挙げられる。さらに，生産の面のみならず，経営においても，多くの企業は国内外市場に関係なく販売ネットワークの布石には積極的である。販売網を通じ，新たな部品の情報や市場の動向を把握し，新たな事業展開を図っている。

確かに，これらの企業が発展する過程においては，東（2008）で指摘されたOEM部品の生産に参入するといった発展方向が見られるが，その発展の中身を詳しく検討する必要がある。これらの企業のOEM部品市場への参入は，一般的な意味で，高い技術が要求される大手乗用車メーカーの量産車種のOEM部品市場ではなく，比較的に中国自動車産業の底辺または周辺的なOEM部品市場である。つまり，これらの企業にとって，補修部品生産技術が応用できる分野の車両OEM部品市場（トラック，ローカル民族系完成車メーカー，鉄道など）への参入である。補修部品の生産を中核部分として維持しながら，メジャーな乗用車のOEM部品市場ではなく，比較的に生産規模の小さいニッチなOEM部品市場への参入を狙っている点が，瑞安市の補修部品企業の特徴であろう。

なぜこれらの企業がこのようなOEM業務進出を遂げられたかについては，瑞立集団の事例から，いくつかの示唆を得られた。

まず，瑞立集団のような自動車補修部品メーカーは多角化経営を実施することによって，企業内の設計開発及び生産体制が多様になり，品目別と市場別で部品が多様性となった。このことによって，生産のぶれは品目間または市場間で調整できるため，市場環境の変化，また産業ライフサイクルに機敏に対応できる体質

が形成された。さらに，有形な設備と有形でない経営資源である人的資源，ノウハウ及び研究開発による情報・知識のフルユースにより，上記の多角化の経済性が発生するほか，多様な部品分野に参入することで多くの部品情報を持っており，その情報は企業の研究開発活動への刺激となり，将来の産業構造の変化を取り込んだ研究開発が実施できる。

また，こうした多角化経営が図れる背景には，市場の要因も見逃せない。

国内市場に関しては，陳（2010）で紹介したように，中国自動車補修部品市場は独自性を有する市場であり，そこで求められている部品の内容と水準が必ずしも純正部品のような高品質なものではなく，市場需要は巨大性と多層性の二大特徴が並存している。しかし，完成車純正ルートの不備，供給の経営上の硬直性があり，そういった需要に対しては，適時かつ適合の供給が不可能となっている。一方，アフターマーケットに多様な部品を取り扱う流通商が多数存在し，汎用性のある部品を販売している。そこで創業初期の補修部品企業は納入条件が低いこれらの流通商に部品を供給することによって，資金の蓄積を実現している。

同時に海外市場においては，輸出ハードルが低いアメリカ，中東地域市場が存在している。補修部品メーカーが国内市場で一定程度の技術と資金が積み重ねられると，完成車メーカーのOEM部品納入基準より下回る国際自動車操業基準のISO・TS16949認定を取得し，海外の補修部品市場へ進出することが可能となる。海外市場では，代金の支払い遅延がほとんどなく，発注ロットが大きいなどの特徴があり，海外業務の拡大はそれほど困難ではなく，自社製品が大量輸出できる海外市場は，企業にとって，資金蓄積の場だけでなく，技術の修業の場でもある。資金の蓄積ができたら，技術者の引き抜き，先端設備の導入を行うことができる。さらに，海外の顧客からの研究開発依頼で，世界の最先端の製品を常に入手し，分析することができる。これにより，部品製造分野で最新の部品情報のアップデートができ，その部品の製造に応用された技術へのアクセスも比較的に簡単になり，新事業の展開も容易となる。

このように，これらの企業は巨大な国内外補修部品市場に根付き，完成車メーカーに系列化された従属的な発展でなくても，補修部品メーカーとして発展を遂げられている。さらに，補修部品市場のニーズに応える一方，多角化しながら，技術を一定程度高めていき，自ら市場からニーズを汲み取り，自社の技術が応用できる周辺的OEM部品を含めた新分野へ参入する。これは完成車の技術指導・

支援で発展していくOEM部品メーカーと異なり，独自な発展パターンであろう。

最後に，これらの企業が多数存在することの意味を見てみる。これらの企業が事業規模を拡大していくと同時に，中国自動車産業の裾野部分の厚みも増してくる。この現象は恐らく中国自動車産業の発展方向性にも大きなインパクトを与えるに違いない。この影響は大きく分けて二つあると筆者は考えている。一つは，中国民族系のローカル自動車メーカーの養成に緊密な関係がある。外資系自動車メーカーのサプライヤーシステムから遮断されたローカル自動車メーカーにとって，これらの補修部品メーカーが次第に主要な部品サプライヤーとなりつつある。これらの部品メーカーの成長はきっと中国のローカルメーカーの技術水準の向上に貢献するに違いない。また，既に述べたように，これらの補修部品メーカーは産業ライフサイクルに機敏に対応できる体質が形成されたため，新規産業への参入が比較的容易である。特に，最近話題となっている新エネルギー乗用車産業のこれからの発展に関しては，これらの補修部品メーカーが活躍する舞台ともなり得るであろう。

〈注〉

1　中国汽車工業協会の統計データ（http://www.caam.org.cn　2012年1月15日閲覧）によると，2009年中国新車生産台数と販売台数はそれぞれ1379万台と1364万台であり，それに対して，2009年アメリカ新車生産台数と販売台数は571万台と1043万台である。2010年中国新車生産台数と販売台数はそれぞれ1826万台と1806万台であり，それに対し，2010年アメリカ新車生産台数と販売台数は774万台と1159万台である。2011年中国の自動車生産台数は1841万8900台，販売台数は1850万5100台であり，2011年アメリカ新車生産台数と販売台数は1350万台と1278万台である。

2　『中国汽車工業年鑑2010年版』によると，2009年，中国国内自動車部品の生産額が一位の地域は浙江省（979.75億元），二位は上海市（802.36億元），販売額が一位の地域は浙江省（956.69億元），二位は上海市（860.22億元）である。

3　本来ならば，瑞安の自動車補修部品産業集積を論じる際に，事例企業と産業集積の関連性，集積に立地する他の企業の発展パターンとの相違点などを議論する必要があるが，紙面上の制限があり，こういった課題について，また稿を改めて論じたい。

4　たとえば，「中国自動車・オートバイ部品の都」，「中国カジュアル靴の生産基地」，「中国工芸品の生産基地」，「中国ゴム靴の名城」，「中国紳士服の名城」，「中国プラスチックフィルターの生産基地」，「中国梱包機械名城」，「中国鍛造機械生産基地」などがある。

5　瑞安市汽摩配行業協会におけるインタビュー（2011年3月）による。

6 瑞安市の自動車補修部品産業の歴史に関しては,『瑞安市二軽工業誌』編集委員会[1996]によっている。
7 瑞立集団総経理陶保健氏へのインタビュー調査(2011年3月7日)による。
8 例えば,集団は中国鉄道科学院と協力し,自動車などに対応する鉄道交通製品を共同開発した。中国吉林大学汽車工程学院と協力し,自動車用EBS製品を開発した。北京科技大学と,アルミ合金の表面処理技術を共同研究した。清華大学と浙江大学共同で,製造業情報化について共同研究した。ハルピン工業大学とCANの共同開発をした。
9 浙江松田汽車電機系統有限公司総経理アシスタント鄭定傑氏,浙江固久汽車電器有限公司総経理戴祥洪氏へのインタビュー調査(2011年3月)による。

〈参考文献〉
1 陳傑(2010年)「中国自動車補修部品市場に関する一考察」『中国研究論叢』No.10(財)霞山会,pp.37-58
2 東茂樹(2008年)「自動車部品産業の成長——地場中小サプライヤーの高度化」(今井健一・丁可編『中国産業高度化の潮流』所収)アジア経済研究所,pp.117-150
3 H. Igor Ansoff (1971) "Acquisition behavior of U.S.manufacturing firms", Vanderbilt University Press.
4 小林英夫・竹野忠弘(2005年)『東アジア自動車部品産業のグローバル連携』文眞堂
5 丸屋豊二郎・丸川知雄・大原盛樹(2005年)『メイド・イン・シャンハイ』岩波書店
6 丸川知雄・高山勇一編(2005年)『新版グローバル競争時代の中国自動車産業』蒼蒼社
7 大山宜茂(2007年)「中国における自動車の補修部品産業の点描」『ＬＥＭＡ』488,pp.61-63
8 瑞安市汽摩配協会編(2010年)『瑞安市汽車零部件企業概覧』瑞安市汽摩配協会
『瑞安市二軽工業誌』編集委員会編(1996年)『瑞安市二軽工業誌』江西人民出版社
9 関満博・池谷嘉一(2008年)「中国自動車産業と日本企業」新評論
10 植田浩史(1998年)「戦前期の自動車部品工業」『中小企業季報』1998年,No.3,pp.1-7
《中国汽車工業年鑑》編委会編各年『中国汽車工業年鑑』中国汽車技術研究中心・中国汽車工業協会

(査読受理)

韓国の中小企業銀行の設立とその役割

札幌学院大学　三好　元

1. はじめに

　後進国の経済発展の初期段階では，政府が政策目的達成のためにさまざまな規制を通じて金融市場に介入する結果，金融市場の自立的発展が抑制されている。これが金融抑圧（financial repression）と言われるものである。そして，金融抑圧に関連して，次のような問題が生じる。第一に，金利が人為的に市場均衡金利以下に低く設定されるため，組織金融市場に国内貯蓄が十分に動員されず，中小企業向け融資が十分に進まないことである。第二に，資金が政策的に配分されるため，政府の振興産業の対象外となった産業や中小企業は，組織金融市場からの資金調達が難しくなることである。したがって，こうした中小企業の資金調達を改善するために，政府は中小企業金融機関の設立，中小企業にたいする特別融資制度および信用保証制度の導入などを行う（岸，1990，寺西，1991）。要するに，後進国の経済発展に果たす政府の役割は非常に重要であり，そのなかで中小企業（金融）政策が中小企業の発展に与える影響は極めて大きいということである。
　ところで，東アジアにあって急速な経済成長を実現した韓国と台湾の中小企業政策をみると，台湾の場合，初期成長段階の産業政策において大型官営企業の発展・強化策が優先され，中小民営企業の問題が官民二重構造のなかに埋没したので，70年代まで中小企業政策らしいものはなく，中小企業は「自由放任」の状態に置かれた。しかし，このことがかえって民間企業の市場競争に対応する力を強め，中小企業の自立的発展をもたらしたとされる。ただ，70年代には中小企業にたいする金融支援措置が見られた。73年に行政院が中小企業にたいする特別融資を決定し，

74年には中央銀行が「中小企業輸出運転資金融通要点」を公布し，また行政院財政部が中小企業信用保証基金を設立した。さらに77年には8つの地域の信用組合を官営1行と民営7行の中小企業銀行に改組した（涂，2002，朝元・劉，2001）。これにたいして韓国の場合，政府は大企業（財閥）の優先育成政策を強力に推進し，中小企業は副次的かつ政策的疎外の対象とされたので，中小企業の発展は立ち遅れたと言われている。しかし，中小企業政策は，経済開発期間中に積極的に立案・実施されていた。60年代は中小企業の輸出産業転換政策が推進され，61年には早くも政府系中小企業金融機関である中小企業銀行が設立され，66年の「中小企業基本法」によって中小企業政策の法的根拠が整えられた。70年代は輸出関連の中小企業への支援が継続されたが，中小企業の専門化と系列化を促進するために75年に「中小企業系列化促進法」が制定され，また中小企業の近代化を図るために78年に「中小企業振興法」が定められた（鄭，2002，厳，2006）。このように経済成長段階における台湾と韓国の中小企業政策とその成果には違いが見られた。この辺りの相違は，政府の役割に関する国際比較研究の課題としても重要である。

　本稿では，こうした相違を考察するために，建国後わずか15年余りの61年8月に政府により創設され，中小企業金融において重要な役割を果たした韓国の中小企業銀行を先ず対象とし，それがどのような理由で設立されたのか，またそれは中小企業にどのような役割を果たしたのかといったことを明らかにする。台湾と韓国の中小企業政策に関する一般的な研究はある（前出）。しかし，中小企業政策が登場した背景や，それがどのような成果を収めたかの個別的研究を行う必要があろう。また，本稿の課題を明らかにすることは，後進国の工業発展における（政府系）金融機関の役割を考察するためにも重要である。渡辺利夫の韓国経済論では（渡辺，1982），後進状況に適した資金供給形態，殊に金融機関の役割の考察が不十分であった。なお，最初に韓国の中小企業銀行を分析対象としたのは，台湾に比べて韓国の政策金融機関の資産規模が極端に高かったためである（商業銀行の総資産にたいする政策金融機関の割合は，韓国が75年において101.1％，台湾が70年において32.0％であった。奥田・三重野・生島，2010年，p.27）。また，考察期間を第一次から第四次経済開発期（60〜70年代）までとしたのは，韓国の中小企業政策が80年代以前と以降で大きく異なっているからである。70年代までは保護政策であったが，80年代以降は積極的な育成政策となり，発展可能性のある中小企業の育成が目的となった。また80年代以前の中小企業政策は産業構造政

策であって産業組織政策ではなかったが，80年12月に「独占規制および公正取引に関する法律」が制定されてからは産業組織政策を考慮するようになった。こうした中小企業政策の転換点を考察期間の区切りとした。

2．中小企業銀行の融資方針と実績

(1) 中小企業銀行の重要性

　60年代から70年代における韓国の中小企業（製造業）[注1]は必要資金の4分の1を銀行借入で調達していた（韓国銀行，各年版）。そこで，預金銀行（商業銀行，特殊銀行）の総貸出に占める中小企業向け貸出の割合をみると，60年代は平均19.0％であったが，70年代は平均36.9％を占めるに至った（中小企業銀行，1981，pp.110～111）。この中小企業向け貸出を金融機関別にみると，中小企業銀行の割合は60年代前半ごろまでは40％台を占めていたが，65年に中小企業向け貸出義務規定が制度化されるとともに低下した。しかし，それでも70年代において中小企業銀行が1行で20％強を占めており，このことは中小企業金融における中小企業銀行の重要性を示している（同上）[注2]。

　では，こうした中小企業銀行の融資方針と融資実績はどのようなものであったのか，中小企業政策の展開を交えてみることにしよう。なお，中小企業銀行の貸出対象は中小企業と中小企業協同組合であり，貸付形態は貸出と手形割引を原則としていた。ただ，中小企業銀行の貸出全体に占める協同組合事業資金の割合は，63年11.5％，73年3.7％，79年2.5％と少なかった（中小企業銀行，1981，p.288）。また，中小企業銀行は，67年の「中小企業信用保証法」により，4月から信用保証業務を開始した。

(2) 中小企業銀行の融資方針[注3]
① 60年代の融資方針

　第一次経済開発計画（62～66年）では，特に国際収支の改善の必要から輸入代替工業化政策が推進され，外貨節約に寄与する中小企業の振興が行われた。中小企業銀行は，創立の翌年の62年から輸入代替産業と軍納企業に多くの融資を割り当てた。しかし，政府は64年に第一次経済開発計画を修正し，67年から第二次経済開発計画（67～71年）を開始した。第二次経済開発計画では，輸出

指向型の工業化戦略が表明され，これまでの輸入代替工業化の対象を資本財部門へ移行すると同時に，輸入代替を完了した消費財（軽工業）部門を輸出へ向けることを目指した。この工業化戦略にしたがって，中小企業政策は展開されることになった。政府は64年に中小企業の段階的な輸出産業転換施策を主軸とする「輸出産業転換計画」を立案した。65年からは中小企業のなかで優先的に育成すべき業種を決め，これを積極的に育成する施策を展開しはじめた。すなわち，政府は中小企業をA型（中小企業として育成する業種），B型（大企業へ移行させる資本集約的な業種），C型（施設過剰および技術落後業種）の三つに分け，これをさらに国民経済上の必要性から上，中，下に分けた。こうした中小企業政策に基づいて，65年から中小企業銀行は輸出分野および優先育成業種の中小企業に重点融資を実施した。

② 70年代の融資方針

政府は70年代初めから重化学工業を強力に育成しはじめた。軽工業を中心とする従来の輸出指向型工業化を重化学工業へシフトさせようと企てた。こうした工業化戦略の方向転換の理由は，69年の「ニクソン・ドクトリン」によるアメリカのアジア政策の変化が，「自主国防」（兵器産業の国産化）のための重化学工業化を推進する必要性を高めたこと，最終消費財の輸出の伸長にともなって原資材の輸入が増大し，国際収支の不均衡が一層拡大したこと，などが挙げられる。そして，重化学工業化政策は第三・四次経済開発計画（72～76年・77～81年）で推進され，この政策要請に応えるべきパートナーとして財閥系大企業が登場してきたのである。さて，70年代においても輸出産業の育成が中小企業政策の一つとして規定された。中小企業製品の主な輸出促進政策をみると，金融支援については74年から「中小企業育成輸出産業化資金」が実施され，輸出の円滑化については75年に「総合貿易商社制度」が導入された。また，重化学工業化にともなって国内工業における産業連関を強めなければならないという要請が強くなり，72年から中小企業の専門化・系列化政策が本格的に進められることになった。さらに政府は，75年に「中小企業系列化促進法」を制定し，大企業との連関もしくは部品の国産化を中小企業に求め，大企業の補完的機能を担う下請系列中小企業群を形成するという政策に移っていった。また中小企業の近代化を図るため，78年に「中小企業振興法」が制定され，その政策実施機関として中小企業振興公団が設立された。

69年から中小企業銀行は，中小企業資金の供給優先順位の分類基準を，政府の中小企業育成施策に直結するよう合理的に改めた。政府は，69年に中小企業として育成する業種をA型，専門・系列型業種をB型，大企業に転換・育成する業種をC型に分類し，それをまた輸出産業，系列化産業，機械工業，地域開発産業などに分け，優先的に育成する分類基準を明確にした。こうした政府による中小企業の優先育成基準と連携して，中小企業銀行は重点融資体制を確立した。また，74年からは国民経済にとって緊要度・生産性が高い部門に重点的に資金を支援する選別融資制度を進めることになったが，77年になると産業構造の高度化に中小企業がより効率的に適合するように選別融資制度を質的に改めた。その主な方針は，重化学工業，防衛産業，機械工業など重要度の高い企業，産業合理化・技術開発に寄与する産業，国際収支改善に寄与する産業などを優先支援部門として扱う，というものであった。さらに，74年から中小企業銀行は，輸出産業，機械産業，繊維産業などの中小企業の経営活動を円滑にするために，「中小企業特別低利資金」を担当することになった。要するに，70年代の中小企業銀行の融資方針は，重化学工業化の推進にともなって，技術集約的な中小企業を育成し，大企業との系列化促進に重点をおいた金融支援を行うというものであった。

(3)　中小企業銀行の融資実績
　まず，中小企業銀行の全体の貸出についてみてみよう。中小企業銀行は，中小企業にたいする資金支援において，61年の設立当初は貸出財源の相当な部分を財政資金に頼っていたが，60年代半ばからは借款資金や外貨資金の導入を進める一方，預り金の増大や金融債券の発行などを行って金融資金を増強し，貸出財源の拡大を図った。また74年からは国民投資基金，79年から中小企業振興基金，80年からは工業発展基金を財源とした貸出の取り扱いをはじめた。こうした結果，中小企業銀行の貸出実績は大きく増大し，金融資金が貸出財源の最も重要な地位を占めることになった。中小企業銀行の総貸出額は，62年に45億ウォンだったものが73年には1,121億ウォンまで増加し，80年には1兆ウォンを突破した（中小企業銀行，1981, p.221）。61年から80年までの総貸出額の年平均増加率は36.7％であった[注4]。
　では，このような中小企業銀行は，どのような業種に貸出を行っていたのだろうか。中小企業銀行は，設立された当初は鉱業と製造業だけを支援対象にしてい

たが，そののち運輸業，通信業，建設業，商業，サービス業の中小企業にたいしても資金支援が可能となった。しかし，表1をみると，60～70年代を通じて中小企業銀行は，貸出額の90％を製造業に供給していた。この製造業の貸出を詳しくみると，63年においては繊維・衣服・皮革にたいする貸出が製造業全体の23.8％を占め一番多く，金属製品・機械・輸送用装備には20.6％であった。71年も繊維・衣服・皮革にたいする貸出が全体の30.4％と最も多かったが，金属製品・機械・輸送用装備への貸出も23.0％と高い割合を占めるようになった。しかし，79年になるとこれらの業種への貸出の割合はほぼ同じとなり，80年には金属製品・輸送用装備の貸出が28.8％と一番高い割合を示すようになった。このように70年代に入って金属製品・機械・輸送用装備といった加工組立業にたいする貸出が増加した。これは，重化学工業化が進展する過程で加工組立業が急速に発展し，部品の供給源として中小企業の役割が重視され，こうした中小企業を効率的に育成するために中小企業銀行が資金支援を積極的に行ったからであった。

表1　中小企業銀行の業種別の貸出実績

単位：100万ウォン，％

	1963年		67年		71年		75年		79年		80年	
	金額	構成比	金額	構成比	金額	構成比	金額	構成比	金額	構成比	金額	構成比
合　計	5,928	100.0	17,696	100.0	68,840	100.0	190,673	100.0	645,331	100.0	970,538	100.0
鉱　業	148	2.5	373	2.1	742	1.1	1,936	1.0	3,600	0.6	4,807	0.5
製 造 業	5,328	89.9	16,645	94.1	61,545	89.4	168,851	88.6	583,019	90.3	873,184	90.0
飲食料品	552	10.4	1,229	7.4	3,424	5.6	13,460	8.0	27,614	4.7	38,319	4.4
繊維・衣服・皮革	1,266	23.8	4,831	29.0	18,738	30.4	57,695	34.2	168,926	29.0	239,838	27.5
製材・家具	250	4.7	597	3.6	2,114	3.4	7,624	4.5	19,230	3.3	28,301	3.2
紙製品・印刷出版	269	5.0	1,030	6.2	3,509	5.7	9,729	5.8	39,029	6.7	61,232	7.0
化学・石油・石炭・ゴム・プラスチック	1,144	21.5	2,712	16.3	7,369	12.0	20,564	12.2	77,575	13.3	139,052	15.9
非金属製品	232	4.4	837	5.0	2,565	4.2	7,525	4.5	31,815	5.5	50,897	5.8
第一次金属	181	3.4	631	3.8	2,665	4.3	7,665	4.5	30,628	5.3	41,713	4.8
金属製品・機械・輸送用装備	1,096	20.6	3,453	20.7	14,180	23.0	37,730	22.3	168,115	28.8	251,104	28.8
その他	338	6.3	1,325	8.0	6,981	11.3	6,859	4.1	20,087	3.4	22,728	2.6
電気・水道業			1	0.0			318	0.2	312	0.0	3,902	0.4
建 設 業	4	0.1			147	0.2	1,422	0.7	10,745	1.7	16,619	1.7
卸・小売・サービス業	253	4.3	231	1.3	2,552	3.7	5,711	3.0	13,465	2.1	16,627	1.7
運輸・通信業			204	1.2	1,510	2.2	4,302	2.3	11,618	1.8	16,075	1.7
金融・保険・不動産業	1	0.0					150	0.1		0.0		
個 人 企 業	69	1.2	213	1.2	749	1.1	1,569	0.8	2,590	0.4	4,048	0.4
分 類 不 能	125	2.1	29	0.2	1,595	2.3	6,414	3.4	19,982	3.1	35,276	3.6

注）サービス業とは，飲食業，宿泊業などのサービス業。また75年からは「外貨資金」による貸出額は含まれていない。
出所）中小企業銀行(1981年)『中小企業銀行二十年史』巻末資料。

3．中小企業の地位の変化

　これまで中小企業銀行の60年代から70年代の金融支援についてみてきた。では，この間に中小企業の地位はどのように変化したのであろうか。製造業の場合を中心にみていきたい。まず，表2によって中小企業の割合をみると，工業化初期の63年には企業数で99％，従業員数で66％を占め，生産額や付加価値額の面でも60％に達し，中小企業の地位は圧倒的であった。しかし，その後，従業員数，生産額，付加価値額に占める中小企業の割合は急速に低下し，73年には従業員数で48％，生産額や付加価値額では30％程度まで落ちた。こうした60年代から70年代前半における中小企業の停滞は，大企業と中小企業の生産効率の差にあらわれた。大企業を100として中小企業の付加価値生産性をみると，63年の71.5から69年の45.9へと大きく低下し，73年まで中小企業の付加価値生産性は低迷を続けた（韓国銀行，各年版）。

　ところが，急速な成長過程で低下してきた中小企業の割合は，70年代半ばから次第に上昇をしはじめた。前表2で中小企業が占める割合をみると，従業員数では75年の45.2％から79年の47.7％へと上昇し，生産額では30.6％から32.1％，付加価値額では31.3％から35.2％へと増加した。また低下していた企業数の割合もやや上昇した。このように中小企業の地位がわずかではあるが上昇した理由として，70年代の中盤から本格的に推進された重化学工業化により加工組立業が急速に発展し，そのなかで大企業と産業連関を有する中小企業が増えたことがあげられる。例えば，加工組立業（一般機械，電気機械，輸送用機械，精密機械，金属加工品）の中小企業は，70年から80年において企業数で3,827から6,367（中小製

表2　製造業における中小企業の割合の変化

単位：従業員数1000人，生産額10億ウォン，付加価値額10億ウォン

	63年		70年		73年		75年		77年		79年	
	実数	割合	実数	割合	実数	割合	実数	割合	実数	割合	実数	割合
企業数	18,073	98.7	25,037	97.0	23,304	96.2	23,304	96.2	27,156	96.0	30,695	96.5
従業員数	267	66.4	452	48.2	592	48.2	680	45.2	914	45.7	1,012.8	47.7
生産額	98	58.5	416	29.9	982.4	26.1	2,555.6	30.6	4,788.8	30.5	8,560.9	32.1
付加価値額	32	51.6	165	28.0	388.9	27.0	923.4	31.3	1,862.5	32.2	3,244.1	35.2

出所）經濟企劃院調査統計局『鑛工業統計調査報告書』，中小企業振興公団『年次報告書』。

造業に占める割合は16.2%から21.4%),従業員数で9万1,839人から23万3,002人（19.0%から23.3%）と増え,付加価値額は313億6,800万ウォンから8,546億3,100万ウォン（16.7%から20.5%）へと大きく増加した（經濟企劃院調査統計局,各年版）。そして,こうした中小企業の成長とともに,大企業と中小企業の生産効率の差も縮小した。中小企業の付加価値生産性は（大企業=100),73年の43.6から75年の63.2へと高まり,79年には77.5まで上昇し,大企業との格差を大きく縮めた（韓国銀行,各年版)。

最後に,輸出における中小企業の地位についてみてみよう。60年代半ば以降の韓国経済の開発戦略は,それまでの輸入代替工業化から輸出指向型工業化へと変化をみせた。それにともない中小企業政策も輸出向け製品を製造する中小企業への支援に重点がおかれ,中小企業は輸出に大きく貢献することになった。60年代から70年代にかけて工業製品の輸出が増加するなかで,それに占める中小企業製品の輸出額は40%前後で,この間に中小企業製品の輸出額は工業製品の輸出額とほぼ同じ倍率で増加した（工業製品輸出額と中小企業製品輸出額はそれぞれ65年1億1,140万ドル,4,160万ドル,70年8億3,940万ドル,3億2,290万ドル,75年47億9,120万ドル,18億7,150万ドル,80年161億5,080万ドル,56億2,380万ドル。中小企業振興公團,各年版)。そして,表3で中小企業の輸出依存度が大きい業種をみると,中小企業の輸出構造は,基本的には繊維,衣服,皮革製品といった労働集約的工業製品の輸出の色彩が濃いが,次第に機械,電気機器,輸送装備,精

表3　中小企業の輸出依存度

単位：%

	71年	75年	80年
繊維	42.9	53.5	54.7
衣服	26.7	24.0	56.3
皮革製品	19.2	63.3	78.8
ゴム製品	17.1	21.8	29.3
機械	1.7	2.6	19.7
電気機器	16.0	15.2	26.4
輸送装備	7.0	1.9	5.5
精密機器	12.0	51.1	35.4
その他	43.5	66.2	59.2
中小製造業	15.4	19.6	23.8

注）輸出依存度=該当業種の輸出額/該当業種の総販売額*100
出所）商工部・中小企業銀行『中小企業實態調査報告』。

密機器といった機械工業が重要な輸出産業になりつつあることが注目される。

このように70年代前半まで低下してきた中小企業の割合は，70年代の半ばから推進された重化学工業化による加工組立業の発展のなかで，企業数，従業員数，生産額，付加価値額の面で次第に上昇をしはじめた。これとともに中小企業の生産効率は上昇し，大企業との格差も縮小した。また輸出においては，中小企業は多いに貢献し，輸出構造の高度化が見られるようになった。ただ，70年代半ば以降の中小企業は，技術や財務などの面で構造的脆弱性を抱えており（鄭，2002，pp.108-110），単なる「量的」な成長に止まっていたことに注意を要する[注5]。しかし，こうした中小企業の成長には，中小企業金融において重要な地位を占め，中小企業政策を実践すべく融資を行った中小企業銀行の役割も大きかったであろう。このことは，中小企業銀行の個別業種への融資と，その業種の中小企業の地位に相関がみられることからも窺える。例えば，中小企業銀行の貸出割合を業種別にみると，70年から80年の間に，繊維・衣服・皮革は30.0%から27.5%に低下したが，金属製品・機械・輸送装備は23.3%から28.8%へ上昇している（中小企業銀行，1991，pp.928-931）。一方，同じ業種の中小企業の割合をみると，企業数ではそれぞれ25.1%から23.8%へ低下，16.2%から21.4%へ上昇，付加価値額では20.8%から21.8%へやや上昇，16.7%から20.5%へ上昇を見せている（經濟企劃院調査統計局，各年版）。加工組立業の中小企業の地位の向上と中小企業銀行の融資には相関があった。要するに，韓国の経済成長期において，中小企業銀行の創設といった中小企業（金融）政策が中小企業の成長に与えた影響は大きかったと言えよう。その意味で，韓国の経済発展に果たす政府の役割は非常に重要であった。

4．中小企業銀行の設立の理由

ここでは，建国後わずか15年余りの61年8月に創設され（同年5月朴正熙軍事政権誕生），韓国の中小企業の成長に重要な役割を果たした中小企業銀行が，どのような理由で設立されたのかといったことを明らかにしたい。

朝鮮戦争後の韓国では，帰属財産の払い下げと外国援助，そして財政・金融などの特恵的要素と結びついた，短期間で蓄積された大企業（財閥）が創出された。その大企業は消費財の最終加工産業を独占し，狭い国内市場をめぐって中小企業と激しい価格競争を展開した。これが中小企業の弱体化をもたらし，結果的に中

小企業と大企業の間に対立的関係を生んだ。こうして，56年の「中小企業育成対策要綱」や59年の「経済開発３カ年計画」で中小企業政策が発表された。このことから，李承晩政府が大企業と中小企業の対立的関係を認識していたことは明らかである。しかし，このような認識は，大企業中心の成長政策によって周辺に追いやられ，ほとんど実行されなかった。また韓国経済は50年代末期から60年代初頭にかけて激しい不況に見舞われた。農業の不振，工業の過剰生産，中小企業の衰退，失業者の増加など，あらゆる経済分野の諸矛盾が表面化した。このような経済危機にたいして，李政府や張勉政府はこれといった解決策を見出せなかった。韓国民衆の社会不満は絶頂に達し，経済的安定と公正の実現への要望が高まっていった。こうして61年５月に軍事クーデターが起こり朴正熙による軍事政権が誕生した。軍事政権の公約には「この国のあらゆる腐敗と旧悪を一掃する」という文言が盛り込まれていた。クーデター後間もなく取り組んだ「不正蓄財処理事業」は，この公約を実践するものであった。これには経済的民主化と政治的民主化の要求を同時に満たし，これによって軍事政権の正当性を国民にアピールするという含みがあった。また同年６月には不正蓄財処理を名目に「金融機関に対する臨時措置法」を制定し，財閥所有の銀行株をすべて没収したうえで市中銀行を国有化した。一方，中小企業政策については，朴政権は前政権（張政府）の公約をそのまま引き継いで，８月に「中小企業銀行法」を制定し，これにもとづいて中小企業金融機関である「中小企業銀行」を設立した。そして，62年１月には「第一次経済開発五カ年計画」が発表され，朴政権は徹底した統制・介入による経済開発を進めていった。

　このようにみてくると，中小企業銀行の設立の理由は，次のように説明することができよう。(1) 中小企業銀行は，60年代初頭において特権的諸要素と結びついた大企業が創出され，そうした大企業と中小企業の対立的関係を政府（朴政権）が認識するなかで，金融面での特恵と独占を排除し，金融システムの再編成を行い，経済的平等を実現することを目指して，政府により設立されたとみてよかろう。中小企業銀行の設立は，経済的民主化を実現して朴軍事政権を正当化するまたとない機会であり，政治的イデオロギーを色濃く反映したものであった。この点は，日本，イギリス，アメリカ，ドイツといった先進諸国における政府系中小企業金融機関の設立理由とは大きく違うところである[注6]。そして，70年代になると「滅共統一」や「自主国防」という政治的・軍事的イデオロギーが，中小企業銀行の融

資方針に大きく反映されることになる（後述）。(2) 経済的後進性という状況下で工業化のために資金を供給するためには，政府による強制的な金融組織の整備が必要であった。韓国では「官治金融」と呼ばれるほどに金融市場での政府の役割は決定的であり，例えば61年6月の市中銀行の国有化を皮切りに政府はさまざまな金融機関を次々に設立していった。中小企業銀行の設立は（61年8月）その最初のものであった。要するに，建国後わずか15年たらずで創設された韓国の中小企業銀行は，相対的に後進的な経済の特殊条件から生み出されたものであった。

5．おわりに

　61年8月に設立された中小企業銀行は，すでに述べたように政府の中小企業政策を実践すべく融資を行い，中小企業の成長に重要な役割を果たした。ただ，70年代においては，「滅共統一」というスローガンの下で兵器産業の国産化政策が強力に展開されたため，中小企業銀行は自主国防政策に適合するように融資体制を確立・強化していった。この点について考察していきたい。

　70年代初めの韓国経済に大きな影響を与えたのは，北朝鮮の武力挑発やアメリカのアジア政策の変化であった。68年1月に北朝鮮の武装ゲリラが朴大統領暗殺のために大統領府の襲撃を図ってソウルに侵入するという事件が起きた。11月には武装ゲリラが東海岸に潜入して1ヶ月以上も武力挑発をするという蔚珍・三陟事件が起きた（このとき，郷土予備軍は武器が不十分であったため戦闘に参加できなかった）。こうした北朝鮮の武力挑発に直面して，朴政権はアメリカに韓国の防衛の強化を期待したが，事態はこのような期待に逆行した。69年7月にニクソン大統領は「ニクソン・ドクトリン」を発表し，韓国にたいし在韓米軍の削減を打ち出す一方で，平時における国防「自助」を促した。これによって，朴政権が自主国防の必要性を強く認識したに違いない。当時すでに（62年12月以降），北朝鮮が「全人民の武装化」のスローガンの下，ソ連製AK小銃（58式）の国産化を進め，それを労農赤衛隊に充当していたことを考えると，朴政権がこれに対抗すべく「自主国防論」を唱え，M16自動小銃の国産化を急いだのは自然であった。しかも，韓国政府は，北朝鮮における重化学工業の発展ぶりに危機感を抱いていた。

　こうした情勢の変化を受けて，朴政権は「滅共統一」や「自主国防」といった政治的・軍事的イデオロギーを前面に掲げ，防衛産業を育成する動きを加速させた。

そして，防衛産業を育成するうえで重化学工業が必要であるということが認識されるようになり，これが重化学工業化政策を推進する重要な契機となった。70年代に入って始められた韓国の重化学工業化政策は，当初から極めて濃い軍事色を帯びていた。実際の兵器生産については，民間が製造した部品を集めて軍工廠が組み立てるという分業体制をとった。あくまでも民需産業を基盤とした兵器生産体制の確立が計画され，兵器生産と民需産業の並行育成が目指された。こうした民間企業は「防衛産業体」に指定された。72年10月の防衛産業育成会議で決定した防衛産業体は，開発生産業体19社，大砲試作業体9社，砲弾および信管試作業体19社，韓国型小銃試作業体11社の計58社に上った。このなかには財閥系企業や特殊技術を有する中小企業が含まれていた。防衛産業体に指定された企業は，主に政府が造成した工業団地に入居した。韓国の防衛産業の中核をなし総合兵器廠と呼ばれた昌原機械工業団地（74年）は，民間企業による分業生産と組立方式という兵器生産体制の原則を念頭に置き建設され，基本兵器を生産するのに関連のある素材，要素部品，産業機器，精密機器，電気機器，エンジン機器，輸送機器の工場など37の業種が選定され配置された。また，こうした機械工業を支援するために，団地内に試験研究所や技術者養成学校が設置された。こうして，機械工業と防衛産業との体系的育成と建設が可能になった。

韓国の防衛産業育成は71年末に着手された。その後，77年からは本格的な生産体制を確立した。一方，72年から中小企業の専門化・系列化政策が推進されたが，78年に「中小企業系列化促進法」（75年）の改訂によって垂直系列化が認められると，大企業と中小企業の緊密な系列関係が進展していった。80年における中小製造業の下請企業の割合は30％に達した。なかでも機械，電気機器といった組立工業では，その割合はそれぞれ50.0％，58.3％と過半を占め，また下請専属企業（販売額に占める受注販売額が80％以上）の割合は76.2％，80.7％であった（商工部・中小企業銀行，各年版）。防衛産業と密接な関連のある機械，電気機器の分野において，大企業の補完的機能を担い，技術力をもった下請系列企業群が形成されはじめたことがわかる。つまり，専門化・系列化政策は，自主国防の実現という目的をもつ重化学工業政策の下で，中小企業を兵器生産体制に編入させ育成するという形で進められたともいえよう。したがって，7年ほどで本格的な兵器生産が可能になったのである。

そして，中小企業銀行は自主国防政策に適合するように融資体制を確立・強化

していった。中小企業銀行は，70年に政府の中小企業優先育成基準と連携して輸出産業，系列化産業，機械工業に重点的に融資を行う体制を確立し，兵器生産が本格的にはじまった77年からは産業構造の高度化に中小企業がより効率的に適合するよう重化学工業，防衛産業，機械工業などに資金支援する融資制度を推進することになった。この結果，中小企業銀行の金属製品・機械・輸送用装備にたいする貸出額は，防衛産業の育成が着手された71年の142億ウォンから80年の2,511億ウォンへ実に17.7倍の増加を示し，繊維・衣服・皮革を抜き最大の貸出先となった（前表１）。このように70年代の中小企業銀行の貸出は，政府の重化学工業化政策ならびに兵器産業の国産化政策（自主国防）の要求を同時に満たすものであった。

〈注〉
1 韓国の中小企業の範囲は，66年12月6日から76年12月30日までは製造業・鉱業・運送業で200人未満または資本金5千万ウォン未満，商業・サービス業で20人未満または資本金1千万ウォン未満，76年12月31日から82年12月30日まではそれぞれ300人未満または5億ウォン未満，20人未満または5千万ウォン未満であり，当時としてはかなり大規模な企業まで中小企業とされていた。
2 因みに，日本の政府系中小企業金融機関（商工中金・中小企業金融公庫・国民金融公庫）の貸出が金融機関全体の中小企業向け貸出に占める割合は，70年9.3％，75年12.8％，79年12.0％であった（中小企業庁，各年版）。
3 融資方針・実績については，中小企業銀行（1971，81，91）を参考にした。
4 日本の政府系中小企業金融機関3行（同上）の61年から80年までの貸出額の年平均増加率は19.0％であった（中小企業庁，各年版）。
5 金（2000，pp.132-135）は，韓国の中小企業の構造的脆弱性を指摘した上で，70年代半ば以降の中小企業は，韓国産業が大量生産・輸出体制へ移行する過程で，素材・部品の輸入代替を図ろうとする諸政策の推進と共に大きく量的な成長を遂げたとし，この量的成長が大企業との不均衡問題を解消したわけではなかったとしている。したがって，70年代半ば以降の中小企業の成長は，その自立的な発展に繋がらなかったとみて良かろう。なお，台湾の場合，政府が経済政策を決定する際，市場機能が発揮できることを政策の基本とした。政府の役割よりも市場の役割が重視された。その結果，台湾の中小企業は自立的発展をし，韓国の中小企業とは異なった成果を生み出すことになった（朝元・劉，2001，第４章）。
6 一般的に言うと，両大戦間期から第二次大戦後に設立された先進諸国の政府系中小企業金融機関は，独占体制の再編・強化→中小企業金融問題の発生・深刻化→それが社会・政治問題化→軍事政策や地域政策などと結びついて設立，という経緯を辿る。詳しくは，三好（2008，終章）を参照。

〈参考文献〉
1　朝元照雄・劉文甫（2001年）『台湾の経済開発政策』勁草書房
2　中小企業庁編（各年版）『中小企業白書』
3　岸真清（1990年）『経済発展と金融政策』東洋経済新報社
4　北原淳編著『アジアの経済発展における中小企業の役割』日本図書センター
　　――鄭英一（2002年）「韓国中小企業の発展の方向と課題」
　　――涂照彦（2002年）「台湾における中小企業活力の秘密を探る」
5　金漢淵（2000年3月）「韓国における経済成長と産業構造の変化」『熊本学園大学経済論集』第6巻3・4号
6　三好元（2008年）『政府系中小企業金融機関の創成』北海道大学出版会
7　奥田英信・三重野文晴・生島靖久（2010年）『新版開発金融論』日本評論社
8　寺西重郎（1991年）『工業化と金融システム』東洋経済新報社
9　渡辺利夫（1982年）『現代韓国経済分析』勁草書房
10　厳昌玉（2006年）「韓国の中小企業政策の生成・変化・連続性」平川均・劉進慶・崔龍浩編著『東アジアの発展と中小企業』学術出版会
11　韓国銀行（各年版）『企業経営分析』
12　經濟企劃院調査統計局（各年版）『鑛工業統計調査報告書』
13　商工部・中小企業銀行（各年版）『中小企業實態調査報告』
14　中小企業銀行（1971，81，91年）『中小企業銀行10年史，二十年史，30年史』
15　中小企業振興公團（各年版）『中小企業經濟指標』

（査読受理）

産学連携から生まれる
自立型小規模企業経営を目指した取組

兵庫県立大学　小寺　倫明

1．はじめに

　小規模企業が自立的，持続的な企業経営を形成するために必要となるイノベーションの創出を社会科学系産学連携の活用を通じて可能とする取組みがある。
　小規模企業は，経営資源の脆弱性から生じる規模格差の現実により，景気変動やグローバル化の進展，円高，デフレなどの影響に対し，長期化を招きやすい。また，内需拡大に影響する少子高齢化による人口減少などへの対応。経営者の高齢化，社会的需要に対する顧客ニーズへの対応などが必要となる。
　したがって小規模企業は，継続した経営努力で存立基盤を強化していかない限り淘汰されていく存在として認識される。一方，小規模企業は，規模が小さいことにより環境変化に機敏な対応が可能である。小規模企業の潜在的な強みを掘り起こすために何をどのように実行すべきかが自立型企業経営の可能性を形成していくといえる。
　自立型とは，ひとつの小規模企業における収益確保，いわゆる経済面だけを捉えるのではない。多くの小規模企業が社会的役割の中で持続的に存立し，小規模企業全体の底上げを図るとともに社会的責任を果たし社会貢献することにより小規模企業であっても地域経済の一環を担うことにある。しかし，既存の小規模企業の実態は，資本力，投資力，従業者数のみならず大企業との規模格差から生ずる存立形態の脆弱性ゆえ，本質的には大企業の景況に左右される。さらに権力構造に組入れられた関係に終始し，経営の安定性に欠け，停滞的で遅れた存在として存立してきたといえる。小規模企業は，経営資源の脆弱性から賃金格差，労働

の付加価値生産性の格差は歴然であり，資本的脆弱，資金調達力の脆弱から「近代化・高度化」に乗り切れず，依然，格差構造から脱却できずに存立している。されど小規模企業は，自立型小規模企業経営を可能として企業価値を高め事業を永続的に発展させていかなければならない。多くの地域経済を下支えする小規模企業の役割は，地域活性化，地域住民の生活環境維持にとって，なくてはならない存立形態である。

中小企業白書（2009）の付属統計資料に掲載されている総務省（2006）が実施した「事業所・企業統計調査」再編加工（企業ベース）によれば，中小企業の大半は，全企業数（大企業含む）のうち小規模企業が87％を占め，日本経済を牽引する役割としてその影響力が大きい。自立型小規模企業経営を目指した取組みにおいて，産学連携はどのような役割を果たすことができるのであろうか。

小規模企業は，経営者の属性により企業活動が大きく左右されるが，脆弱な経営資源を補うために疎外されている中小企業政策，社会貢献活動，産学連携からの脱却をめざし，さらにセーフティネット，融資・信用保証などの金融支援策を有効に活用し，経営改善の取組み，経営者の改善意欲のモチベーションを高めていく必要がある。ところが，小規模企業者の認識は，自分たちとはまったく関係のないところで中小企業政策があり，産学連携が行われ，企業の社会貢献活動があったのではないか。この認識から脱却することが小規模企業の自立型企業経営を可能とし，その意識改革やイノベーションを創出する学びの場，交流の場の仕組みをつくることが社会科学系産学連携に求められるのである。

2．小規模企業が持つ3つの疎外

(1) 中小企業政策からの疎外

1999年12月「中小企業基本法」の抜本的改定により現代中小企業は，「多様で活力ある」主体として位置づけられる。「近代化・不利是正」から「創業化・経営革新，競争条件の整備」を柱とした中小企業創業・起業化政策への転換が図られ，小規模企業の位置付けは，新基本法では総則の第8条小規模企業への配慮にとどめられた。さらに2005年4月中小企業新事業活動促進法では，政策の柱に「創業及び新規中小企業の事業活動の促進」，「中小企業の経営革新及び異分野連携新事業分野開拓（新連携）の促進」，「中小企業の新たな事業活動の促進のための

基盤整備」(経営基盤強化の支援,新技術を利用した事業活動の支援 (SBIR),地域産業資源を活用して行う事業環境の整備),発展性の高い中小企業,すなわち「技術・開発力」,「価格競争力」などを持つ企業が中小企業政策の基本対象として位置づけられている。したがって,今なお大企業や発展性の高い中小企業との格差から生じる問題を享受している小規模企業は,すでに中小企業政策の範疇からかけ離れている。佐竹隆幸は,「中小企業は,その経営体質を改革しない限り企業間競争の激化により倒産・廃業を招き,淘汰される。また,中小企業では大企業と比較して経営資源の制約があり,存立維持していくには経営革新(第二創業)への取組み,ベンチャー・イノベーションの創出による存立基盤強化が必要である。」と述べている。(佐竹隆幸,2008,p.242)。したがって,小規模企業が中小企業政策を有効に活用するには,たとえば担保主義・保証制度に替わる信用力を担保とした経営革新計画の認定を受けるための経営理念・経営戦略・経営計画の成文化を行い新たなビジネスプランを創出するなどの方策が必要となる。さらに社会科学系産学連携を活用することで技術開発力や価格競争力を補う経営資源の有効な活用を模索し,存立基盤を強化する取組みを支援することが求められる。

(2) 社会貢献活動からの疎外

1980年代から大企業を中心にCSR活動,社会貢献活動の取組みがなされてきた。CSRは,本来,地域に根ざして事業を行っている中小企業,特に地域との結びつきが強い小規模企業こそが地域に活力を与え,持続可能な地域社会づくりに貢献することが求められる。企業の社会的責任は,コンプライアンス(企業の法令遵守)のみの評価ではなく,「企業経営による利益確保のための本業基盤の強化としての経済的側面。企業活動におけるCO_2削減,エネルギー転換など環境負荷を低減する環境保全,エコ活動などの環境的側面。地域社会における活動(清掃活動・イベント活動などの実施・参画)や社会教育支援(インターンシップ・社会見学),そしてCS(顧客満足)・ES(従業員満足)活動への取組みも含めた社会的側面の3つの側面に対し,自社の様々なステークホルダーを再認識して総合的に取組むことが中小企業のCSRであり社会貢献活動として定義づけられる」[注1]このように小規模企業も良い会社として存立するためには,社会貢献に取組むべきことは重要である。その活動実態について小規模企業にヒアリングした結果を

報告する[注2]。A社は，神戸市に立地し，従業員5名，業種は機械金属加工業である。「社会貢献活動に取組んでいますか」という問いに，回答は「取組んでいない」。また「何故ですか」という問いには，「今まで検討してこなかった」，「何をしたらよいかわからない」，「人的な余裕もない」との回答であった。次にB社は，三田市に立地し，従業員7名，業種は産業給食である。A社と同じ問いに，回答は「取組んでいない」。また，「取組んでもメリットを感じないと思っている」，「資金的，人的にも余裕がなく，日々本業への対応でいっぱいである」，「企業規模も小さいのであまり関係ないように思う」との回答であった。

　小規模企業の社会貢献活動への傾向を表す2社の回答を分析すると3つのことがいえる。第一に社会貢献活動に取組む価値の認識がない。第二に経営資源が乏しいと社会貢献活動ができないと考えている。第三に本来，地域に密着して存立していた小規模企業の役割が形骸化している。たとえば，B社なら食べ物を扱うことから食の安全や品質管理の観点からコンプライアンスへの取組み，生ごみを活用した堆肥化による環境への取組み，三田市という立地の強みを生かした食材の調達，すなわち地産地消への取組みが考えられる。産業給食という業種からは，地域内の企業，地域団体，住民が顧客となることから積極的に地域との関わりを持つことは地域情報の収集が容易となる。地域との信頼関係の構築は必要不可欠であるといえる。特に地域の内需に依存する小規模企業が社会貢献活動への認識を深め，社会貢献活動から自社の信頼度が高まるという意識の醸成を社会科学系産学連携の場で学び，活用する方策を見出すべきである。今回のヒアリング結果を踏まえると，現状の小規模企業者の意識は，社会貢献活動の意義が理解されておらず，社会貢献活動の範疇からかけ離れている。そもそも小規模企業に社会貢献が必要なのかという議論もある。しかしながら，地域密着型の小規模企業にとって地域に役立つ企業づくり，いわゆる，人（地元で雇用・消費），モノ（地元で原材料仕入・地元での購入），カネ（金融機関が地元の企業預金を地元の企業へ貸出）の「地産地消」つまり「地域内再投資」を行うことで，地域住民ひとりひとりが豊かな暮らしを実現するのである。その地域における信頼関係づくりを形成する取組みとして社会貢献活動は有効であり，地域に密着する小規模企業にとって必須である。そのためには，社会科学系産学連携を活用し，信頼関係を構築する地域連携・企業間連携（異業種交流など）を行う場づくりが必要となる。

(3) 産学連携からの疎外

「知識集約型経済への移行」,「新企業・新産業創出による景気低迷からの打破・雇用創出」,「技術移転を軸とする大学の社会貢献」といった背景から持続的な経済成長,地域経済の活性化のためにイノベーションを創出する機会づくりとして産学連携が重要な要素として位置づけられてきた。政策面においては,1995年,科学技術基本法の制定を機に「科学技術基本計画」(1996年),「大学等技術移転促進法」(1998年)など一連の産学連携推進施策が取られてきた。従来の産学連携は,自然科学系分野の取組みが中心である。大学と大企業との連携による共同研究,受託研究として特許や知的財産管理などの技術・製品開発への取組みがある。その成果は主に大企業に帰属し,中小企業の産学連携は伸び悩みの傾向を示している。文部科学省(2010)が実施[注3]した「大学等における産学連携等実施状況」によると,民間企業・中小企業との共同研究および受託研究の件数の推移から2005年は,共同研究が民間企業11,054件で内,中小企業3,570件。受託研究は,民間企業6,292件で内,中小企業1,647件であり,それぞれ横ばいで推移。2009年は,共同研究が民間企業14,779件で内,中小企業4,268件。受託研究は,民間企業6,185件で内,中小企業1,990件である。中小企業の自然科学系分野における産学連携は,大企業の3分の1程度に過ぎない。

また,中小企業の産学連携(自然科学系分野)取組みの問題点について三菱総合研究所(2007)が実施[注4]した中小企業側へのアンケート結果では,連携実績のある中小企業の回答で「自社の技術力不足」(26.2％),「機関側のニーズが不明確」(26.2％),「投下資金が足りない」(25.9％)。連携実績なしの中小企業の回答で「自社の人手が足りない」(21.9％),「連携すべき機関の情報が入手できない」(19.1％)がそれぞれ主たる問題点であった。中小企業側の技術力不足・人材不足・投下資金の不足・情報の不足など経営資源が根本的に不足しており,産学連携(自然科学系分野)の難しさが顕著にあらわれている。それゆえ,既存の小規模企業者の意識や構造的な問題を考えると,すでに自然科学系産学連携の範疇からかけ離れている。したがって,小規模企業が対象となりうる産学連携は,「技術開発力」や「資金力」を必要とする自然科学系産学連携を柱に据えるのではなく,「経営資源の有効活用」,「企業間連携・ネットワーク」,「第二創業の創出」といった戦略的な取組みを可能にする社会科学系産学連携を推進していくことが有効と考える。

3．先行研究からの一考察（中小企業の競争力構造と中小企業類型）

次に前述の3つの疎外から脱却するために自立型小規模企業経営を確立するうえで必要となる方向性を抽出することを試みる。

寺岡寛の「競争力からみた中小企業類型」では，価格競争力，非価格競争力を軸に中小企業政策の役割と各中小企業類型が中小企業政策の目標とする企業として存立するかの可能性を探っている。一方，価格競争力，非価格競争力ともに脆弱な小規模企業にとって，もはや寺岡寛の構図から小規模企業は，疎外された環境下にあるといえる。「競争力からみた中小企業類型」をみていく。中小企業の4つの存立類型を構図化させたものが図1，類型との関係を示したものが表1である。4つの類型された企業がそれぞれの競争力を所有している優位性によって独立型（コア型），下請型，下請，産地型（衰退業種），ベンチャー型に類型され，各企業類型が競争力構造として所有する競争力の保有形態を表1で示している。「中小企業政策の目標をA類型である独立型（コア型）に導くための支援策として，「経営革新」，「創造的な事業活動の推進」，「経営基盤強化」，「交流連携」，「集積の活性化」などの政策活用により現実的に移行できる可能性を持つのは，B類型，D類型の中小企業が現実的であることが理解できる。この類型からC類型は，衰退型産業，停滞型産業として位置づけられている」（寺岡寛，2010，pp.25-27）。

図1　競争力からみた中小企業類型

```
                価格競争力（＋）
    EMS化                        独立（コア型）
            ┌─────┐    ┌─────┐
            │ B類型 │    │ A類型 │
            └─────┘    └─────┘
非価格競争力（－）                非価格競争力（＋）
            ┌─────┐    ┌─────┐
            │ C類型 │    │ D類型 │
            └─────┘    └─────┘
    事業転換？                ファブレス化・海外生産化
                価格競争力（－）
```

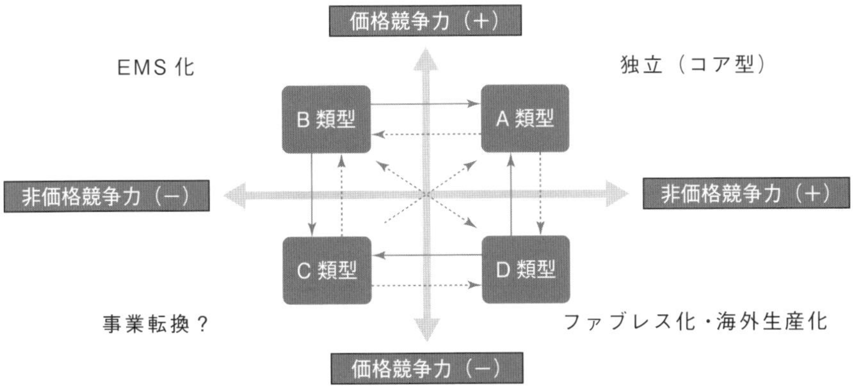

出典：寺岡　寛（2010）「「中小企業政策の日本的構図をめぐって」再考論」日本中小企業学会編『中小企業政策の再検討』同友館　p.26

表1　競争力構造と中小企業類型

類型	中小企業類型	競争力構造
A	独立型（コア型）	価格競争力（＋）・非価格競争力（＋）
B	下請型	価格競争力（＋）・非価格競争力（－）
C	下請型，産地型（衰退業種）	価格競争力（－）・非価格競争力（－）
D	ベンチャー型	価格競争力（－）・非価格競争力（＋）

A：競争力がきわめて高い独立専門型中小企業
B：価格競争力こそ強いものの，研究開発力など非価格競争力を受注企業の仕様や指示などに大きく依存する下請型（EMS型含む）
C：競争力の低下が著しい下請型のほかに，衰退傾向の強い産地型
D：技術開発力に優れ，そのノウハウを核に生産を外注するようなファブレス型中小企業あるいは，海外委託生産の割合が高い中小企業（大学発ベンチャーを含むベンチャー型も含む）

出典：寺岡　寛（2010）「「中小企業政策の日本的構図をめぐって」再考論」日本中小企業学会編『中小企業政策の再検討』同友館　p.26

　ここで，小規模企業の実態調査にある3社のコメント[注5）]から小規模企業の競争力不足の現実として，経営管理力・資金調達力・技術開発力などの脆弱性がみてとれる。A社（精密機械組立・仕上・請負）のコメントは，「設備投資の予算化ができない」，「国内需要に限界がある」，「コスト面では競合企業（海外）との価格競争に完全に負けている」。次にB社（土木）は，「借入金が増加，材料費の値上要請，工事単価の低下，景気低迷による受注の減少が続いており，四重苦の状況で身動きが取れない」。最後にC社（菓子製造・販売）では，「材料原価が高騰しても価格に転嫁できない」，「注文も減少し人件費の負担ばかり増える」。このように価格競争力，非価格競争力ともに脆弱な小規模企業の現状がわかる。
　仮に小規模企業の現状を当てはめ，C型類型に属すると仮定した場合，現状の中小企業政策の対象から外れていく。そこで，小規模企業を独自に類型化し，小規模企業の支援の在り方を価格競争力，非価格競争力の軸ではなく，経営資源を指標の軸に設定した。さらに産学連携の役割や有効性を探り，自立型小規模企業経営を可能性とする小規模企業についてみていく。小規模企業の経営資源保有力と経営資源活用力からみた小規模企業類型である。たとえば，経営資源保有力では，人材面で経営者が若手，あるいは後継者を有している。企業規模に見合った従業員数が確保されている。資金面で設備投資，人材教育への投資資金が確保さ

れている。機器・設備等について適切な保有数が維持されている。といった量的な視点からみる。

次に経営資源活用力では，小規模企業者の自助努力，成長意欲への意識力の有無である。さらに財務諸表の管理（日々の売上管理から借入金，資金繰が計画的でキャッシュフローができている）。経営革新計画や第二創業への取組みを行っている。外部とのネットワーク構築に積極的で団体組織への加入，社会科学系産学連携や社会貢献活動への取組みを通じ自社の信用力創造に向け取組んでいる。といった質的な視点からみる。これを構図化させたものが図2である。類型との関係を示したものが表2である。経営資源保有型および経営資源活用型の小規模企業は潜在的に自立適応型に移行できる可能性が高いといえる。

経営資源保有型は，単に経営資源（ヒト・モノ・カネ）の保有規模が量的に大きいという意味ではなく，自立型小規模企業への移行に向けたイノベーションを創出する素地を保有しているかという点にある。たとえば経営指針の実践に対応していくための経営資源を保有しているかという視点である。経営資源活用型は，自立型小規模企業への移行に向けた現経営者の成長意欲が高く，経営品質の向上にも積極的であるものの変化に対応していくための経営資源に乏しく，後継者，従業員などの育成に課題を残す小規模企業類型として位置づけた。

自立適応不足型については，淘汰される存在候補，いわゆる家計収支的であり成長意欲がなく現状から変わることを嫌がり，結果として景況や外部環境に左右される存在である。比較的このような小規模企業では，小規模企業支援策であるセーフティネットを活用している。生活資金を含めた資金繰で，企業の延命措置的な活用となっており，企業活動における事業への投資的運用には至っていないケースが多いといえる。中小企業白書（2010年版）第2章「経済危機下の中小企業」によると緊急保証制度の利用の最大のメリットについての調査結果から8割を超える中小企業が「当面の運転資金を確保できた」と回答しており，「結果的に必要な設備の購入ができた」は僅か2.2％にすぎないのが現状である。

経営資源保有型，経営資源活用型の小規模企業が自立適応型小規模企業へ移行するためには，具体的な支援の在り方が問われる。各類型で所有する自社の経営資源を洗い出しするところからはじめる必要がある。小規模企業では，経営者の属性により企業活動が大きく左右されることから，まず，経営者の意識改革をはじめ，3つの疎外から脱却するための人的資源支援や経営革新の創出を支援する

図2　自立型企業経営の経営資源保有力・経営資源活用力からみた小規模企業類型

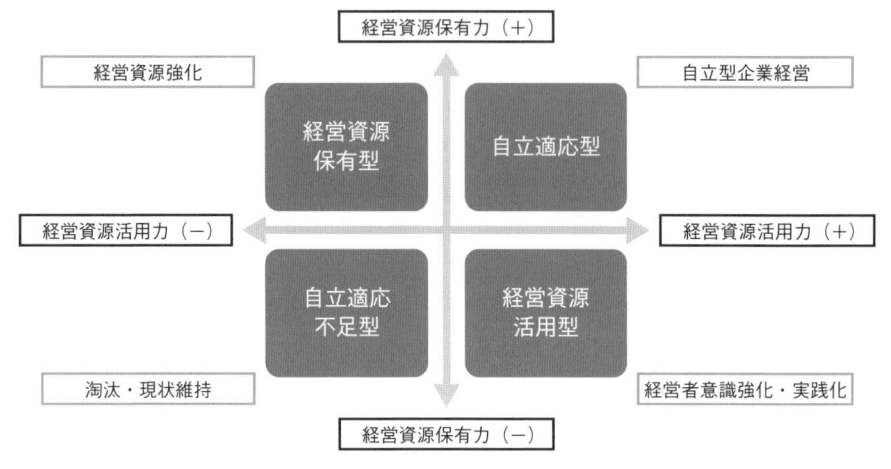

```
                    経営資源保有力（＋）
                          ↑
  経営資源強化                          自立型企業経営

          ┌─────────┬─────────┐
          │ 経営資源 │         │
          │ 保有型   │ 自立適応型│
          │         │         │
          ├─────────┼─────────┤
経営資源活用力（－）←─────────┼─────────→経営資源活用力（＋）
          │         │         │
          │ 自立適応 │ 経営資源 │
          │ 不足型   │ 活用型   │
          └─────────┴─────────┘

  淘汰・現状維持                        経営者意識強化・実践化
                          ↓
                    経営資源保有力（－）
```

出所：筆者作成

表2　自立型企業経営の経営資源保有力・経営資源活用力構造と小規模企業類型

小規模企業類型	経営資源保有力・経営資源活用力構造
自立適応型	経営資源保有力（＋）・経営資源活用力（＋）
経営資源保有型	経営資源保有力（＋）・経営資源活用力（－）
経営資源活用型	経営資源保有力（－）・経営資源活用力（＋）
自立適応不足型	経営資源保有力（－）・経営資源活用力（－）
自立適応型	経営資源保有力・経営資源活用力を併せ持つ，自立型小規模企業
経営資源保有型	経営資源としてのポテンシャルを保有するものの，経営資源を活用できていない小規模企業
経営資源活用型	経営資源としてのポテンシャルが乏しいものの，経営資源を活用した成長意欲意識が高い小規模企業
自立適応不足型	経営資源および経営資源活用意欲ともに乏しい小規模企業

出所：筆者作成

取組みが重要と考えられる。いうなれば資金的支援の枠組みとなる中小企業政策からのアプローチではなく，社会科学系産学連携による人的資源支援や経営革新の創出を軸とした支援が小規模企業にとって必要である。その必要性を裏付ける小規模企業の実態を次に明らかにしていく。

4．小規模企業における実態と特徴 注6)

(1) 小規模企業の業況

　兵庫県商工団体連合会（以下，「兵商連」）会員企業を対象に筆者が実施した小規模企業者実態調査（以下，「アンケート調査」）から小規模企業経営の現状や課題をみていく。また兵庫県中小企業家同友会（以下，「兵庫同友会」）が実施した景況調査との比較分析から小規模企業経営との企業規模格差の特質をあげる。

　各団体のアンケート調査対象となる平均従業員数・パート数の規模をみると，兵商連は，総平均従業員数1.6人，総平均パート数1.4人と極めて小規模零細を対象としたデータ分析。一方，兵庫同友会は，総平均従業員数19.7人，総平均パート数10.1人と兵商連と比較して規模（量的）に格差がみてとれる。次に各期における売上高ＤＩをみると，売上高の2009年上期では，兵商連▲54，兵庫同友会▲32。2009年下期では，兵商連▲60，兵庫同友会▲24。2010年上期では，兵商連▲61，兵庫同友会▲5。2010年下期では，兵商連▲52，兵庫同友会14，であった。同じ中小企業でも兵商連は，さらに業況が低水準にある。各期における景況感は，大企業製造業を中心に業況回復傾向にあり，兵庫同友会は，その動きに連動していた。しかし，比較的内需に依存する兵商連のＤＩ推移をみると景気波及効果には時間を要する状況にある。さらに兵商連の売上高の増減とＤＩをみると，売上高ＤＩは，2010年上期▲61を底に回復傾向にあるが，その傾向を示している現状は，売上高の「増加」割合が増えたのではなく，「横ばい」の割合が増加したものによる改善傾向にしか過ぎない。

(2) 設備投資の状況

　設備投資の状況をみると，中小企業全般に先行き不透明な景況不安と需要見込みに対する期待感が薄いため設備投資意欲は低調にある。兵庫同友会は，回答企

業全体の3割程度が設備投資を実施しているが，兵商連は，わずか回答企業全体の1割程度に過ぎない。

(3) 資金繰・借入金の状況

　資金繰と借入金の状況をみると，兵庫同友会は，借入金が減少傾向かつ，資金繰は若干窮屈感が残るものの着実に改善傾向にある。一方，兵商連は，借入金が若干減少傾向かつ，資金繰は窮屈感が依然継続しており厳しい経営環境にある。さらに兵商連の特徴として，無借金の割合が最も多く，借入金自体の増減にはあまり変化がみられない。一見，借入による資金調達の急務性が必要ないように思われるが，資金繰が窮屈であるがゆえに借入できる状態にもはやないといえる。これは，(社)全国信用保証協会連合会の債務償還年数のデータ[注7]から規模の小さい企業ほど債務償還年数が長期化している状況からも推察される。

(4) 現在の経営上の問題点と対応策の相違

　現在の経営上の問題点（2010年下期）についての比較分析は，中小企業の共通する経営上の問題点として，「民間需要の停滞」，「取引先の減少」，「取引先からの値下要請」の上位3つがあげられる。また兵商連の特徴としては，「仕入単価の上昇」，「より大きな企業進出による競争激化」であり小規模企業の企業活動におけるポジションを反映している。これらの経営上の問題点に対応するため，共通している対応策は，「新規受注の確保」，「付加価値の増大」である。しかし2つの団体で特徴的にあらわれた取組みの違いがみてとれる。兵商連は，「人件費以外の経費節減」，「人件費節約」といった経営資源である「カネ」に対する対応策に重点がある。一方，兵庫同友会は，「従業員教育」，「人材確保」といった経営資源である「ヒト」に対する対応策に重点が置かれていることである。兵庫同友会は，中長期的な視野に立って経営しており，従業員を大切にしているのである。経営品質やサービスの維持・向上，新商品開発，新技術の開発などには従業員のレベルアップ，モチベーションの高い従業員が不可欠となる。さらに兵商連の傾向としては，計画的な対応策にいたる余裕がないと思われる。売上が減少し，直近の資金繰が厳しくコスト削減に終始する状況がうかがえる。このように小規模企業では，量的規模の格差，資金力の脆弱性から経営上の問題は「カネ」に対する対応策が主となり，質的な経営改善に手がまわっていないのが現状である。

5．自立型小規模企業経営の課題

　小規模企業は，「中小企業政策」，「社会貢献活動」，「産学連携」から疎外されている点を述べてきた。この３つの疎外から脱却するための有効な方策については，
- ① 担保主義・保証制度からの脱却を目指した信用力の担保が必要。経営理念・経営戦略・経営計画の成文化を行い経営革新への取組みを進めて行く。
- ② 社会科学系産学連携を活用し，ビジネスプラン・ビジネスモデルの差別化を図る。
- ③ 地域に役立つ企業づくり（信頼関係づくり・地域内再投資）を目指した社会貢献活動への取組みを考えて行く。

　以上のことから自立型小規模企業経営の課題を３つにまとめると「信用力強化」，「企業家育成」，「地域連携・企業間連携の形成」が課題といえる。自立型小規模企業経営を可能とするには，小規模事業者の自助努力・成長意欲を持つことと意識改革や経営革新（第二創業）を醸成する場，いわゆる社会科学系産学連携の場[注8]を有効に活用することにある。

6．おわりに

　小規模企業にとって高付加価値化戦略を生みだし，自立型小規模企業経営を可能にするためには，３つの疎外から脱却する必要がある。まず，小規模企業経営者の意識のイノベーションが必要であり，自立型小規模企業経営にとって「中小企業政策」「産学連携」「社会貢献活動」の必要性を認識する学びの場と交流の場が必要となる。そのためには，小規模企業が行政機関，経済団体，大学との社会科学系産学連携の場で自社の経営資源を有効に活用し，存立基盤を強化する取組みを実践しなければならない。小規模企業の自立型企業経営を実現するには，根底にある外部環境の要因と企業の内部環境の要因を分析し，適切な問題解決を図らなければならない。それゆえ，現実に経営資源が乏しい小規模企業経営者がひとりで悩まずに様々なコンフリクトを解消するには，ファシリテーター的存在が必要であり，その根本原因と対処の方向性を示唆する役割が必要である。小規模

企業者を会員に持つ各団体組織が産学連携・企業間連携・経営革新・信用力強化への取組みをキーワードに学習の場・企業間連携の場づくりを提供することが重要である。加えて，金融機関，行政機関を含めた組織間連携による中小企業政策活用の情報共有を行い，知識や理論，調査・研究機能を持つ大学がそれぞれの場をつなぐプラットフォームの役割を果たすことで一連の産学連携システムが可能となる。しかし，社会科学系産学連携における成果は，既存の研究でまだ具体的に示されていないのが現状である。システムを機能させるには，単に社会科学系産学連携を実施するだけで，自立型小規模企業経営が形成されるのではない。前提として小規模企業者の自助努力・成長意欲の意識を持ち，社会科学系産学連携を活用したソーシャルキャピタルを形成していくことが，まず求められる。小規模企業経営者がひとりで悩まずに信頼関係のもとに，企業経営上の問題解決を図るための示唆を「社会科学系産学連携の仕組み」[注9]を通じ，克服することで自立型小規模企業経営がいっそう進められる可能性がある。小規模企業は，新たな産業の勃興には不可欠であり，地方経済の疲弊，日本経済全体の閉塞感から国際競争力の優位性を維持する役割を担う。国内企業全体の8割以上を占める小規模企業が活性化し，内需の拡大や国際競争力に必要となる高質化ニーズを捉えることが必要である。その存立を後押しする方策として社会科学系産学連携が重要な役割を果たすものと考える。

〈注〉
1　CSRは，企業の法令遵守のみで評価するのではなく，「経済」「環境」「社会」のトリプルボトムラインで評価する考え方として，1997年にジョン・エルキントンが提案した評価指標であり，本来のあるべきCSRの意義と考える。
2　ヒアリングは，2011年2月に兵庫県商工団体連合会会員企業2社に実施した。
3　文部科学省（2010）実施「大学等における産学連携等実施状況」（機関別実績追加版）HPより。http://www.mext.go.jp/
4　株式会社三菱総合研究所「地域中小企業とのネットワーク形成に向けた取組に関するアンケート調査」（2007年12月）参照。
5　筆者が担当した，兵庫県商工団体連合会（兵庫県中小商工業研究所）（2010）「研究所報」No.1，（2010）「研究所報」No.2，（2011）「研究所報」No.3，（2011）「研究所報」速報版のデータを基に小規模企業の回答傾向を代表する3社の事例をもとにしている。
6　筆者が担当した，兵庫県商工団体連合会（兵庫県中小商工業研究所）（2010）「研究所報」No.1，（2010）「研究所報」No.2，（2011）「研究所報」No.3，（2011）「研究所報」

速報版並びに兵庫県中小企業家同友会（2009）「ＮＴレポート」26号，（2010）「ＮＴレポート」27号，（2010）「ＮＴレポート」28号，（2010）「ＮＴレポート」29号による比較分析から小規模企業に特化した実態調査をもとにしている。
7　2008年10月31日から2010年1月31日の保証利用企業（組合を除く法人）で，保証承諾時の財務データが登録されている企業が対象で，従業員規模別，5人以下が38.4年，6～20人，23.2年，21～50人，18.2年，51～100人，16.3年，101～300人，15.7人，301人以上，13.8年の償還年数となっている。
8　社会科学系産学連携の実績事例として，兵庫県立大学経営学部および大学院経営研究科などと連携している神戸信用金庫の産学連携研究会や（財）尼崎地域・産業活性化機構の尼崎経営塾，神戸商工会議所の企業家の集いなどでは，地域企業（小規模企業含む）の代表者，管理職を対象とした大学教員・実務家教員などによる各種セミナー，研修講座，シンポジウム，さらに企業間・連携組織間の交流事業がすでに継続して展開されており，企業や地域の持続的発展を目指した取組がなされている。
9　産学連携の仕組づくりの事例として，兵庫県商工会連合会，兵庫県中小企業家同友会，神戸信用金庫，尼崎市，（財）尼崎地域・産業活性化機構，兵庫県信用保証協会，（公財）ひょうご産業活性化センター，加東市，兵庫県立大学大学院経営研究科産学人材育成センターによる「産学公人材イノベーション推進協議会」を2010年5月発足，兵庫県内の産業振興，地域振興事業の企画・運営と組織間交流事業，人材育成事業，インターンシップ事業などを実施している。

〈参考文献〉
1　中小企業庁編（2009年）『中小企業白書』財団法人経済産業調査会
2　中小企業庁編（2010年）『中小企業白書』日経印刷株式会社
3　福島久一（2006年）『現代中小企業の存立構造と動態』新評論
4　兵庫県中小企業家同友会（2010年）『兵庫県中小企業家同友会の考えるCSR』
5　三井逸友（2011年）『中小企業政策と「中小企業憲章」－日欧比較の21世紀』花伝社
6　百瀬恵夫（2008年）『中小企業と地域産業の人材育成』同友館
7　日本経営診断学会関西部会編（2004年）『中小企業経営の諸問題』八千代出版
8　Robinson, E.A.G. (1931) The Structure of Competitive Industry, Nisbet and Cambridge University Press.（黒松巌訳『産業構造の基礎理論』有斐閣，1958年）
9　Rothwell, R. and Zegveld W. (1982) Innovation and the Small and

Medium Sized Firm, Pinter.（間苧谷努・岩田勲・庄谷邦幸・太田進一訳『技術革新と中小企業』有斐閣，1987年）
10　佐竹隆幸（2004年）「中小企業の問題と政策」『中小企業経営の諸問題（日本経営診断学会関西部会編）』八千代出版，pp.19～46
11　佐竹隆幸（2006年）『中小企業のベンチャー・イノベーション』ミネルヴァ書房
12　佐竹隆幸（2008年）『中小企業存立論』ミネルヴァ書房
13　関智宏（2011年）『現代中小企業の発展プロセス』ミネルヴァ書房
14　武田修三郎，日本産学フォーラム編著（2007年）『産学連携から人づくりへ』
15　寺岡寛（2003年）『中小企業政策論－政策・対象・制度－』信山社
16　寺岡寛（2010年）「「中小企業政策の日本的構図をめぐって」再考論」日本中小企業学会編『中小企業政策の再検討』同友館，pp.17～31

（査読受理）

中小企業の医療機器分野参入における医工連携に関する研究
―滋賀県での中小企業と医療専門家との認知ギャップ調査―

立命館大学大学院　西平　守秀

1．問題意識

　医療機器は国民の健康の維持増進に大きく貢献するが，日本国内ではその多くを海外の製品に依存しており，国内企業による市場活性化が急務な状況となっている（厚生労働省，2008）[注1]。その活性化において，製造業の中小企業（以下，単に「中小企業」ともいう）が医療機器産業に新規参入することが重要視されている（医工連携推進機構，2010；医療機器イノベーション推進室，2011）。
　ここで，医療機器の研究開発では，医薬品と比較してその基礎的な科学や技術の探求への依存の程度は小さく，逆に医学以外の分野で開発され普及している技術を基に研究開発されるのが一般的である。即ち，医療機器の研究開発は，通常，既に確立された技術を医療現場に適合することにより行われることが多い。このため，医療機器の研究開発では，医薬品に比べより多くの医療専門家が研究開発に携わること，つまり，医工連携が非常に重要となる[注2]。医療機器の研究開発を効率よく推進するためには，新規に技術開発するよりも医療現場の声を丁寧に紡ぎだすことが重要なのである。
　しかしながら，中小企業が国内の医療機器産業に参入する際の問題点として，薬事法，PL法等については活発な議論・提案がなされているものの，その一方で，研究開発段階での医療機器の医工連携については，実証研究も含め十分な議論がなされていない。
　更に，医工連携を促進するためのクラスターが国内各地で形成され，中小企業も含めこの十数年様々な取組みがなされている。しかしながら，他の技術分野に比べ

医療機器では主な成果が挙がっていない状況であり，また，日本国内において医療機器に関する医工連携が効率よく進んでいない実態があると言われている[注3]。

2．本研究の動機

では，中小企業が医工連携の枠組みで医療機器の研究開発を進める際，どのような問題が具体的にあるのだろうか。

ここで，医療機器の医工連携に関する国内の研究については，医療機器の研究開発の問題点を医工連携の視点も含め報告しているものはある（笠井，2003；笠井，2009）。しかしながら，これら報告は総論での指摘であり，医療機器の医工連携に関する問題点について直接的に応えるものではない。そこで，その問題点の検討にあたり参考になりそうなのが，技術移転に関する研究群である。

技術移転に関する研究群では，その初期の段階から研究開発のパフォーマンスと外部組織に対するコミュニケーション構造とは密接に関係することが示されている。例えば，Cohen and Levinthal (1989) は「吸収能力」という概念を提示し，外部の知識を認識してその知識を消化する能力の重要性を説いている。また，バイオテクノロジーの分野においても，Pisano (2006) は，バイオテクノロジーは知識体系が複雑且つ未熟であることから，様々な連携の下，異なる専門分野間のすり合わせをしながら問題解決を図ることが必要であると指摘している。また，Almeida (1996) は，問題解決にあたり直接担当者同士が合ってコミュニケーションをとることが有効であると述べている。そして，Audretsch and Feldman (1996) は，大学等の知識を基に産業化するとき，初期の段階では直接的なコミュニケーションを介して受け渡される暗黙知が重要な役割を果たすため，地域的にクラスター化が進む傾向にあることを指摘している。更に，Jeroen and Mark (2010) はオランダの小規模な企業を事例にして，「吸収能力」と連携先との地理的距離とが関係することを示している。更に，児玉，鈴木 (2006) は，産学連携に関する研究で，連携問題の本質は認知上のギャップの処理にあることを指摘している。

これら研究群から示唆されることは，認知上のギャップ等の存在を前提として，連携の中で研究開発を効率よく推進するためには，直接的なコミュニケーション，クラスター化等を図ってその認知上のギャップを埋めることが重要であるということである。しかしながら，これら研究群においても，認知上のギャップ等の内

容について実証的且つ具体的に研究するものは少なく，また，海外の事例も含め医療機器の医工連携に特化してそのギャップの内容を実証的に明らかにしようとするものは（報告者が知る限り）見当たらない。

また，医療機器の医工連携については，技術移転というよりも，企業が医療現場のニーズを紡ぎ，それを自社の技術に結合させることが議論の中心であると考える。このため，研究開発の段階において医療専門家とのコミュニケーションの重要性は非常に高く，両者間の認知上のギャップがあれば，それがそのまま研究開発パフォーマンスに影響してしまうものと考えられる。更に，前述したように，医工連携に関するクラスターが各地で形成されるも，医療機器の製品化に繋がった事例，特に中小企業の事例についてはあまり報告されていない。

そこで，本研究では，「クラスターが形成されるも，なぜ国内の中小企業で医療機器の研究開発における医工連携が十分に進展していないのか」というリサーチ・クエッションを設定し，特定の地域での医療機器研究開発に関する医工連携の取組みに焦点をあて，ミクロレベルでの認知上のギャップ調査を行う。この調査を通じて中小企業が医工連携に取り組む際の問題点を明らかにする試みを行う。

3．調査対象である滋賀県南部地域での医工連携の取組み

本研究で調査を実施した滋賀県の南部地域（びわこ南部エリア）では，滋賀医科大学，龍谷大学，立命館大学等の医学・理工学の大学が位置すると共に，琵琶湖の豊富な水資源を利用する等，数多くの製造業の中小企業が存在している。このため，知識の集積という点で高いポテンシャルを有しているエリアであり，産学官連携が活発に行われている。また，滋賀医科大学は予てより，このエリアの医工連携の中心的な存在であり，単独でも医工連携に関する研究を推進してきた実績を多数有している。

そして，滋賀県ではこれらのポテンシャルを更に有効活用するため，産学官によるネットワークを構築し，技術開発プロジェクトの推進とこれによる医工連携促進のためのクラスターを形成している。具体的には，公益財団法人である滋賀県産業支援プラザ（以下，「支援プラザ」ともいう）がハブとなり，びわこ南部エリアに位置する大学・病院・企業・公的研究機関等の交流を促し，医工連携に関するプロジェクトを推進している。

そして，近年の主な活動としては，平成16年度より継続的に実施しているプロジェクトが挙げられる。これは，文部科学省の委託事業である，都市エリア産学官促進事業の一般型のプロジェクト「診断・治療のためのマイクロ体内ロボットの開発」をその発端としている。そして，平成22年度からも継続的に文部科学省の採択を受け，支援プラザを事務局として産学官の連携の下「地域イノベーション戦略支援プログラム（グローバル型）」の事業を実施しており，医工連携の枠組みで医療機器の研究開発を推進している。

このように，滋賀県では支援プラザを媒介として地域企業と大学・病院等が連携し，医療機器に関する医工連携促進のためのクラスターが形成されている。そこでは，医工連携のニーズ及びシーズのマッチング，企業に対する医療機器開発のための様々な支援が展開されている。具体的には，支援プラザは，前述のプロジェクトの推進の他，中小企業の新規参入に対して公的資金の獲得支援，薬事法講習会等も含め様々な支援を行なっている。

以上述べたように，びわこ南部エリアは医療機器の医工連携に関し中小企業が異分野から積極的に参画する先駆的なクラスターであり高い評価を受けている。しかしながら，このエリアでも十数年の活動の中で実際に製品化に結び付いた事例は少ない。このため，本研究ではこのエリアを調査対象とすることにより，中小企業における医工連携の本質的な問題に繋がるインプリケーションが得られると考えた。

4．調査結果

4．1　調査方法

本研究の目的はリサーチ・クエスチョンの厳密な「検証」ではなく，むしろリサーチ・クエスチョンの確認を通して，今後検証すべき命題を得るためのインプリケーションを得ることである。

そして，本研究では，びわこ南部エリアで異分野から医療機器に参入する中小企業，又は中小企業と共に研究開発を行う医療専門家等を調査対象とした。また，検討内容を，「中小企業が異分野から医療機器に新規参入し医工連携の枠組みで研究開発を進める際，医療専門家との間で生じる認知上のギャップは何か」とした。よって，検討内容に対する調査方法を以下とした。

(1) アンケート調査：医療機器の研究開発を行っている又は行う予定である，中小企業と医療専門家両者に対し「研究開発において重視する項目」，及び「研究開発における医工連携の課題」についてアンケートを実施し回答を比較しギャップ項目を抽出する[注4]。
(2) インタビュー調査：製品化に成功した中小企業の経営者，技術者，そして医療専門家と中小企業との連携推進を行うコーディネータに対しインタビューを行い，医工連携における重要項目を抽出して，ギャップ項目を検討する[注5][注6]。

4．2 アンケート調査の結果

アンケート調査の実施期間は，2011年6月の1ヶ月である。また，アンケートの送付先は支援プラザのHP（http://www.shigaplaza.or.jp/）及び配布パンフレットで医工連携に関する活動が報告される製造業の中小企業68社，そして滋賀医科大学の医療専門家35人である。中小企業の回答数は23社で回答率は33.8%であり，有効回答数は10社で有効回答率は14.7%であった[注7]。医療専門家の回答数は24人で回答率は68.6%であり，有効回答数は16人で有効回答率は45.7%であった。また，回答した中小企業の企業規模については，過半数以上の15社が50人未満であった。業種については，プラスチック製品工業は3社，金属製品工業は1社，機械工業は3社，電子応用・電気計測機器工業は3社，その他の電気機械機器具工業は4社，精密機械工業は1社，その他の工業は8社であった。一方，回答した医療専門家の診療科種別については，外科は5名，内科・基礎・看護科はそれぞれ3名，放射線科は1名，その他は9名であった。

図1に「研究開発における重視する項目」に関するアンケート調査の結果を示す。中小企業では「ニーズ対応」が1位，「薬事法等の規制対応」が2位，「研究開発スピード」，「仕様の明確化」，「自己シーズ市場化」が次に続く。一方，医療専門家では，「研究開発スピード」が1位，「ニーズ対応」が2位，「研究開発コスト削減」・「仕様の明確化」・「薬事法等の規制対応」が同列の3位に挙がっている。「ニーズ対応」について中小企業は1位であるに対し医療専門家は2位に挙げている。また，「研究開発スピード」については，中小企業は他の項目と同列で3位に挙げているに対し医療専門家は1位に挙げている。ここで，「研究開発スピード」，及び「ニーズ対応」の項目で，2群の母比率の差の検定を行ったところ，統計的に有意なギャップは認められない。

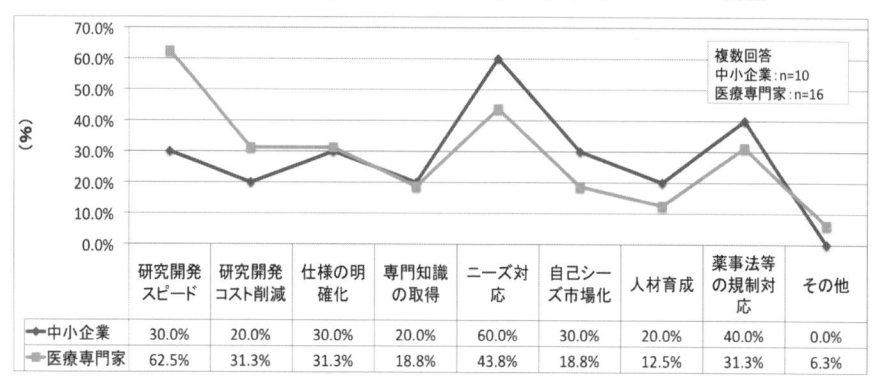

図1 「研究開発における重視する項目」に関するアンケート調査

	研究開発スピード	研究開発コスト削減	仕様の明確化	専門知識の取得	ニーズ対応	自己シーズ市場化	人材育成	薬事法等の規制対応	その他
中小企業	30.0%	20.0%	30.0%	20.0%	60.0%	30.0%	20.0%	40.0%	0.0%
医療専門家	62.5%	31.3%	31.3%	18.8%	43.8%	18.8%	12.5%	31.3%	6.3%

複数回答
中小企業：n=10
医療専門家：n=16

図2 「研究開発における医工連携での課題」に関するアンケート調査

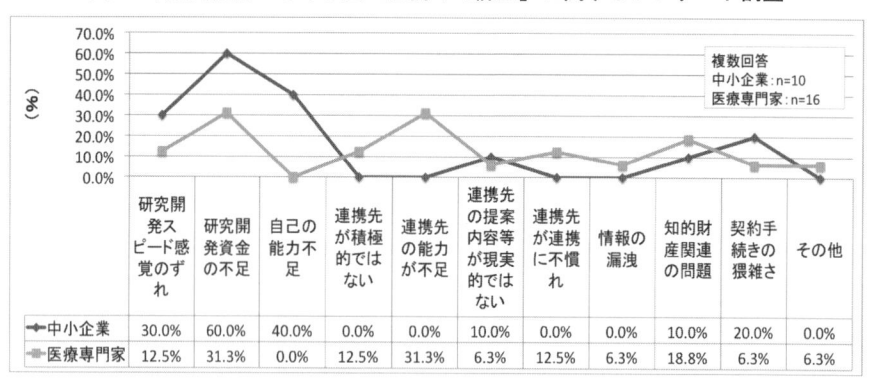

	研究開発スピード感覚のずれ	研究開発資金の不足	自己の能力不足	連携先が積極的ではない	連携先の能力不足	連携先の提案内容等が現実的ではない	連携先が連携に不慣れ	情報の漏洩	知的財産関連の問題	契約手続きの猥雑さ	その他
中小企業	30.0%	60.0%	40.0%	0.0%	0.0%	10.0%	0.0%	0.0%	10.0%	20.0%	0.0%
医療専門家	12.5%	31.3%	0.0%	12.5%	31.3%	6.3%	12.5%	6.3%	18.8%	6.3%	6.3%

複数回答
中小企業：n=10
医療専門家：n=16

　図2は「研究開発における医工連携での課題」に関するアンケート調査の結果である。なお，医療専門家に対しては中小企業と連携する際の課題に限定してアンケート調査を行っている。中小企業が考える医工連携の課題については，「研究開発資金の不足」が1位，「自己の能力不足」が2位，「研究開発スピード感覚のずれ」が3位に挙がっている。一方，医療専門家については「研究開発資金の不足」及び「連携先の能力が不足」が同列の1位，「知的財産関連の問題」が3位に挙がっている。ここで，「自己の能力不足」及び「連携先の能力が不足」の項目で大きな相違が見られる。これら項目に対し，2群の母比率の差の検定を行っ

たところ，「自己の能力不足」の項目で1％水準の有意（両側P値），「連携先の能力が不足」の項目で5％水準の有意（両側P値）が確認される。これにより，この両項目において統計的に有意なギャップがあると認められる。なお，「研究開発スピード感覚のずれ」の項目では統計的に有意なギャップは認められない。

更に，ここで「自己の能力不足」の項目のポイントが高いのが中小企業であり，そして「連携先の能力不足」の項目のポイントが高いのが医療専門家である点を踏まえると，この両項目でのギャップは，両者共に中小企業の能力が不十分であると考えていることに意味的に帰着される。

従って，「研究開発における医工連携での課題」については，結果的に，中小企業及び医療専門家共に「研究開発資金の不足」を一番の課題として挙げながら，両者共に「中小企業の能力が不十分である」と考えており，よって「研究開発における医工連携での課題」において両者の認知上のギャップは認められない。

以上，中小企業と医療専門家両者との認知上のギャップについて，「研究開発における重視する項目」及び「研究開発における医工連携での課題」に関するアンケート調査結果からは，ギャップ項目は抽出されない結果となった。

4.3 インタビュー調査の結果

アンケート調査とは別の視点で認知上のギャップを検証するため，アンケート調査に並行してインタビュー調査を実施した。インタビュー調査は個別面談にて行い，異分野から医療機器の研究開発に参入し製品化に成功した中小企業A社の社長（以下，「社長B」という），その技術者（以下，「技術者C」という），及び医療専門家とこの中小企業Aを含め企業との連携推進を行うコーディネータ（以下，「コーディネータD」という）の3者に対して行った。

質問内容については，「医工連携を進める中で，苦労していること，気を付けていることは何か」とした。インタビュー時期は2010年12月～2011年6月であり，各者に対し2～3回のインタビューを行った。各回のインタビュー時間は1～2時間であった。

A社について概説する[注8]。A社は専用工作機械，船舶用熱交換器，船舶機関向け潤滑機器の製造販売を中心に行う中小企業である。創業は1939年7月であり，資本金1億円，従業員は135名である（2011年3月時点）。A社は製造技術を強みとし，企画・設計から製造販売までを行う。そして，A社はマイクロメータ等の

部品加工から工作機械，船舶用熱交換器，潤滑機器等の重厚長大のものづくりへと変革した経緯を有する。そして，近年ではA社は医療機器製造業の認可を得てメディカル事業部を新規に立ち上げ医療機器の製品化・事業化まで到達している。また，びわこ南部エリアの取組みの中でもA社は数少ない成功事例として位置付けられている。

　ここで，A社の社長B及び技術者Cにインタビュー調査を行ったのは，中小企業Aが医療機器の製品化に至る過程で医療専門家との認知上のギャップを認知して克服していったと推測され，「医工連携を進める中で，苦労していること，気を付けていることは何か」を質問することにより，その認知上のギャップを具体的に顕在化できるものと考えたからである。また，コーディネータDにインタビュー調査を行ったのは，コーディネータDは滋賀医科大学の研究推進課に属し，A社を含む中小企業と医療専門家とのマッチングの業務の中で成功事例及び失敗事例を数多く把握しており，その医工連携の課題を客観的且つ具体的に認知していると考えたからである。インタビュー調査の結果を以下に整理して示す。

[インタビュー調査の結果]
　(社長B)：
- スピード：医療専門家のスピード意識は高い。このため，医療専門家との信頼関係を構築するため，迅速な対応を心がける。
- 積極的な外部連携：医療専門家との連携だけではなく技術的不足部分を補うために大学，他企業との連携を積極的に図り，連携ネットワークを構築する。
- 公的支援の活用：医療機器の開発は長期に渡り，また新規事業の参入であることから研究開発資金不足が大きな課題となる。これを回避するため公的資金，公的機関の利用を行う。
- 人材育成・獲得：医療専門家からの知識を効率よく取得するため，コア技術者の育成を図る。また，事業化に備え薬事対応できる人材の獲得も行う。
- ニーズの具体化：医療専門家はニーズの宝庫である。このニーズを定量的に顕在化し，設計に反映する。この顕在化に当たっては，試作機を製作しながら丁寧に紡いでいく。

　(技術者C)：
- スピード：医療専門家の評価を得るために，迅速な対応を行う。どのような状況下でも所定の頻度で進捗を報告する。これにより，医療専門家との信頼関係

の構築を図る。
- 素直な対応：医療専門家は幅広い医療知識を持っている。ニーズ把握に関し，医療専門家に対し不明なことは素直に聞き，医療知識の取得を図る。
- 柔軟な対応：医療専門家は高い要望を行うことがある。これに対し，受けることを前提に柔軟に対応し，高い要望でも実現に向けて出来うる限りの検討を行う。これにより，新たな展開を得ることができる場面がある。
- 試作の完成度：評価は医療専門家が行う。このときの医療専門家の評価は厳しい。技術担当者側は試作機でも完成度を高めて医療専門家に提示する。
- 情報収集・情報ネットワークの構築：通常の部品調達から異なる部品を使用することが多々ある。そこで，日頃から展示会等に出向き積極的に情報収集を図ると共に，人的な情報ネットワークの構築を図る。

（コーディネータD）：
- 研究開発資金の見極め：企業側に長期の共同研究が可能かを検討するため，資金的余裕があるかを見極める。また，公的資金の獲得を日常的に図る。
- ニーズとシーズのマッチング：提案されるシーズが医療分野でのニーズにマッチするのか，企業のコア技術及び他技術を共に見極めて丁寧に判断する。
- 共通プラットフォームの構築：医療専門家がニーズを，企業がシーズを提供する。円滑に議論できるように，技術的インターフェイスの統一等，共通プラットフォームを構築する。
- 企業文化：技術者の裁量が充分にあるのか，コスト意識を持っているか等，経営者に面談して企業の風土の良し悪しを判断する。

　以上のインタビュー結果により，医工連携で医療機器の研究開発を進めるとき，製品化に成功している中小企業Aでは，経営者B及び技術者C共に「医療専門家の要望に応える際スピード感を持った対応が重要である」，「不足する能力については積極的な外部連携を図り補うのが重要である」，「医療専門家からの知識を吸収するため，人材（自己）開発を行うのが重要である」，「医療専門家のニーズを具体化する上で，試作機の製作は重要である」と考えていることが分かる。また，コーディネータDでは，「ニーズとシーズのマッチング」，「共通プラットフォームの構築」，及び「企業文化」の項目が配慮されている。

　そして，社長Bが指摘する「積極的な外部連携」・「人材育成・獲得」・「ニーズの具体化」，技術者Cが指摘する「試作の完成度」・「情報収集・情報ネットワー

クの構築」，コーディネータDが指摘する「共通プラットフォームの構築」は，何れも「中小企業の能力が不十分である」ことを克服しようとする行動であると考えられる．また，本調査で特筆すべき点は，経営者B及び技術者Cがインタビュー調査の中で試作機の製作，及びその完成度を強調していたことである．

5．ディスカッション

　前述した調査結果をまとめると，インタビューの調査結果からは製品化にあたり不足する能力を外部から取り込む姿勢，及び医療専門家の知識を顕在化しようとする姿勢が窺える．その一方で，アンケートの調査結果では両者間の認知上のギャップの存在は認められない結果であった．
　ここで，「研究開発における医工連携での課題」に関するアンケート調査の結果，及びインタビュー調査の結果を改めて見ると，何れも「中小企業の能力が不十分である」ことが強く示唆されている．この点に注目して医工連携を再考する．
　再考にあたっては「知識通訳」の概念を用いる（末永，2006）．ここで，末永（2006）はこの概念を用いて，地域水産政策を事例にして，知識体系が互いに異なる組織間において知識通訳が行われることにより，その組織間での知識転換が円滑化に行われるモデルについて説明している．そして，末永（2006）は，『知識通訳」を行う者について『知識通訳者には、複数の利害関係者が属する知識体系やその背景にあるコンテキストを理解していることが求められる』（末永，2006，p.76）と言及して翻訳（translation）の概念と区別する．この「知識通訳」の概念に拠れば，医工連携は図3に示すモデルが想定される．このモデルが示すように，医療専門家により医療現場のニーズがメーカに提示され，そしてこのニーズを，背景にあるコンテキストを含め，メーカが丁寧に紡ぎ工学的に知識通訳する．そして，メーカは，この知識通訳を通じて知識転換を図ることにより，自己のシーズを用いて設計活動を進める．また，仕様の確認という流れではメーカにて試作機が製作され，医療専門家によりこの試作機が医療評価されて，機能確認が行われる．この結果をメーカが再度設計に反映し最適化を図る．このような一連のループが幾度も行われることにより医療機器の研究開発が行われる．このとき，メーカには，ものづくりのための技術開発能力のみならず医療専門家のニーズを的確に把握するための知識通訳能力の両方が必要となってくるものと考えら

れる。このため，新規参入するメーカにとってこの知識通訳能力を新たに獲得する必要があるとすれば，その知識体系の違いからそのコストは少なくないと推測される。医工連携では知識通訳能力の獲得を如何に効率良く行うかが重要であると考えられる。

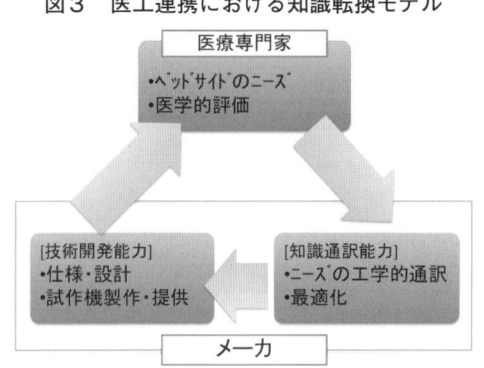

図３　医工連携における知識転換モデル

[医療専門家]
・ベッドサイドのニーズ
・医学的評価

[技術開発能力]
・仕様・設計
・試作機製作・提供

[知識通訳能力]
・ニーズの工学的通訳
・最適化

メーカ

注：本報告者作成

　また，インタビュー調査では，医療に関わる知識は実に専門技術的であり，医療機器が使用される医療現場には技術者にはわからない事柄が多く，ニーズを的確に把握するのは難しいことが指摘されていた。具体的には，医療機器に対する清潔管理，安全に関する考え方，医療機器を用いた治療方法（術式）等，医療行為は実に職人的であり，メーカ側（エンジニア側）の考えが及ばないことが多いこと等が例に挙げられていた。一方で，医療専門家はニーズの提供者のみならずユーザという側面を持ち，医療専門家ということも相俟って，必ずしも医療機器の研究開発のための工学的な知識を持ち合わせているとは限らない。このため，メーカが基本的には独力で医療専門家のニーズを丁寧に紡ぎながら知識転換を図り，そのニーズに対して自己のシーズを適切に結合させていくことが求められる。

　ここまで述べてきたように，医工連携の問題は中小企業を含むメーカが医療専門家から提示されるニーズを自己が利用可能な形に知識通訳するところにその問題の本質があると推測される。そして，このインプリケーションは，「研究開発において重視する項目」のアンケートの回答で，中小企業が「ニーズ対応」を重

視する一方，医療専門家が「研究開発スピード」を重視している結果，そして「研究開発における医工連携の課題」のアンケートの回答で互いに「中小企業の能力が不十分である」と指摘している結果と整合的である。また，このことはインタビュー調査の中で中小企業Aの社長B及び技術者Cの両者が試作機の製作を重要視していること，コーディネータDが共通プラットフォームの構築を図ることからも同様に読み取れる。なお，「研究開発資金の不足」は医工連携の問題に限らず中小企業が研究開発をする上で直面する恒常的な問題であり，医工連携特有の問題ではないとして本研究では取り扱っていない。

更に，以上説明した調査結果に対するディスカッションの結果，次の2点が今後の自己研究の中で検証すべき命題として浮かび上がる。

（命題1）：医療専門家が持つニーズが，中小企業で適切に通訳されずに知識転換できていない。

（命題2）：中小企業が医療機器の研究開発にあたり製品コンセプトを理解できていない。

6．さいごに

本研究では，中小企業が医工連携の枠組みで医療機器の研究開発を行う際の問題点の検討を，びわこ南部エリアの調査を通じてミクロレベルで試みた。本研究では医療専門家と中小企業との認知上のギャップを検討内容としたが，アンケート調査からはそのギャップが認められない結果であった。そこで，「知識通訳」の概念（末永，2006）を用いて改めて調査結果を見直し，更なる検討を加えた。その結果，認知上のギャップの相違というよりも，医療専門家の知識が円滑に通訳されていないのが問題の本質ではないかとのインプリケーションが得られた。更に，そのインプリケーションを通じて，今後検証すべき命題を導いた。

また，本研究は単なるインプリケーションでも，医療機器の医工連携に関する議論が国内で少ない中，医工連携への問題検討の一つの切り口を提供し得る点で一定の意義があると信じる。また，この議論の先には，医療専門家の知識を的確に通訳し得るコア技術者の存在や，その人物像（コンピテンシー等）に関する実証的研究があるものと願う次第である。

最後に本報告の研究上の限界について指摘する。本研究から導き出される結果

は，少数のデータ，及び特定の地域の調査に依拠したものである。当然ながら，このような結果を一般化するには，バイアスが大きい等，多くの配慮を必要とする。今後，調査対象の幅を広げていくと共に，統計手法の導入や客観的なデータ分析による精緻化が求められる。

〈注〉
1　「医療機器」とは薬事法の「医療用具」に相当するものであり医療に利用される機械器具を指す。但し，使い捨て・医療用材料をも含む概念とする。
2　「医療専門家」とは，医師を始め看護師等，医療に直接携わる者を指す。
3　全国的にも知られる，神戸市，大阪市での取組みに関しても医療機器の製品化・事業化に繋がった事例は少ないと言われている。
4　本研究に関するアンケートの調査内容については，独立行政法人経済産業研究所（2004）が平成15年に行った産学連携実態調査の調査票を参考にして作成した。
5　「成功」とは異分野から医療機器産業に参入し，薬事承認を得て医療機器を製品として出荷できる状態に至っていることと定義する。
6　「コーディネータ」とは，文部科学省産学連携支援事業に基づく役職であり，研究シーズとニーズ発掘・結合，優秀な人材確保，適切な研究チームの組織，資金の調達がその役割とされる。主要な大学に設置されている役職であり，メーカ等で研究開発業務を長年経験した者がなることが多い。
7　アンケート調査実施時点で医療機器の研究開発を実施している，或いは実施予定のサンプルのみを抽出し，これを「有効回答数」とした。
8　参入の具体的経緯については西平（2010）が報告している。

〈参考文献〉
1　医工連携推進機構（2010年）『医療機器への参入のためのガイドブック』薬事日報社
2　医療機器イノベーション推進室（2011年）：http://www.kantei.go.jp/jp/singi/iryou/dai2/siryou2.pdf
3　笠井浩（2003年）「医療機器産業における研究開発パフォーマンス向上に関する研究」医科器械学，Vol.73, No. 3 , pp.101-108
4　笠井浩（2009年）「医療機器開発活性化への課題」日本レーザー医学会誌，第30巻，第1号，pp.58-63
5　経済産業研究所（2004年）『平成15年度日本のイノベーションに関わる産学連携実態調査』
6　厚生労働省（2008年）『新医療機器・医療技術産業ビジョン』
7　児玉俊洋，鈴木潤（2006年）「産学連携の分析枠組み　現実を直視した技術移転モデルの開発」『日本のイノベーション・システム』馬場靖憲，後藤昇編　東京大学出

版会所収, pp.35-48
8 末永聡 (2006年) 「知識水産政策における知識通訳者の役割」『日本地域政策研究』(4), pp.71-77
9 西平守秀 (2010年) 「治療系医療機器の医工連携に関する研究 (研究背景と仮説)」『研究技術計画学会』第25回年次学術大会予稿集[CD-ROM]
10 Almeida, P. (1996) "Knowledge Sourcing by Foreign Multinationals: Patent Citation Analysis in the U.S. Semiconductor Industry", *Strategic Management Journal*. Vol/17, pp.155-165
11 Audretsch, D.B. and M.P.Feldman (1996) "R&D Spillovers and the Geography of Innovation and Production", *American Economic Review*, Vol.86, pp.630-640
12 Cohen, W.M. and Levinthal (1989) "Innovation and Learning: The Two Faces of R&D", *Economic Journal*, Vol.99, pp.569-596
13 Jeroen, P.J. de Jong and Mark Freel (2010) "Absorptive capacity and the reach of collaboration in high technology small firms", *Research Policy*, Vol.39, pp.47-54
14 Pisano.G.P. (2006) Science Business: *The Promise, the Reality, and the Future of Biotech*, Harvard Business School Press.

(査読受理)

草履産業集積地の存続と衰退の要因に関する実証研究

大阪市立大学大学院　竹田　英司

1．研究の目的と意義および対象

　類似した産業集積地の中で，なぜ一方は存続し，なぜ他方は衰退するのか。本稿の目的は，集積地の内部環境と外部環境の長期的な動態変化に対する集積地製造企業群の事業戦略から，集積地の存続と衰退の要因を明らかにすることである。類似した産地型集積地の発生，発展，存続，または衰退の長期的な動態変化を比較検証し，集積地の存続，または衰退を規定する要因を検討する点に，集積地研究に対する本稿の学術的な意義があると考えている。

　事例比較の対象として取り上げたのは，大阪市日本橋と東京都浅草の草履産業集積地である。草履産業集積地は生活雑貨産業の中で，小規模製造企業（従業者数20人以下）だけが特定地域に立地している産地型の集積地である。大阪市日本橋と東京都浅草の集積地は，1960年頃まで鼻緒製品（草履の基幹部品）の産地型集積地であり，以後，草履産業集積地としては国内に2箇所しかなく，生産品目にかなりの類似性があるので事例比較の対象とした。

2．先行研究の展望

2．1　産地型集積地の存続や衰退に関する先行研究

　産地型集積地の存続や衰退に関する先行研究で着目された点は，需要搬入企業存在の有無（伊丹，1998），長期的な動態変化（橘川，1998），製品変化の大小（山下，1998），内部環境と外部環境の変化（ポーター，1992；1999），正と負のロッ

クイン効果（藤田，2003）などである。これらの中で，ポーターは「『ダイヤモンド』（競争力4要因）は相互作用を強化するシステムである」（1992, p.108, 括弧内引用者挿入）とし，競争力4要因（①要素条件，②需要条件，③支援・関連産業，④事業戦略・競争関係）の相互強化は地理的集中によって高められると述べている（ポーター，1992, p.127）。その上で，ポーターは，集積地の縮小と衰退は，行き過ぎた統合や馴れ合い，カルテルなど集積地内部の硬直性（内部環境の変化）と，技術や消費者ニーズなどの変化（外部環境の変化）によって生産性とイノベーションが抑えられてしまうのが原因であると指摘している（ポーター，1999, pp.131-133）。また藤田（2003, p.226）は「ある集積地の持つロックイン効果は，その集積地を促進する大きな要因であるが，長期的にはその集積の成長ないし革新を阻害する内在的な要因となりうる」と指摘している。集積地が存続するためには，集積地の内部環境と外部環境の変化に対応した事業戦略が重要であると本稿では考え，それに着目している。他方，橘川（1998, p.312）は「産業集積のダイナミズムを明らかにするためには，時系列変化を視野に入れなければならない」と指摘したが，本稿においても，集積地の存続と衰退の要因を検討するためには長期的な動態変化の視点に立つことが重要であると考えた。

2．2　対象集積地に関する先行研究，既存報告書

東京都浅草集積地（以下，東京集積地）では，「履物問屋と製造卸の関係において問屋の地位の低下，製造卸の流通部門への台頭という点に変化を見つけることができる」（井出，1969, p.41）と記されている。また東京集積地の草履製造企業群は「急減している生産量をカバーするために，商品を高級化・高価格化することでしのいでいるが，かえってそのことが需要を縮小させる要因ともなっており，市場規模の縮小と高価格化の悪影響ともいえる事態を作り出している」（八幡，1991, p.41）と指摘されている。いずれの先行研究，既存報告書も調査時の現状を記しているが，長期的な動態変化の視点から草履産業集積地の存続や衰退の要因は議論していない。一方，大阪市日本橋集積地（以下，大阪集積地）に関する先行研究や既存報告書は，大阪府（1954）以外に探し出せなかった。

なお本稿では福島（1975, p.5）に従い製造卸企業を経済産業省『商業統計表品目編』上の卸売企業と捉えている。

3．仮説と検証方法

　集積地の存続と衰退を分けた要因は，(1)集積地の製造企業群が集積地の競争力を活用した事業戦略を採れたか否か，(2)集積地で消費者ニーズに適合した製品を生産していたか否かではないか。上記の2点をリサーチ・クエスチョンに設定し，以下の仮説を検証する。

　仮説　集積地の製造企業各社は，内部環境と外部環境の変化に対応した事業戦略を採り続けてきた結果，集積地は事業競争優位を築き存続している。

　本稿では，2.1で述べたように，内部環境と外部環境の変化（ポーター，1999）に着目し，長期的な動態変化（橘川，1998）の視点を加えた競争力4要因（ポーター，1992）を分析フレームワークに採用する。以下では長期的な変化を局面1（1950～1959年），局面2（1960～1974年），局面3（1975～1989年），局面4（1990～2000年），局面5（2001～2011年）の5つの局面に分け，先行研究，既存報告書，既存統計資料，筆者によるインタビュー調査とアンケート調査の結果から集積地の内部環境（生産性，事業所数，出荷額シェア，製品特徴，生産方法）や外部環境（小売市場規模，産業規模，消費者ニーズの収集方法，集積地内外の取引接合関係）がどのように変化したかを比較検証する[注1]。その上で，集積地の製造企業群がどのような事業戦略を採り，内部環境と外部環境の変化に対応していたか否かを検討する。

4．検証結果

4．1　草履産業規模と草履小売市場規模の動向

　本節では，局面1～2における鼻緒産業集積地からの新展開と，全局面を通じた産業規模と小売市場規模の推移を把握する。まず鼻緒産業集積地からの新展開を把握する。今西（1950，p.382）や大阪府（1954，pp.20-26）によると，1950年頃まで鼻緒産業集積地では，糸で縫い合わせる縫製型草履用の鼻緒製品を製造していた。製品品質から1950年頃の鼻緒製造技術水準を比較すると，東京集積地と大阪集積地は上位（革製），奈良県三郷町集積地は中位（革製），浅草を除く台東区，大阪市生野区，奈良県上牧町の集積地は下位（織物製），三重県桑名市集積地は上位（革製）と下位（織物製）であった。1955～1960年頃に接着剤を用いた新しい製造方法が開発されると，東京集積地と大阪集積地より鼻緒製造技術水

準の低い集積地の製造企業各社は，鼻緒製造業から接着剤を用いた縫製サンダル製造業へ徐々に変わり，三郷町集積地の製造企業各社は雪駄製造業へ変わった。

次に草履産業規模と草履小売市場規模の推移を把握する。図1から草履小売市場を

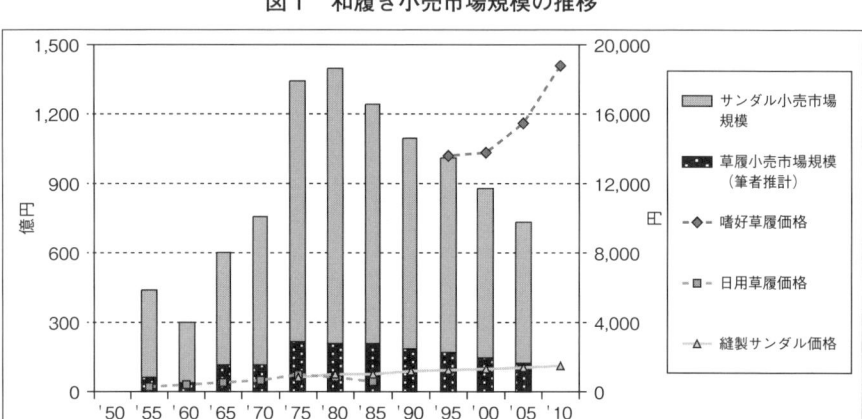

図1　和履き小売市場規模の推移

出所：経済産業省『商業統計表品目編』，総務省『家計調査年報』，総務省『小売物価統計調査年報』各年から筆者作成[注2]。

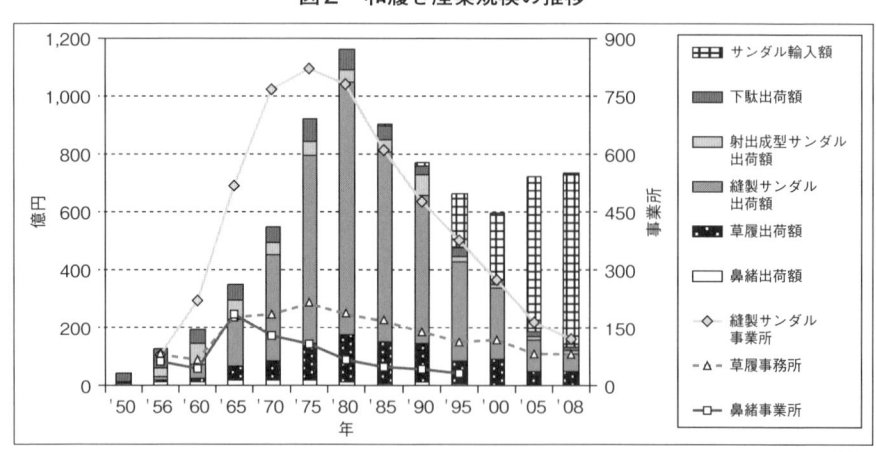

図2　和履き産業規模の推移

出所：経済産業省『工業統計調査品目編』，全日本履物団体協議会『日本の履物統計』各年から筆者作成[注3]。

見ると，1955〜1985年では日用草履の需要が縮小し，1995年以降は嗜好草履の需要が拡大していると考えられる。2010年の嗜好草履小売価格は，1万8799円に上がっている。また図2において，草履製品の出荷額は1980年から減少しており，草履製造事業所数は1975年から減少傾向にある。一方，縫製サンダル製品の出荷額は1980年から減少した反面，1995年から輸入額が急増し，2005年以降，輸入額が国内出荷額を上回っている。

つまり，和履き市場の中で，草履製品は日用品のマス市場から嗜好品という市場をターゲットとするように変わったが国内生産を続けている[注4]。一方，縫製サンダル製品はマス市場をターゲットとし海外から製品を輸入している。このような集積地外部の長期的な環境変化と部品・材料供給企業群や職人企業群の減少という集積地内の環境変化の中で，東京集積地と大阪集積地は，なぜ，どのように変化し，存続，または衰退しているかを以下では明らかにする[注5]。

4.2　製品特徴および生産方法の比較

本節では，草履製品の製品特徴を整理した上で，大阪集積地と東京集積地の生産方法を比較する。草履は手工製品であり，草履製造は熟練技術やノウ・ハウを必要とする。1704年頃，東京では糸で縫い合わせた縫製型草履を製造していた（今西，1950，p.311）。草履産業は伝統的工芸品産業が持つ手工業技術や技能を必要とする側面がある。しかし，接着剤を使った接着型草履の製造が1960年から開始されていて，草履製品は100年以上の技術・技法を指定条件とする「伝統的工芸品産業の振興に関する法律」（1974年公布）の対象製品には指定されていない。

大阪市（1931）や東京市（1937）によれば，大阪集積地と東京集積地では1930年代，製造工程単位で職人企業群へ外注する工程別分業生産形態を採って鼻緒（大阪，東京）や縫製型草履（東京）を生産していた。しかし筆者が実施したインタビュー調査の結果，1960年，大阪集積地で接着剤を使った草履の製造方法が開発され，大阪集積地では，製品単位で特定の職人企業群へ外注する製品別分業生産形態を採用した。一方，東京集積地では，大阪集積地の接着生産方式の製品別分業生産に対し，1704年来の旧式・縫製生産方式の工程別分業生産のまま接着生産方式を採用した。4.1で述べたように1995年以降，消費者から嗜好品としての上質さが草履製品に求められた。しかし東京集積地の草履製品は大阪集積地の草履製品に対し，生産形態の違いから製品品質とコストの両面で劣っていた。

4.3 生産性，事業所数，出荷額シェアの比較

　本節では，集積地の生産性（1事業所当たりの出荷額），事業所数，出荷額シェアから，2011年現在，集積地が存続，あるいは衰退しているか否かを検討する。図3は草履産業集積地の生産性（左目盛）と製造事業所数（右目盛）を示したものである。まず事業所数を比較すると，大阪集積地は最大60社（1965年），東京集積地は最大97社（1970年）であった。2008年には大阪集積地23社，東京集積地30社まで減少し，筆者の調査による2011年の実数は，大阪集積地21社，東京集積地12社である。次に生産性を検討すると，大阪集積地の生産性は，1995年からV字回復の傾向にあり，2008年には9800万円まで上がっている。東京集積地の生産性は，1970～2008年では3000万円前後で推移している。さらに経済産業省『工業統計品目編』から草履産業における各集積地の出荷額シェアを算出すると，1950～1975年では大阪集積地4.2～30.6％，東京集積地50.5～51.6％であったが，1980～2008年では大阪集積地28.4～50.4％，東京集積地21.4～20.1％で推移していた。集積地を対象とする本稿の対象ではないが，『工業統計品目編』では県に1社しか存在していないため秘匿となっているN社（東京集積地から埼玉県小川町にスピン・アウト，1977年創業，2011年従業者数31人）は，筆者によるインタビュー調査の結果，1980～2008年では約40～15％を占めていた。

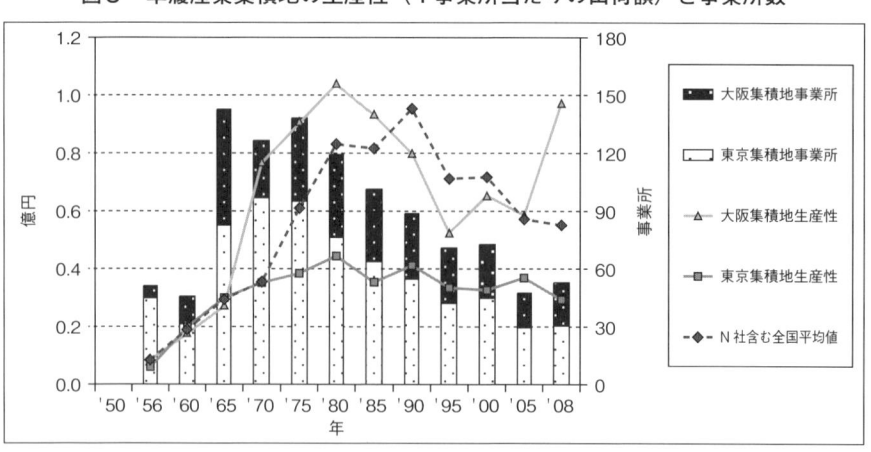

図3　草履産業集積地の生産性（1事業所当たりの出荷額）と事業所数

出所：経済産業省『工業統計調査品目編』各年，大阪府『大阪の工業』，東京都『東京の工業』各年の品目表から筆者作成。

以上，集積地に立地する製造企業群の生産性，事業所数，出荷額シェアを検討した結果，大阪集積地では，事業所数は減少しているが現在も集積地として存続していると考えられる。他方，東京集積地では，現在も生産は続けられているが，生産地としての集積地は衰退していると考えられる。以下では，大阪集積地と東京集積地の具体的な競争力の違いを検討する。

4．4　集積地内外の取引接合関係と消費者ニーズ収集方法の比較

本節では，4.1で述べた縫製サンダル製品の登場という外部環境変化の中で，集積地内外の取引接合関係と消費者ニーズ収集方法がどのように変わったかを検討する。大阪集積地と東京集積地に立地する製造企業群の主な最終販売先を見ると，局面1～2では，いずれも革靴，草履，縫製サンダルなどを総合的に販売する小規模履物小売企業に限定されていた。しかし，局面1～2の時期，大阪集積地に存在した卸売企業群は，縫製サンダルを主流製品とするようになり草履事業から撤退した。局面3以降，大阪集積地では，製造企業群は製品に関する消費者ニーズを卸売企業群から聞き取れないという不都合を感じた。その結果，製造企業自らが販売先を開拓し，小売企業や消費者と接点を持つようになった。筆者が実施したアンケート調査の結果によれば，大阪集積地の草履製造企業21社中15社は，小売企業からの草履修理紹介を受けてやって来る消費者と接点があり，以後，草履のメンテナンスに通って来る消費者と接点を持ち続ける中で，製造企業は，草履の配色（礼装和服用の金銀色か，訪問和服用の濃淡色かなど），台（インソール）の横幅（細型か太型か），材料（革か織物か）などの消費者ニーズを聞き取っている。局面3以降，大阪集積地の製造企業各社が販売先の開拓と見直しを継続してきた結果，大阪集積地の製造企業各社は，高級草履を販売する草履小売企業へ上位製品，和服や和雑貨を販売する和装小売企業へ中位製品，小売量販企業に出店している婦人服小売企業へ下位製品，の販売先を各々拡げていった。

一方，局面3に入り，東京集積地に立地する製造企業群の最終販売先も小規模履物小売企業から草履小売企業へ変わった。しかし，卸売企業群を経由する製造企業群の流通経路は，局面2以前と変わらなかった。東京集積地の卸売企業群は，縫製サンダルを主流製品としていたにもかかわらず，大阪集積地の製造企業群と競合していた高級草履市場において草履製品を企画・設計し続けた。局面4に入って，東京集積地の卸売企業群と製造企業群は，高価格製品に需要があると需要予測を見誤り，東京集積地では消費者ニーズを捉えられていないまま高価格製品の開発

を進めていた。卸売企業群を中心とした集積地内外の取引接合関係が，全ての局面を通じて変わらなかった結果，局面5では東京集積地の製造企業数が急減した（4.3図3参照）。筆者によるインタビュー調査の結果，2011年の東京集積地では，卸売企業10社（1958年119社），製造企業12社まで減少している。

以上の検討結果，大阪集積地では，局面3以降，集積地内外の取引接合関係が変わり，製造企業群が小売企業や消費者と取引することで消費者ニーズを捉えることができ，集積地は存続していることが明らかとなった。他方，東京集積地では，卸売企業群を中心とした集積地内外の取引接合関係が変わらなかった上に，集積地の卸売企業群と製造企業群は消費者ニーズを捉えられず需要予測も見誤っていたため，集積地は衰退していることが明らかとなった。

4．5　事業戦略および競争力の比較

本節では，草履製造企業群の事業戦略と集積地の競争力を検討する。表1に事業戦略を中心とした大阪集積地の競争力4要因をまとめた。1960年，大阪集積地の製造企業が接着剤を使った製造方法を開発し，局面2では集積地の製造企業群と職人企業群にその製造方法が伝播していった。局面3では大阪の製造企業各社は他社と差別化を図るため，伝統的な鼻緒製造技術，軽量な台（インソール）部品，紬や絣，佐賀錦などの織物材料，あるいは和装ハンドバッグと草履の図柄と

表1　大阪集積地における競争力4要因の推移

		1950－1960 局面1	1961－1974 局面2	1975～1989 局面3	1990－2000 局面4	2001－2011 局面5
①要素条件	特別な産業雰囲気	鼻緒製造に関する熟練技術やノウ・ハウ				
	熟練労働者	鼻緒職人企業群		草履製造企業群，職人企業群（草履，鼻緒，和装ハンドバッグ）		
	情報インフラ	履物業界新聞社支局		なし		
②需要条件	提供製品	伝統的な和服需要に基づく嗜好草履の需要				
		上位製品			上位製品／草履小売企業，中位製品／和装	
	最終販売先	小規模履物小売企業			小物小売企業，下位製品／婦人服小売企業	
③関連・支援産業	部品・材料供給企業群	製品の共同開発，共同改良が継続				
	職人企業群		製造企業群，部品・材料供給企業群，職人企業群による垂直的な生産関係			
	連携組織		製造企業群連携組織			連携組織が認定団体を運営
④事業戦略・競争関係	集積地内外の取引接合企業	卸売企業群		製造企業群		
	事業展開　各社共通		第二創業	製品差別化	販売先刷新	独自規格化
				接着生産方式によるコスト・リーダーシップ		
					材料による差別化，鼻緒による差別化	
	個別企業		なし		販売先による差別化	
				企画による差別化		
	事業領域　製造企業群	鼻緒製造			鼻緒，草履，和装ハンドバッグ生産	
	卸売企業群	鼻緒卸売			鼻緒，草履事業からの撤退	
	競争関係　集積地内部			新材料，新デザインの開発競争		
				新製品，新材料に関する情報の共有化（間接的協調関係）		
	集積地外部	東京集積地の草履製造企業群と品質競争				

出所：筆者によるアンケート調査とインタビュー調査の結果から筆者作成。

材料の統一，などの製品差別化戦略を採った。製造企業各社と集積地の部品・材料供給企業群とのこのような共同開発は，集積地の部品・材料供給企業群へその新部品や新材料に関する製品情報が蓄積されていく結果を導いた。局面4では景気後退のため事業規模の縮小と販売先の見直しが必要であった。そのため大阪の製造企業各社は，草履小売企業，和装小物小売企業，婦人服小売企業などの販売先に合わせて，低反発な台部品，エナメル塗装した革材料，漆工などの細工技術，刺繡などの装飾技術によって自社製品市場をさらに細分化するようになった。

表2に2011年の大阪草履製造企業21社における事業戦略をまとめた。大阪の製造企業各社は，2011年では楽天市場出店や直営店運営など独自の販売先による事業の差別化，イタリア製バッグの草履への仕立て直しなど製品企画の差別化，鼻緒や草履製造工程の内製化による製造方法の差別化など新たな事業戦略も採っている。大阪製造企業の連携組織（21社中18社加入）運営部は，大阪集積地で生産される草履製品を大阪連携組織の独自規格製品として認定するブランド化戦略も採っている。他にも認定団体として，鼻緒技能を持つ職人を「鼻緒挿げ技能士」と認定・保護することも実施している[注6]。また，大阪の草履製造企業9社は，販売先開拓のための事業展開として2010年から年1回，草履小売企業，和装小物小売企業，百貨店に向けて合同展示会を催し始めている。大阪の製造企業各社がこのような事業戦略を採ってきた理由は，集積地に小売企業と接点を持つ卸売企

表2　大阪草履製造企業21社の事業戦略（2011年）

戦略グループ	①	②	③
企業数	7社	11社	3社（非回答企業）
従業者数**	10人以上		10人未満
事業継承者の有無**	有り7社	有り4社，無し7社	有り1社，無し2社
経営者年齢（中央値）	40歳	69歳	x
従業者増減（2000年比）	増加3社，減少4社	増加1社，減少10社	
代表的な販売先	草履小売企業	和装小物小売企業	婦人服小売企業
製品企画発案者**	社内＋社外	社内	x
小売価格（下限ー上限）	1万円ー15万円	4000円ー40万円	
規格団体		加入	非加入
同業種連携***	連携あり		連携なし
外注職人企業数◎	10社以上	10社未満	x
製造方法***	内製化＋製品別分業生産		製品別分業生産
webなど独自の販売先**	独自の販売先あり		独自の販売先なし
販売先の開拓**	常時	随時	
草履メンテナンンス		消費者と直接接点あり（15／21社）	
材料による差別化**	実施	未実施	x
鼻緒による差別化**	未実施	実施	

出所：筆者によるアンケート調査の結果から筆者作成[注7]。

業群が存在せず，製造企業各社が自らの事業を存続していくためであったと解釈できる。以上の検証結果，大阪集積地の製造企業群は全ての局面を通じて製品競争力を持ち続け，集積地は存続していることが明らかとなった。

　表3に事業戦略を中心とした東京集積地の競争力4要因をまとめた。表3において，東京の製造企業各社は，局面1～2では縫製生産方式によって縫製型草履製品の競争優位を築いていた。しかし局面3に入り接着型草履の需要が増えたため，4.2で述べたように東京集積地の製造企業各社は，大阪集積地の接着型草履製品に対し競争劣位のまま接着型草履を製造した。局面3に入って和装ハンドバッグの需要が高まってからは，大阪集積地の草履製造企業から和装ハンドバッグを調達して対応した。しかし局面5に入り，集積地の部品・材料供給企業群や職人企業群が減少したため，大阪集積地の材料供給企業から革や織物の材料を調達したり，大阪集積地の鼻緒職人企業へ製造工程の一部を外注したりする事業戦略を採らざるを得なくなった。東京集積地の製造企業群がこのような事業戦略を採ってきた理由は，主な販売先が集積地の卸売企業群に限定されていて，製造企業各社が自らの事業を存続していくために卸売企業群からの製品要望に応え，卸売企業群中心の集積地生産システムを維持しようとしたためと解釈できる。以上の検証結果，東京集積地の製造企業群は，集積地に存在した熟練技術やノウ・ハウを活かしきれず製品競争力を失い，集積地は衰退していることが明らかとなった。

表3　東京集積地における競争力4要因の推移

		1950-1960 局面1	1961-1974 局面2	1975-1989 局面3	1990-2000 局面4	2001-2011 局面5
①要素条件	特別な産業雰囲気	鼻緒製造に関する熟練技術やノウ・ハウ				
	熟練労働者	製造企業群、職人企業群				減少
	情報インフラ	草履業界新聞社支局		なし		
②需要条件	提供製品	需要予測を見誤り、集積地に存在した鼻緒や草履に関する熟練技術やノウ・ハウを活かしきれなかった				
		高価格製品				
	最終販売先	小規模履物小売企業		草履小売企業		
③関連・支援産業	部品・材料供給企業群	製品の共同開発				減少
	職人企業群	1703年頃から工程別分業生産が継続				
	連携組織	卸売企業群連携組織、製造企業群連携組織、職人企業連携組織の3つが存在				製造企業群連携組織の解散
④事業戦略・競争関係	集積地内外の取引接合企業	卸売企業群				
	事業展開　各社共通	接着生産方式のキャッチ・アップ		卸売企業群を中心とした集積地生産システムの維持		
	個別企業	縫製生産方式による差別化		材料による高価格化		
	事業領域　製造企業群	鼻緒製造		鼻緒、草履製造		草履製造
	卸売企業群	卸売のみ		縫製サンダル製造、草履卸売が僅少		
	競争関係　集積地内部	草履製造企業間の新材料・新デザインの開発競争（直接的競争関係）				
	集積地外部	縫製型草履の独占的生産		大阪集積地の草履製品に対し品質劣位		

出所：筆者によるインタビュー調査の結果から筆者作成。

5．考察

本節では，2.1で述べたポーターの指摘点から本稿の検証結果を考察する。東京集積地の衰退要因は，1975年以降の縫製型草履から接着型草履への消費者ニーズの変化に対して生産方法が対応できなかったことや，1995年以降の日用草履から嗜好草履への消費者ニーズの変化を捉えられなかったことである。それは卸売企業群を中心とした集積地生産システムが徐々に硬直化したためであると考察する。他方，大阪集積地の存続要因は，製造企業群が嗜好草履という消費者ニーズを捉え製品競争力を持ち続けていたことである。それは製造企業群を中心とする生産システムへの移行，つまり集積地生産システムの柔軟性であったと考察する。また大阪集積地の存続要因は，製造企業群と一緒に製品の開発を行う部品・材料供給企業群の存在，集積地内製造を維持するための職人企業群の存在，製造企業群と職人企業群が保有している熟練技術やノウ・ハウ，部品・材料供給企業群による製品情報の共有化などが相互強化されてきたことも4.5では検討した。

6．結論

本稿では大阪市日本橋と東京都浅草の草履産業集積地を事例に，集積地の内部環境と外部環境の長期的な変化に対して，2つの集積地の製造企業群はどのような事業戦略を採って対応したかを比較検証した。その結果，大阪集積地の製造企業各社は製品競争力を持ち続け，大阪集積地は存続し，他方，東京集積地の製造企業各社は製品競争力を失い，東京集積地は衰退していることを明らかにした。草履産業集積地では，製造企業各社の事業展開が長期に渡って，(1)消費者ニーズを捉え，(2)集積メリットを享受した上で，(3)①製品品質（鼻緒技術，部品，材料），②製品企画（イタリア製バッグの仕立て直し，草履と和装ハンドバッグの図柄と材料の統一），③独自の製品特徴（細工技術，装飾技術），④サービス（草履メンテナンス），⑤独自規格化・ブランド化などの事業戦略を採っていなければ，集積地は存続しえなかったことを明らかにした。そのためには，(4)硬直化し過ぎない集積地の生産システム，草履産業集積地においては，集積地の製造企業群が集積地内外の取引接合企業となって，集積地の部品・材料供給企業群や職人企業群

との間に垂直的な生産関係を存続させていることが重要であったと結論付けられる。

存続している集積地と衰退した集積地を同じ分析フレームワークの中から検討したことは集積地研究に対する本稿の貢献であると考えている。しかし本稿の検証結果が他の生活雑貨産業集積地に該当するかに関する検証は今後の課題とする。

〈注〉

1 インタビュー調査とアンケート調査の概要は以下の通りである。
 インタビュー調査概要（調査期間：2010年10月4日～2011年5月20日）。
 ・調査対象：大阪市日本橋集積地18社（草履製造企業11社，部品供給企業2社，材料供給企業3社，草履小売企業2社，連携組織運営部）。東京都浅草集積地5社（草履製造企業4社，草履小売企業1社，元・連携組織運営部）。
 アンケート調査概要（調査期間：2011年4月1日～4月18日）。
 ・調査対象：大阪市日本橋集積地（草履製造企業21社）。
 ・調査方法：留置き調査。回収数：18社（回収率85.7%）。
2 経済産業省『商業統計表品目編』では草履と縫製サンダルは同じ製品として分類されている。そこで1980年までは経済産業省『工業等統計調査品目編』各年の草履製品と縫製サンダル製品の出荷額割合から算出した。1985年以降は，1985～2008年のサンダル輸入額増加を考慮して経済産業省『工業等統計調査品目編』1985年時の出荷額割合0.16を乗じて算出した。
3 縫製サンダル輸入額は，全日本履物団体協議会『日本の履物統計』の輸入数量と経済産業省『工業統計調査品目編』の国内出荷数量の割合から算出した。
4 本稿で和履き製品とは，鼻緒製品を起源とする草履，雪駄，縫製サンダルの各製品とし，本稿では下駄，射出成型サンダルは含めないこととする。
5 吉田（1991, p.213）によれば，イタリアでは職人業基本法（1985年制定）で職人企業を定義されているが，本稿では，経済産業省『工業統計調査品目編』上の賃加工業者のうち，蓄積された熟練技術による手作業で製品を加工する小規模製造企業を職人企業と呼んでいる。筆者が実施したアンケート調査の結果，職人企業の重複は不明であったが，2011年4月18日現在，大阪集積地には，職人企業のべ147社が立地している。
6 鼻緒挿げ技能士認定者数は，126人（2011年2月28日現在）である。
7 サンプル数が少ないため，正確確率検定を行った。表中の◎印は2分類の説明変数，*印は被説明変数を表している。各々の正確有意確率は，従業者数（0.013**），事業継承者の有無（0.013**），製品企画発案者（0.049**），製造方法（0.000***），webなど独自の販売先（0.049**），同業種連携（0.002***），販売先の開拓（0.013**），材料による差別化（0.016**），鼻緒による差別化（0.038**）である。**は有意水準0.050以下，***は有意水準0.010以下で帰無仮説が棄却されなかった結果を表している。なおアンケート調査非回答企業3社については，インタビュー調査の結果に基づいている。

〈参考文献〉
1　伊丹敬之（1998年）「産業集積の意義と論理」，伊丹敬之・松島茂・橘川武郎編『産業集積の本質』有斐閣，pp.1-24
2　井出策夫（1969年）「和装履物製造業」，東京都経済局『経済情報』84，pp.36-42
3　今西卯蔵（1950年）『履物変遷史』日本履物変遷史刊行会
4　大阪市社会調査部（1931年）『大阪市内職調査：花緒』
5　大阪府企画部（1989-2008年）『大阪の工業：工業統計調査結果表』
6　大阪府商工部（1954年）『大阪府履物卸商調査報告書』
7　橘川武郎（1998年）「産業集積研究の未来」，伊丹敬之・松島茂・橘川武郎編『産業集積の本質』有斐閣，pp.301-316
8　経済産業省経済産業政策局調査統計部／通商産業大臣官房調査統計部（1950-2008年）『工業統計調査品目編』経済産業調査会／通商産業省調査会
9　経済産業省経済産業政策局調査統計部／通商産業大臣官房調査統計部（1952-2010年）『商業統計表品目編』経済産業調査会／通商産業省調査会
10　全日本履物団体協議会（2003-2010年）『日本の履物統計』
11　総務省統計局（1998-2009年）『小売物価統計調査年報』日本統計協会
12　東京市社会局（1937年）『東京市問屋制小工業調査』
13　東京都総務局（1989-2008年）『東京の工業：工業統計調査報告』
14　福島久一（1975年）「問屋制下請の特質と問題点」，東京都経済局『経済情報』107，pp.4-14
15　藤田昌久（2003年）「空間経済学の視点から見た産業クラスター政策の意義と課題」，石倉洋子・藤田昌久・前田昇・金井一頼・山崎朗『日本の産業クラスター戦略：地域における競争優位の確立』有斐閣，pp.211-262
16　八幡一秀（1991年）「問屋制下請における職人：東京の装履職人の事例」，『作新学院大学紀要』1，pp.39-61
17　山下裕子（1998年）「産業集積『崩壊』の論理」，伊丹敬之・松島茂・橘川武郎編『産業集積の本質』有斐閣，pp.131-200
18　吉田省三（1991年）「イタリアの職人業と職人業基本法（資料）」、長崎大学経済会『経営と経済』71(2)，pp.210-219
19　M.E.ポーター著，土岐坤・中辻萬治・小野寺武夫・戸成富美子訳（1992年）『国の競争優位（上）』ダイヤモンド社（Porter, M.E.（1990）*The Competitive Advantage of Nations*, New York：Free Press.）
20　M.E.ポーター著，竹内弘高訳（1999年）「クラスターと競争」『競争戦略Ⅱ』ダイヤモンド社，pp.67-204（Porter, M.E.（1998）"Clusters and Competition", *On Competition*, Boston, Harvard Business School Press, pp.213-346.）

（査読受理）

豊岡カバン産地の構造変化

兵庫県立大学大学院　長谷川　英伸

1. 問題意識

　日本の高度経済成長期に地域経済を支えてきた存在として地場産業が考えられる。しかし，1980年以降，消費者の嗜好の多様化，廉価な海外製品の輸入増加等の影響で地場産業の企業数，従業員数，生産高は減少している。具体的な数値をあげると，地場産業の企業数は1979年の11万社から2005年の4万社に減少，従業員数は103万人から38万人に減少，生産額は11兆円から6兆8,000億円に減少している（中小企業庁（1980）『産地の実態』，中小企業庁（2005）『全国の産地：産地概況調査結果』）。このような地場産業の現状で地域経済の疲弊が各地にみられる。地域経済の疲弊に伴う地場産業の分業構造の変化に着目し，地場産業の現状を考察している研究として，塚田朋子（1995），（1996），井上芳郎（2008），山本篤民（2010）等があげられる。また，産業集積の研究として渡辺幸男（2002），植田浩史（2004），長山宗広（2005），等があげられる。以上の研究に共通することは，地域内完結型で生産する分業構造の変化を捉え，外部環境に柔軟に対応する地場産業の現状を明らかにしていることである。しかし，これらの先行研究は主に地場産業を構成する産地企業の経営行動の変化を捉え，その産地企業の存立維持の可能性を見出すことができても，地場産業そのものの存立維持の可能性に関しては十分に検討されていない。当然，地場産業は多数の業種，それらを構成する産地企業の集合体であるので，一義的な存立維持の可能性を見出すことは困難である。

　したがって，本稿の位置づけは地場産業の構造変化を分業構造の変化と捉え，

それに伴う地場産業の新たな分業構造の形態を明らかにする。地場産業の分業構造の変化は地場産業の産地企業に少なからず影響をもたらしていると考える。つまり、地場産業の分業構造の変化が産地企業の存立維持にどのような影響をもたらしているのか、が本稿の問題意識である。

そこで、仮説として①地場産業の企業数、従業員数、生産額、の減少によって地場産業の分業構造に変化が生じている、②地場産業の分業構造の変化によって新たな分業構造に変化している、の2つの視点で推察する。仮説を立証するために、本稿は分業構造の変化が顕著に現れている豊岡カバン産地の分業構造の変化を考察し、豊岡カバン産地の新たな分業構造の形態を明らかにする。研究手法として、1970年代の豊岡カバン産地の分業構造を論じていた山崎充（1977）の地場産業に関する概念をもとに考察する。また、豊岡カバン産地企業3社に対するインタビュー調査を通じて、豊岡カバン産地の新たな分業構造の実態を明らかにする。

2．地場産業の分類形態

地場産業の分類形態

地場産業の先行研究に、山崎充（1977）があげられる。山崎充（1977）は地場産業を5つの基準で分類している。つまり、①歴史（伝統型―現代型）、②市場（輸出型―内需型）、③立地（都市型―地方型）、④生産形態（社会的分業型―工場一貫生産型）、⑤地域的分業（産地完結型―非産地型）、の5つである（山崎充,1977）[注1]。

山崎充（1977）は1970年代の豊岡カバン産地を社会的分業型、産地完結型に分類している[注2]。生産形態（社会的分業型）とは「生産が1つの製造業者によって自己完結的に行われるのではなく、専門的技術をもった製造業者、低廉な単純労働力によって完成する生産形態」（山崎充,1977,p.42）である。山崎充（1977）は豊岡カバン産地では以下のような生産形態の社会的分業型であると定義している。①産地問屋、②メーカー、③下請加工業者、④外注・内職群、⑤生地屋、金具屋、チャック屋等の関連業者、が企業間関係を構築して最終製品を製造・販売している。また、山崎充（1977）は1970年代の豊岡カバン産地を産地完結型であると定義している。地域的分業（産地完結型）とは「製品の企画、生産、販売、仕入、金融等の経済的・経営的な機能のすべてを産地内の企業が総合的に、あるいは個々の企業が専門的に備えているタイプの地場産業」（山崎充,1977,p.45）

である。山崎充（1977）は豊岡カバン産地では，産地問屋が製品の集荷と販売の機能を持ち合わせ，さらに製品開発，デザイン開発の機能を持ち合わせ，メーカーが製造に専門化していると指摘している。

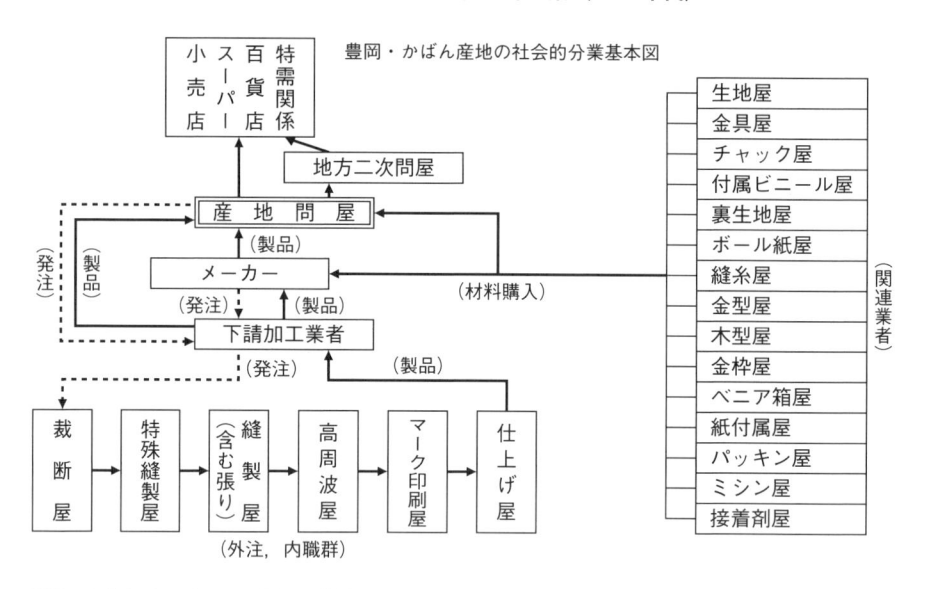

図1　豊岡カバン産地の社会的分業（1970年代）

豊岡・かばん産地の社会的分業基本図

出所：山崎充（1977）p.81の図から抜粋

上記の図1は豊岡カバン産地の社会的分業（1970年代）を表したものである。産地問屋はメーカーから最終製品のカバンを仕入れ，地方二次問屋，百貨店，スーパー等に卸している。また，産地問屋は下請加工業者にカバンの部品を発注し，その部品を仕入れていた。このように，産地問屋は豊岡カバンを全国に流通させていた。メーカーは関連業者から材料等を仕入れ，下請加工業者に部品を発注し，部品を集荷して最終製品を製造していた。メーカーから受注した部品を下請加工業者は外注，内職群に製造させ，部品を集荷しメーカーに出荷していた。外注，内職群はカバンの部品を6つの工程を通して製造していた。以上のように，豊岡カバン産地は1970年代，産地問屋を中心に社会的分業を形成し，カバン製品を製造・出荷していたことになる。

3. 豊岡カバン産地の統計的データ[注3]

(1) カバン製造業の動向

　日本のカバン製造業の現状をみることで，豊岡カバン産地の位置づけを明らかにする。経済産業省が公表している『工業統計書』をもとにカバン製造業の事業所数，従業員数，出荷高金額，の推移を説明していく。事業所数は2000年の538事業所から2009年の319事業所に減少している。従業員数は2000年の6,069人から2009年の4,338人に減少している。出荷高金額は2000年の818億円から2009年の592億円に減少している。

　以上のように，日本のカバン製造業は事業所数，従業員数，出荷高金額だけみると縮小傾向にある。その背景には1980年代から1990年代以降廉価な中国製品等の輸入増加によって国内製品の需要の減少がある。また，消費者の嗜好の変化によって，多品種製品を求められている現状がある。こうした現状が豊岡カバン産地でも影響しているのかを豊岡市が公表していた『特産業統計書2005年度』をもとに考察する。

(2) 豊岡カバン産地の製造金額，卸売金額

　本稿では豊岡カバン産地の製造金額，卸売金額のデータを以下の図2で説明していく。製造金額は1990年の346億円から2004年の91億4,300万円に減少している。卸売金額は1990年の276億4,800万円から2004年の134億700万円に減少している。製造金額は1990年から20％水準に，卸売金額は1990年から50％水準に減少した。

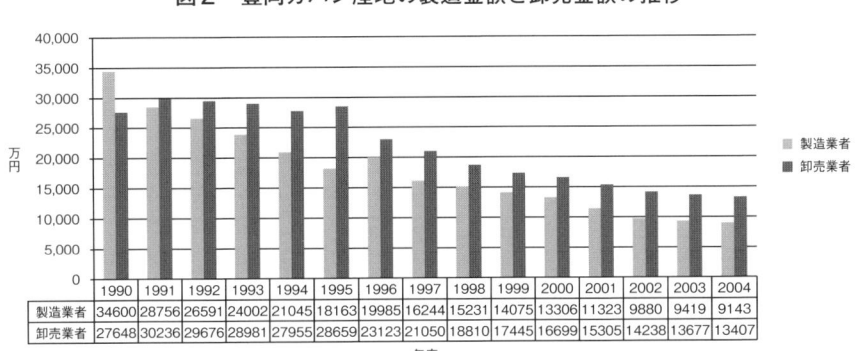

図2　豊岡カバン産地の製造金額と卸売金額の推移

年度	1990	1991	1992	1993	1994	1995	1996	1997	1998	1999	2000	2001	2002	2003	2004
製造業者	34600	28756	26591	24002	21045	18163	19985	16244	15231	14075	13306	11323	9880	9419	9143
卸売業者	27648	30236	29676	28981	27955	28659	23123	21050	18810	17445	16699	15305	14238	13677	13407

（単位：万円）

出所：豊岡鞄協会統計調査委員会・豊岡市『特産業統計書2005年度』より

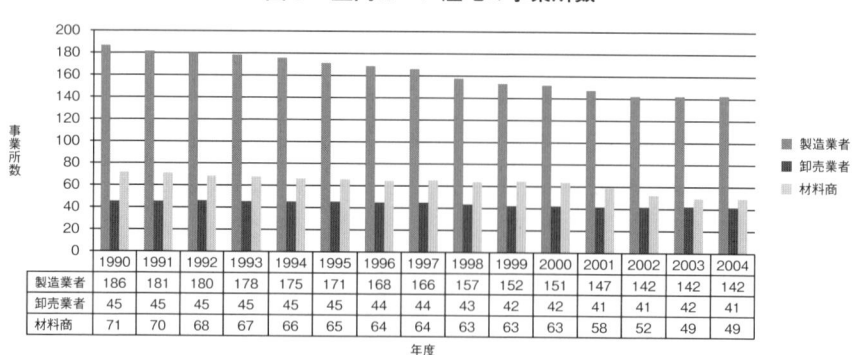

(3) 豊岡カバン産地の事業所数

　豊岡カバン産地の事業所数のデータを以下の図3で説明していく。製造業者（メーカー）は1990年の180事業所から2004年の142事業所に減少している。卸売業者（産地問屋）は1990年の45事業所から2004年の41事業所に減少している。材料商（材料業者）は1990年の71事業所から2004年の49事業所に減少している。製造業者（メーカー），卸売業者（産地問屋），材料商（材料業者）の事業所数の減少は製造業者（メーカー）の減少が顕著に現れている。

(4) 豊岡カバン産地の産地問屋地域別仕入先

　豊岡カバン産地の産地問屋の地域別仕入先金額のデータを以下の図4で説明していく。但馬地区の1990年の仕入先金額は160億円から2004年の40億円に減少した。海外からの1990年の仕入先金額は20億円から2004年の40億円に増加した。その他国内の1990年の仕入先金額は20億円から2004年の10億円に減少した。海外からの仕入先金額の割合は大きくなり，一方で但馬地区からの仕入先金額が減少している。

(5) 豊岡カバン産地の製造業者販売先

　豊岡カバン産地の製造業者（メーカー）の販売先金額のデータを以下の図5で説明していく。産地問屋等への1990年の販売先金額は220億円で，2004年の販売先金額

図3　豊岡カバン産地の事業所数

年度	1990	1991	1992	1993	1994	1995	1996	1997	1998	1999	2000	2001	2002	2003	2004
製造業者	186	181	180	178	175	171	168	166	157	152	151	147	142	142	142
卸売業者	45	45	45	45	45	44	44	43	42	42	42	41	41	42	41
材料商	71	70	68	67	66	65	64	64	63	63	63	58	52	49	49

出所：豊岡鞄協会統計調査委員会・豊岡市『特産業統計書2005年度』より

は40億円に減少した。他地域への1990年の販売先金額は125億円で，2004年の販売先金額は75億円に減少した。産地問屋等，他地域の2004年の販売先金額は，共に減少しているが，他地域への販売先金額の数値が産地等への販売先金額を上回っている。

(6) 各種データ推移のまとめ

以上のように，豊岡カバン産地の現状は日本全体のカバン製造業の縮小傾向と似て

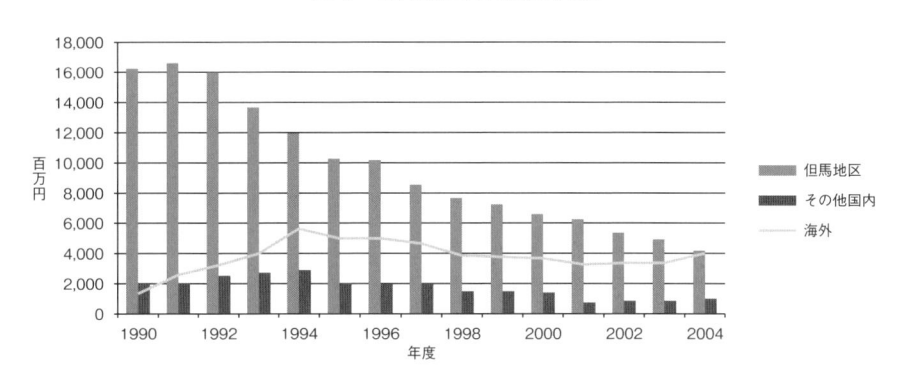

図4　産地問屋地域別仕入先

出所：豊岡鞄協会統計調査委員会・豊岡市『特産業統計書2005年度』より

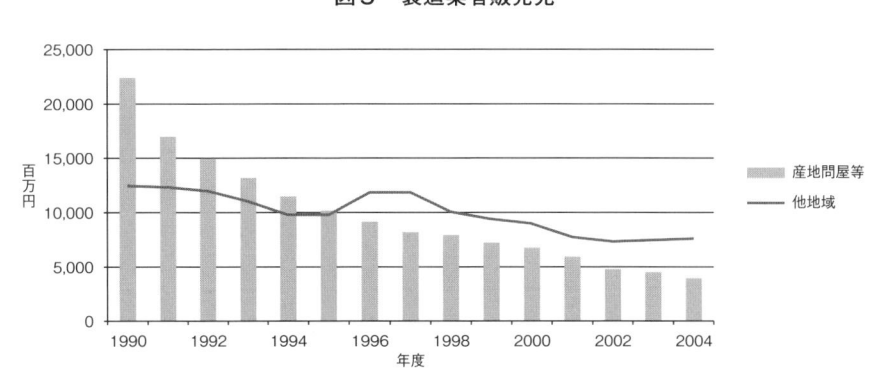

図5　製造業者販売先

出所：豊岡鞄協会統計調査委員会・豊岡市『特産業統計書2005年度』より

いる。さらに，豊岡カバン産地における製造・販売金額が年々減少しているのと同時に，産地問屋の仕入先，製造業者（メーカー）の販売先にも変化が起きている。つまり，産地問屋は産地内の取引よりも海外等の産地外の取引が増加し，製造業者（メーカー）も産地内の取引よりも他地域への産地外の取引が増加している。産地問屋や製造業者（メーカー）の取引先がデータ上で少なからず変化していることはわかるが，それに伴って従来の分業構造が単に縮小しているのか，また別の形態に変化しているのかは把握できない。以下からは，従来の豊岡カバン産地の分業構造の変化について述べていく。

4．豊岡カバン産地の構造変化

(1) 豊岡カバン産地の社会的分業の変化

　3で豊岡カバンの統計的データから製造金額，卸売金額，事業所数の減少と共に産地問屋，製造業者の取引先の変化が明らかになった。2で取り上げた1970年代の社会的分業構造はどのように変化したかを検討する。以下の図6をもとに豊岡カバン産地の社会的分業構造の変化を説明する。産地問屋は新たに産地外メーカー（中国等の海外メーカー）との取引関係を構築している。その背景には産地問屋は国内の低価格競争に対応するために，廉価な製品を仕入れる必要があった。このように，産地問屋の取引関係が産地外メーカーに移行したことにより，産地問屋はメーカー，関連業者との取引関係が減少した。

　メーカーは産地問屋が取引先を産地外メーカーに移行したことにより，製品の販売先が減少した。メーカーは製品を販売するために，産地問屋以外の取引先を開拓しなければならなくなった。メーカーは産地外問屋，小売店（百貨店等），一般消費者との取引関係を見出すことになり，産地問屋が従来担ってきた製品開発等の機能も担うことになる。また，メーカーは産地外メーカーとのOEM（Original Equipment Manufacturing）という形で取引を構築している。関連業者（材料業者）はメーカーが産地内での取引関係から産地外の取引関係に移行したことで，メーカーからの受注が減少した。関連業者（材料業者）は存立していくために産地外メーカーとの取引関係を構築している。つまり，関連業者（材料業者）は産地外メーカー等と取引関係を構築し製品開発等に着手している。下請加工業者は産地外メーカーから製品の加工の仕事を受注し産地外の製品を取り扱っている。外注・内職群は従業員の高齢化，後継者問題等で従事する人数が減少し，下請加

豊岡カバン産地の構造変化　223

図6　豊岡カバン産地の社会的分業の変化 [注4]

1970年代の社会的分業の構造

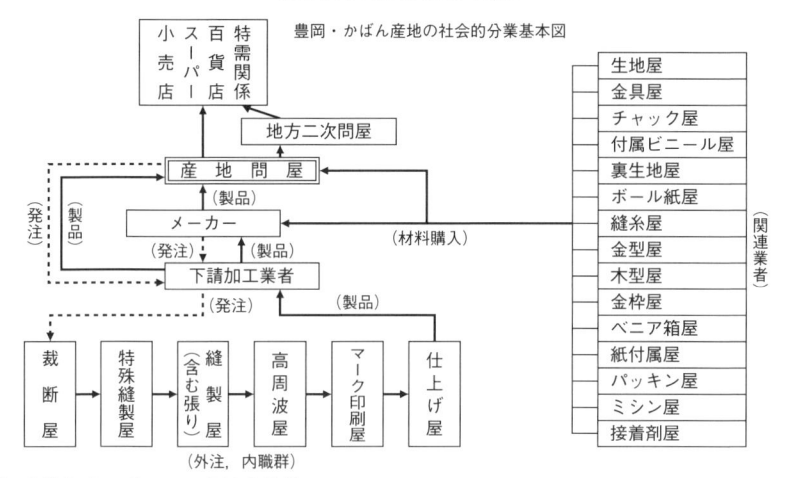

豊岡・かばん産地の社会的分業基本図

```
                                                   ┌─生地屋
                                                   ├─金具屋
  小 特                                             ├─チャック屋
  売 百 需                                          ├─付属ビニール屋
  店 貨 関                                          ├─裏生地屋
    店 係                                           ├─ボール紙屋
        ↑                                          ├─縫糸屋
   地方二次問屋                                     ├─金型屋       （関連業者）
        ↑                                          ├─木型屋
   産 地 問 屋 ←──────────────                     ├─金枠屋
     （製品）                                      ├─ベニア箱屋
   メーカー         （材料購入）                    ├─紙付属屋
   （発注）（製品）                                 ├─パッキン屋
   下請加工業者                                     ├─ミシン屋
        ↓（発注）  （製品）↑                       └─接着剤屋
   裁 → 特殊 → 縫製 → 高周 → マーク → 仕上
   断   縫製   屋    波屋   印刷屋   げ屋
   屋   屋  （含む張り）
         （外注，内職群）
```

出所：山崎充（1977）P.81の図から抜粋

↓

現在の社会的分業の構造

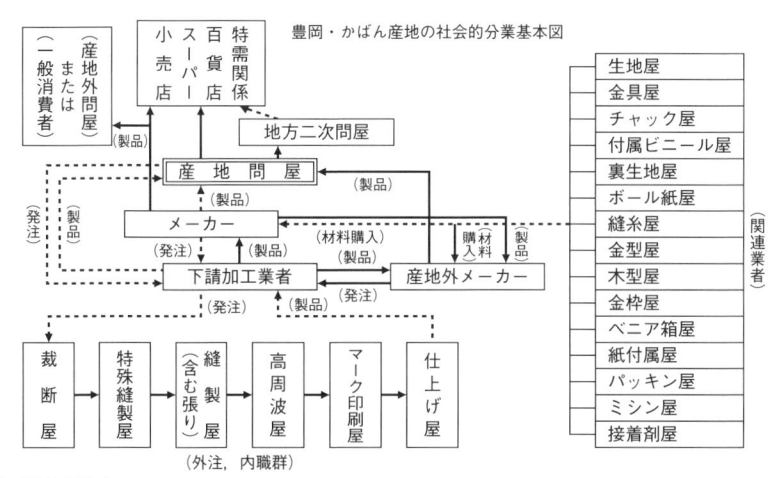

豊岡・かばん産地の社会的分業基本図

```
  （産地外問屋または一般消費者）
         ↑（製品）
  小 特
  売 百 需
  店 貨 関
    店 係                                          ┌─生地屋
        ↑                                          ├─金具屋
   地方二次問屋                                     ├─チャック屋
        ↑                                          ├─付属ビニール屋
   産 地 問 屋                                      ├─裏生地屋
    （製品）                                       ├─ボール紙屋
   メーカー（製品）                                 ├─縫糸屋       （関連業者）
   （発注）（製品）（材料購入）（購入）（製品）     ├─金型屋
   下請加工業者 ←── 産地外メーカー                 ├─木型屋
        ↓（発注） （製品）                         ├─金枠屋
                                                   ├─ベニア箱屋
   裁 → 特殊 → 縫製 → 高周 → マーク → 仕上        ├─紙付属屋
   断   縫製   屋    波屋   印刷屋   げ屋          ├─パッキン屋
   屋   屋  （含む張り）                           ├─ミシン屋
         （外注，内職群）                          └─接着剤屋
```

出所：筆者が作成

工業者に製品を納品できる量が減少している。

(2) 社会的分業型から社会的分業型及び工場一貫生産型へ

以上のように，豊岡カバン産地の社会的分業の構造は産地問屋，メーカー，材料業者を中心に取引関係が変化している。1970年代の豊岡カバン産地において，産地問屋はカバン製品を出荷し製品開発にも関わることで，取引関係における主導権を有していた。メーカーや材料業者は産地問屋を中心に，製品を開発・製造していた。つまり，1970年代の豊岡カバン産地は産地問屋が主導的な役割を果たし，社会的分業が成り立っていた。しかし，既述しているとおり現在の豊岡カバン産地では，産地問屋が製品開発等の機能を果たしておらずメーカー，材料業者の取引関係も変化し「工場一貫生産型」の構造がみられる。「工場一貫生産型」とは「社会的分業関係がほとんどみられず，一貫生産体制のもとで，製品を生産し，生産した製品は自らの手で産地外の消費地問屋，スーパー，小売店等に直接販売している独立メーカーによって，構成されているタイプの地場産業」（山崎充,1977,p.43）である。つまり，製造から販売までを一貫で担っている産地企業によって構成されている地場産業である。

現在の豊岡カバン産地には社会的分業によって製品を製造するのではなく，100％自社工場内生産で，カバンを製造し，産地外へ販売しているメーカーも存在する。だが，1970年代から継続されている社会的分業関係によってカバンを製造しているメーカーも存在する。つまり，豊岡カバン産地は「社会的分業型」と「工場一貫生産型」が共有した地場産業といえる。

(3) 産地完結型から非産地完結型へ

山崎充（1977）によると豊岡カバン産地は，1970年代に産地完結型だとされているが，現在では「製品の企画，製品化等に関するリーダーシップが産地の外に本拠をもつメーカー，問屋の手に大なり小なり握られているタイプの地場産業」（山崎充,1977,p.45）である「非産地完結型」といえる。何故なら，産地問屋の数が減少したことにより，メーカーとの製品開発等を伴う取引関係も減少した。したがって，産地問屋主導による製品開発は現在減少している。産地外のメーカー等は豊岡カバン産地のメーカーに自社の製品を製造させることで，豊岡カバン産地内でのリーダーシップを発揮するようになっている。また，産地外問屋はメー

カーと共同でデザイン開発し製品の販売を担っている。つまり，メーカーは産地外の問屋，メーカーと独自の製品開発等を行うようになっている。このように，メーカーが産地外の問屋や産地外に本拠を持つメーカーと新たな取引関係を構築しており，豊岡カバン産地は「非産地完結型」といえる。

(4) 現在の豊岡カバン産地の分類形態

1970年代の豊岡カバン産地は社会的分業，産地完結型であるので，産地完結型及び社会的分業型に分類できる。現在の豊岡カバン産地の生産形態は社会的分業型と工場一貫生産型とが共存しており，なおかつ豊岡カバン産地は非産地完結型で構成されている。つまり，豊岡カバン産地は，①非産地完結型及び社会的分業型，②非産地完結型及び工場一貫生産型の形態に分類できる。①非産地完結型及び社会的分業型とは産地問屋，メーカー，材料業者が各自に産地外の問屋，メーカーと取引関係を構築し，産地外の問屋，メーカーに製品開発等の主導権を握られ，一部の製造過程ではメーカーが産地内の下請加工業者，材料業者との取引関係を構築している形態である。②非産地完結型及び工場一貫生産型とは産地内の産地問屋，製造業者，材料業者の各自が産地外の問屋，メーカーと取引関係を構築し，産地外の問屋，メーカーに製品開発等の主導権を握られ製造過程では産地内のメーカーが内製化し，工場で一貫生産され製品の販売も自ら手掛ける形態である。

以上のように，現在の豊岡カバン産地は①非産地完結型及び社会的分業型，②非産地完結型及び工場一貫生産型で構成されている。つまり，現在の豊岡カバン産地の分業構造は1970年代の産地完結型及び社会的分業型から①非産地完結型及び社会的分業型，②非産地完結型及び工場一貫生産型，に変化したといえる。次に，①非産地完結型及び社会的分業型，②非産地完結型及び工場一貫生産型，の分業構造のなかで，豊岡カバン産地の産地企業の実態を明らかにするためにインタビュー調査をもとに考察する。

5．豊岡カバン産地企業の産地外取引

(1) インタビュー調査の対象企業について[注5]

豊岡カバン産地において，新たな分業構造に対応する産地企業の経営行動を明らかにするために産地外取引に重点を置いている3社を選んだ。その3社はバッ

ク，ケース等の鞄を製造しているA社，鞄金具及び錠前を製造しているB社，ビジネスバッグ，タウンバッグをOEMで製造しているC社，である。3社とも，創業当時（約50年前）から産地外取引を行っているのではなく，約10年前から産地内取引から産地外取引に着手している。以下の図7はインタビュー調査の概要を示している。

図7　インタビュー調査の概要

	A社	B社	C社
概要	設立：1956年3月	設立：1955年12月	設立：1956年5月
	事業：バッグ，ケース等を主とし鞄，袋物類の製造及び販売	事業：地場の鞄メーカーに鞄金具及び錠前を製造，供給	事業：ビジネスバッグ，タウンバッグ，財布，小物の製造
	資本金：1,000万円	資本金：1,000万円	資本金：3,000万円
	従業員：9名	従業員：15人	従業員：150人
現状	・少量ロットの受注生産	・カバンに付けるハンドル，金具を製造	・設計，裁断，縫製の一貫生産ライン
	・企業向け鞄ビジネス	・中国に進出し，サンプル作りに着手	・外注ではなく，100%自社工場内生産
	・在庫をほとんどもたない	・海外の有力なブランドメーカーとの取引	・ISO9001,14001認証工場
意義	創業当時（約50年前）から産地外取引を行っているのではなく，約10年前から産地外取引に移行している。	創業当時（約50年前）から産地外取引を行っているのではなく，約10年前から産地外取引に移行している。	創業当時（約50年前）から産地外取引を行っているのではなく，約10年前から産地外取引に移行している。
調査	①質問：貴社は産地内での取引関係はあるか？	①質問：貴社は産地内での取引関係はあるか？	①質問：貴社は産地内での取引関係はあるか？
	→豊岡カバン産地内での取引関係が減少している。	→豊岡カバン産地内での取引関係が減少している。	→豊岡カバン産地内での取引関係が減少している。
	②質問：産地内での取引関係の減少で産地外との取引関係は増加したか？	②質問：産地内での取引関係の減少で産地外との取引関係は増加したか？	②質問：産地内での取引関係の減少で産地外との取引関係は増加したか？
	→増加した。産地外の問屋，一般消費者（インターネット，店頭販売）との取引関係である。	→増加した。中国企業，海外の有名ブランドメーカーとの取引関係である。	→増加した。日本の大手鞄メーカーとの取引関係である。
	③質問：産地外との取引関係をどのように構築したか？	③質問：産地外との取引関係をどのように構築したか？	③質問：産地外との取引関係をどのように構築したか？
	→インターネットによる少量ロットの受注生産，店頭販売の強化をした。	→中国に進出できたのは，独自の情報収集によるものである。また，海外の有力ブランドメーカーに鞄の金具を積極的に売り込む活動の成果である。	→日本の大手鞄メーカーの関係者が豊岡カバン産地を訪れたときに，話す機会があり，OEMへの参加が決まった。

出所：筆者がインタビュー調査を基に作成

A社は産地内の材料業者から部品を購入し製造しており，社会的分業型を構築している。しかし，産地外問屋，一般消費者の需要に対応するために製品開発等をオーダーメードという形で行っている。多種多様な需要に対応するためにオーダーメードの製品を開発したことで，産地外問屋，一般消費者に製品開発等の主導権を握られることになり，非産地完結型になっている。A社は①非産地完結型及び社会的分業型の経営行動をとっている。

B社は鞄金具及び錠前を産地内メーカーに出荷しており，社会的分業型を構築している。しかし，産地問屋へ出荷がなくなり，出荷できるところが減少した。そこで，ブランドメーカー（産地外メーカー）に対応するために，デザインに独自性のある製品を製造している。ブランドメーカーに製品開発等の主導権を握られることになり，非産地完結型になっている。B社は①非産地完結型及び社会的分業型の経営行動をとっている。

C社は産地外メーカーとの取引関係（OEM）を構築することで，製品開発等の主導権を産地外メーカーに握られることになり，非産地完結型になっている。また，自社の設計，裁断，縫製の一貫生産ラインで製造することで工場一貫生産型になっている。C社は②非産地完結型及び工場一貫生産型の経営行動をとっている。

(2) 各社の経営行動がもたらす影響

以上のように，各社の分業構造の変化に対応した経営行動が豊岡カバン産地の①非産地完結型及び社会的分業型，②非産地完結型及び工場一貫生産型，の分業構造を生み出している。豊岡カバン産地の産地企業が仮に②非産地完結型及び工場一貫生産型，に対応した経営行動に完全に移行すれば，産地企業同士の取引関係は減少し，新たな分業構造に対応できない産地企業が衰退していくことになる。

5．結論

本稿では地域経済の主体である地場産業の分業構造について考察してきた。従来の地場産業の分業構造から新たな分業構造に変化したことで産地企業の実態もそれに沿った経営行動がみられた。既述しているとおり，①地場産業の企業数，従業員数，生産額の減少によって地場産業の分業構造が変化している，②地場産

業の分業構造の変化によって新たな分業構造に変化している，の2点の仮説を検証した結果，現在の豊岡カバン産地の分業構造とは産地問屋が製品開発等の機能を失うことにより，メーカー等が産地外取引に移行した分業構造である，①非産地完結型及び社会的分業型，②非産地完結型及び工場一貫生産型，への変化であった。

本稿は豊岡カバン産地を取り上げ地場産業の構造変化に伴う産地企業の実態を明らかにしたが，山崎充が1970年代に指摘した地場産業の分業構造では現在の地場産業の分業構造を把握できなくなっている。つまり，豊岡カバン産地の分業構造のような状況が他地域の地場産業でも起こっていると考えられる。しかし，地場産業の分業構造の変化が非産地完結型にある現状ならば，産地企業数の減少を引き起こすことになる。産地企業数の減少による取引先の再構築に至っている現状が地場産業の存立維持を可能とするかは本稿では十分に検討できていない。地場産業の存立維持を可能とする要因が仮に考えられるとしたら，産地問屋が製品開発等のソフト面での機能を強化し，メーカー等との取引関係を再構築する方向性であろう。また，地場産業を取り巻く経済環境に適した分業構造の再構築を支援する地方自治体等の役割も求められる。つまり，本稿の意義は現在の地場産業の分業構造を明確に把握し，地域の雇用創出といった地域経済に貢献できる分業構造の再構築の必要性を示唆できたことである。これらの点を踏まえて今後の本稿の課題として，産地問屋とメーカーとの産地内企業間関係の再構築について検討していく。

（付記）
　本稿の投稿後に，匿名レフリーの先生方（少なくとも）2名から大変有益でかつ貴重なご意見を賜りました。この場を借りてお礼申し上げます。

〈注〉
1　日本における地場産業の多くは，様々な業種で構成されている。山崎充は1970年代の地場産業の現状分析し，5つの形態を分類している。
2　1970年代の豊岡カバン産地では産地問屋，メーカー，材料業者，の産地内取引関係によってカバン製品が製造されていた。
3　2004年までの統計になっている理由は旧豊岡市が2005年に合併した以後調査が行われていないからである。

4　図6のなかで，実線から点線になっているところは取引関係が減少していることを示す．
5　以下の記述は，2010年6月8日10:00～14:00の日程で行ったインタビュー調査に基づいている．

〈参考文献〉
1　中小企業庁（2005年）『全国の産地：産地概況調査結果』中小企業庁
2　中小企業庁（1980年）『産地の実態』中小企業庁
3　井上芳郎（2008年）「独自資源を活用した地域活性化についての実証的理論的研究－豊岡鞄と播州織の取り組みからの考察－」日本中小企業学会編『日本中小企業学会論集』同友館　第27巻, pp.72～85
4　経済産業省（2000-2009年）各年版『工業統計書』経済産業省
5　長山宗広（2005年10月）「地域産業活性化に関する諸理論の整理と再構築」信金中央金庫『信金中金月報』第4巻第10号, pp.20～48
6　佐竹隆幸（2008年）『中小企業存立論』ミネルヴァ書房
7　塚田朋子（1995年10月）「兵庫県豊岡市のかばん産地に見る地場産業のマーケティング戦略の現状と今後の方向性（その1）」慶應義塾大学『三田商学研究』第38巻第4号, pp.99～112
8　塚田朋子（1996年6月）「兵庫県豊岡市のかばん産地に見る地場産業のマーケティング戦略の現状と今後の方向性（その2）」慶應義塾大学『三田商学研究』第39巻第2号, pp.71～85
9　豊岡鞄協会統計調査委員会・豊岡市（2005年）『特産業統計書』豊岡市
10　植田浩史（2004年）『「縮小」時代の産業集積』創風社
11　渡辺幸男（2002年1月）「国内産業集積の展望」商工組合中央金庫『商工金融』第52巻第1号, pp.10～25
12　山本篤民（2010年）「地場産業産地の変容と中小企業の新分野への展開」植田浩史・粂野博行・駒形哲哉編『日本中小企業研究の到達点－下請制，社会的分業構造，産業集積，東アジア化－』同友館, pp.167～192
13　山崎充（1977年）『日本の地場産業』ダイヤモンド社

（査読受理）

地方自治体の産業振興ビジョンと中小企業
―広島県を事例として―

高千穂大学　川名　和美

1．はじめに

　本稿は，2011年発表の広島県産業振興ビジョンと，この策定にあたっての経緯を例に，地方自治体，とりわけ県レベルにおける地域産業振興および戦略立案を考察するものである。

　我が国では少子高齢社会の到来と，地方分権化の流れの中で，自治体が，独自の戦略による地域産業振興策に着手し取り組んでいくことが強く求められている。さらには1999年改正の中小企業基本法で，「地方公共団体は，基本理念にのっとり，中小企業に関し，国との適切な役割分担を踏まえて，その地方公共団体の区域の自然的経済的社会的諸条件に応じた施策を策定し，及び実施する責務を有する」と，その第6条にうたわれたように，地方自治体においては独自の地域産業施策の企画立案能力が問われている[注1]。2010年6月には中小企業憲章が閣議決定されたことも踏まえ，地方自治体での中小企業振興条例制定が今後各地で議論される機会も増えていくであろう。地域ごとに異なる固有の問題・課題を解決し，かつ地域の競争力を高めていくためには，従来の企業誘致に代表されるような，横並び的な産業振興ではない，地域独自の資源活用や，地域社会に根差した産業活力の再生と革新が必要となる。そして，地方分権社会のもとでは，自治体自らが当該地域における産業振興のビジョン（構想）を明らかにし，産業界や市民活動力を高めて地域経済の活性化を図り，そのことを通じて自治体を自立・発展的に経営していくことが求められる。

　そこで本稿では，2011年発表の広島県産業振興ビジョンを例に，今後の地域中

小企業振興を視野に入れた自治体独自の産業振興の視点と方向性を検討していく。

ここで広島県を例にとりあげたのは，①自動車・造船等の輸送機械，鉄鋼や一般機械が製造品出荷額構成で約半分以上を占める製造業依存型地域で，「リーマンショック」後に外需依存型への反省・教訓をどう活かすかが課題となっている，②広島県が俗に「日本の縮図」と言われてきたように，政令市を抱える県ながらも，中山間地域，島嶼部などには人口減少が著しい地域もあり，そして農業，漁業，林業等も盛んで，かつ事業所は小売，サービス，飲食・宿泊業など多様にあること，③2009年に，それまで4期続いた前知事政権から新知事（旧通産省出身，ベンチャー企業創業経営者）への交代があり，中小企業振興条例をはじめ，独自の中小企業施策が期待されること，以上の理由からである。

2．先行研究にみる，地域産業政策と産業振興ビジョン

(1) 地域産業政策とビジョン

一般にいう産業政策とは，経済産業省をはじめとする中央省庁が主体となって策定・実施する。本稿で示す，地域産業政策とは，地方自治体が，国とは別に自らが政策主体となり，地域産業の維持・振興を図るための政策とする。地域における産業振興ビジョンとは，自治体が，地域の実情に基づき，地域の産業振興に関して目標とする将来像を掲げ，施策に取り組むものとする。

経済のグローバル化が進展するなか，今日では地域をベースとした産業政策が重要性を増していることは周知である。特に我が国では中小企業政策の理念が変化し，自治体によって独自の産業政策を考えることが要求されるようになった。我が国の中小企業の比率は高く，都道府県レベルでの産業振興は事実上中小企業振興といっても過言ではない。1970年代ごろからすでに地域における産業振興及び中小企業振興の重要性は認識されてきたが，これまでどう議論されてきたのだろうか。

(2) 地域産業政策に関する先行研究

1970年代から「地域主義」の中小企業論からのアプローチをした清成（1986）は，地域間の不均等発展，産業構造の転換，内需主導型経済への移行，国および地方自治体の財政力の低下，これらの理由から自治体の主体的な地域産業政策の

必要性をすでに当時から説いている。また,「地域産業政策とは,地域レベルでの産業政策であり,地方自治体はミクロ的な視点をもって,地域内で産業間の資源配分を変更すること,特定産業のためにインフラを用意することが目的である[注2]」と具体的に定義され,とりわけ,「政策コンセプトのうえで,さしあたりつぎの四点をミックスしておく必要があろう。①市場志向,②イノベーション志向,③雇用志向,④統合志向[注3]」と述べ,大企業を頂点とするピラミッド型の階層社会から,多様な規模の企業が自由に連関しあうネットワーク型社会への移行という時代の変化を当時から重視していた。そこには,「民間活力の導入も不可避になっている。地方自治体と民間企業は新たな協力関係を構築しなければならない」と,今日でいう産官連携による新しい産業振興の発想の必要性を提唱するとともに,「地域産業政策は,市場経済を補完する存在である。(中略)市場経済を無視した政策では効果は期待できない」と,市場経済重視のスタンスを示している。

ただし,80年代当時の経済社会環境は,円高等による企業経営環境の劇的な変化が起こる前で,国際競争という視点はさほど色濃くはなかった。また,1983年の高度技術工業集積地域開発促進法(いわゆるテクノポリス法)によって高度集積地域での知識集約型中小企業の躍進が期待された。さらには80年代中小企業ビジョンに示されたように,中小企業が「活力ある多数」として政策でも積極的に評価された時期でもある。しかしながら,テクノポリス法で地域経済自立化の拠点づくりと地元の主体的地域開発が待望されたものの,その後内発的発展へと成果をあげたテクノポリス指定地域は決して多くはなかったことは,政策主導の地域産業振興の限界を我々に示したのも事実である。

加えて,清成は,「都道府県と市町村とでは,産業政策のあり方は異なる。前者では広域的な視点からの地域間の調整,諸地域の産業の連関・統合などが重要な課題になろう。これに対して後者では独自な産業を地域にどう定着させるかが重視されよう」と,都道府県レベルと市町村レベルとの政策立案プロセスと目標にある様々な違いを示していた。

一方,安東(1986)(1991)は,70年代の地方経済成長の特有な条件として,単純労働力需要や地方からの労働力供給量の増加,高い経済成長に支えられた財政支出の伸びをあげている。

高度成長期以来地方で進展してきた状況を,個々の地域のもつ自己発展力の分

解と引き換えに得られる「発展なき成長」と示した。工場誘致などに代表される外部からの資源への過剰な依存ではなく，地域の既存（潜在的なモノも含め）の資源を動員・活用する地域のイニシアチブによる「内発的発展」への変化を指している。この点は，清成が地方自治体のミクロ的な視点での地域内産業間の資源配分の変更や，特定産業へのインフラ整備を強調したのに対し，安東が既存資源に目を向け，新しい経済社会への積極的な試行錯誤を提唱してきたことは，後述の岡田（2010）の議論に先行する論点が示されている。

(3) ビジョンと条例

2000年代に入ると，EU小企業憲章の制定（2000年）を背景に，中小企業と地域産業・経済との関係は，単なる地域産業振興だけではなく，より普遍性ある理念を持つものへという認識が高まってきた。植田（2005）は，地域振興の視点として，「第1に，地域の個性と条件を反映したものであること，第2に，戦略的・マネジメント的な地域経営的な観点が必要であること[注4]」を指摘している。また，産業振興の姿勢を明示化できる中小企業振興基本条例制定によって，東京都墨田区等の事例を産業振興で一定の成果が得られたものとして詳細に分析している。桑原（2000）や松永（2007）の自治体産業政策の調査分析なども興味深い実態が出ている。

この中小企業振興基本条例については，岡田（2010）の研究でその重要性を，「市町村レベルの独自産業振興にあたっては（中略）条例のような，法的拘束力，強制力が強く，また中小企業振興の理念を明確にした上で自治体，企業，住民，大企業や大学等の役割までを明記した理念条例が地域社会における中小企業の存立を示す[注5]」と言及している。市区町村レベルでのその有効性はあるものの，和田（2009）が指摘するように，各地での地域経済産業局が強化されるにつれ，都道府県レベルの自治体における地域中小企業政策実施にあたっての閉塞感が否めない。この指摘は重要である。

(4) 地域産業政策に関する議論の整理

これらを整理すると，①産業振興関連ビジョン策定は，中・長期的な自治体の目指す方向性を対内・対外的に示す上で重要であることは認識されている。②地域の競争力強化が重視される今日において，地域の独自性を中小企業振興で打ち

出すことは必要だが，それだけでは不十分であり，また市場経済に偏重し，選択と集中の地域戦略を掲げていくには，実状にそぐわない面も多々ある。③地域に関わる各主体（中小企業，大企業，行政，住民，大学等々）への中小企業振興の理念の浸透には，市町村レベルの自治体単位では比較的浸透しやすいが，都道府県レベルでは範囲の広さ，国と市町村との間という立場であること，コンセンサス形成の難しさなど，様々な事情により容易にはいかない。④けれども，今日の中小企業の経済活動領域が地理的にも広範囲であり，最低でも都道府県レベルでの中小企業振興への共通する理念とビジョンを示していくことが必要となるのではないだろうか。これらを踏まえ，以下では，新たな産業振興ビジョン策定に取り掛かっている広島県を事例に考察していく。

3．広島県の概要と現状

(1)　「日本の縮図」と高齢社会の進展

　広島県の人口は約286万人（2010年推計）で，県内は，輸送機械産業と商業を中心とする県西部の広島都市圏域と，県東部の備後都市圏域，県北東部の中山間地域が含まれる備北圏域の3つに区分されることが多いが，加えて大小合わせ約140以上もの瀬戸内海の島嶼部を抱えているのも特徴である。

　長期的な少子化傾向を反映して，広島県の総人口は平成10（1998）年をピークに，進学や就職による社会減（転入者数—転出者数）が続いている。昭和35年に広島県の高齢化率は7％を超え，2010年には全国平均を上回り23.4％となり，将来推計では2025年には30.1％に達する見込みとなっている。これは老人福祉費割合（対歳出決算総額）が全国4位（2006年）という，財政基盤の指標にも表れている。

(2)　産業集積と産業構造の変遷

　広島県の産業集積は，西部の広島都市圏域と，東部の備後都市圏域とに分けてその集積の特徴をとらえることが多い。広島都市圏域の場合は，戦前からの軍需産業を母体として，戦後も造船や自動車などの輸送用機械，鉄鋼，生産用機械，加えて食品加工産業が集積し，マツダや三菱重工業の取引企業が集積することから，城下町型企業集積に分類される。

一方，福山市を中心に，尾道市，三原市，府中市などから構成される県東部の備後都市圏域は，古くから繊維，家具，履物や造船などの地場産業が集積し，機械系では充実した産業分野はないものの，多様な分野でオンリーワン企業が生まれ育った地域といわれる。ただ，このように産業分野が特化していないと地域産業振興を行いにくいのが特徴である。

　他方，近年人口増加の顕著な東広島地区にある広島中央テクノポリス地域は，1983年の高度技術工業集積地域開発促進法（いわゆるテクノポリス法）によって指定された地域であり，工業団地や広島中央サイエンスパークが集積している。また，この地域は，文部科学省が推進していた知的クラスター創成事業の指定を受けて，「広島バイオクラスター事業」を2002年より推進してきた。これに伴い，事業の研究成果或いは事業の推進を基盤として大学発バイオベンチャー企業が創設され，この地域に立地する広島大学キャンパス周辺と広島中央サイエンスパークに新規のバイオクラスター形成の基盤が集積しつつある。

(3) 製造業と事業所・従業者数

　広島県産業の強みといわれる製造業についてみると，平成3年から13年までの製造品出荷額の伸び率は0.81％で，全国でみると下から4番目という低い位置付けであった。しかし，平成13年のビジョン「21ひろしま国際産業拠点構想」に基づいて，新規成長産業の育成や積極的な企業誘致に取り組んだ結果，半導体などハイテク関連産業の集積がすすみ，製造品出荷額に占める電気機械のシェアが基幹産業の1つである鉄鋼と並ぶ規模にまで拡大した。平成20年の工業統計では，製造品出荷額が10兆2,910億円で，全国第10位。中国，四国，九州地方で連続5年トップとなっている。製造品出荷額等の構成比を全国平均と比べても，輸送用機械，鉄鋼，生産用機械の3部門で半分以上を占めており，この分野への依存度が大きい。

　しかし，直接・間接的にも，欧米への輸出依存度が高い構造となっていることが，平成20年秋のいわゆるリーマンショック以降，世界同時不況の影響を強く受けたことからわかるように，今日の環境変化のもとでは不安要素でもある。広島県商工労働局による「平成21年度企業訪問調査結果」では，平成20年と21年の間の製造業事業者の保有技術をめぐる課題をとりあげ，受注量の減少や単価引き下げ，海外の技術力の脅威などが，相対してかなり多くなっていることに危機感を

持っている。

4．産業振興ビジョンの変遷

(1) 21ひろしま国際産業拠点構想（2001年3月公表）

広島県の特徴をここまで紹介したが，次に，前回の産業振興ビジョンとして，2001年3月に公表された「21ひろしま国際産業拠点構想～元気のある広島県産業の創造～」をみてみよう[注6]。

この構想における広島県産業の目指すべき姿と目標は，「グローバル時代の産業ネットワークづくりを21世紀における広島県産業の目指すべき姿とし，国際的な産業拠点を確立する。」というものであり，21世紀広島県産業の具体的目標は，①ひろしまの特徴（発展ポテンシャル）を活かし，②世界に通用する人や企業が生まれ育ち，③東アジアをはじめとする国内外の人や企業の相互交流が生み出される，以上の3つである。

そして具体的には，「6つの育つ」をキーワードに，①ものづくりとITなどの知識創造企業，②地域資源を活かしたオンリーワン，ナンバーワン企業，③瀬戸内海を活かした産業，④チャレンジ精神あふれる起業人材，⑤中央サイエンスパークを拠点にしたグローバル交流企業，⑥広域型サービス産業に注目したのである。

また，特徴としては，「主な経済指標で，広島県産業が最も活力を持っていた時に位置づいていた，全国順位10位以内を回復することを目指す」という明確な数値目標を掲げていたことである。

目標像の実現に向けた具体的取り組みを行ってきた広島県であるが，その結果達成状況としては，当初目標としていた，製造品出荷額等，付加価値額で全国10位。一人あたり県民所得も10位と，概ね目標値を達成している。

けれども，2001年のビジョンを振り返り，残された課題としては，以下の6点があげられている。

①「強み」である製造業が外需に大きく依存していたために世界的不況の影響が直撃，②製造業を支える産業支援サービス業の需要吸収力の不足，③海外との競争の激化など保有技術をめぐる課題の顕在化，④豊富で多彩な観光資源を有しているにもかかわらず，全国と比較して宿泊型の観光が低迷，⑤創業・第二創業の活発化に必要な環境が不十分（資金調達，販路開拓，人材確保），⑥県内産業

の発展を支える技術人材の不足。

これらの課題を踏まえ，10年経過した平成23年発表の新産業振興ビジョン策定時にこれまでの成果がどうつながっているのかをみたい。

4．新・産業政策懇談会の設置と新ビジョン策定

平成22年4月，広島県の10年先を見据えた県産業の方向性等をまとめた「新たな産業振興ビジョン」の策定に向け，「ひろしま産業政策懇談会」が設置された。年度内に4回の会議を経て，委員18名（構成：県内主要企業，学識者，シンクタンク，経済団体等）の議論のもと，重点課題と，独自性のある産業振興ビジョンの議論が始まった。

広島県では県知事の交代もあり，新たな産業振興の方向性が求められている。とりわけ広島県の基幹産業でもある製造業に関してみれば，①輸出型製造業が多く全国に比べて円高の影響を受けやすいこと，②中小企業の業績回復が遅れていること，③設備投資や雇用所得環境の改善ペースも鈍いものにとどまることなどが既存の調査[注7]でも指摘されている。

さらに今日では，環境問題への対応，アジア諸国の台頭，ICT社会のさらなる深化，国をあげての観光産業への注目など，新産業への期待がますます高まっている。加えて，国の政権交代後，中小企業憲章の閣議決定などを背景に，今後のビジョン策定には，より地域の独自性と戦略性を盛り込んだ方向付けが求められている。

これらを背景にして，2011年7月に公表された，「ひろしま産業新成長ビジョン～イノベーション立県を実現します～[注8]」の概要は，以下の通りである。

(1) 基本理念
　魅力のある雇用が創出され，県民が将来に向けて大きな希望を持てる強固な経済基盤を確立します。

(2) 目指すべき姿
・社会経済情勢や市場の動向に，柔軟かつ的確に対応できるイノベーション立県が実現
・アジアを中心とする成長市長を獲得
・観光が本県の成長を支える産業の新たな柱

(3) 基本方針（3つの視点）
①地域のイノベーション力を徹底強化します。
②本県の強みや強みの芽を最大限に活用します。
③常にグローバル化の視点を持ち，アジアの活力を取り込みます。
(4) 産業振興の方向性
①新たな産業の育成
②基幹産業の競争力の強化
③アジアを中心とする成長市場を取り込んだ事業展開（アジア戦略）

5．新ビジョンの考察

　2001年当時の前回ビジョンからの流れをとらえ，新たなビジョン策定にあたってのいくつかの示唆を示したい。
　第一に，これまでのビジョンの「評価」である。前回ビジョンで掲げた数値目標が達成されたことは，これまでに行ってきた広島県独自の産業振興施策が，定量化可能な事業成果としてあがったものである。けれども，2001年当時に重視された，文部科学省の知的クラスター政策，経済産業省の産業クラスター政策やそれにかかる産学連携活動など，未だ成果の数値化には難しくとも，関連事業の質的な評価がされてもよい事業がある。そもそもクラスター関連施策の目的は，地域の特性を活かした技術開発等の推進や強みを活かした地域クラスター形成により産業集積，雇用数，ベンチャー創出数等，競争力強化につながる成果を生み出すことであった。例えば広島県は，公益財団法人ひろしま県産業振興機構が広島TLOを設置し，これが広島県域の拠点組織となってきた。国（経済産業省）が推進する「産業クラスター計画」の中核的役割として，広域的な人的ネットワークの形成・強化を中核とした中小・ベンチャー企業による新事業創出のための事業環境を着実に構築してきているのである。だからこそ，新ビジョン策定にあたっては，こうした事業に対する質的評価を前提におくべきであろう。
　また第二に，県の目指すべき将来像がどれだけ中小企業の現状をリサーチした上でのものかである。国，県，市の補助により開設された，「ビジネスベースひろしま」での新規開業企業や，中小・ベンチャー企業の新事業展開を後押しする「ひろしま産業創生補助金[注9]」および「ひろしまチャレンジ基金[注10]」などに

応募している企業など，県域の中小企業の層は決して薄くは無い。今後ポテンシャルのある市場，波及効果の高い事業は何なのか，ベンチャー的中小企業への一定のリサーチが必要である。参考までに，福田（2008）によれば，広島県の地域際収支[注11]で，黒字部門は鉄鋼と自動車であるが，自動車の黒字は1990年以降急減し，逆に商業や運輸業では中国地域の他県が赤字なのに対して広島県は一貫して黒字が続いているという。中国地域の経済力を吸収する力をもつ広島県を前提に考えると，単に輸送用機械，鉄鋼，一般機械の出荷額等の比率の高さや出荷額の大きさで，産業の強みとポテンシャルがある分野として重点を置くのではなく，付加価値創出の上で将来性のある事業分野や，中国地域の人，モノ，情報が行き交う中核拠点としての産業等，バランスよく目を向けていく必要があろう。

　第三に，産業振興ビジョンにかかる懇談会及びワーキングチーム会議メンバーに，中小企業者や中小企業支援関係者が少なく，また，NPOや第一次産業関連など，今後地域産業で重要な役割を担うであろう組織のメンバーがいない。パブリックコメントとして，県ホームページを通じて15名からの意見を得たものの，より広く意見を求める機会が必要と思われる。これからの地域産業振興にあたっては，単なる企業のみならず，関連支援機関，研究機関や教育機関，個人事業者や商店主など，多様な組織や登場人物が関連してくる。政令都市を抱えるような道府県であるほど，圏外との人の交流が相対的に盛んで，多様な知恵が流入しやすい。そうした人や組織の連携が新たな地域イノベーションを担っていくことになるからこそ，ビジョン策定段階からの多様な組織・人の参画が必要と思われる。

6．まとめ

　最後にまとめとして，県レベルの地域産業振興を考えるにあたっての示唆を提示したい。

(1) 県レベルの広域的視点と域内波及効果
　まず，産業振興ビジョンの策定は，市町村と県とでは，対象地域の範囲と規模が異なるものの，独自性と戦略性が必要なことは変わらない。しかしながら，とりわけ政令市を抱える都道府県では，人口減少や企業の撤退などにより衰退傾向にある市区町村の状況を鑑みて，市区町村よりもより広域的かつ中・長期的な産

業振興ビジョンを立案する必要がある。その際重要となるのは，岡田（2010）が提唱するような，地域内での再投資力を高め，地域内経済循環を誘導していく地域産業振興である。これは，県レベルの枠を超えて，地域横断的な強みを活かすだけでなく，その強みを当該地域の中小企業や個人の事業者に中・長期的にどう波及させていくかに関係している。

(2) 地域イノベーションの視点

また，広島の例にみるように，昨今の自治体ビジョンの文言に「イノベーション」が用いられることが多いが，地域でのイノベーションとは，単に研究開発やハイテクの話ではなく，地域資源活用で新たな市場創造や新たなサービス提供方法を開発したり，域内外に新たな市場を開拓したりするなど，多様な革新が含まれる。農商工連携や地域資源活用などのように，地域の独自性を活かすための国の施策メニューも今日豊富であり，連携の仕方次第では，地方産業振興の先進的モデルとなるケースも少なくはない。その際に必要条件となるのは，住民はじめ，地域の関係者が知恵を絞り，また域外との交流と学習機会を持ち，地域イノベーションが起こりやすくなるような環境整備である。そうした多様な主体に，当該地域の産業振興につながる役割と機能が期待される今日では，単なる産業振興ビジョンだけではなく，中小企業振興基本条例などを通じて，企業だけではない，支援組織，研究機関，教育機関，NPOや一般市民などに対しても，地域産業振興の理念を広く示す必要があろう。

(3) 地域産業政策の社会性視点

最後に，都道府県レベルの産業振興ビジョンには，産業政策としての視点とともに，社会政策的視点も包含した未来像が求められる。なぜならば，地域産業政策は地域中小企業政策でもあり，それは市場原理だけで解決できないからである。

例えば，この数年，経済産業省でも積極的に目を向けているソーシャルビジネスやコミュニティビジネスのように，市場経済ではカバーできない小さなビジネスの雇用創出効果が注目されている。単なる社会政策としてだけではなく，衰退する地域の人口流出を食い止め，人材を育てる苗床，いわゆるインキュベーションとして今後機能していく可能性も高い。しかも今求められているのは，こうした分野のビジネスとしての永続性である。

加えて，これまでの地域産業振興を振り返ると，知識集約産業へのシフトに伴った，イノベーティブな産業振興を目指しても，そうした産業を牽引していくイノベーティブかつクリエイティブな人材が定着するためのライフスタイルまで考慮した地域やコミュニティづくりまで視野に入れてこなかったことに問題があった。それゆえ，地域産業政策は，市場経済を念頭におきながらも，社会政策的側面も含め複合的に考えていくことが，地域の持続的発展につながっていくのではなかろうか。

　いずれにせよ，地方分権等の流れのなかで，自治体自らが，多様な主体の参画を前提とした，独自の戦略による産業振興策に着手し真剣に取り組んでいくことが今日強く求められているのである。

〈注〉
1　吉田（2009），植田（2005）を参照のこと。
2　清成（1986）p.7
3　清成（1986）pp.7-8
4　植田（2005）pp.53-54
5　岡田（2010）p.44
6　http://www.pref.hiroshima.lg.jp/category/1168501439511/（2010年10月15日アクセス）
7　野村総合研究所（2010）
8　新成長ビジョン概要版・全文（2011年10月15日アクセス）http://www.pref.hiroshima.lg.jp/page/1311585024921/index.html
9　県産業の成長を牽引することができる新規成長産業群の形成を通じた産業活力の創成を目指して，企業が実施する独創的な技術・商品開発を支援するもので，ベンチャー枠，連携枠，リサイクル枠などの審査でそれぞれ対象経費の１／２〜２／３を補助する事業。
10　公益財団法人ひろしま県産業振興機構に造成した「ひろしまチャレンジ基金」の運用益で新技術，新商品・新サービスの事業化・市場化に取り組む中小企業者等を支援する助成事業。
11　地域際収支（地際収支）とは，産業連関表から作成され，地域間の財やサービスなどの取引における収入・支出関係を表す（福田，2008）。

〈参考文献〉
1　安東誠一（1986年）『地方の経済学』日本経済新聞社
2　安東誠一（1991年）『地域経済改革の視点』中央経済社

3　植田浩史（2005年）「地方自治体と中小企業振興　―八尾市における中小企業地域経済振興基本条例と振興策の展開―」『企業環境研究年報』No.10
4　岡田知弘（2010年）「地域内再投資力が地域を元気にする」『中小企業振興条例で地域をつくる』自治体研究社
5　清成忠男（1978年）『地域主義の時代』東経選書
6　清成忠男（1986年）『地域産業政策』東京大学出版会
7　桑原武史（2000年）「自治体産業政策―その形成と類型―」『産業集積と中小企業』創風社
8　野村総合研究所（2010年）『地域経済活性化要因実態等調査』（産業集積の実態に関する調査事業）報告書
9　福田善乙（2008年）「地域際収支からみた地域経済の動向」『企業環境研究年報』No.13
10　松永桂子（2007年）「地域産業振興のための政策分析・地域比較」『中小企業のライフサイクル・日本中小企業学会論集26』同友館
11　吉田敬一（2009年）「持続可能な地域社会を支える中小企業」『企業環境研究年報』No.14
12　和田耕治（2010年）「国の地域中小企業政策と地方自治体」吉田敬一・井内尚樹編著『地域振興と中小企業―持続可能な循環型地域づくり―』ミネルヴァ書房

（査読受理）

日本の中小企業の事業再生政策の課題

関西学院大学大学院 　松本　日彦

1. はじめに

　日本の中小企業への年平均貸出残高は約250兆円[注1]近くあり（中小企業白書(2010)），信用保証残高も30兆円[注2]，代位弁済1兆円ある。倒産件数[注3]は平均1万5千件あり，日銀短観・中小企業の業況ＤＩもバブル崩壊後は恒常的にマイナス（2004～2006は若干，非製造業は0を超えているが）であり，常に不況感がある。その意味では事業再生の必要性は大きい。事業再生[注4]という用語はバブル崩壊後，一般化し，大企業向けの制度のように解され，中小企業の事業再生制度の明確なものはないように見える。
　しかし，実態的には日本の中小企業政策での事業再生制度は既に存在しており，経済政策，制度融資，信用補完制度，公的金融機関による公的資金投入及び特別時限立法や倒産法の制定及び改定等により，戦前より現在に至るまで実質，中小企業の事業再生機能を支え，種々の政策・制度が複合的に再生機能を果たしているといえよう。特に中小企業での再生手法の中心は，信用補完制度の信用保証協会（以下，保証協会）による資金調達である。その上に，時限立法的に公的事業再生機関（公的再生機関）が創設され，法的には，産業活力再生特別措置法（産活法）が大きな位置付けを有している。従って，これらの諸制度の関係をみると共に改めて，その意義を再考してみる。反面，中小企業の場合，その再生制度が信用補完制度中心であるために，その課題も多いといえる。
　先行研究では，金融面及び中小企業政策等の個別的テーマによる研究は多く，中小企業の総括的事業再生制度の研究は非常に少ないといえよう。従って本稿は，

日本の中小企業の事業再生制度・手法を考察し，その課題を明らかにする。

2．事業再生の定義

事業再生の明確な定義はなく，倒産の反意的なニュアンスであるが，この倒産自体の定義も明確なものはない。法文では改正産活法第2条（定義）23項[注5]に記述されているが，事業再生計画を債権者の協力の下で行うことを意味している。また，経産省「事業再生人材育成講座（2004）[注6]」でもほぼ同様に事業再構築及び財務再構築の面を定義するが，統一された見解ではない。そのほか，Slatter（1984）においても，Turnaround Situationの言葉を用いるが，その定義においては厳格なものはないと指摘する。

倒産手続きには，私的整理と法的整理[注7]があり，各々清算型と再建型を含むが，この再建型が事業再生に該当するといえよう。本稿では，事業再生の定義を「事業再生の範囲を倒産予兆の段階から倒産状況発生後の対応行動までも含める」と共に，「毀損企業であるが，清算価値よりも継続価値が高い企業で有効資源を有し，関係者の協力得れば再生戦略により短期間に再生可能なプロセス」とする。特に中小企業の事業再生では，保証協会等の対応が，倒産処理前の事前の行動として重要な位置づけを占めているからである。

3．日本の事業再生制度と手法について

(1) 制度と手法の特徴

日本の事業再生制度としての中心的手続きは，機能的には，私的整理と法的整理の両者の中間に位置し，両者の特徴を活かしたものとなっている。それは，「破綻危険性の高い企業の企業価値毀損を最小化し，企業保有潜在価値の最大化を図り，供給サイドの問題を解決し，不良債権処理と関係者利害の調整を公平・公正に短期間・迅速に行う構図」となっている。それらを迅速且つ，衡平・公正に行うために，法的整理の柔軟化も行い，政府の介入も許容し，一般金融機関以外に，公的金融機関（預金保険機構，整理回収機構）や，準公的金融機関（日本政策金融機関（以下，日本公庫），日本政策投資銀行，保証協会）が存在している。特に保証協会の「信用保証」は中小企業にとっては資金調達の核の制度となってい

る。また，公権力と金融能力を付加し，関係者の利害関係を調整すべく公的事業再生機関[注8]（産業再生機構（既に清算・41社対象。以下再生機構），中小企業再生支援協議会（継続）以下協議会），企業再生支援機構[注9]（継続），産業革新機構[注10]（継続）等を創設している。その上，金融力とM&Aの促進支援として，一般ファンド企業の進出をも容易にしている（ファンド法[注11]）。また側面支援機関として商工会議所・商工会，中小企業基盤整備機構（中小機構）等が配置されている。

公的機関の介入は「市場の失敗」時に許されるが，事業再生での介入の妥当性は，メインバンク制機能の弱体化及び民間の金融機関の弱体化により，①公権力による債権者調整能力，②公平中立性，③情報の非対称性，④リスク負担，即ち最終的には国民の税負担を必要とする場合の問題に適用されるといえるであろう。しかし，日本の再生手法は，企業全体を救済生存させるものではなく，保有している有効資源のみを継続させる形態であり，単に，救済というものに該当しない点を有している所に特徴がある。

法的根拠の関係法として，倒産法（民事再生法・会社更生法等）以外に，商法改正，民事特定調整法の特例として特定調整，裁判外紛争解決手続き（ADR法＝Alternative Dispute Resolution），銀行法の特例等が事業再生にも導入されている。また，独禁法及び税法の特例が時限立法として成立している。その他，労働問題も改正労働基準法，労働契約法等が制定及び改定されており，さらに事業再生に関する基本的な考え方と実質行動指針の中心的法制として産活法がそれらを保護している。また，私的整理促進のために，INSOL8原則[注12]を踏まえた形で2001年「私的整理ガイドライン」が，金融界・産業界にて作成されている。これらにより，毀損企業の再生手法（M&A等）の履行を容易にしているといえる。この様に，日本の事業再生制度は，私的整理・法的整理を種々の制度が守護するものである。

一般的な手法は，財務改善手法として，債権放棄，DES（=Debt Equity Swap債務の証券化），DDS（=Debt Debt Swap債権資本化・資本的借入金），リスケジューリング（リスケ），金利減免，DIPファイナンス，減資・増資などがある。また，一般融資，制度融資及び信用保証があり，地域金融機関のリレーションシップ・バンキング機能での新しい金融手法も含まれ，また売掛債権担保，CLO/BLO，シンジケートローン，クレジットスコアリング，CDS等の市場型間接金融（蝋

山2001）もその手法となっている。また，事業戦略手法として，M&A，会社分割・営業譲渡，第二会社方式[注13]，MBO，ノンコア売却，事業再編などがある。それらは，財務負担を解消し，新たなる事業戦略によりＣＦを拡大する事業ポートフォリオを構築するものである。しかし，再生制度は，手法面では特に新しいものではないともいえる。これらは経営改善にも用いられる手法も含んでいる。

(2) 中小企業での制度と手法の特徴比較

中小企業と大企業での事業再生制度と手法についての本質的な差異はない。どれを選択するかは，企業の特性（関係企業数・企業規模，組織力，従業員数，資金調達方法及び能力，株主数等）による効率性や資金調達方法，コーポレートガバナンス問題に依拠する。中小企業での場合，M&A，DES，債権放棄，減資・増資，会社分割，営業譲渡，ファンド企業，私的整理ガイドライン，会社更生法は不向きな面を有している。DDS，リスケ，制度融資，信用保証，会議所，商工会，中小機構，民事再生法等の活用となるが，公的再生機関としては，協議会が中心（但し，協議会には金融機能はない）となっている。中小企業でも中堅企業と称せられる企業規模であれば，再生機構も企業再生支援機構も活用できているが，その数は全体から見ると微々たるものである。従って，中小企業の再生制度と手法は，資金調達に関するものであり，特に信用保証による資金調達手法が，その中心であり，この制度が現状の中小企業の事業再生制度の根幹となっている。

4．中小企業政策の関連法制度との歴史的経過

中小企業関連での事業再生政策を具現化し，事業再生機能を補完している法制度を見直すと，中小企業基本法，信用保証協会法，産活法，倒産法，の四つを選別できるであろう。まず，中小企業基本法（1963年成立）は，中小企業の理念を具現化しており，取り巻く環境と中小企業の実情に合わせて，その目的も変化し，大企業との格差問題から発展し，1999年改正では研究開発や経営革新が重要な課題となり，中小企業を「イノベーションの源泉」としている。この動きはEUでも見られる世界的な変化である。この理念変化は自動的に再生すべき企業対象を明確にし，それと共に種々の倒産防止，事業再生関連法の制定や改定を促進したともいえよう。

次に，保証協会は，1953年信用保証協会法により「中小企業の金融円滑化[注14]」のために設立された信用保証制度のための公的機関であり，中小企業の資金調達機能の核心制度である。その歴史は戦前1936年に設立され，1937年東京，1939年京都，1942年大阪市であり，戦後横浜を皮切りに全国52カ所に及んでいる。1955年（社）全国信用保証協会が設立された。平成のバブル崩壊後には種々の制度が加味され，2001年中小企業金融安定化特別保証制度，中堅企業特別保証制度，中小企業特定社債保証制度等の木目の細かい制度により多額の資金保証を展開している。同時に中小企業の経営実態把握と金融円滑化のために，CRD[注15] 運営協議会総会も開催し，200万社以上の財務資料を蓄積し，中小企業の与信推測値による格付けも志向している。更に新しい金融手法として動産担保による売掛担保制度も行い，2002年以降，事業再生（DIP）保証制度，資金繰り円滑化借換保証制度，2006年には求償権消滅のための保証，求償権のDDS化，DIP制度の見直し等も行っている。信用保証制度は金融制度で事業再生制度ではないとの見解もあるが，2008年中小企業金融関連3法の改正に伴い，信用保証協会法が改正され，「保証協会の新株予約権の引き取り」「債権の譲受け（求償権・債権の譲受け及び債権の管理・助言）」，「再生ファンド」への出資（同法20条2項）が追加され，実質的に，事業再生機能が明確化され，公的再生機関として認知強化されたことになった。この様に保証協会は多くの機能と力を保有しているが，課題も非常に多いといえる（根本2008・深澤2006・2007・中小企業金融公庫総合研究所2006・3）。2009年には中小企業金融円滑化法を制定している。

　日本の信用保証制度の特徴は，中小企業主体の相互保証システムではなく，公的信用保証制度であり，保証協会の直接個別保証であり，金融機関への過剰な保証ともなる。保険機能は最終的には日本公庫が支援（一部地方自治体）する国家依存形態型である。この事は，保証にも限界があり，またモラルハザード，情報の非対称性，ソフト・バジェット問題を引き起こすことにもなり，過大な貸出残高，信用保証残高を生み出すことなる根本的な問題点を含む。主体別の支援策は「協会制度」「市町村制度融資」「都道府県制度融資」に分類されるが，更に，経済環境変化等による緊急時特別法により，時限立法的に種々の保証制度が加味され，窓口も，地方自治体，保証協会，金融機関及び商工会議所と拡大し，その結果，内容も重複や差異が生まれる。しかし，この信用保証制度が無ければ，現状では中小企業の資金調達及び事業再生も困難を生じることになる。

事業再生に関する代表的な協会制度は，特別信用保証制度（中小企業金融安定化保証制度），緊急保証制度，セフティネット保証制度（金融保証制度の継続），中小企業特定社債保証制度（中小企業の私募債保証制度），中小企業承継事業関連保証制度（第二会社方式での特定中小企業支援策），中小企業金融円滑化法等がある。このように信用補完制度の問題点は，この制度の崩壊が，中小企業の崩壊を意味するのであり，高い保証件数，保証残高，代位弁済率，保険金額，低いモニタリング能力であり，求償権等の問題を有しているという点である。金融論的視点では，情報の非対称性によるモラルハザード，逆選択問題等がある。実務面では，保証協会の事業再生に対する意識の低さの問題があるといえよう。信用保証協会法の目的の条文には，事業再生の文言は無いため当然ともいえるが，協会そのものの実行動での債権処理への影響を考慮すると，既に2008年改正により公的再生機関として認知されているのであり，再生への役割意識と機能強化の必要性は高くなっているといえる。

　第３に産活法は，事業再生の考え方の実践に関する中心法として，公的再生機関の根拠法ともいえるが，ここでは主として中小企業の視点からみる。成立2001から2011年までに４回の改正があり，目的は，経済の持続的発展，生産性の向上であり（第１条），その対象範囲も大企業，中小企業及び経済政策，事業再生制度及び公的再生機関や手法等に及び広い。

　事業再生の視点では，第１回改正（2003）「中小企業の再生に向けた取組み支援」で協議会と再生機構の創設，第２回改正（2007）では中小企業の資金調達支援，事業再生の円滑化等，４つの支援措置により，生産性を目指した企業経営や企業再編（合併・会社分割・株式交換・株式取得等）に言及している。

　第３回改正（2009）では「産業活力の再生及び産業活動の革新に関する特別措置法（改正産活法）」と改称し，①資源生産性の向上，②資金調達の円滑化，③オープン・イノベーションの促進，④中小企業に対する事業再生支援の四つがある。特に，資金調達の円滑化は，2008年「生活防衛のための緊急対策」を継続し，㈱日本政策投資銀行（DBJ），㈱商工中金による金融危機対応の業務の発動，日本公庫の危機対応業務を活用した大企業・中堅企業に対する資金繰り対策と指定金融機関（DBJと商工中金）による出資等がある。オープン・イノベーションの促進には『㈱産業革新機構』創設が盛り込まれ，国際経済の構造的変化に対する日

本産業の「保有経営資源以外の経営資源の有効な活用を通じた産業活動の革新」という課題に取組み，国の重要な産業で放置すると破綻の可能性のある成長産業の企業支援の事業再生を含んだ官民ファンドという位置付けである。中小企業に対する事業再生支援の強化は，中小企業承継事業再生計画認定制度と第二会社方式の採用に対する税制支援，金融支援，許認可優遇措置がある。金融支援は日本公庫の低金利融資，中小企業信用保険法の信用保証の別枠化，中小企業投資育成（株）による投資対象の拡大である。第二会社方式は大企業の再生手法の営業譲渡，会社分割と同一方式であり，破綻企業の優良事業部門を切り離し，スポンサーが出資し存続させ，不良部門は清算させる手法である。債権放棄も株主総会の承認不要，金融機関には損金扱いとなる。中小企業はこの手法に，承継事業再生計画の認定制度の下で旧企業が有していた許認可，登録免許税，不動産取得税の軽減，第二会社のための資金及び設備資金の低金利資金融資（政策金融公庫融資）を加えている。企業再生支援機構との連携強化もある。

　第4回改正（2011）は，国内地域経済疲弊と競争市場の新興国へのシフト対応として国際競争力強化，民主導の産業再編等の促進，資金調達面の支援強化，ベンチャー等の成長企新事業展開，地域中小企業の体質強化等への支援を目的としている。公取委との連携による産業政策と競争戦略の連携強化（改正産活法第3条），自社株対価の株式公開買付，完全子会社化手続の円滑化，全部取得条項付種類株式の発行等の会社法特例を認定企業に適用し（改正産活法21条），日本公庫でTwo-Step Loan（二段階融資）創設（改正産活法第24条）で支援する。さらに，ベンチャー・地域中小企業支援では，（独）中小機構の債務保証等がある。

　上記の様に，この法律が中小企業の事業再生に非常に深く広く関係しているのである。

　第4に，日本の倒産法及び関連法は当初，諸外国法（仏・独・英）の影響下で，1890年以降，戦前までに商法（破産・和議法・会社整理・特別清算等）等の種々の法律が導入された。戦後1952年「会社更生法」が戦時補償中止に伴う企業倒産回避のための1946年「会社経理金融措置法」「企業再建整備法」，「特別和議法」を土台として生まれた。その後，1999年民事再生法が成立し，和議法は廃止，2002会社更生法の全面改正が行われ，内容は事業再生の迅速化｛包括的禁止命令の導入（法25条），DIP型手続の導入（法67条3）｝，手続の柔軟化等である。2004

年破産法廃止，2005年新破産法が施行され，2006年新会社法の施行により「商法上による会社整理（商381条）」の廃止と「特別清算（新会社法510条）」の見直し等が法的整理として実施された。これにより倒産法は5法から4法に整理減少し，倒産手続き処理は清算型よりは再建型の方向に向いたといえる。

形態別倒産を企業共済協会「企業倒産調査年報」で見ると，年間約1万5千件程度ある。その第1の原因は，いわゆる倒産であるが，第2は銀行の取引停止であり，金融機関の判断が非常に影響することを意味している。

以上のように，中小企業基本法は，理念とその重要性を現し，信用保証協会法は，現実的な中小企業での政策の実現として資金調達を可能にし，さらに，産活法は，中小企業での事業再生の方向性と根拠法として存在している。また倒産法は倒産手続きを明確にしているものである。

5．日本の事業再生政策の成果と課題への考察

日本の事業再生政策のための再生制度は，私的整理と法的整理を公的再生機関により繋いだ形態に特徴があり，日本固有のものであり，事業再生の概念を定着させたと言えよう。それは従来の間接金融の特徴であったメインバンク制の衰退が背景にある。さらに種々の公的制度が側面支援している。中小企業では，制度融資を含める多岐の金融政策が中小企業での活用を複雑化させているマイナス面も有している。中小企業での再生手法は，財務戦略としての資金調達・信用保証制度に過度に依存し，逆に事業再生戦略での視点が希薄であるとも言える。特に「販売戦略・事業戦略」という基本的戦略強化の必要性が高いといえる。信用保証制度での代位弁済は公的偶発債務として暗黙の保証がされているが，それが究極的に地方自治体の損失補償まで拡大する危険性を有している。保証協会の情報の非対称性による逆選択，モラルハザード問題の解決及び求償権の問題も生み出しているともいえる。一般金融機関のみならず，保証協会が公的再生機関としての意識強化と，中小企業自らの責任による相互保証機関への転換が重要な課題となっている。また公的再生機関自体も中小企業の特性に合わせた対応強化を図ることであり，債権処理だけでなく再生戦略の構築と指導の強化が望まれる。

しかし，公的再生機関の将来としては，既に，再生機構は清算され，企業再生支援機構は既にわずか19社にて一旦受付終了となったが，1年間延長され，2012

年4月現在26社となっている。その他継続しているのは，RCCと協議会であるが，前者は一般金融機関が対象であり，後者は対象企業の規模が小さく，機関自体が金融機能も有していない現状であり，中小企業の資金調達機能及びモニタリング機能を果たすことは容易でないといえる。この意味では，公的再生機関が無くなった後には，新しい機関を創設するか，さもなければ，既存の準公的機関がその機能を果たすことが望まれる。その意味では，保証協会の責任と期待は大きくなるといえる。

　一方，企業は破綻に入るまでの兆候段階での資金投入には「倒産判別」が非常に重要な基準となるのであり，企業数の多い中小企業には，どの様な手法を如何に導入するかが大きな課題となる。倒産判別手法には財務資料を用いた手法としてAltman（1968）のZ-score，白田（2003）等があり，倒産兆候・予測に関しては，Argenti（1976），大田（2003）があるが，いずれも数多い中小企業の判別予測への適応は容易ではないであろう。中小企業での倒産判別と事業再生過程を同時に行うことは数的にも容易ではない。現状では保証協会が保有しているCRDデータが既に百万件以上あるが，それらを如何に活用するかの問題となる。このため根本的には中小企業が自ら行い得る財務会計手法の普及化が必要であり，信用保証制度においては，イタリア等に導入されている様な中小企業の組織化による日本型の相互保証制度を考案・導入し，再生過程から再生完了までの中間管理と経営管理制度を構築することが重要となるであろう。単に信用保証に基づく資金調達だけでは，ゾンビ的企業を温存する危険性も有しているからである。現に資金支援の後に再度倒産や再度の救済を必要とする企業が存在しているからである。

　ここでは，相互信用補完制度の概念パターン例を提示してみる。実際の構築には種々の現実的な問題があるが，概念パターンであるので，それらを無視して記述する。視点は信用保証制度の問題解決，中小企業のグループ化[注16]による自社経営判別力の強化，公的再生機関の対処能力の強化である。

　現行制度は概念的には自社審査判別能力・経営能力を有した中小企業と金融機関が前提となっており，一般金融機関の金融支援融資を得る際の判別判断は金融機関に一任している。それゆえに万一を考慮して公的機関（保証協会）が支援しているものである。融資金額は金融機関と保証協会との共有責任であり，中間管理も共有で行い再破綻の危険性を防止する制度である。しかし現実的には，情報の非対称性，ソフト・バジェット問題，モラルハザードが起こり，保証残高も30

兆円あり，代位弁済も年間1兆円近く生まれている。
　従って，次の様に改善パターンを概念的に考える。組織化された中小企業グループの代表者が参画した自己審査判別と責任を有する「審査判別のための新組織」を構築する。そこには公的再生機関（協議会・企業再生支援機構等でも可）が参画し，同時に準公的機関である商工会議所等も参加登録させる。中小企業は取引金融機関との連携により，その新組織に資金調達の要望と再生計画書を申請する。受領した新組織は，再生計画書を吟味・検討し，その承認に基づき，中小企業と取引金融機関は共に，保証協会の持ち込み保証を受ける。この段階においては，案件の品質保証も受けており，信用保証協会は更なる審査の品質向上を可能とする。その結果上記の問題発生の可能性を低めることが可能となる。この責任は新組織が大きく取ることになる。この制度の問題は，中小企業のグループ化の問題，新組織の判別能力の問題，コストの問題等が起こるが，解決は可能であろう。特にグループ化問題は，今後非常に重要なテーマになると推測される。

6．おわりに

　事業再生は，極論すると，事業継続に必要な資源の再活用であり，自社内部に潜在しておればそれを引き出すことであり，外部にあればそれを呼び込むことである。従って，M&Aは主要な手段となる。それは金融面のみならず，有形，無形及び人的資産の活用も含まれる。ここでは触れていないが，人材資源は重要な基本的資源である。事業再生は「倒産可能性企業の迅速な判別と有効資源の確定，再生手法の導入と実行による利益を生み出す経営管理に転換すること」である。それは，企業が毀損すれば，短期間のその企業価値は毀損減少するからである。
　現実的には，中小企業での事業再生手法は，国家依存型の公的資金である保証協会による事前の資金調達手法が中心となっているが，これに過度に依存している限り，必ず将来に限界がくる。企業自らが，能動的に「倒産判別・兆し」を早期に把握し中間管理を行うことである。しかし，現実的には容易ではない，従って現状は，この信用保証制度の改善が最も身近な対応であるとも言えよう。
　なお，日本の中小企業は世界に冠たる能力を有しているのであり，それを選別育成することが喫緊の課題である。今後，必要なことは，信用保証制度の改善と共に，①ビジネス戦略志向に重点強化し，マネジメント能力を高めることであり，

②保有している優れた中小企業の技術とノウハウを国家的位置づけより明確にし，戦力化し，さらなるＩＴ化の促進と共に経営管理を徹底することである。また，③中小企業をグループ化し，グループ内での相互支援能力を高め，そこにグループ間提携支援を行うことであり，さらに，④中小企業でのM&Aを促進し，そこに公的資金を投入し，資金調達もこのグループ単位中心で行うことであろう。

　グループは既に存在しているが，その数は少ない。またその目的も種々であるが，これらが産業別でも，地域でも結束できれば，グループ中心に支援し，中小企業の潜在能力をより発揮させることである。そうすれば調達した資金が中小企業の事業再生制度と手法としてより活性するであろう。

　中小企業の固有の優れた能力の承継と育成と発展により競争優位を生み出さなければ，資金調達だけでは，海外移転しても，単独では，このグローバル競争時代を勝ち抜くことは出来ないであろう。しかもこれらを国家政策として支援強化すべきであろう。事業再生手法が如何に優れていても，それはあくまでも，破綻兆候からの事後政策であり，それに至る前に，破綻にならない中小企業の事業戦略が重要となるのである。

　尚，本稿では，事業再生制度と手法を網羅的に捉えようと試みたものであり，その結果，現実的には，資金調達の視点に焦点を当てているが，実際には各々，個々の制度及び手法に種々の問題は内包しているが，それらの固有の問題は一切触れていない。それは後日の問題としたい。

〈注〉
1　日本銀行「金融経済統計月報」
2　中小企業庁　第8回中小企業政策審議会基本部会・「信用補完制度のあり方　資料2」
3　財団法人企業共済会「企業倒産調査年報」・中小企業庁2009「倒産状況」資料
4　英語：Turnaround，Corporate Recovery，Restructuring，Revitalization，等に該当すると言えよう。
5　改正産活法2条23項「この法律における事業再生とは過大な債務を負っている事業者が，その全部又は一部の債権者の協力を得ながらその事業の再生を図ることをいう」
6　2004年経産省　企業家育成・経営人材プログラム「事業再生とは収益の低迷や資産価値の毀損等を原因として独力で事業の継続に支障をきたし，又は近い将来に支障をきたす恐れのある企業が，過剰債務や営業CFのマイナスを解消するために，事業再構築や財務再構築を実行することにより，持続的な事業の存続及び成長を可能にするプロセスをいう」

7　法的整理は裁判所の関与する倒産手続きであり，私的整理（任意整理）は法律（裁判所）の関与はなく，2回の不渡り，銀行の取引停止，内整理により倒産会社と債権者との話し合いによる会社の資産及び負債を整理するケースをいう。
8　資産管理会社（Asset Management Company）とも認識され諸外国（スウェーデン・タイ・マレーシア・韓国等）でもファンド機能を有し不良債権処理を行う類似の事業再生機関として存在している。一般的には時限立法。
9　企業再生支援機構法第1条（目的）：「雇用の安定，地域経済の再建，地域金融機関との連携により，有用な資源を保有しながら過大な債務を負っている中堅事業者中小企業その他の事業者に対し，金融機関の有する債権の買い取り及びその他の業務を通じてその事業の再生を支援することを目的とする」，時限立法であり，2011年19社の受付で終了。その後，延長により2012年4月時点，26社となっている。
10　㈱産業革新機構は，改正産活法第30条の24項に支援基準が盛り込まれている。この機構の1／2以上を政府出資その他民間の官民ファンド。期間は2025年3月までの時限立法。
11　経産省　経済産業政策局2005「投資事業有限責任組合契約に関する法律」
12　INSOL 8原則とは，INSOL Internationalにより国際間の企業再生の共通の原則とされており，これに基づき私的整理ガイドラインが作られている。
13　会社第二方式は大企業で用いられる営業譲渡・会社分割と同様な手法である。
14　信用保証協会第一条（目的）：この法律は，中小企業が銀行その他の金融機関から貸付を受けるについて，その貸付金の債務を保証することを業務とする信用保証協会の制度を確立し，もって中小企業に対する金融の円滑化を図ることを目的としている。
15　CRD（=Credit Risk Database）では会員（信用保証協会・金融機関）は中小企業基本法上の取引先中小企業の財務データ，非財務データ，デフォルトデータをCRDに対して定期的に提供し，各種のサービスが会員に提供される。
16　中小企業基盤整備機構によると，現存している中小企業の組織化グループは2008年で全国2,557グループ，参加企業145,421社ある。

〈参考文献〉
1　太田三郎（2003年）『企業倒産と再生－再生予測モデルの検討を中心として』商事法務
2　会社経理応急措置法：昭和21年8月15日　法律第4号
3　会社再建整備法：昭和21年10月19日　法律第40号
4　経済産業省　経済産業政策局産業組織課（2005年6月）「投資事業有限責任組合契約に関する法律【遂条解説】」
5　経済産業省　産業組織課（2004年12月）「投資事業有限責任組合（ファンド法）について」
6　経済産業省（2008年2月）「信用保証協会法の一部を改正する法律案」（財）企業共済協会（2009年8月）『企業倒産調査年報』

7 白石佳子（2003年）『企業予知モデル』中央経済社
8 中小企業庁（2010-2011年）『中小企業白書2010年版・2011年版』付属統計資料　ぎょうせい
9 中小企業庁経営支援課　（2009年7月）「改正産業活力再生特別措置法遂条解説－中小企業事業承継再生計画」
10 中小企業庁（2005年）中小企業政策審議会基本政策部会「信用補完制度のあり方とりまとめ」
11 中小企業金融公庫　（2006年）「保証制度における債務の履行とその後の回収－運用と制度の国際比較－」ISSN1345-1316　No.68,調査レポートNo.17-11
12 中小企業庁2010「13表：金融機関別中小企業向け貸出残高」中小企業白書
13 独立行政法人中小企業基盤機構　（2009年）「平成20年度異業種グループ情報調査報告書」
14 日本銀行「全国企業短期経済観測調査」時系列統計データ検索サイト
15 日本銀行「金融経済統計月報（中小企業向け貸出残高）」
16 根本忠宣（2008年）「信用保証制度の経済的効果とパフォーマンス評価」『中小企業総合研究』第9号
17 深澤映司（2006年）「公的信用制度と地域間リスクシェアリング」『レファレンス』平成18年8月号
18 深澤映司（2007年）「地方自治体の中小企業向け制度融資が直面している課題」『ファレンス』平成19年2月号
19 蝋山昌一（2001年）「市場型間接金融序論」財務省財務研究所『ファイナンシャルレビュ-Issn09125892』巻号56
20 Corporate Guarantee Corporation（2010），"Credit Guarantee System In Japan"
21 Edward I.Altman（1968）"Financial Ratios,Discriminant Analysis and The Prediction of Corporate Bankruptcy" *The Journal of Finance Vol.23*
22 INSOL INTERNATIONAL（2000）"Statement of Principles For A Global Approach-Creditor Workouts"
23 John Argenti（1976）*Corporate Collapse-the Causes and Symptoms*-McGraw-Hill Book Company（UK）Limited
24 Stuart Slatter（1984）*Corporate Recovery-A Guide to Turnaround Management*，Penguin Business

（査読受理）

中小建設業における事業イノベーションに関する一考察
―「組織能力」の構築要素を中心に―

広島大学大学院　大杉　奉代

1. はじめに

　日本企業は，自動車産業を中心に生産・輸出等が減少し，業況や雇用環境が悪化する等の厳しい経営環境下におかれている。さらには，事業の成長には限界があり，収益の中核となっている事業においても成熟期を迎える。中小企業が長期的に経営環境変化に対応していくためには，自ら積極的に新しい方向に新事業を開発することが不可欠な戦略となる（清水，1984）。このため，中小企業においても新事業開発の重要性は高まってきている。中でも，わが国の中小建設業[注1]は，業界構造の変化と景気後退の影響を受けて厳しい経営環境化下にあり，「存立」を図るために新事業開発を行い，事業イノベーションを創出している企業が見受けられる。

　しかしながら，「存立」し続けている中小企業は，それほど多くはない。そこで，中小企業の新事業開発による事業イノベーションにとって何が課題となっているのか，というのが本論文における問題意識の原点である。

　以上のような問題意識に基づき，論者は中小企業における新事業開発の戦略についてこれまで研究を行ってきた。そこで「中小企業の新事業開発には，既存事業と新事業を関連づける戦略が重要なのではなく，戦略を実行する能力が重要なのではないか」という問いから，本論文では，中小建設業を研究対象に事業イノベーションのための組織能力の構築要素について予備的考察を行う。

2. 本論文の前提となるこれまでの調査研究と理論的検討

論者はこれまで,「存立」のために新事業開発を行っている中小建設業の戦略を「多角化理論」「資源ベース理論」から分析・評価を行った。その結果, 新事業開発の戦略を創出する総合的な能力が組織能力であると考えられる。そこで考察を行う前に, 論者がこれまでに行ってきた本論文の前提となる調査研究と理論的検討結果を示す。

(1) 成長と存立の概念

「成長」という概念は, 大企業, 中小企業を対象とした研究では, ともに企業規模の拡大と捉えている研究が多い（清水, 1983等）。しかし,「存立」という概念は中小企業を対象とした研究に多く用いられ, 企業が倒産・廃業することなく, 事業を継続または維持していくことと捉えている研究が多い。なお, 大企業を対象とした研究で,「存続」と捉えられている概念とほぼ同義である（瀧澤, 1967；佐竹, 2008）。故に, 本論文では, 倒産・廃業することなく, 事業を継続または, 維持していくことを主目的に新事業開発を図っている地方の中小建設業（以下では, 中小建設業と略す）を研究対象としていることから,「存立」と捉え考察を進める。

(2) 新事業開発の定義

中小建設業の将来の方向性としては,「成長」「存立」「廃業」「第三者への譲渡」が考えられる。本論文では, 存立を目的とした新事業開発を考察することから,「存立」の「新事業開発型」が該当する。

そこで, 本論文では中小建設業の新事業開発の定義を,「建設業を営みながら, かつ建設業とは異なる新事業に進出すること」とした。

(3) 理論的検討と論者によるこれまでの調査研究における問題点

先行研究レビューより, 組織能力という概念とは必ずしも明確に定義されたものではなく, 研究者によって意味する内容が異なり, 組織能力は曖昧かつ, 抽象的な概念であることが明らかとなった。

このことから, 組織能力という用語を用いる場合には, 具体的な特定の能力を

表す必要がある。また，組織能力を構築する要素については，先行研究によれば「施設・設備」「人材」「経営者や管理者の能力」「組織構造」「組織文化」「資金」「マーケティング」「立地」「顧客」「スピード」「関係性」とされている。

また，組織能力を特定する場合には，企業事例より，各企業の詳細な組織能力について分析・評価することが必要であることが確認できた。よって，中小建設業の新事業開発における組織能力を抽出するため，先行研究より明らかとなった組織能力の構築要素11項目から中小建設業45社の新事業開発事例の調査分析を行った。その結果，「経営者や管理者の能力」「組織構造」「マーケティング」「顧客」「関係性」の5要素が中小建設業の新事業開発における組織能力の構築に大きな影響を与えていることが明らかとなった。これは「価値」を生み出し，「組織」の形成を行うという「行為」が存在し，それを実行するための能力が中小建設業の組織能力であることを示している。つまり，中小建設業の組織能力とは，新事業開発における「価値創造」「組織形成」を行う能力であることが明らかとなった。しかし，経営資源の価値の決定および価値の有効的な販売方法を考慮する能力を「マーケティング」という用語として使用するとマーケティング論の視点から誤解を招く可能性がある。さらに「経営者や管理者の能力」「組織構造」などの新事業開発を行うための組織を形成し，実行することを総称して，「組織形成」という造語を使用すると，定義の観点から問題となる。

このことから，先行研究について整理を行い，用語の定義についての再検討を行う必要がある。

3．分析視座の設定

前項において論者のこれまでの調査研究における問題点を明らかにした。よって，分析視座の再検討を行うため，新事業開発の組織能力に関する主な理論の整理を行う。

(1) 新事業開発における組織能力のレビュー

① 新事業開発における経営者や管理者の能力

新事業開発においては，経営者の強力なリーダーシップと長期的な視野が必要

となり，経営者や管理者の能力に左右されるため（Amabile, 1996），意思決定が重要となる。そのため，組織行動論では，経営者のモチベーションや創造性などの研究が行われてきた。また，戦略論では，経営者や管理者の特性や性質について研究が行われ（Finkelstein&Hambric, 1996；Mintzberg, 1973），経営者の資源配分によって組織の存続は左右されるため（Zollo&Winter, 2002），新事業開発には経営者の特性が重要であることを指摘し，経営者の知識もまた資源の1つであるとされている（Kor&Mahoney, 2005）。

② 新事業開発における組織構造

織田（1999）は企業家特性が，戦略と組織構造に影響を与えていることも指摘している。なぜなら企業は，経営環境に適応するために新事業開発を行うことによって，組織規模が変化し，複雑化しているため，組織構成員の遂行すべき職務の種類や範囲，責任や権限を明確化し，組織構成の相互関係を規定する企業の構造を再編する必要性があるからである。このように経営環境に適合した組織構造を設計することが重要であることから，Chandlre（1962）は，事業部制を導入することにより複数の広範な事業をコントロールすることができることを明らかにしている。

また，経営環境の変化による組織構造についてBurns&Stalker（1961）は安定した経営環境では，器械的組織（官僚的組織）が適合しているが，不安定な経営環境下では有機的組織（低度の公式化，高度の分権化，高度の複雑化をもったネットワーク型組織）が適合しているとしている。よって，企業内外の変革を行う組織の内的・外的能力を統合し，構築し，再編成するための能力は重要であると言える（Teece, Gary&Amy, 1997）。このことから組織構造と組織能力を有効に機能させるのは戦略であると言える（Nelson&Winter, 1982）。

③ 新事業開発における経営資源

企業は経営環境の変化によってのみ新事業開発を行うのではない。既存事業によって新たに蓄積された経営資源が，既存事業だけでは活用されず，それらを有効的に活用するため企業は新事業分野へと進出するのである（Penrose, 1959）。このように新事業開発のために経営資源を活用することによって外部環境における機会をうまくとらえることができるという経済価値は，企業の強みになる（Barney,

2002) ことから，戦略を考える際には経営資源が特に重要となる（伊丹，1987）。さらに，企業の能力としての経営資源，その中でも見えざる資産という情報資的経営資源は，戦略展開，企業成長のダイナミズムの核として特に重要なかかわりをもっている（伊丹，1987）。

④ 新事業開発における関係性

情報的経営資源の入手は容易ではない。他社とのつながりが情報や資源の獲得を高めることとなる（GranoVetter, 1973）ことから，自社と他社との隙間を埋めるため，他企業などと関係を結んで新しい情報や資源を獲得することが必要となる（Bart, 1992）。さらに製品・サービスの開発・製造・販売などで他企業と協力を行った場合には，企業が個別に新事業開発を行った場合よりも，コストが削減できるなどのリスク軽減，スキルや能力の学習など，さまざまな価値を得ることができる（Barney, 2002）ことから，新事業開発にとって他企業との関係を結ぶという能力は，知識資源として重要な役割を果たしている。

⑤ 新事業開発における顧客

嶋口（2001）は，顧客をパートナーとして味方につけるための戦略を展開する必要性について述べ，Barney（2002）は，顧客を軸としていかなる市場環境にも長期的に適応できる組織能力が重要であるとし，競争優位の源泉に顧客との関係性が必要であることを指摘している。このことから，これまであまり情報を持たなかった顧客が情報を持ち，積極的に企業との関係性を求めており（Prahalad&Rawaswamy, 2004），対象顧客との心理的な絆を結ぶ能力も重要であることがわかる（Ulrich & Smallwood, 2004）。

⑥ 新事業開発における組織能力の分析

Barney（2002）は，企業における組織能力より競争優位のレベルを分析するVRIO分析[注2]を提示し，加護野・井上（2004）はBarneyが提示した4項目を主要資源，補完資源に分類し，さらには図式化して競争優位の分析を行っている。

以上の先行研究より，「新事業開発における組織能力」については，米国の大企業に注目した研究が多いことが明らかとなった。さらに，Barneyは，各資源を別個独立したものとし，それらの配置や関係性については触れていない。また，

顧客や他企業との関係性の視点についても触れていない。このため，各資源の配置や関係性，顧客や他企業との関係性の視点からの分析が必要である。

(2) 中小企業の組織能力に関するレビュー

清水（1983）は，中堅・中小企業の成長段階での特徴と成長要因を，①トップマネジメント，②製品，③組織，④財務，⑤経営関係の指標を用いて分析を行っている。中小企業では，経営者が環境変化を認識し，戦略を策定・遂行するため，経営者の能力が企業業績に反映するという特質がある（清水，1986）。それは，環境変化の認識や，価値観・理念を戦略や組織に反映させるという役割を経営者が担っていることを示している（山田・江島，2003）。このことから，中小企業が新事業開発を行う際には，経営者が率先して事業化に取り組むべきであると言える（小川・岩田・山田，2011）。しかし，企業家精神に富んだ経営者であっても，大企業に比べて潤沢とはいえない経営資源を利用し，新事業開発を行うのは困難である。Barney（1997）も指摘するように価値のある経営資源の蓄積は，競争優位の獲得に必要不可欠である（金井・門田，2002）。だが，中小企業は競争優位の獲得に結び付くような経営資源の獲得は困難な状況にある（江島，2006）。そのため中小企業の課題は，他企業との「結びつき」もしくは「関係性」であり，資源の補完，資源の相互補完性，異質な要素の結び付きによる創発性等の「連結の経済」を生むための学習および知識創造能力を高めること（浦野，2009）が必要であると考えられる。

以上より，中小企業の組織能力に関する先行研究においては，組織能力を分析している研究は少なく，経営者や管理者の能力，顧客や他企業との関係性，経営資源についての研究は多い。また，清水（1986）の研究と論者のこれまでの調査研究から得られた中小企業の組織能力要素は，同じ結果を示していることが明らかとなった。

(3) 分析視座の設定

本論文の前提となる調査と先行研究より，中小企業の組織能力に関する問題点が明らかとなった。また，新事業開発の組織能力より，経営環境に適合した組織構造を設計することは重要な戦略の1つとなることが明らかとなった。このことから，中小企業の事業イノベーションの組織能力について包括的な分析視座を設

定する必要があるといえる。よって，本論文における分析視座を以下のように設定する。

　分析視座1　「経営者や管理者の能力」：経営者の強力なリーダーシップと長期的な視野。
　分析視座2　「組織構造」：環境に適合した組織構造の設計
　分析視座3　「経営資源」：企業が経営資源などを活用することによって外部環境における機会をうまくとらえることができるという経済価値
　分析視座4　「顧客」：顧客がもつ情報を引き出し，顧客をパートナーとして味方につける能力
　分析視座5　「関係性」：他企業との関係性を持つことによって他企業の資源や知識など入手すること

4．本論文における調査研究

(1)　調査概要

　本論文における研究対象である中小建設業の定義，新事業開発の定義に該当する，(財)建設業振興基金が行った「新分野・新市場進出」188社の事例企業のうち，地方に立地する45社の中で，訪問ヒヤリング調査の了承を得た2社を対象とする（表1）。調査は，2010年7月に実施し，経営者や管理者がインタビュー回答者である。

(2)　新事業概要

　A社は高齢者介護施設a社を運営するため，2002年6月に子会社を立ち上げ，職員も新たに，採用した。A社は，グループホームの他にデイサービスセンター，ショートステイを行っている。建設地は，自社の資材置き場があった遊休地を活用し，2005年には，訪問介護と介護タクシーサービスを追加し，2006年には，介護住宅・施設修繕工事業にも取り組んだ。

　B社は，農業生産法人bをB社のグループ企業として，2000年11月に設立した。農家の田畑や休耕田等を借り上げ，労働力を建設工事の工程に合わせて効率的に活用している。脱農薬による安全で高品質な米や各種野菜・果物を栽培し，レストランや個人購入者，スーパー等へ販売している。「新しい時代の農業」というテーマに取り組むために高効率で循環型の機械化営農を推進している。

表1　事例企業概要

	A社	B社	
所在地	富山県	愛媛県	
会社創業時期	1940年10月	1957年4月	
資本金	4500万円	4500万円	
業種	土木一式	土木一式	鋼橋上部
	プレストレストコンクリート	プレストレストコンクリート	舗装
	建築一式	とび・土工・コンクリート	しゅんせつ
	電気工事	法面処理	塗装
	管工事	石	造園
	舗装	管工事	水道施設
		鋼構造物	
受注先	国、公団等の国の機関	国、公団等の国の機関	
	都道府県及びその機関	都道府県及びその機関	
	市町村及びその機関	市町村及びその機関	
	民間発注者	民間発注者	
	官公庁工事の下請	官公庁工事の下請	
	民間工事の下請	民間工事の下請	
従業員数	76人	190人	
進出分野	福祉	農林水産	
創業	2002年	2008年	
取組体制	子会社	別会社	

出所：筆者作成

5．調査結果

分析視座より，中小建設業2社の分析を行う。

(1) 経営者や管理者の能力

建設投資の削減といった業界構造の変化と，景気後退などの影響を受け厳しい経営環境下にあるという環境認識と，アイディアを事業へ結び付けるという企業家精神は，2社共に共通している。また，A社の場合は，経営者が経営理念を明確化し，従業員に浸透させ（賞与の際に経営者自らがメッセージを作成し，配布している），職員全員で運用方針等を決めていくことで意識を高めていくという手法をとり，B社はなぜ農業をするのかという経営者の価値観を社内に認知してもらうことが重要であると考え，経営者自らが企画を全員に説明し，理解を得る機会を設けていた。手法は違うものの，新事業の重要性を伝えることによって，理念の浸透に積極的な役割を果たしていた。

(2) 組織構造

組織構造は2社共に異なっている。A社は，介護福祉事業が本業とはまったく異なる事業であるため，A社内に準備室を設置し，社員2名を出向させた。その後，運営会社として子会社を設立している。そして，高齢者介護を行う職員もa社で直接採用し，ヘルパーも全て正職員として雇用している。これは，高齢者介護の質を確保するためには，スタッフの意識が重要と経営者が考えているためである。さらに職員全員で運用方針等を決めていくことで「自分たちがつくっていく」という意識をもたせ，コミュニケーションをとることで，職員全員のケアに対する意識や資質の向上にもつながる組織づくりを行っている。B社は，新事業を別会社b社とし，グループ企業として経営している。総務，営業，技術，事務等の部門はそれぞれの立場や能力，資格を発揮して共に取り組み，企画，販売，広報の充実を図っている。そのため，従業員の意識向上は，部門ごとに対処している。従業員は数名の農業関連出身者の専門家が配置されていて，B社のグループ内からくる作業者の農作指導にあたり，農業技術の向上や地域との連携もはかっている。また，農作業は体で覚え，自然から習うのが基本なので，b社では農協出身者が核となり，B社の重機オペレーターを農作業技能指導員となるように教育している。本業である建設業を活かすため農作業を土木工事にあてはめ，技能にムラのない農業を計画している。

(3) 経営資源

2社共に，建設業での資源を活用している。A社では，介護がわかる技術者として建設業の介護住宅改修担当者と介護職員が連携し，利用者の立場に立った設計・施工を心がけ，B社では重機オペレーターを農作業技能指導員として養成している。未利用資源や既存資源の活用の点で，A社は介護施設の建設地を自社の資材置き場があった遊休地を活用し，B社はグループ企業で設備などを借用し経理事務を兼務するなどして，コスト削減をはかっている。さらにB社では，土木工事の知識を農作業に活用し，農耕分掛や農耕マニュアルを作成している。

(4) 顧客

顧客との関係性を築く能力については2社とも異なっていたが，顧客に対して「良いケアを提供する」「良い商品を提供する」を実行し，信頼を得ることを積極

的に行っていた。A社は地域住民が主な顧客となるので，宣伝をしなくとも良いケアを続けていれば，自然と利用者は増加していくと考え高齢者介護施設のみを運営していたが，質の高いケアの提供で差別化をはかるといった戦略の結果，利用者やその家族からの要望や相談によって訪問介護と介護タクシー，介護住宅・施設改修工事も事業化した。しかし，介護住宅改修については，ケアマネージャーを中心として広報活動を行っている（ケアマネージャーは現場にいることから介護住宅改修を必用としている顧客に幅広く周知できるため）。B社は，地域に根ざした米・野菜を販売することにより，顧客である愛媛県民に安心・安全を提供していた（無農薬栽培を絶対条件に顧客の安全安心欲求を満たす。さらにエコ愛媛特別栽培農産物認証取得が，安全性と品質の裏付けとなっている）。さらに地域の休耕田などを借用することや，地元ホテル，デパート，地元飲食店，スーパー，イベント，高級料亭，社員などさまざまな顧客の口コミがPRにつながっている。

(5) 関係性

他企業などの経営資源や知識の入手では，2社ともに積極的に行っている。A社の場合には，専門家に，発注者の代理の立場で係わってもらい，福祉事業専門業者と業務委託契約も行っている。さらに県の建設業新分野進出事業支援補助金の交付を受けている。B社は，無農薬栽培で収穫した作物（枇杷など）から特定のエキスを抽出し利用する研究も行い，実施，検証するためにいくつかの大学とも共同研究を進めている。

関係性の視点での特徴的な点として，A社では独自に勉強を重ねていく過程で，様々な人との出会いがあり，「高齢者介護施設」建設が実現に結びついていったことや，介護施設の運営で得た経験や情報をもとに既設の病院を増改築し，新しい介護施設を開業した後に他の既設病院からの紹介で，既存病院を利用して介護施設に転換する工事の受注があったことである。一方B社は，地域農家，農協，行政の農業委員会からの信頼や協力を得て，地域の休耕田や従業者不在の農家の田畑等を借用していた。また，借用した休耕田はキレイに使用し，地域の習慣に合わせることによって地域の信用を得ている。さらに休耕地利用による地域への貢献を行っているということが関係性の視点での特徴として挙げられる。

6．考察と結び

今回の調査結果をもとに考察を加える。なお，考察については2社の共通する項目についてのみ言及する。

分析視座1「経営者や管理者の能力」について

中小建設業の新事業開発においては，経営者の強力なリーダーシップが発揮され，新事業開発を行っていた。また，経営者の経営環境変化の認識は新事業開発の大きな誘因となっていた。さらに理念を戦略や組織に反映させ，積極的な事業活動を展開していた。

分析視座2「組織構造」について

遂行すべき職務の範囲，責任や権限を明確化し，組織構成員の相互関係を規定する組織構造を設計し，組織構造を戦略に適した体制に変化させることにより建設業と新事業を両立させていた。

分析視座3「経営資源」について

未利用資源，既存資源を利用し，新事業の価値の決定および価値の有効的な活用を考慮することにより，企業存立のための新事業開発を行っていた。また，2社とも既存事業の人材や技術・技能を新事業に活用し，企業パフォーマンスを高めていた。

分析視座4「顧客」について

顧客に対しての信頼が既存顧客を活用した口コミなどにより新規顧客の獲得につながることなどから，既存顧客の重要性を認識し信頼関係を築いていた。また，顧客が情報を持ち，企業との関係性を求めることによって，企業のパートナーとなっていることも明らかとなった。

分析視座5「関係性」について

様々な機関や企業と関係を結ぶことにより他企業の資源や知識などの入手，ス

キルや能力の学習など，さまざまな価値を得ていた。さらに資源の相互補完性だけではない関係性を築いていることが明らかとなった。

以上のことから，組織内部を戦略に適合させること，組織内部と他企業や顧客，つまり組織外部との関係性を構築することの2点が中小建設業の事業イノベーションにおける組織能力であり，組織内部と組織外部との関係性の構築が「存立」のための新事業開発の要素の1つとなることが判明した（図1）。また，既存事業とは関連性のない事業を展開していることから，これまでの中小建設業としての戦略とは異なった戦略，つまり，組織外部との新たな関係性を構築する能力が重要であると考えられる。

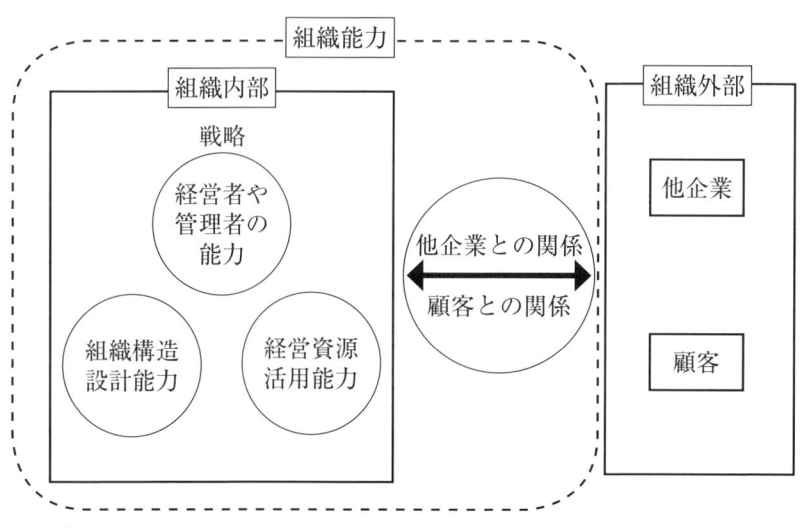

図1　中小建設業における組織能力の構成要素

```
┌─ ─ ─ ─ ─ ─ 組織能力 ─ ─ ─ ─ ─ ─┐
│ ┌──── 組織内部 ────┐        ┌── 組織外部 ──┐
│ │    戦略          │        │              │
│ │  ┌─────┐         │        │  ┌──────┐   │
│ │  │経営者や│        │        │  │ 他企業│   │
│ │  │管理者の│        │ ┌────┐ │  └──────┘   │
│ │  │ 能力  │        │ │他企業との関係│       │
│ │  └─────┘         │◄┤顧客との関係 ├►│      │
│ │ ┌────┐ ┌────┐    │ └────┘ │  ┌──────┐   │
│ │ │組織構造││経営資源│   │        │  │ 顧客 │   │
│ │ │設計能力││活用能力│   │        │  └──────┘   │
│ │ └────┘ └────┘    │        │              │
│ └──────────────────┘        └──────────────┘
└ ─ ─ ─ ─ ─ ─ ─ ─ ─ ─ ─ ─ ─ ─ ─ ─ ─ ─ ─ ─ ─ ┘
```

出所：筆者作成

本論文では，中小建設業における事業イノベーションに関する一考察として，組織能力の構築要素を明らかにしてきた。しかし，本論文は，中小建設業者2社のみを対象とした限定的なものであることから，更なる調査研究を行い中小建設業における事業イノベーションの組織能力研究を深めていきたい。また，今回の調査から導き出された組織能力の要素の精度を高めるため，個々の視座について

の考察・検証を試みることで，完成度を高めていきたい。最後に，本論文では新事業開発の組織能力にのみ焦点を当てていたため，既存事業での組織能力は明らかにしてこなかった。今後は，それを明らかにし，既存事業と新事業の組織能力について検証し，組織能力の包括的な研究へと発展させていきたい。

〈謝辞〉

学会報告での多くの貴重なアドバイスと匿名レフェリーの先生方からの的確なご意見により，本稿は大幅に改善された。ここに記して心から感謝申し上げたい。なお言うまでもなく，本稿における誤りはすべて筆者の責任である。

〈注〉

1　「資本金3億円以下または，組織構成員300人以下の会社および個人であって，総務省統計局の定める日本標準産業分類の建設業に属する事業を主たる事業として営むもの」とする。
2　価値（Value），稀少性（Rarity），模倣困難性（Immutability），組織（Organization）の頭文字をとって，VRIO分析と呼ばれる。

〈参考文献〉

1　Amabile, T.M. (1996) *Greativity in Context*. Boulder, CO: Westview Press.
2　Barney, J.B. (2002) "*Gaining and Sustaining Competitive Advantage, Sconnd Edition*", Prentice Hall, INC.（岡田正大訳『企業戦略論　—競争優位の構築と持続—』ダイヤモンド社，2003年）
3　Bart, R.S. (1992) *Social Structure of Competitiion*. Harvard University Press.（安田雪訳『競争の社会的構造』新曜社，2006年）
4　Burns, T&Stalker.G.M (1961) *The Management of Innovation*, Tavistock.
5　Block, Z.& I.C.MacMillan (1993) *corporate Venturing*, Harvard Business School Press.（松田修一監訳『コーポレート・ベンチャリング』ダイヤモンド社，1994年）
6　Chandler, A.D., Jr. (1962) "Strategy and Structure", Cambridge, MA:MIT Press.（有賀裕子訳『組織は戦略に従う』ダイヤモンド社，2004年）
7　Finkelstein.S & Hambric.J (1996) "Understanding Acquisition Performance: The Roole of Trsnsfer Effects." *Organization Science* No13, pp.36-47
8　GranoVetter, M.S (1973) "The Strength of Weak Ties" *Amwrican Journal of Sociology*, Vol.78, No.6, pp.1360-1380
9　Kor, Y.& J.Mahoney (2005) "How Dynamics, Management and Governance of Resource Deployments Influence Firm-Level Performance," *Strategic management Journal26*, pp.489-496

10 Mintzberg,H（1973）*The Nature of Managerial Work*，New York:Harper & Row．（奥村哲史・須貝栄『マネージャーの仕事』白桃書房，1993年）
11 Nelson,R.R,& Winter,S.G.（1982）An evolutionary theory of economic change, Cambridge,MA:The Belknap Press of Harvard University Press（後藤晃・角南篤・田中辰雄訳『経済変動の進化論』慶應義塾大学出版会，2007年）
12 Penrose,E.T.（1959）"*The Theory of the Growth of the Firm*",Basil Blackwell,（末松玄六訳『会社成長の理論』ダイヤモンド社，1980年）
13 Prahalad,C.K.&Rawaswamy,V（2004）*The Future of Competition:Co-Creating Unique Value with Custmers*, Harvard Business School.（有賀裕子訳 『価値競争の未来へ─顧客と企業のCo-Creation』ランダムハウス講談社，2004年）
14 Teece,D.J,Gary.P & Amy.S（1997）"Dynamic Capabilities and Strategic Management",*Strategic Management Journal*,Vol.18
15 Zollo,M & S.GWinter（2002）"Deliberate Learning and the Evolution of Dynamic Capabilities." *Organization Science* 13，pp.339-351
16 Ulrich,David & Smallwood,Norman（2004）"*Capaitalizing on Capabilities*",Harvard Business Reviw,June.（HBR編集部編訳「組織能力の評価法」『組織能力の経営』2007年，pp.475-508）
17 Ullet「Ullet経審」http://keishin.ullet.com/，2011.8.13アクセス
18 Zaheer,A,W.McEvily & V.Perrone（1998）"does Trust Matter? Exploring the Effects of Interorganizational and Interpersonal Trust on Performance" *organization Science 9(2)*，pp.141-159
19 伊丹敬之（1987年）『新・経営戦略の論理』日本経済新聞社
20 江島由裕（2006年）「外部資源が中小企業経営に与える影響分析」『ベンチャーズ・レビュー』Vol7,pp.3-12.
21 浦野恭平（2009年）「中小企業ネットワークと戦略提携論─分析アプローチ試論─」北九州市立大学『商経論集』第44巻第1・2・3・4合併号
22 織田幸男（1999年）「企業家特性・戦略・組織構造が企業業績に与える影響について」南山大学大学院経済・経営研究会『南山論集』Vol27,pp.53-100
23 小川英次・岩田憲明・山田基成編著（2011年）『中小企業のマネジメント』中央経済社
24 加護野忠男・井上達彦（2004年）『事業システム戦略』有斐閣アルマ
25 金井一頼・門田隆太郎（2002年）『ベンチャー企業経営論』有斐閣
26 国土交通省総合政策局情報安全・調査課建設統計室「平成23年度建設投資見通し」，http://www.mlit.go.jp/common/000148863.pdf，2011.8.14アクセス
27 佐竹隆幸（2008年）『中小企業存立論』ミネルヴァ書房
28 ㈶建設業振興基金（2006年）「中小・中堅建設業の新分野・新市場進出事例」http://www.yoi-kensetsu.com/jirei/，2009.5.15アクセス
29 清水龍瑩（1983年）「中小企業の成長要因の研究─機械製造中小企業505社について

の実証研究―」『三田商学研究26-3』,pp.18-32
30 嶋口光輝（2001年）「パラダイムシフトを超えて」嶋口光輝他共著『マーケティング優良企業の条件：創造的適応への挑戦』日本経済新聞出版社
31 瀧澤菊太郎（1967年）「中小企業の残存と適正規模」末松玄六・瀧澤菊太郎『適正規模と中小企業』,有斐閣,pp.327-369
32 山田幸三・江島由裕（2003年）「創造的中小企業の経営と戦略的決定」『ベンチャービジネスレビュー』No.4 ,pp.13-23
33 山田幸三（2000）『新事業開発の戦略と組織』白桃書房

(査読受理)

ベンチャー企業の育成とエコシステムの構築

同志社大学　熊野　正樹

1．はじめに

　ベンチャー企業の輩出とシリコンバレーのような起業家を育成するネットワークづくりは，我が国にとって古くて新しいテーマである。特に，1990年代半ばより「ベンチャー企業の振興」に向けて，さまざまな制度改革が行われ，ベンチャー企業を取り巻く環境は急速に整備されてきた。しかし，制度や社会の仕組みは起業家やベンチャー企業に有利になっているにもかかわらず，我が国のベンチャー企業は低迷を続け，未だ産業構造の一翼を担うレベルに到底及んでいない。

　本稿では，その原因をベンチャー企業のエコシステム（生態系）に求め，何がベンチャー企業の輩出を阻害しているかを米国との比較から明らかにする。具体的には，ベンチャー企業を取り巻く外部環境に焦点を当て，エコシステムの基盤をなす，政策，投資，人材，の3つの側面から我が国のベンチャー企業の育成における問題点を分析し，課題と展望について検討していく。

2．先行研究のレビューと分析視角

(1) 先行研究のレビューと分析視角

　ベンチャー企業の研究においては，様々なアプローチからの優れた業績も多く見られる[注1]。その中で，ベンチャー企業の成長要因を起業家やマネジメントのあり方に求めるのではなく，外部環境全体から捉え，それをエコシステムとして理解しようとする研究は本稿と関連性が高い[注2]。

このテーマにおいて，特に1990年代，米国シリコンバレーでは，次々に新しいベンチャー企業が誕生し，産業の活性化が実現したことから世界中の注目を集め，その仕組みと機能について多くの報告がなされている。サクセニアン（1994）はシリコンバレーとルート128地域を比較し，シリコンバレーの成功要因は，新産業の創出とイノベーションのメカニズムにあるとし，ベンチャー企業がその重要な役割を担っていると分析している。また，シリコンバレーの気質，文化，風土に着目し，大学やエンジェル，VCをはじめとする様々なネットワークが身近にあり，かつ企業の壁を超えた情報や人材の交流，イノベーションにおける非公式のコミュニケーションが活発に行われる点を指摘している。また，サクセニアン（2006）では，シリコンバレーの移民の役割に注目し，高技能移民とその世界的なネットワークの重要性を指摘している。中国やインドの発展に，シリコンバレーで働いたエンジニアたちが帰国して起業し，シリコンバレーの移民ネットワークを使ってそれを大きく育てた結果だと主張した。我が国においても，原山・氏家・出川（2009）では，イノベーション・エコシステムという文脈の中で，ベンチャー企業が果たす役割，ベンチャー企業の本質について分析されている。

エコシステムとは，本来は生態系を指す英語"ecosystem"の日本語訳の科学用語であるが，生物群の循環系という元の意味から転化されて，産業分野における経済的な連携関係全体を指す用語としても比喩的に使われている[注3]。特に，イノベーション研究においては，米国競争力評議会が2004年に発表した報告書「イノベート・アメリカ」において提示された「イノベーション・エコシステム」という概念が注目されている。同報告書は，イノベーションの発生とは，線形もしくは機械的なものではなく，多くの社会の構成員があらゆる分野で相互作用を続けていくといういわば生態系の現象として捉えている。また，エコシステムを構成する3つの柱として，「投資」「人材」「インフラ」を明示して政策提言を行なっている。「インフラ」に関しては，連邦政府・州政府の政策が重要であるとし，イノベーション戦略を推進する国民的コンセンサスの形成の重要性を強調している。この概念は，ベンチャー企業の育成においても親和性が高く，本稿では，この枠組を援用している。つまり，ベンチャー企業のエコシステムの基盤も同様に「投資」「人材」「インフラ（政策）」と分類が可能であり，これらを構成する要素として，起業家，資本源（エンジェル，VC，銀行，大企業），顧客，研究者，ベンチャー志向の専門家（コンサルタント，弁護士，公認会計士），政府，研究・

教育機関，非営利組織や業界団体，非公式のネットワーク，文化的・教育的風土，成功事例や指導者，地理的な場所などを挙げることが出来る（Isenberg,2011, pp.131）。

(2) ベンチャー企業の定義と対象の限定

ベンチャー企業は，法的あるいは学術的な定義が未だ確立されておらず様々であるが，アントレプレナーの存在，イノベーションの創出が，その定義自体に含まれることが多い。また，VCに由来するとも，ベンチャー精神を重んじる企業とも解釈されている。本稿では，「VCが投資する，あるいは投資を受け入れる意思のある企業」をベンチャー企業の条件とし，「ベンチャー企業とは，高い志と成功意欲の強いアントレプレナー（起業家）を中心とした，イノベーションの創出，新規事業への挑戦を行う企業であり，VCを中心とした外部からの投資を積極的に受け入れて，グローバル展開も視野にいれて急成長を志向する企業」と定義する。

VCからの投資を受け入れる為，起業家としての成功の出口（イグジット）戦略は，①株式公開（IPO）②会社売却・合併（M&A）の二つしかない。この成功確率は極めて低く，五十嵐（2005）は，ビジネスプランからIPOに至るケースは，1000分の6，VCが投資した会社からIPOに至る確率は10分の1であると報告している。また，The Industry Standard（2000）によると，スタートアップスがIPOあるいはM&Aを行うことは1000に3つに届かないばかりか，米国といえども，VCから投資を受けること自体が困難であることが指摘されている。このように，本稿が対象とするベンチャー企業も量的には極めて限定的である。

3．政策

ベンチャー企業は，イノベーションと雇用を創出し，経済発展において重要な役割を有する。我が国においては，1990年代からベンチャー企業の創出と育成を図る政策の必要性が強調され，様々な支援がなされている。

具体的には，1995年のストックオプション制度の創設，1997年のエンジェル税制の創設，さらに，日本版VCの制度的基盤となる1998年の「中小企業等投資事業有限責任組合法」の制定，1999年，当時要望の強かった優先株など無議決権株

式の発行要件の緩和を行う「新事業創出促進法」の改正が行われた。同年，中小企業基本法が36年ぶりに改正され，政策目的ともいえる中核的な主体がベンチャー企業におかれた。これは，二重構造化にあった中小企業の近代化を果たそうとする旧中小企業基本法の理念とは全く異なり，米国型のベンチャー企業にみられる発展性の高い起業・創業型の中小企業がその念頭におかれた（佐竹，2002，p.288）。そして，同年にベンチャー企業向けの新興市場マザーズ，2000年にはナスダックジャパン（現・ジャスダック）が開設されると，ベンチャー企業が速やかに株式公開できる環境に一変した。商法については，当時，VCが取締役選解任権を持てるような議決権種類株を創設して欲しい，ベンチャー企業がスピーディに増資や株式分割ができるように授権資本枠の上限規制の撤廃，一株当たり純資産額規制や額面規制，単位株制度など株式分割・出資単位規制を撤廃・緩和して欲しい，ストックオプションをより有効に活用できるよう付与上限や付与対象の制限を撤廃し付与手続きを弾力化して欲しい，といった改正要望があったことから，2001年の臨時国会と2002年の通常国会における商法改正で実現している。唯一残ったベンチャービジネスに係る商法の論点は，「アメリカでは１ドルでも株式会社ができる。どうして日本は1000万円が必要なのか」という議論であったが，2002年特例が創設され，2005年商法改正において，最低資本金制度は撤廃された（石黒，2005，pp.39-41）。

　このように，この10年あまりで，ベンチャー政策としては，直接的な支援措置は相当手厚いものになり，ベンチャー育成における制度的な阻害要因はほぼなくなったといえる。しかし，米国のようにベンチャー企業が経済を牽引する状況が日本で実現できているわけではない。この原因について，以下では，投資，人材の観点から分析を試みる。

4．投資

(1) 新興市場の現状

　1999年にベンチャー企業向けの新興市場マザーズが開設されて以降，この間に上場した企業は1000社を超えた。しかし，2006年初頭のライブドア事件を機に2003年以降の上昇相場から一転し，2008年後半の金融危機も重なり低迷を続けている。度重なる不祥事による投資家の市場への信頼の低下に加え，景気悪化によ

る業績不振はベンチャー企業向けの新興市場に大きな打撃を与えている。さらに，投資家保護を目的とした内部統制報告書の提出義務（J-SOX法対応）が市場の混乱のさなかの2009年3月期から始まり，コストの増加が株価の低迷と重なり上場メリットを低下させ，ベンチャー企業にとって上場意欲を削ぐものとなった。この結果，新興市場における2010年のIPO社数は16社，IPOでの平均資金調達額は8億円と低水準であり，ベンチャー企業の成長を加速する役割は果たせていない。なお，東証マザーズのここ5年間におけるIPO企業の設立から上場までの平均年数は，5年から10年で推移している（財団法人ベンチャーエンタープライズセンター《以下，VECと記載》，2011a, pp.4-9）。

(2) VCの状況

我が国のVCの状況は，新規上場企業の急減で窮地に瀕している。IPOを主要な投資回収と収益実現の手段としてきた我が国VCのビジネスモデルは，IPO低迷で出口を失い投資資金回収が困難を極めたことに加え，VC自身の業績悪化により投資は更に落ち込んでいる。近年のVC等融資額の推移をみると，2006年度は2,790億円だったＶＣ投融資額も，2009年度は875億円にまで落ち込んでおり，投資先数も2006年度の2,834社から2009年度は991社にまで激減している。一方，イグジット件数の推移を見ると，2009年度においては，IPOによるイグジットが106件（全体の6％程度）となっているように，償却・精算，経営者により買戻しが高水準で推移している（VEC, 2011a, pp.11-14）。

一方，米国のVCの状況を見ると，米国のVCの投資額は，我が国とは桁違いの水準にある。日米の年間VC投資額を比較すると，例えば2008年度において，我が国が1366億円であるのに対し，米国では2兆3,626億円である（VEC, 2010b, p.19）。また，米国のIPO件数と調達額の推移を見ると，2008年後半の金融危機によるマーケットの混乱で激減した米国市場のIPOは，2009年後半から徐々に回復し，2010年は154社が上場，387億ドルを調達している（VEC, 2011a, p.30）。

米国のイグジットの状況をみてみると，我が国とは状況が大きく異なっている。米国では，VC投資のイグジットは，M&Aが圧倒的に多く，我が国で主流のIPOは，2009年度において全体の僅か4％程度に過ぎない。米国では，1990年代以降，出口戦略としてM&Aに転換を図っており，特に，2000年頃からの株式市場の低迷により，VCはイグジット戦略を見直している。IPOのシェアは，2000年頃ま

では50％を維持しているが，2001年以降に急減し10％程度で推移し，2009年においては4％程度にまで低下しているのである（VEC, 2011a, p.30）。このように，状況に合わせて米国のVCは，IPOからM&Aにビジネスモデルを変化させており，M&Aの活性化でVC，ベンチャー企業の双方にとって好循環がうまれている。

(3) 米国ベンチャー企業の事例

米国，特にシリコンバレーでは，ベンチャー企業が我が国とは桁違いの資金調達を行なって急成長している。以下では，代表的な成功事例として，フェイスブックを取り上げる。フェイスブックは，世界最大のソーシャル・ネットワーキング・サービス（SNS）で，2004年にハーバード大学の学生であるマーク・ザッカーバーグによって設立されたベンチャー企業である。登録ユーザー数は7億5,000万人（2011年8月現在）で，2010年は，売上高は20億ドル，純利益は4億ドルに達したとみられている。この成長を支えたのが，エンジェルやVCの資金であるが，彼らは単に投資するだけでなく，人的ネットワークや経営ノウハウ，経営戦略など併せて提供することにより若い企業を支えている。

フェイスブックは，起業の初期段階でショーン・パーカーという著名なエンジェルと出会い，彼の人的ネットワークと知見をもとに，エンジェルやVCから巨額の投資をうけて，急成長を遂げている。設立にあたり，シリーズA[注4]の資金調達として，シリコンバレーの著名なエンジェルであるピーター・シールから50万ドル，2005年にはシリーズBとして名門VCであるアクセル・パートナーズから1270万ドルを調達している。アクセル・パートナーズの大型投資を機にフェイスブックは学生向けのニッチなサイトから世界を揺るがす企業へと一気に離陸していく。その後，2006年には，シリーズCとして，グレイロック・パートナーズから2,750万ドル，2007年にはシリーズDとしてマイクロソフト等から3億7,500万ドル，2009年にはシリーズEとしてロシアのIT関連投資会社デジタル・スカイ・テクノロジー（DST）から3億9,000ドルを調達した（kirkpatrick, 2010）。さらに2011年1月には，ゴールドマン・サックスとDSTから15億ドルを調達しているおり，非公開株の価格算出に使った推定企業価値は，500億ドル[注5]としている。

このように，短期間での急成長を実現するために同社が，成長初期段階で外部投資家からいかに多額の資金を調達したのかが理解できる。また，同社の成功物語は映画化され，広く世間に知れ渡ることとなる。そして，ザッカーバーグは国

民的なヒーローとなり，若者の起業熱を盛り上げている。この背景には，リスクテイクした起業家の挑戦や成功をたたえる社会風土が垣間見ることができる。

(4) M&Aの促進と資金還流

　我が国は，ベンチャー企業への主な資金供給源であるVCへの資金供給のパイプを太くする努力が必要である。我が国の場合，投資を回収する選択肢がIPOに依存しすぎており，近年のように株式相場が低調で公開件数が激減すると，とたんに回収するすべを失ってしまう。そもそも，間接金融中心の我が国の金融システムは，リスクマネーが少ない。そのうえ，投資に耐えうる質のいいベンチャーが少ないから成功事例に乏しい。成功事例に乏しく市場が小規模だから，VCやベンチャー向けの新興市場なかなか育たない。結局，ベンチャー企業のリスクは高いというハイリスク神話が崩れることはなく，市場の中で資金供給の悪循環があった（石黒，2005，p37）。この悪循環を断ち切るためにも，今後考えるべき「出口戦略」の一つが，米国にみられる大企業などへのM&Aである。

　シリコンバレーの場合，主に1980年代後半以降，大企業とベンチャー企業との有機的な補完関係が定着し，パートナーシップによる企業活動が進む過程で，大企業によるベンチャー企業の買収も活発に行われている。この大企業とベンチャー企業の関係が，VCやエンジェルを介してシリコンバレーのベンチャー企業に資金が還流する仕組みの根底をなしている。そして，この資金の背景を伴ってM&Aが活発に行われ，ベンチャー企業の急成長を支えているといった一連のエコシステムが有効に機能しているのである。

(5) 米国VCの日本進出

　新しい動向として，米国VCやベンチャー企業が日本に進出し，日本でのベンチャー投資を本格化させている。米国式の大型投資[注6]とベンチャー企業育成によって，低迷する我が国の状況を食い止める動きとして期待される。

　米国のVC大手であるDCMは，2009年1月に日本に進出，都内に事務所を構えた。DCMは，1996年に創業し，IT関連のベンチャーを中心に投資をし，投資残高は16億ドルと米国VCの中ではトップ10に入る（2009年度）。この時期に日本に投資をする理由として，「DCMは，長期投資をポリシーとしているため，今，積極的に良い経営者を育てていけば，5年後に明るい未来が待っている」と伊佐山元・

共同代表は考えている。勝算は，米国式の大型投資にある。日本のVCは，投資金額が数千万円規模であるため，優秀な人材を採用する資金が乏しく，高い成長を目指しにくい。その結果時価総額が小さいまま上場して，巨額資産を運用する機関投資家の投資を呼び込めない。そこで，DCMは，投資案件を見極めながらも，1社あたり少なくとも5億円規模の資金を投じている[注7]。

5．人材

(1) 米国のベンチャーキャピタリスト

米国では，起業家が事業売却資金でエンジェルやベンチャーキャピタリストに転身することが，ひとつのロールモデルとなっている。日本とは対照的に，ベンチャーキャピタリストのバックグラウンドも金融出身者ばかりでなく，事業経験者が多数派を占める。例えば，米国を代表するVCであるベンチマーク・キャピタルのジェネラルパートナーであるマット・コーラーは，その典型である。彼は，エール大学を卒業後マッキンゼー・アンド・カンパニーのシリコンバレーオフィスに勤務したのち，リンクトインの立ち上げと副社長を経験し，さらには，フェイスブックで5番目の従業員として両社を急成長させるといった実績を積んだ上でベンチマーク・キャピタルに参画している。このように，米国におけるベンチャーキャピタリストは，ベンチャーを経営した経験があるか，業界に精通しているか，豊富な人的ネットワークを有しているかが，重要な条件になっている。

日本で活躍する米国VCの日本人キャピタリストの経歴も興味深い。DCMの日本人キャピタリストの出身母体は，三菱商事，アップル，日本興業銀行，マッキンゼー・アンド・カンパニー，シリコンバレーのベンチャー企業等で構成され，事業会社の出身者が多いが，いずれも，シリコンバレーでの事業，勤務経験を有しているところに特徴がある。

表1　日米のVC比較

	日本	米国
VCの形態	株式会社	パートナーシップ（専門家による個人集団）
VCの設立母体	銀行，証券，生損保が中心	独立系VC70％強，金融系20％，事業会社他
業界団体	日本VC協会：2002年結成	NVCA（全米VC協会）：1973年設立
VC会社数	200社以上	700社以上（NVCA加盟は400社）
キャピタリストの経歴	金融機関，金融機関からの出向	起業家，経営者，事業会社
キャピタリストの報酬	給与	成功報酬
投資資金	VC自己資金45％，ファンド55％	ファンド70％強
投資規模	数千万円	数億円（大規模）
VC投資以前	家族，友人からの借入，創業融資	エンジェル（個人投資家）

出所：VEC（2004），神座（2005）に筆者加筆

(2) 人材の流動化と人的ネットワーク

　我が国では，優秀な人材が大企業に偏在しているため，優秀な人材や技術が大組織の中から流動化せず，ベンチャー人材が不足していると指摘されている（石黒，2005, pp.37-38）。つまり，ハイリスクを避けるために，優秀な人材は，一流の大企業を目指し，自ら事業を起こそうとはしない。優秀な人材がベンチャー企業を起こさないから，その失敗の確率は高くなる。そして，間接金融中心の資金調達システムでは，個人保証までとられて，一度失敗すれば，再起不能になる。そうした失敗事例を見ているから，優秀な人材は，ますますベンチャー企業に足を踏み入れない。結果として，ベンチャー企業の数少ない成功者は，正規のルートから外れたアウトロー的な印象になる。その結果，数少ない成功者は，金銭的に恵まれても，社会的には尊敬されないという文化が形成された。一方で，シリコンバレーでは，大企業とベンチャー企業の間での交流が活発であり，人材の流動化も活発である。この背景には，前章で述べてきた厚いVCの資金が大きく関係しており，たとえ大企業からベンチャー企業に移っても，ベースの収入は担保され，ストックオプション等で動機付けも行われ，流動化が促進されている。

　人材の流動化が活発な背景として，シリコンバレーでは，非公式なコミュニケーションや交流イベントが日常的に行われており，外部コミュニティとの濃厚な人

的ネットワークが大きく影響している。ベンチャー企業が輩出され続けるシリコンバレーの本質は，ハードなインフラの物理的な近接性よりも，ソフトな人的ネットワークにあるといえる。最新技術やビジネスに関してテーマを絞ったワークショップがいたるところで頻繁に開催され，そこには，起業家，エンジェル，ベンチャーキャピタリスト，大企業，大学の研究者，コンサルタント，弁護士，公認会計士らが集まって議論に参加する。これによって，人的ネットワークが増殖されていく。このネットワークは，相互扶助のネットワークであり，仮に失敗してもこれまでに不誠実な対応をしていなければ，大学に戻ったり，新しいベンチャーに採用されたり，新しく起業するなど，再起できるのである。つまり，ベンチャーの事業リスクと個人のキャリアにかかわるリスクは，コミュニティ全体で吸収されているのである。シリコンバレーにおいて起業することは，我が国に比べてはるかにローリスク・ハイリターンなのである。だからこそ，優秀な人材が事業を起こすし，エンジェル，ベンチャーキャピタリスト，コンサルタントなどが手厚い支援を行う。そして，自分もと夢見る優秀な人材が，このエコシステムにますます集まってくるという好循環を形成していくのである（石黒，2005，p.39）。

6．おわりに

　1990年代後半以降のベンチャー政策はシリコンバレーの複製を志向したものであるが，直接的な支援措置は相当手厚いものになり，ベンチャー育成における制度的な阻害要因はほぼなくなったといえる。すなわち，制度的には概ね米国に追いついたことになる。それでは，米国のようにベンチャー企業が経済を牽引していくためにはどうすれば良いのだろうか。
　第1に，ベンチャー企業の意義と影響力を再認識することである。常軌を逸した一部の起業家の挫折だけでベンチャー企業を全否定してしまう論調は改めなくてはならない。そもそも，ベンチャー企業に挑戦することが魅力的で，起業家や投資家であるVCが大きなリスクをとることによる報酬を確保することができ，その資金で更なる雇用を生み，さらには成功した起業家が寄付や財団の運営で社会に再度資金を戻すという循環が社会に認知されない限り，どんなベンチャー政策も響かない。第2に，投資の問題である。ベンチャー企業の成長にとってVC投資は不可欠なものであり，ベンチャー政策についても支援の柱であった。エコ

システムの観点から，ベンチャー企業を支える手厚いVCの資金が必要であり，VCが機能するためにはM&Aが活発に行われなくてはならない。大企業がベンチャー企業を買収することによって，VCに資金が還流する好循環を促すことが重要であり，ベンチャー企業の発展につながっていくのである。第3に，人材の問題である。起業家やベンチャー企業に関わる人を増やさなくてはいけない。このためには，ベンチャー企業の成功事例が不可欠であり，リスクテイクしたベンチャー起業家を称賛する文化・価値観を醸成する必要がある。この価値観を醸成するために，人材の流動化と人的ネットワークの形成が重要であり，ベンチャーの事業リスクと個人のキャリアにかかわるリスクは，コミュニティ全体で吸収していく必要がある。これにより，優秀な人材が起業し，エンジェル，VC，コンサルタントなどが手厚い支援を行う。そして，自分も夢見る人材が，このエコシステムに集まってくるという好循環が生むことによって，自律的なベンチャー企業を創出していくことができる。

　ベンチャー企業を育むエコシステムを構築する際，その取組にけっして終わりはない。現状，シリコンバレーモデルの制度的側面のみを表面的かつ単純に複製したにすぎず，エコシステム構築の第一歩を踏み出したにすぎない。ベンチャー企業が低迷する現状をみて，我が国ではベンチャー企業が育たないと結論づけるのではなく，いかにしてエコシステムを強化するかを考えていく必要がある。

〈注〉
1　ベンチャー企業の先行研究については，熊野（2008）で詳述している。
2　むろん，ベンチャー企業の成長は，内部環境と外部環境の相互作用によってなされる。内部環境に焦点をあてた分析として，熊野（2009）参照。
3　類似語で，生息地を示すハビタットを使用されることもあるが，ハビタットは物理的な場所を示すことに対し，エコシステムは，生息地とその外部環境の相互作用を包含した意味であり，コミュニティの意味合いが強い。
4　VCからの第1回目の資金調達をシリーズA，2回目をシリーズBと呼ぶ。フェイスブックの資金調達に関しては，(kirkpatrick, 2010)に詳しい。
5　日本経済新聞，2011年1月22日。
6　一方，米国では，近年，設立直後のベンチャー企業に数百万円規模の少額投資を行うVCが台頭している。これは「エンジェルファンド」「スタートアップインキュベーター」と呼ばれている。500スタートアップス，Yコンビネーターが有名。
7　日経ビジネス，2009年4月6日号。

〈参考文献〉
1 Council on Competitiveness (2004) "Innovate America:Thriving in a World of Challenge and Change-National Innovation Initiative Interim Report-National Innovation Initiative Report"
2 Daniel J.Isenberg (2010) "How to Start an Entrepreneurial Revolution" *Harvard Business Review*,Jun (ダニエル J. アイゼンバーグ「ベンチャー国富論」『DIAMOND ハーバード・ビジネス・レビュー』ダイヤモンド社, 2011年)
3 David Kirkpatrick (2010) *"The facebook Effect : The Inside Story of the Company That Is Connecting the World."* Simon & Schuster (デビッド・カークパトリック『フェイスブック若き天才の野望－5億人をつなぐソーシャルネットワークはこうして生まれた－』日経BP社, 2011年)
4 Global Entrepreneurship Monitor "2010 Global report"
5 原山優子・氏家豊・出川通 (2009年)『産業革新の源泉－ベンチャー企業が駆動するイノベーション・エコシステム』白桃書房
6 五十嵐伸吾 (2005年)「日本のスタートアップスの現状」『一橋ビジネスレビュー』53巻1号, 東洋経済新報社
7 今井賢一監修, 秋山喜久他 (1998年)『ベンチャーズインフラ』NTT出版
8 石黒憲彦 (2005年)「日本におけるベンチャー政策の実態と展望」『一橋ビジネスレビュー』53巻1号, 東洋経済新報社
9 小門裕幸 (1996年)『エンジェル・ネットワーク－ベンチャーを育むアメリカ文化』中央公論社
10 神座保彦 (2005年)『[概論] 日本のベンチャー・キャピタル』ファーストプレス
11 熊野正樹 (2008年)「新興市場開設後のベンチャー企業研究の現状と課題—概念と実態の比較視点による再検討—」『同志社大学大学院商学論集』第43巻第1号
12 熊野正樹 (2009年)「ベンチャー企業の知財収益化」『同志社大学大学院商学論集』第43巻第2号
13 National Venture Capital Association (2010) "NVCA Yearbook 2010"
14 佐竹隆幸 (2002年)『中小企業のベンチャーイノベーション』ミネルヴァ書房
15 Saxenian, A. (1994) *Regional Advantage : Culture and Competition in Silicon Valley and Route128*,Cambridge Mass and London:Harvard University Press. (サクセニアン『現代の二都物語』日経BP社, 2009年)
16 Saxenian, A., (2007) *The New Argonauts : Regional Advantage in a Global Economy*,Harvard University Press. (サクセニアン『最新経済地理学 グローバル経済と地域の優位性』日経BP社, 2008年)
17 (財) 中小企業総合研究機構 (2009年)「ベンチャー創業時に関する調査研究」
18 (財) ベンチャーエンタープライズセンター (2004年)「資本政策実務ガイド」
19 (財) ベンチャーエンタープライズセンター (2011年a)「2010年ベンチャービジネスの回顧と展望」『2010年ベンチャービジネスに関する年次報告』

20 （財）ベンチャーエンタープライズセンター（2011年b）「2010年ベンチャーキャピタル等投資動向調査報告」『2010年ベンチャービジネスに関する年次報告』
21 （財）ベンチャーエンタープライズセンター（2011年c）「平成21年度創業・起業支援事業（企業家精神に関する調査）報告書」

（査読受理）

中小企業ネットワークの理論的背景と特性
―ブリッジの役割と地域産業政策への含意―

明治大学　木村　元子

1．問題意識

　中小企業がもつ顧客，取引先，商社，金融機関とのネットワークは，ネットワークそのものが企業にとっての生存基盤となっている[注1]。とりわけ産業集積においては，企業間ネットワークがあるために規模が小さいながらも多数の専門化された企業の生存を可能にした。しかし，グローバル競争の激化や需要の多様化によって，地域の産業集積が弱体化したときに，そこにあったネットワークが陳腐化し，それを生存基盤とする中小企業もまた危機にさらされるようになる。中小企業が持つ顕在化したネットワークとして，顧客や仕入先，外注先との垂直的ネットワークと，協同組合や異業種交流会，商工会などとの水平的ネットワークに大きく区分することができる。一方で，経営者や従業員個人がもつ地縁，血縁，同窓的ネットワークのように潜在的なネットワークも企業経営に影響を与えるものとして存在する[注2]。

　本稿では，顕在化した企業間ネットワークに注目したい。それは，産業集積および中小企業を取り巻く環境が大きく変化する中で，従来の垂直的ネットワークが機能しなくなっており，それまで垂直的ネットワークを通じて獲得していた受注や市場情報が乏しくなったために企業の成長を脅かすようになってきたからである。一方で，外部の経営資源を確保し，イノベーションを進めるための水平的ネットワークの役割が相対的に大きくなっている。中小企業政策においても，中小企業融合化法や地域産業集積活性化法，中小企業新事業活動促進法など，中小企業間のネットワークに注目し，経営資源の補完および相乗効果によるイノベー

ションを志向している。

　中小企業間ネットワークが重視される理由の一つに，環境変化のなかで競争力を維持するために，企業は継続的にイノベーションを実現する必要があるにもかかわらず大企業に比べ，十分な経営資源を獲得し，蓄積するのに困難をともなう点にある。中小企業は，事業活動においてあらゆる面で経営革新に取り組むのが難しい。そこで，自社単独のイノベーションよりも，自社の強みを明らかにし，不足する経営資源を他企業，他組織と相互補完する関係を構築することで，効率的な市場変化への対応が可能になる。このような水平的な企業間ネットワークの形成は，中小企業にとって，多様性をもつ人脈や専門的な知識を結合するネットワークとして，オープン・イノベーションに不可欠である。

　しかし，現実には中小企業が継続的にネットワーキングに取り組むのは難事である。経営資源に乏しい中小企業では補完的な連携活動が重視されるが，中小製造業における連携の実施状況をみると7割弱の企業は取り組んでいない[注3]。その原因としてあげられるのは，ネットワークの特性として維持，発展には時間とコストがかかる点が考えられる。中小企業政策において，企業間ネットワークの利点強調が先行したために，現実に起きる問題点を軽視した議論が行われているとの指摘もある[注4]。したがってまず，イノベーション志向の中小企業間ネットワーク構築に向けて，企業間ネットワーク理論の観点からネットワーク構築が行われる理由およびそれを妨げる要因を明らかにする必要がある。また，企業のイノベーションを推進するために，ネットワークをもたない企業をどのように支援し，増加していくかは地域産業政策にとっては大きな課題であるが，従来の政策において行政機関が担うべき役割は不明確であり，理論的裏付けが不足している。ネットワークの特性を踏まえると，地域中小企業を支援する機関そのものが，ネットワークの仲介者として地域中小企業を結びつける役割が期待され，ネットワークにおけるブリッジ（架橋，橋渡し）をする経済主体としての存在が問われている。

　本稿ではまず，企業間ネットワークの理論的背景を取引費用論と知識ベースの企業論から整理する。次に，企業間ネットワークの活用によるイノベーションを促進する際に，企業間ネットワークの特性そのものが，中小企業がネットワーキングを行う際の課題を生じさせる点を明らかにする。この問題点を解決するための地域産業政策における含意を，事例分析を踏まえながら考察したい。

2．企業間ネットワーク形成の理論的背景

　企業活動の展開に関する考え方として，市場の活用を前提する新古典派経済学のほかに，市場と組織の選択に視点をおき組織を重視する新制度学派経済学がある。このなかから生まれた取引費用論を踏まえた中間組織としての下請分業生産システムや業務提携，企業間連携を，企業間ネットワークをとらえる。

　ポスト・チャンドラー・エコノミーの時代においては，垂直統合の度合いによって組織構造に変化がみられ，どの段階まで自社内で生産すべきか企業と市場の境界の問題が浮かびあがる[注5]。この問題については，これまで取引費用論がその説明を提供してきた。コース（R.Coase）は企業について，組織とは市場で取引費用がかさむとき，取引費用を節約するために市場取引の一部を内部に取り込んだものとした。すなわち，価格メカニズムを利用した場合の取引費用に対し，取引を企業内に組織化した場合の費用がそれを上回ることがない限り，組織を選択するとする[注6]。ウィリアムソン（O.E.Williamson）らはこの理論を発展し，取引費用の点から「市場か組織か」の議論を展開した[注7]。ウィリアムソンは「市場での取引は，自律的な経済単位のあいだでおこなわれる交換をともなうものであり，そのような交換はミクロ経済分析のおなじみの研究対象であるが，これに対して，階層組織のなかでの取引は，単一の管理単位の内部に取引の両側があり，なんらかの形の支配と服従の関係が優勢を占め，かつ典型的には，統合された所有が成立している，という状況のもとでおこなわれる取引である」（ウィリアムソン，2009，p.i）とする。

　企業活動にとっては，市場への完全な依存も完全な統合でも非合理ということになる。実際には，極端に偏るのではなく市場と組織の中間で組織がつくられることが多く，「中間組織」と呼ばれる[注8]。そのつど契約を結ぶ市場取引は，取引費用負担が大きくなり，一方ですべての生産活動を組織の内部に取り込んだ場合には調整コストが膨大になる。したがって，市場取引にかえて長期的取引の設定が，取引費用の節約と専門化による生産性の向上を同時に実現できるより合理的な方法である。しかし，取引費用論のみによっては企業間ネットワークの形成をとらえきれない。長期の取引が継続した結果として取引費用の低下がみられるのであり，企業間ネットワークの形成段階において取引費用が影響を及ぼすことは限定的であると考えられるからである[注9]。また，取引費用論では，固定費の

削減やリスクの低減という点から市場と組織は代替的な存在ととらえており，それぞれが補完し合うオープン・イノベーション（open innovation）の可能性を考慮していないのである[注10]。

　取引費用論への批判的立場をとるものに，知識ベースの企業論がある[注11]。実際に行われている企業間の提携やアウトソーシングの決定は，相手先企業がどのようなケイパビリティをもち，連携することによって補完関係が獲得できるかどうかが考慮されるというものである。知識は専門化することで効率的に獲得できるが，その知識が価値を生むには，他の知識と組み合わせることが必要である。専門化した知識を組み合わせなければならないが，他者のもつ知識を自分があらためて学ぶことになれば専門化の利点が乏しくなり，そのメリットが失われる可能性がある。この問題を解決するためには，他企業がもっているが自社にとっては専門外の知識が使われた財・サービスを購入して，その知識の成果を利用することである。その財を生産，開発した知識を自社がもつことはせず，成果のみを購入すればよい。つまり，その財の「生産」についての知識がなくても使い方を理解でき使用可能であれば，財を売買することが可能になる。ここに市場取引が成立し，企業の境界を設定できるというのが，知識ベースの企業理論である[注12]。

　これは，一つの企業内で知識が創造され，その企業が創造された知識を利用した製品を流通させるというチャンドラーが関心を示した垂直統合モデルからのパラダイムシフトが起こっていることを示す。チェスブロウ（H.Chesbrough）は企業の研究開発活動において，社内で蓄積された知識のみに基づくクローズド・イノベーション（closed innovation）から，社外知識の利用を重要視するオープン・イノベーションへのパラダイム転換を主張する[注13]。

　知識ベースからみると，取引費用論ではとらえきれなかったイノベーションとの関連性が明らかになる。自社で創造することができない多様な情報や技術を活用できることこそが分業のメリットであるとすれば，企業間ネットワークは，イノベーションを実現するための知識を外部から獲得できる可能性を持つものであり企業にとって意義深い。そして，いかに知識の流通が促進されるネットワークを構築するかということが重要だということがわかる。

3．企業間ネットワークの特性と課題

　現代日本においては，中小企業が下請取引に依存する割合は低下し，中小製造業の取引構造は「メッシュ化」が進む。従来のように企業間の長期継続的取引関係を前提とする密接な情報のやりとりが希薄化しているなかで，大企業側では，コーディネーション機能の外部化によって発注先選定にかかる情報収集コストがふくらみ，一方で，経営資源が相対的に乏しい中小企業は，特定企業との取引を通じて獲得していた技術情報や市場情報が減少するという問題が生じた。したがって，下請取引のような垂直的なネットワークに代替して知識流入を円滑化するものとしての水平的な企業間ネットワークが重要性を増している。

　とりわけ，企業間ネットワークの中でも多様な集団を結びつけるブリッジに注目したい。ブリッジとは，集団同士を結ぶ仲介役がもつネットワークであり，ある集団とある集団を結びつける唯一の紐帯である。ブリッジは多様な集団をつなぐ紐帯として情報収集力にすぐれ，情報の流通をスムーズにする仕組みとして価値を生む（図1）。

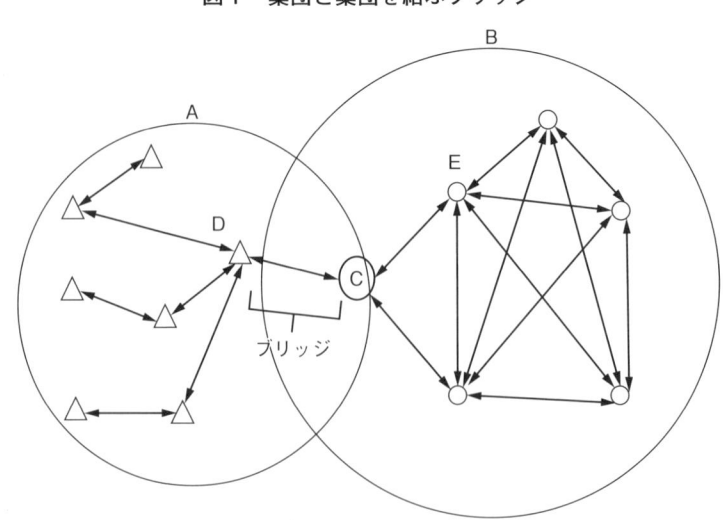

図1　集団と集団を結ぶブリッジ

資料：筆者作成

金井（1994）は，ネットワーキングに内在するパラドクスについて言及している[注14]。そのひとつは，「弱連結パラドクス」である。これはグラノヴェター（M.S. Granovetter）の弱い紐帯の仮説に基づいており，ゆるやかな弱いつながりほど強いというものである[注15]。弱い紐帯のオープンさについては新鮮な情報や意外な発想をもたらすという点では，閉鎖的な強い紐帯よりも意義がある。一方で，強い紐帯の強さについても軽視すべきではないとするのが，クラックハート（D.Krackhard）の説である。クラックハートによれば，弱い紐帯は情報の入手などの場合には重要であるが，変化が激しく不確実性が高い場合には強い結びつきのほうが，信頼を醸成するには有効であることを主張した[注16]。つまり，紐帯の強弱の有効性は，状況や目的に依存するということがいえる。

オープン・イノベーションを実現するための多様な情報や技術の流入ルートとしてのブリッジは，異なる集団を結びつける役割をもつため，ブリッジは弱い紐帯（weak ties）であることが多い。ブリッジの約9割は1年以内に消滅してしまうという研究結果もある[注17]。その原因として，ブリッジを維持するために，ブリッジをもつ人に多大な負担がかかることがあげられる。人間関係の強弱は接触頻度や継続時間によって決定するため，紐帯を維持するには相互交流を繰り返す必要があるのである。しかし，ブリッジは普段属する集団とは異なる集団との紐帯であるため，頻繁に接触することは難しく弱い紐帯にならざるを得ない。その上で弱い紐帯を長く維持するためには，特別に手間とコストをかけ続けなければ紐帯は途切れてしまう。

ブリッジを持ち，ネットワークを結んでいる仲介者は，紐帯を維持するためにコストがかかる上に，高度な調整力や忍耐力が求められるので多大な労力を負担しなければならない。人々が直面する社会文化的制約条件によって，安定した状況下では外とのつながりを積極的に求めようとしなくなり，そのままにしておけば，集団には同質の知識が浸透し，共有するようになる。一方で，内部の者にとって，新しい知識やアイデアをもたらすような発展的な紐帯を見いだすのが困難になる[注18]。このような状態をネットワークの陳腐化と呼ぶとすると，陳腐化を脱し，ネットワークを新たに広げるためには，さらに時間とコストが必要なのである。

「企業家精神とは本来的にネットワーキング活動である」とも主張される[注19]が，中小企業においては十分な経営資源をすでにもっていることはほとんどなく，み

ずからにない資源や能力を補っていくしかない。オープン・イノベーションが中小企業に求められる中でそれを実現するには，中小企業が異なる集団とのブリッジを構築するために時間とコストをかけてネットワーキングを行う必要がある。同時に，多様な集団を結ぶ仲介者という役割は手間がかかるが，仲介者が媒介力を発揮することができれば，多様な集団にネットワークを架橋することで情報の流通を促進し，統制することができる。

　自力で企業間ネットワークを展開し，それを背景に取引を多様化したり，新たなビジネスに挑戦する中小企業もあるが，多くの中小企業にとっては経営資源不足のためネットワーキングに対する過大な負担が障害になり，企業間ネットワークの効用を自社の経営に活用できていないと考えられる。つまり，ネットワーキングを行うのは経営者が主になるが，経営者の当該企業内における役割が企業規模が小さいほど大きいために，ネットワーキングに十分な労力を費やすことができないのである。しかし，水平的ネットワークをはじめとした知識流入のネットワークを活用できる中小企業を増加させ，支援していくことは地域産業政策にとっても大きな課題である。しかし，行政機関は従来，企業間の「出会いの場」の提供にとどまることが多く，その後のネットワーク構築に関与できていなかった。ブリッジを有することの意義と課題をふまえれば，地域の中小企業を支援する機関そのものが，ネットワークの仲介者として中小企業をよく知り，中小企業を結びつける役割が期待される。

4．事例―ブリッジ強化による地域産業ネットワーク形成支援

　中小企業におけるブリッジ構築の困難さを理解したうえで，多数のハイレベルな企業が地域内に存在することを活用し，市や商工会議所，地元信用金庫が連携して地域企業間の連携のために橋渡し支援を行っているのが，東京都八王子市である[注20]。八王子はかつて絹織物の産地として栄え，現在はナノテクやバイオなどの先端企業が数多く立地している。八王子市を含め埼玉県南西部，東京都多摩地域，神奈川県県央地域（TAMA地域）には，大企業の研究施設や大学，公的研究機関が集積しており，これを背景にして研究開発型，製品開発型企業が多数立地してきた。しかし，地域の中小企業間での横のつながりはほとんどなく高度な知識の波及は限定的であった。

ハイレベルな企業が集積しているにもかかわらず，地域産業振興に活かしきれない状況を打開するため，八王子市長の私的諮問機関の提言を受けて，2001年に行政と商工会議所の連携によって「首都圏情報産業特区・八王子」構想推進協議会（サイバーシルクロード八王子）が設立されたのをきっかけに，地域企業間のネットワークが広がっている[注21]。

サイバーシルクロードによる中小企業支援の特徴は，「掘り起こし」支援である。大企業スピンオフ型やベンチャー企業のように，技術をもち，補助金などの政策を活用できる企業ではなく，「見捨てられた企業」を支援の対象としている。見捨てられた企業とは，①仕事はあくまで受注が主体，②自力だけでの課題発見・解決は困難，③施策活用も困難，④人材不足・人を育てられる人がいないといった特徴をもつ企業を指し，中小企業の大多数を占めると考えられる[注22]。サイバーシルクロードが，これらの企業の営業マンになるというスタンスのもと，積極的に企業訪問を行い，施策を活用してもらおうと活動している。

サイバーシルクロードによる支援の柱のひとつが「ビジネスお助け隊」の派遣である。八王子は人口の高齢化が進んでいるが，換言すれば大企業で活躍したOBが大勢いることでもあり，八王子在住のアクティブシニアをボランティアとして採用している。ビジネスお助け隊は，幅広い人脈を持ち経験豊富な企業OBを中心に，公認会計士や中小企業診断士などの有資格専門職も加わった約70名で結成され，経営計画の策定から実際のビジネスモデルをアドバイスしている。相談は原則無料であるが，具体的なノウハウを提供する場合は個人で有償契約をすることもできる。

ビジネスお助け隊の助言によって，人材育成塾が開講されている。なかでも「はちおうじ未来塾」は事業継承を目指す後継者のための人材育成プログラムであり，将来的に連携が組めるよう，戦略的にネットワークの創出を狙ったものでもある。市内で革新的な経営を行っている若い経営者を講師に招き，体験談や経営手法を学ぶことができる。　卒業後はOBを中心とした「HFA（Hachioji Future Association）」に参加することができ，未来塾で作りあげた人的ネットワークを継続できるよう工夫している。

また，サイバーシルクロード八王子は京王八王子駅近くの地元信金ビルに事務所を設けているが，事務所内はメンバーが気軽に立ち寄りお茶が飲めるようなスペースにしているため，メンバーの社交場として機能している。サイバーシルク

ロード八王子の職員も，地域のネットワークの仲介者となることこそが自らの職務であるという意識をもっている。八王子市では，市や商工会議所が中心となり，地域の強みである豊富な人材を活用して企業間のネットワーク育成に力を入れている。現在ではサイバーシルクロードでの出会いをきっかけに，その手を離れたところで自発的な企業間連携が立ち上がりつつある。

　TAMA地域には産学官連携を推進するための先進的な組織として，一般社団法人首都圏産業活性化協会（TAMA協会）が存在しているが，サイバーシルクロードはこれとは役割を異にしている。TAMA協会が産学官連携を利用した開発支援に重点を置いているのに対し，サイバーシルクロードは敷居の低い経営支援を目指しており，あくまでも地域密着型のネットワーク構築を行っている。ただし，地域企業にとって適切な支援をするために両者間にはブリッジが維持され，企業が必要なときに必要な連携相手を見つけることができるようにしている。

　中小企業がイノベーションを創出するためには，その方法や手段についての的確な情報が必要である。企業がネットワークに組み込まれた場合，大きな情報接近力を手にすることができ資金や人材などの経営資源獲得力が増すのである。さらに，ネットワークを通じて相互学習が行われ，企業も新たな知識創造の可能性がいっそう広げることができるのである。既存のネットワークに参加することで，企業経営に必要とされる多方面の知識の流入が起こるのである。

　多様なネットワークを有するサイバーシルクロードが企業を顧客や取引先につなげる役目を果たし結節点に位置する場合，この結節点に位置する主体が広げるネットワークに参加し埋め込まれることによって，企業はネットワークを探索し，連携の機会を得ることが可能になる。中小企業はふつう，単独ではネットワークを広げ維持することが難しいだけに，サイバーシルクロードがネットワーク内のブリッジの構築と強化，維持を受け持つことによって，ネットワークを利用して企業の生存と発展に有利な働きが獲得できるのである。

5．結論

　経営資源の制約が強い中小企業にとって，自社の経営資源だけで強みを発揮しイノベーションを持続的に行うには限界がある。中小企業がこの限界を克服するためには，積極的に外部の経営資源を利用できるネットワークを形成することが

必要不可欠である。中小企業は社会的分業の発展を存立基盤として，経営資源を補完し経営における強みを発揮してきたことにあらためて注目すべきである。

企業の境界に関する理論，知識ベースの企業理論にもとづいて，中小企業における経営資源の相互補完を中心とする企業間ネットワークの理論的な基礎づけを試みた。一方，実態的には下請分業生産システムの形態をとった社会的分業構造が変化し，変質するなかで，中小企業は自らネットワークを開拓する必要に迫られている。他企業とのネットワークを構築することは，自社のケイパビリティを確認し，企業の境界を認識することである。その結果，多様性をもつ人脈や専門的な知識を内包するネットワークはイノベーションに不可欠であることが強く認識されるようになった。ただし，多様な知識を融合し連続的なイノベーションを実現するには，多様な集団との情報交換や相互学習が必要であるが，それを実現するネットワークを維持するには時間とコストをかけなければならず中小企業にとって一朝一夕には難しい現実があることを，本稿ではネットワーク理論から明らかにした。

自力で企業間ネットワークを展開する力を獲得し，取引先を多様化している企業もあるが，それができない企業を支援するために行政や商工会議所，公設試験研究機関などの産業支援機関そのものがネットワークに積極的に参加し，結節点として地域中小企業を結びつけることが必要である。八王子市の事例は，中小企業ならではの課題を理解し，仲介者としての役割を果たすことで，既存のネットワークから疎外された中小企業を，新たな知識流入のネットワークに組み込んでいるという点で先進的であり，産業集積構造の変化に直面する他の地域にも学ぶべき点がある。すなわち，中小企業間のネットワークにおいて，行政機関が積極的に企業間関係の創出に関わるべきであり，リーダー的な役割を担う人材や機関，あるいは調整にかかわるコーディネータが「ブリッジ」（橋渡し，架橋）の機能を担う意義は大きいのである。

〈注〉
1　小川正博（2000年）『企業のネットワーク革新』同文舘，pp.6-7を参照。
2　寺岡寛（2003年）「産業集積の概念と競争力をめぐる諸問題」『中京経営研究』Vol.12 No.2，p.109を参照。
3　中小企業庁編（2005年）『2005年度版中小企業白書』ぎょうせい，第2-1-68図「中小製造業の連携の状況」を参照。同書では，連携を水平型と垂直分業型に区分してお

り，前者は大学，研究機関等との産学官連携により研究開発や高度な技術革新を行う「開発型連携」，後者を開発・生産・販売等の得意な分野を相互補完する「分業型連携」と呼んでいる。

4 湖中齊・前田啓一・粂野博行（2005年）『多様化する中小企業ネットワーク—事業連携と地域産業の再生』ナカニシヤ出版，pp.47-48を参照。

5 ポスト・チャンドラー・エコノミー論の主要な議論についてはLanglois,R.N.(2003),"The Vanishing hand:the changing dynamics of industrial capitalism", *Industrial and Corporate Change* 12（2），Sabel,C. and J.Zeitlin（2004）,"Neither Modularity nor Relational Contracting:Inter-firm Collaboration in the New Economy", *Enterprise and Society* 5（3），Badaracco,Jr.,J.L.（1991），*The Knowledge Link*, Harvard Business School Press. を参照。

6 Coase,R.H.（1937），"The Nature of the Firm", *Economica*, New Series, Vol.4 .No.16.

7 Williamson,O.E.（1975），*Markets and Hierarchies : Analysis and Antitrust Implications*, The Free Press（浅沼萬里・岩崎晃訳『市場と企業組織』日本評論社，2009年，序文を参照）。

8 今井賢一・伊丹敬之・小池和男（1982）『内部組織の経済学』東洋経済新報社，pp.139-142。

9 ウィリアムソンは取引費用が発生する前提として人間の諸属性を取り上げ，主には，限定合理性と機会主義の存在がある。短期的取引ではこれらを防止，抑制するために高い費用をかけなければならないが，長期的に取引を繰り返すような関係になると情報の非対称性が緩和されるため，費用を削減することが可能となる。

10 オープン・イノベーションとは「知識の流入と流出を自社の目的にかなうようにして利用して社内イノベーションを加速するとともに，イノベーションの社外活用を促進する市場を拡大すること」と定義される。Chesbrough,H.,Vanhaverbeke,W.,West,J.（eds.）（2006），*Open innovation : Researching a new paradigm*, Oxford University Press,p.1（PRTM監修，長尾高弘訳（2008）『オープンイノベーション組織を越えたネットワークが成長を加速する』英知出版，p.17）より引用。

11 知識ベースの企業論についてはConner,K.R.and Prahalad,C.K.（1996），"A Resource-based Theory of the Firm:Knowledge Versus Opportunism", *OrganizationScience* 7（5），Grant,R.M.（1996），"Toward a Knowledge-based Theory of the Firm", *Strategic Management Journal* 17. を参照。

12 武石彰（2003）『分業と競争—競争優位のアウトソーシング・マネジメント—』有斐閣，pp.167-169。

13 H.Chesbrough（2003），*Open Innovation : The New Imperative for Creating And Profiting from Technology*, Harvard Business School Press,pp.xx-xxviii（大前恵一朗訳『OPEN INNOVATIONハーバード流 イノベーション戦略のすべて』産業能率大学出版部，2004年）を参照。

14 金井壽宏（1994年）『企業者ネットワーキングの世界』白桃書房, pp.91-92.
15 グラノヴェター（Granovetter, M.S.）による「弱い紐帯」の理論は，転職に際して，いつも会うような結びつきの強い人よりも，たまにしか接触しないような結びつきが弱い人からの方が，　役に立つ情報が得られる可能性が高いことを示した。Granovetter, M.（1973），"The Strength of Weak Ties", *American Journal of Sociology*, 78（6）.
16 Krackhardt, D.（1992），"The strength of strong tie", In Nohria, N. and Eccles, R.G.（eds.），*Networks and Organizations*, Harvard Business School Press.
17 Burt, R.S.（2002），"Bridge Decay", *Social Networks*, 24。
18 社会文化的条件は，①同類志向，②社会的境界，③制限された合理性の3つである。ハワード・E・オルドリッチ，若林直樹訳（2007）「企業家と社会関係資本」『組織科学』Vol.40 No.3．
19 Dubini, P. and Aldrich, H.（1991），"Personal and extended networks are central to the entrepreneurial process", *Journal of Business Venturing* 6.
20 2010年8月，明治大学政治経済学部伊藤正昭地域産業論ゼミナール「東京都八王子地域おける地域産業ヒアリング調査」において，筆者が八王子市商工会議所，サイバーシルクロード八王子において実施したヒアリング調査による。
21 当時，ITブームの流れにのってJR八王子駅を中心にIT特区構想ができたが，サイバーシルクロード八王子の現在の活動ははるかに広範囲となっている。
22 前川勲（2009年）「中小企業を元気にするおたすけマンの知恵袋第2回そもそも，中小企業って何だろう？」『中小企業と組合』2009年11月号．

〈参考文献〉
1 浅沼萬里（1997年）『日本の企業組織　革新的適応のメカニズム』東洋経済新報社
2 Chandler Jr., A.D.（1977），*The Visible Hand*, Harvard University Press（鳥羽欽一郎・小林袈裟治訳『経営者の時代（上）（下）』東洋経済新報社，1979年）
3 Chesbrough, H.（2003），*Open Innovation : The New Imperative for Creative and Profiting from Technology*, Harvard Business School Press（大前恵一朗訳『OPEN INNOVATIONハーバード流　イノベーション戦略のすべて』産業能率大学出版部，2004年）
4 Chesbrough, H., Vanhaverbeke, W., West, J.（eds.）（2006），*Open innovation : Researching a new paradigm*, Oxford University Press（PRTM監修，長尾高弘訳『オープンイノベーション 組織を越えたネットワークが成長を加速する』英知出版，2008年）
5 Cooke, P.（2006），"Regional Knowledge Capabilities and open innovation: Regional Innovation Systems and Clusters in the Asymmetric Knowledge Economy", in : Breschi, S., Malerba, F.（eds.）．*Clusters, Networks & Innovation*, Oxford University Press.
6 今井賢一・伊丹敬之・小池和男（1982年）『内部組織の経済学』東洋経済新報社

7　今井賢一（1984年）『情報ネットワーク社会』岩波書店
8　今井賢一・金子郁容（1988年）『ネットワーク組織論』岩波書店
9　伊丹敬之・藤本隆宏・岡崎哲二・伊藤秀史・沼上幹編（2006年）『リーディングス日本の企業システム第1巻　組織とコーディネーション』有斐閣
10　伊東明男（2001年）「中小企業における企業間ネットワークの形成」『三田商学研究』第44巻4号
11　伊藤正昭・土屋勉男（2009年）『地域産業・クラスターと革新的中小企業群』学文社
12　Langlois, R. and P. Robertson (1995), *Firms, Market and Economic Change*, Routledge（谷口和弘訳『企業制度の理論—ケイパビリティ・取引費用・組織境界—』NTT出版, 2004年）
13　Langlois, R.N. (2003), "The Vanishing hand: the changing dynamics of industrial capitalism", *Industrial and Corporate Change*, Vol.12, No.2．
14　松橋公治（2005年）「中小企業集積地域における企業間ネットワークと産業支援諸制度」『明治大学人文科学研究所紀要』第56冊
　　Milgrom, P. and J. Roberts (1992), *Economics, Organization and Management*, Prentice Hall（奥野正寛他訳『組織の経済学』NTT出版, 1997年）
15　西口敏宏（2003年）『中小企業ネットワーク』有斐閣
16　武石彰（2003年）『分業と競争—競争優位のアウトソーシング・マネジメント—』有斐閣
17　谷口和弘（2006年）『企業の境界と組織アーキテクチャ—企業制度論序説』NTT出版
18　中小企業金融公庫総合研究所（2007年）「企業間連携を成功に導くマネジメント」『中小公庫レポート』No.2007-2
19　植草益（2000年）『産業融合』岩波書店
20　若林直樹（2009年）『ネットワーク組織』有斐閣
21　Williamson, O.E. (1975), *Markets and Hierarchies : Analysis and Antitrust Implications*, The Free Press（浅沼萬里・岩崎晃訳『市場と企業組織』日本評論社, 2009年）
22　安田雪（1996年）『ネットワーク分析』新曜社

（査読受理）

小企業のパフォーマンスと家族従業員の存在の関係性

　　　　　　　　日本政策金融公庫総合研究所　**深沼　　光**
　　　　　　　　　　　　　　　　　　　　　　藤井　辰紀

1．問題意識と先行研究

　小企業を語るうえで忘れてはならないのが，ともに働く家族の存在である。テレビのドラマやドキュメンタリーに登場する小さな飲食店や町工場などで，男性経営者と一緒になって働く妻や子供たちの姿が映し出されるケースは少なくない。
　こうした家族従業員の役割については，わが国では1980年代までに多くの研究がなされ，小企業では多くの家族従業員が従事しており，特に経営者の妻は家事労働と企業活動の両方に携わっているという実態が示された（国民金融公庫調査部，1983；天野，1986など）。その後，最近にかけての研究をみても，石井は，「家族は，わが国の小売業を理解するうえで不可欠の要因である。妻は無給で主人の商売を手伝い，息子は商売を後継する。（中略）まさに家族関係こそが，わが国の小売業を支えてきた」（石井，1996，p.32）と記しており，坂田（2006）は，小売店における経営者の配偶者の，経営面や生活面での貢献や，経営者夫婦のパートナーシップの重要性について言及している。また，徳井（2009）は，家計を握る経営者の妻が企業の資金繰りに深く関与していることを明らかにした。このような一連の指摘は，身近な小企業を観察した実感からも，納得できるものであろう[注1]。
　ただ，統計でみる限り，家族従業員の数は，以前に比べるとかなり少なくなってきている。総務省「労働力調査」によると，非農林水産業の自営業主のもとで働く家族従業員は，1985年の331万人から，2010年には115万人と，大幅に減少した[注2]。この間，自営業主の数も593万人から458万人となったものの，家族従業員の減少スピードのほうが速く，自営業主1人当たりの家族従業員数は0.56人から0.25人[注3]へと半分以下

になっている[注4]。ただし，このデータには法人企業で働く家族が含まれていない。

　では，高く評価されている「質的側面」と減少を続ける「量的側面」という一見相反する二つの側面を，どう解釈すればよいのか。本稿では，日本政策金融公庫総合研究所が行ったアンケートのデータを用いて，フィールドワークで示されてきた家族従業員の存在意義の定量的再評価を試みる。ここで考察する命題は，以下のとおりである。第1に，家族従業員の存在意義は，質的にも量的にも統計が示すほどには薄れていない。第2に，家族を中心に経営することを選択した小企業が存在しており，家族従業員の存在意義が認められる以上，それらのパフォーマンスは，他の小企業と比べても劣るものではない。

　本稿では，家族従業員の属性や働き方から，小企業における家族従業員の役割について再検討する。そのうえで，家族従業員の存在と小企業のパフォーマンスの関係性について検証していく。

2．データ

　本稿の分析には，日本政策金融公庫総合研究所が2010年8月に実施した「企業経営と従業員の雇用に関するアンケート」のデータを使用する[注5]。サンプルの平均従業者数は8.16人で，88.2％が従業者数20人未満であることから，全体を小企業とみなす。ここで，家族従業員を，「当該事業で働いている人のうち，経営者と同一家計に属する家族」と定義した。労働関係等の統計では自営業主のもとで働く同居の無給の家族のみを取り上げており，法人経営では，同様に家族が働いていたとしても従業員や役員に分類される。働き方という意味では，法人経営でも個人経営でもあまり違わず，むしろ本稿の定義の方が，フィールドワークで捉えられた小企業の実態に近いと考えられる。

　従業者の内訳は，経営者本人（1.00人）のほか，家族従業員が0.95人，正社員が4.04人，非正社員が2.17人となっている。家族従業員のうち女性が0.65人で68.2％を占め，男性は0.30人であった。ここで得られた家族従業員数は，労働統計と比べると多い。これは，調査対象が日本政策金融公庫国民生活事業の融資先であるため，1人で稼働し，事業活動にあまり資金を必要としない企業が相対的に少ないこともあるが，法人経営の企業が含まれていることも大きい[注6]。また労働統計と異なり，家族従業員を「無給の人」に限っていない点も影響している。

　家族従業員の有無による従業員構成のパターンをみても，経営者のほかに家族

従業員だけが働いている「家族のみ」の企業が16.5%，家族従業員と家族以外の従業員の両方がいる「家族と家族以外」が45.0%と，計61.5%の企業で家族従業員が働いている。経営者が1人だけで稼動している「経営者のみ」の企業は10.8%，家族以外の従業員しかいない「家族以外のみ」の企業は27.7%であった。

単一時点のアンケートのため変化は分からないが，6割を超える小企業に家族従業員が存在し，人数も平均0.95人ということは，小企業における家族従業員の存在は依然として大きいと考えてもよいのではないだろうか。

3．従業者規模別にみた家族従業員数

前述のとおり，1企業当たりの家族従業員は0.95人で，従業者の11.6%に当たる。従業者規模別にみると，従業者数「2～4人」の企業では0.96人で，正社員と非正社員の合計人数（0.91人）を上回る。これが「5～9人」の企業では1.14人とわずかながら多くなり，その後は「10～19人」では1.14人，「20人以上」では1.11人と，規模が大きくなっても変化はみられない。家族の人数に限りがあるからだ。結果，従業者に占める家族従業員の割合は，「2～4人」の企業で33.5%，「5～9人」で17.1%，「10～19人」で8.7%，「20人以上」で3.1%と，規模が小さいほど家族従業員のウエートは高くなる。

次に，家族従業員の有無による従業員構成のパターンを従業者規模別にみると，「2～4人」では「家族のみ」が44.3%と半数近くを占め，「家族と家族以外」の29.5%と合わせると，家族従業員が働いている企業は73.8%に達する（表1）。「5～9人」になると，「家族のみ」は0.9%とかなり少数派となるものの，「家族と家族以外」の68.0%と合わせた家族従業員のいる企業は68.9%に上る。

このように，家族従業員は特に小規模な層で労働力として一定の役割を果たしているケースが多いことがデータからも確認された。

4．家族従業員の属性と働き方

次に，家族従業員の存在意義について，個々の家族従業員の属性や働き方を通して，考えていく。ここでのサンプルは，アンケートで個別の家族従業員の属性についての回答が得られた2,658人の家族従業員である[注7]。

(1) 年　齢

　家族従業員の年齢は，性別によって傾向が異なる。男性の家族従業員では，若年者（「15〜34歳」）は33.6％となった（表2）。これは，家族以外の男性従業員の29.7％と，ほぼ同じである。「35〜44歳」の割合も，家族従業員が28.7％，家族以外の従業員が26.2％と大きな差はみられない。ただ，家族従業員では「45〜54歳」が10.6％，「55〜64歳」が8.8％と家族以外の従業員よりも構成比が低く，一方で「65歳以上」は18.2％と，家族以外の従業員の7.2％に比べてかなり高い。これは，定年になるような年齢になっても働き続けている男性家族従業員が相対的に多いことを意味している。他で働いていた男性家族が，定年を機に家族従業員となるケースも考えられる。女性では，若年者の割合は7.8％にとどまる一方，

表1　従業者規模別にみた従業員構成パターン

(単位：％)

	全体	1人	2〜4人	5〜9人	10〜19人	20人以上
家族のみ	16.5	0.0	44.3	0.9	0.0	0.0
家族と家族以外	45.0	0.0	29.5	68.0	62.7	59.9
家族以外のみ	27.7	0.0	26.2	31.1	37.3	40.1
従業員なし	10.8	100.0	0.0	0.0	0.0	0.0
回答企業数（N）	4,003	433	1,470	1,118	638	344

表2　従業者の年齢

(単位：％)

	家族			(参考) 家族以外		
	男性	女性	合計	男性	女性	合計
15〜24歳	5.6	1.4	2.6	8.6	12.4	10.0
25〜34歳	28.1	6.4	12.9	21.1	21.3	21.2
35〜44歳	28.7	16.7	20.2	26.2	22.1	24.6
45〜54歳	10.6	25.4	21.0	18.2	19.7	18.8
55〜64歳	8.8	31.0	24.4	18.7	18.1	18.5
65歳以上	18.2	19.1	18.8	7.2	6.5	6.9
総計	100.0	100.0	100.0	100.0	100.0	100.0
回答人数（n）	791	1,867	2,658	14,849	9,007	23,856

「55～64歳」が31.0%，「65歳以上」が19.1%で，高年齢者の合計は50.1%と全体のほぼ半数を占めている。また，家族以外の女性従業員は，若年者33.7%，高年齢者25.6%で，家族従業員のほうがはるかに年齢層が高い。

こうしたデータから，家族従業員は，高齢であるとの理由で他の職場では働くことが難しい人たちの雇用の受け皿となっていることが伺える。

(2) 経営者との続き柄

次に経営者と家族従業員の続き柄をみてみよう。全体では，家族従業員の半数以上に当たる55.3%が「配偶者」であった（表3）[注8]。そのほとんどが男性経営者の妻で，全体の53.4%を占める。一方，女性経営者の夫は1.8%と少数派だ。

表3　家族従業員の経営者との続き柄（経営者の性別・年齢別）

(単位：%)

属性	全体	経営者の性別		経営者の年齢				
		男性	女性	34歳以下	35～44歳	45～54歳	55～64歳	65歳以上
配偶者	55.3	56.6	33.3	31.3	54.9	63.5	59.1	45.9
男性（夫）	1.8	－	33.3	0.0	3.1	1.6	1.8	1.8
女性（妻）	53.4	56.6	－	31.3	51.8	61.9	57.3	44.1
子	26.4	25.3	44.9	4.2	1.6	9.3	31.2	42.2
男性（息子）	19.2	18.8	25.9	2.1	1.2	6.7	22.9	30.6
女性（娘）	7.2	6.5	19.0	2.1	0.4	2.6	8.3	11.6
父母	10.3	10.6	6.1	50.0	34.6	20.0	4.0	1.0
男性（父）	4.6	4.7	2.7	18.8	16.7	9.5	1.2	0.5
女性（母）	5.8	5.9	3.4	31.3	17.9	10.5	2.8	0.5
兄弟等	8.0	7.6	15.6	14.6	8.9	7.2	5.7	10.9
男性	4.1	4.0	6.8	6.3	5.4	4.9	3.2	4.3
女性	3.9	3.6	8.8	8.3	3.5	2.3	2.6	6.6
合　計	100.0	100.0	100.0	100.0	100.0	100.0	100.0	100.0
男性	29.8	27.5	68.7	27.1	26.5	22.6	29.0	37.2
女性	70.2	72.5	31.3	72.9	73.5	77.4	71.0	62.8
回答人数（n）	2,658	2,511	147	48	257	570	1,009	774

(注) それぞれ義理の関係を含む。「兄弟等」は，「兄弟・姉妹」「その他」の合計。

続いて多いのは,「子」の26.4%である。男女別では男性が19.2%,女性が7.2%となっている。そのほか,「父母」が10.3%,「兄弟等」が8.0%であった。

経営者の年齢別にみると,まず第1にいえるのは,「配偶者」の占める割合がどの年齢層でも高いことだ(前掲表3)。「34歳以下」では未婚者が相対的に多かったり,結婚していても配偶者が育児に忙しかったりするためか「父母」の50.0%に続く2番手だが,「35～44歳」では54.9%,「45～54歳」では63.5%と,割合を高めており,「55～64歳」でも59.1%と高い水準を維持している。こうした動きは,子育てが一段落した男性経営者の妻が家族従業員として働いているケースが多いことを示唆している。

次に,「父母」の動きをみてみると,経営者の年齢が「34歳以下」では家族従業員全体の半数を占めているが,「35～44歳」では34.6%,「45～54歳」では20.0%と経営者の年齢が高まるにつれて割合は低くなっていく。逆に経営者の年齢が高くなるとともにウエートを高めるのは「子」で,経営者が「45～54歳」では9.3%にとどまっているが,「55～64歳」では31.2%,「65歳以上」では42.2%に上る。

アンケートでは,家族従業員が前の経営者であったか,あるいは後継予定者であるかは尋ねていない。しかし,まず子が親の経営する企業に家族従業員として従事して経験を積んだ後に経営者となり,代わりに親は家族従業員として子をサポートするという世代交代の様子が,このデータから垣間みえる。

(3) 従業上の地位

次に,従業上の地位として管理職の割合をみると,家族従業員のうち男性の56.1%,同じく女性の47.1%が管理職として働いている。年齢別にみると,男女とも年齢の上昇につれて管理職である人が増え,45歳以上の年齢層では,おおむね男性家族従業員の4人に3人,女性家族従業員の半数が,管理職となる。管理職を務める家族従業員に占める女性割合は,66.5%に達する。これは家族以外の管理職における女性割合(17.3%)より,はるかに高い水準である。こうしたデータからは,家族従業員の多くが,補助的な業務にとどまらず,企業経営を支える重要な存在となっていることがうかがえる。

5．家族の有無とパフォーマンス

(1) 分析に用いた指標と仮説

　家族従業員の存在は，企業のパフォーマンスにどのような影響を及ぼすのか。本稿では，黒字基調か赤字基調かという，企業の採算状況を用いて分析する。深沼（2011）は，新規開業企業に限って，家族従業員の有無と採算状況の関係性を分析し，家族従業員がいる企業のほうが黒字企業の割合が高い傾向にあるとの結論を得ている[注9]。この関係性が新規開業企業以外にも当てはまるのであれば，家族従業員がいる企業のほうが黒字企業の割合は高くなると推測される。

　そしてもう一つ，経営者の生活満足度についても分析した。企業のパフォーマンスとは一見無関係なこの指標を採用したのは，経営者と家族の接点が企業活動だけにとどまらないと考えたからである。先行研究のフィールドワークからも明らかなように，配偶者たち家族従業員は，経営者を企業の内外から支えている。その結果，生活面でも何らかの貢献があると考えられよう。

　データを分析するに当たり，表1で示した従業員パターンを，企業規模によって再編する。採算状況に限らず，大半のパフォーマンス指標は，従業者規模によって影響を受けやすい。例えば黒字企業割合は，従業者「4人以下」で39.1％，「5～9人」で45.6％，「10～19人」で48.1％，「20人以上」で55.5％といったように，規模が大きいほど水準は高くなる傾向にある。一方，家族従業員の人数や，従業員に占めるウエートは，規模に大きく依存する。そこで，ここでは従業者数がほぼ同じとなるカテゴリーを比較することで，家族従業員の存在意義をより明確に示していくことにする。具体的には，次の2組の比較対象ペアを用いる。第1は「家族のみ」（平均従業者数2.46人）と「家族以外のみ（2～3人）」（同2.47人）のペア，第2は「家族と家族以外（4～9人）」（同5.96人）と「家族以外のみ（4～9人）」（同6.13人）のペアである[注10]。

(2) 採算状況

　まず，一つめの指標として採算状況をみていく。「家族のみ」と「家族以外のみ（2～3人）」の黒字企業割合をみると，それぞれ35.5％，40.4％で，家族の

みの企業のほうが採算性は低いようにみえる（表4）注11）。ただし，これに業歴を加味すると，状況は変化する。「家族のみ」の企業の黒字企業割合は「4年以下」で53.8%，「5～9年」で66.7%と，業歴の短いうちは，むしろ「家族以外のみ（2～3人）」の企業（「4年以下」で42.4%，「5～9年」で46.5%）よりも採算性は高い。これが，業歴10年を超えるあたりから逆転する注12）。

パネルデータではないため断定は難しいが，この結果は次のように解釈しうる。

家族従業員は，無給か，他の従業員より少ない給与で働いているケースが多いため，採算面ではプラスに働く注13）。創業後しばらくは，コストを抑えるために家族以外の雇用を控えるケースが多いとも考えられる。新規開業企業で「家族のみ」の企業のほうが採算性に優れるという結果は，深沼（2011）の分析とも整合する。

しかし，家族従業員の有無にかかわらず，事業が軌道に乗った企業は従業員規模を拡大する可能性が高い。鈴木（2007）は，開業時から5年間の企業の変動を分析したパネル調査において，廃業した企業も含めた調査対象企業全体の5割弱が開業後5年間に従業者を増やしており，従業者数が増加した企業のほうが減少した企業よりも「黒字基調」の割合が高いとしている。

結果として，業歴が長く規模が小さい企業のなかには，採算性に乏しい企業が相対的に多くなる。そしてこうした企業のなかには，業績が伸び悩み，市場からの退出を余儀なくされるケースも出てくるだろう。ただし，この撤退ラインは，「家族のみ」と「家族以外のみ」では異なっていても不思議ではない。家計が同一の家族であれば給与を切り詰めることができたとしても，独立して家計を支える従業員に給与の削減を同じように受け入れてもらうことは難しいからだ。これ

表4　黒字企業割合（従業員構成パターン別，業歴別）

（単位：%）

	4年以下	5～9年	10～19年	20～29年	30年以上	合計
家族のみ	53.8	66.7	31.9	37.0	30.6	35.5
家族以外のみ（2～3人）	42.4	46.5	44.6	36.4	33.8	40.4
家族と家族以外（4～9人）	50.0	57.3	52.5	45.0	40.1	45.4
家族以外のみ（4～9人）	50.0	54.9	47.3	34.7	39.9	43.4
総計	49.5	54.0	47.5	42.1	39.7	43.8

（注）1　カイ二乗検定により10%有意となるセルに網掛け。
（注）2　「家族のみ」と「家族以外のみ（2～3人）」の有意水準は0.163。ただし「9年未満」では0.041，「10年以上」では0.108。
（注）3　「家族と家族以外（4～9人）」と「家族以外のみ（4～9人）」の有意水準は0.496。

により，業歴が長くなるにつれて，「家族以外のみ（2～3人）」よりも「家族のみ」の企業の黒字企業割合が相対的に低くなっていくのだと考えられる注14)。

次に，「家族と家族以外（4～9人）」「家族以外のみ（4～9人）」の黒字割合を比較すると，45.4%と43.4%で，それほど違いはない注15)。従業者に占める家族のウエートが低くなり，前段で示した家族の効果が薄れてくるためであろう。業歴別では，いずれのカテゴリーも業歴が長くなるにつれて黒字企業割合は低下する傾向にあるものの，10年から30年のあたりで，「家族と家族以外（4～9人）」が相対的に黒字割合が高くなる注16)。これは，「家族のみ」の企業のうち採算の良い企業が，業歴を重ねるなかで家族以外の従業員を雇用し，一回り大きなカテゴリー（「家族と家族以外（4～9人）」）に加わり，黒字企業割合の水準を下支えしている可能性を示唆している。「家族以外のみ（2～3人）」の企業についても，「家族のみ」の企業同様，採算の良い企業は従業員を増やして一回り大きなカテゴリーに加わっているはずだが，開業当初の採算性が相対的に低いことから，黒字企業割合水準の下支え効果は「家族と家族以外」に比べて小さいと推測される。

(3) 代表者の生活満足度

続いて，代表者の生活満足度についてみていく。「家族のみ」と「家族以外のみ（2～3人）」で生活満足企業割合は，それぞれ61.4%，58.0%と，家族従業員がいる企業のほうが高くなった（表5）。この傾向は，「家族と家族以外（4～9人）」と「家族以外のみ（4～9人）」でも同様である。また，業歴別にみても，家族従業員がいる企業がいない企業を上回る傾向に変わりはない。これらのデー

表5　経営者の生活満足度（従業員構成パターン別，業歴別）

(単位：%)

	4年以下	5～9年	10～19年	20～29年	30年以上	合計
家族のみ	70.8	63.2	55.4	62.5	61.6	61.4
家族以外のみ（2～3人）	65.6	61.9	55.7	55.6	55.9	58.0
家族と家族以外（4～9人）	62.5	62.0	63.7	63.7	70.2	66.5
家族以外のみ（4～9人）	62.1	65.7	58.1	57.1	73.0	64.3
総　計	58.7	61.1	61.0	61.8	67.6	63.9

(注) 1　経営者が生活に対して「満足」している企業割合。
(注) 2　カイ二乗検定により10%有意となるペアはなかった。
(注) 3　「家族のみ」と「家族以外のみ（2～3人）」の有意水準は0.356。
(注) 4　「家族と家族以外（4～9人）」と「家族以外のみ（4～9人）」の有意水準は0.430。

タは，サンプルサイズが小さいこともあり，それぞれ統計的には必ずしも有意ではないものの，少なくとも家族従業員がいる企業のパフォーマンスが，いない同規模の企業よりも劣っているとはいえないことを示している[注17]。

ちなみに，経営者の週間就業時間をみると，「家族のみ」の企業で55.3時間，「家族以外のみ（2～3人）」の企業で54.1時間と，両者はほぼ同程度の長さである。一方，経営者の月間休日数は，「家族のみ」の企業で4.8日，「家族以外のみ（2～3人）」の企業で5.2日と，家族従業員がいる企業のほうが少ない。この傾向は，「4～9人」の2カテゴリーで比較しても同様であった。

直感的に考えれば，家族がいる企業のほうが，経営者の休日数は少ないのだから，その分生活に対する満足度は低くなっても不思議ではない。にもかかわらず，家族がいる企業の生活満足度が必ずしも低くないということは，裏を返せば，家族従業員の存在が，企業の業績に直接表れない部分，すなわち生活面などにおいても，プラスに働いているのだといえる。

参考表　パフォーマンスに関する推計結果（ロジスティック回帰分析）

① 採算に関する推計結果

従業員パターン	業歴区分	係数の符号
「家族のみ」vs「家族以外のみ（2～3人）」	全体	− (0.502)
	業歴9年以下	+ (0.042)
	業歴10年以上	− (0.137)
「家族と家族以外（4～9人）」vs「家族以外のみ（4～9人）」	全体	+ (0.533)
	業歴9年以下	− (0.832)
	業歴10年以上	+ (0.370)

(注) 1　それぞれ，「家族のみ」及び「家族と家族以外（4～9人）」の係数の符号。（　）内は有意確率。
(注) 2　コントロール変数は，「業種（ダミー）」「年齢」「性別」「経営形態（法人ダミー）」「Ln（業歴＋1）」「Ln（従業者数＋1）」

② 生活満足度に関する推計結果

従業員パターン	業歴区分	係数の符号
「家族のみ」vs「家族以外のみ（2～3人）」	全体	− (0.335)
「家族と家族以外（4～9人）」vs「家族以外のみ（4～9人）」	全体	+ (0.294)

(注)　①に同じ。ただし，コントロール変数からは，「経営形態（法人ダミー）」を除いてある。

6. 考　察

　本稿では，家族従業員の存在が小企業経営において果たしてきた役割や，パフォーマンスに及ぼしている影響について，アンケート結果を中心に分析してきた。ここで得られた知見を総括すると，次のようになる。
　第1に，現在の小企業においても家族従業員の存在する企業は多く，特に小規模な層においては，その量的な重要性は失われていない。また，管理職への登用や経営の世代交代の媒介，他の職場では働く機会が得にくい高齢者の戦力化，家事や育児に時間を取られがちな女性の働く場の提供など，家族従業員が小企業において質的に果たす役割は大きい。この役割は，雇用市場において弱者とされる人たちの雇用の場の創出という社会的意義や，人口減少時代における潜在労働力の顕在化というマクロ経済的意義も包含する。
　第2に，家族従業員の存在は，企業のパフォーマンスに悪影響を与えるものではない。むしろ採算状況をみる限り，とりわけ業歴の短いステージにおいて人件費を抑え，採算性を高める効果がみられる。また，家族と一緒に働いている経営者は，それ以外の経営者に比べて休日は少ないにもかかわらず，生活満足度は必ずしも劣っていない。
　総じてみると，家族従業員の存在は，質と量の両面において，小企業の経営を支えているとの結論に至る。もちろん，この結果は，成長せず淘汰もされずに細々と事業を営む「家族のみ」の企業の存在を否定するものではない。それでも，15年近く前に石井が「我が国の家族従業制度が，欧米諸国と同じように（中略）消滅していくという意見には納得しがたいものがある」（石井，1997，p.203）と指摘したとおり，家族従業員は小企業において，依然として一定の存在意義をもち続けている証左に相違ないだろう。それゆえ，とりわけ小企業において，無給の家族従業員の働きを明らかにすることが政策的にも重要であり，そのためにも，今後，さらなるデータの整備が求められるところである。

〈注〉
1　欧米でも，例えばEuropean Commission（2009）では欧州の全企業の60％以上，Gersick, et al.（1997）では世界の全企業の65～85％がfamily businessであると述べているように，量的な重要性に変わりはない。またGersick, et al.（1997）では，family businessがコミュニケーションの迅速さや従業員の献身などの点に強みがあるという言及がなされている。ただし，これらのfamily businessは，家族以外の親族を含めた同族によって所有・経営されている企業を想定しており，大企業も含んでいるため，本稿で論述する「家族従業員のいる小企業」とはややニュアンスが異なる概念である。
2　家族従業員が非農林水産業の就業者に占める割合も，1985年の6.2％から2010年には1.9％へと低下している。
3　従業員数のデータは，小数第1位までで示されることが多いが，1企業当たりの家族従業員の人数が少ないため，本稿では小数第2位まで表示する。
4　石井（1996）も，「商業統計表」のデータをもとにした推定値から，1980年代後半以降小売業において家族従業員が減少していると指摘している（p.114）。
5　調査対象は，日本政策金融公庫国民生活事業の融資先企業である。調査結果の詳細は深沼・藤井（2011）を参照されたい。
6　総務省「労働力調査」の2010年のデータでは，自営業主のうち有雇業主（家族以外の有給従業員を雇用している自営業主）は30.1％，無雇業主（本人または家族従業員のみ）は69.9％となっている。本稿で使用したアンケートでは，それぞれ対応する数値は72.7％，27.3％であり，小規模な層がサンプルから抜け落ちていることが推測される。また，個人経営の企業の従業者数は平均3.61人，家族従業員は平均0.86人であるのに対し，法人経営の企業ではそれぞれ10.58人，0.99人であった。
7　無回答が含まれるケースを除外したため，2～3節とは必ずしも一致しない。ただし，例えば家族従業員に占める女性の割合は，4節のデータでは70.2％，2～3節のデータでは68.2％となるなど，傾向としては大きな違いはなく，サンプルが異なることによる決定的な結論の相違はないものと考えられる。
8　割合は，家族従業員数の合計（2,658人）を100.0％としたものであり，家族従業員のいる企業のうち55.3％で配偶者が働いているという意味ではない。
9　深沼（2011）は，家族のみの新規開業企業で黒字割合が相対的に高い理由として，家族以外を雇用した場合に比べて給与負担が軽いこと，経営者と家計が同一でありリスクをともにしていることから労働に対するインセンティブが高い可能性があることなどを挙げている。
10　「家族と家族以外（10人以上）」（19.90人）と「家族以外のみ（10人以上）」（22.71人）は従業者規模に差があるうえ，全従業者数に占める家族従業員のウエートが小さくなるため，また，「家族と家族以外（3人）」（3.00人）は比較対象がないため，ともに記載を省略する。
11　カイ二乗検定の有意水準は0.163で必ずしも統計的に有意とはいえない。回帰分析

12 カイ二乗検定の有意水準をみても，概ね統計的に有意といってよさそうである。なお，回帰分析による有意確率は，「業歴9年以下」0.042，「10年以上」0.137であった（参考表①）。
13 人件費を削減できることのほか，家族従業員の存在は，組織のマネジメントやガバナンスなどの面でもプラスに働くものと考えられるが，本論では，小規模な企業を想定しており（サンプルの75.4％が従業者9人以下），アンケートでも尋ねていないため，触れていない。
14 ここにもクロスセクション分析の限界は存在する。しかしながら，財務省「法人企業統計調査」によると，資本金1,000万円未満の法人の総費用（売上原価，販売費，一般管理費の合計）のうち，人件費（給与，賞与，福利厚生費の合計）の占める割合は24.6％（2010年度）にも上っており，これらを削減することの採算性への影響は決して小さくはないと考えられる。
15 回帰分析でも，有意な差はみられなかった（参考表①）。
16 「10〜19年」「20〜29年」を合わせた場合，カイ二乗検定の有意水準は0.083であった。
17 回帰分析でも，有意な差はみられなかった（参考表②）。

〈参考文献〉
1 天野正子（1986年）「小規模自営業で働く主婦の労働と生活家庭」国民金融公庫調査部『調査月報』1986年1月号No.297, pp.4〜23
2 石井淳蔵（1996年）『商人家族と市場社会』有斐閣
3 石井淳蔵（1997年）「わが国小売業における家族従業の過去と未来」国民金融公庫総合研究所編『中小企業の後継者問題』中小企業リサーチセンター, pp.153〜206
4 国民金融公庫調査部（1983年）「小売業における家族経営の実態」国民金融公庫調査部『調査月報』1983年5月号No.265, pp.15〜32
5 坂田博美（2006年）『商人家族のエスノグラフィー』関西学院大学出版会
6 鈴木正明（2007年）「開業による雇用創出と開業後の変動」樋口美雄・村上義昭・鈴木正明・国民生活金融公庫総合研究所編『新規開業企業の成長と撤退』勁草書房, pp.55〜94
7 徳井美智代（2009年）「小零細製造業における業主の妻の役割」日本中小企業学会編『中小企業と地域再生（日本中小企業学会論集28）』同友館, pp.299〜311
8 深沼光（2011年）「新規開業企業における家族従業員の役割」日本政策金融公庫『調査月報』2011年1月号No.597, pp.4〜15
9 深沼光・藤井辰紀（2011年）「小企業における女性就労の実態」日本政策金融公庫総合研究所『日本政策金融公庫論集』第12号, pp.19〜40
10 European Commission (2009) "Overview of Family-Business-Relevant Issues: Research, Networks, Policy Measures and Existing Studies", http://ec.europa.eu/enterprise/policies/sme/promoting-entrepreneurship/family-business/family_

business_expert_group_report_en.pdf.
11　Gersick,Kelin E.,et al.（1997）*Generation to Generation : Life Cycles of the Family Business*,Harvard Business School Pr.（岡田康司・犬飼みずほ訳『オーナー経営の存続と継承　15年を超える実地調査が解き明かすオーナー企業の発展法則とその実践経営』流通科学大学出版，1999年）

（査読受理）

岩手県宮古市における産業集積
―コネクタ産業における企業間ネットワークに注目して―

横浜市立大学　山藤　竜太郎

1．はじめに

(1) 問題意識

　2011年3月11日14時46分に，三陸沖を震源とするマグニチュード9.0の東北地方太平洋沖地震，通称「東日本大震災」が発生した。特に岩手県三陸南部から宮城県，福島県浜通り北部では津波の被害が大きく，岩手県宮古市姉吉地区では津波の最大遡上高40mを記録した（柴山，三上，2011）。

　宮古市の製造業の純生産額は206億1,943万円であり，製造品出荷額等の41.8%が電子部品・デバイス製造業となっている（宮古市，2010）。この電子部品・デバイス製造業の大部分を占めるのがコネクタである。岩手県は大阪府と東京都に次ぐ日本第3位のコネクタの出荷額を誇り，その7割が宮古市を中心とする宮古・下閉伊地域で製造されている（経済産業省，2008）。

　しかし，宮古市は人口59,442人（総務省，2011）と人口規模が小さいため労働供給も少なく，岩手県の県庁所在地である盛岡市から約90km，時間距離にして約2時間と物流の面でも不利であり，経営環境としては必ずしも良好ではない。このような条件不利地域にもかかわらず，なぜ1970年代以降に新たな産業集積が形成され，さらに，なぜ現在でも持続しているのかという点に注目した。

　そこで本論文では，岩手県宮古市における産業集積の中でも，特にコネクタ産業集積の形成と持続の要因について検討する。宮古市のコネクタ産業集積の形成と持続の理由について分析するため，本論文では先行研究に基づき，企業間ネットワークに注目する。

(2) 岩手県の産業集積に関する先行研究

岩手県の産業集積について，加藤氏（2003）は北九州市の工業集積の分析を中心としながら，北九州市との対比として北上市の工業集積を分析している。小田氏（2005）は北上市だけでなく花巻市まで含めた北上地域を対象に，さらに域外との関係も含めて分析している。小田氏（2005）が地域間分業について地域内および県内，首都圏との分業関係を分析していたのに対し，黒瀬氏（2004）は国際分業まで視野を広げている。

渡辺氏（2007）は岩手県と山形県の誘致企業の調査を行い，誘致企業が進出先で依然として発展展望を持っている理由として，(1) 当初の生産内容からの大きな変化と，それを可能にした（2）「分工場」の責任者が企業経営を行う裁量権を保有しており，その経営トップを東北地方出身者が支えていること，を指摘している。

渡辺氏（2007）と対応して，堀氏（2007）は山形県の企業の調査に基づき，国内での事業に積極的な展望を持つ中小企業の特徴を (1) 自社製品あるいは独自技術に裏づけされたモノづくり，(2) 広域販売，広域外注，(3) 顧客との信頼関係を確立，(4) 厳しい価格競争を差別化で回避，の4つに分析している。

さらに渡辺氏（2011）は，岩手県での調査に基づいて産業集積の縮小と新たな展望について分析している。以上のように岩手県の産業集積については北上市を中心にしながら，分析対象となる分業の地理的範囲を市・地域から県，国内，東アジアへと拡大している。

これら北上地域と比較すると，宮古市の産業集積についての研究は限られている。関氏（2000）による宮古市の産業全体に関する研究以外では，宮古市役所の佐藤氏（2002；2007）の水産加工に関する研究と産業振興に関する研究が代表的である。関氏（2000）と佐藤氏（2002）は個別企業の分析が中心であり，佐藤氏（2007）は産業振興を政策的観点から分析しているため，企業間ネットワークに注目して産業集積を分析する研究の余地が存在する。そこで本論文では，産業集積に関する先行研究の知見を活かしつつ，宮古市のコネクタ産業集積について検討したい。

(3) 企業間ネットワークに関する先行研究

中小企業庁（2000）の累計に基づけば，宮古市のコネクタ産業集積は，一見す

ると東北ヒロセ電機を中心とする「企業城下町型産業集積」のように見える。後述するように，確かに形成過程においては企業城下町型産業集積として形成された。しかし，1980年代後半にはプラザ合意に基づく円高による東南アジアへの工場移転，1990年代後半からは「世界の工場」として台頭した中国への工場移転の影響などにより，日本における企業城下町型産業集積の多くは衰退しつつある。

　企業城下町型産業集積の場合，伊丹他（1998）が「需要搬入企業」と呼ぶ，中核となる特定の大企業の役割が大きい。Burt（1992）が指摘した「構造的空隙（structural holes）」を，中核企業が埋めることでネットワークは効率性を増し，レントが発生する。このレントの多くは構造的空隙を埋めた中核企業が得るため，産業集積内の中小企業はほとんどレントを得ることがなく，研究開発などに投資する余力があまりない。そのため，企業城下町型産業集積の場合は，産業集積内の中小企業によるイノベーションが少なく，産業集積の差別化の程度が低いため，中核企業がより低廉な費用の地域に移転してしまうという事態を招きやすい。

　一方で，Kogut（2000）が述べているように，ネットワークにはBurtが指摘するモデルだけでなく，もう1つのモデルが存在する。Coleman（1990）によれば，ネットワーク内の固定的なメンバー間の繰り返しの交換により信頼が生まれることで，レントが発生するのである。西口（2003）はColemanの指摘するレントとして，具体的には「社会的埋め込み（social embeddedness）」と「情報共有と学習（information and learning）」を同定している。これらのレントは，Burtの議論に基づくレントに比べ，比較的平等に分配される。

(4) 問いと仮説

　本論文では，岩手県宮古市における産業集積の中でも特にコネクタ産業に注目する。そこでは，宮古市のコネクタ産業集積がなぜ形成されたのかという問題と，宮古市のコネクタ産業集積がなぜ持続しているのかという2つの問題について検討する。

　前者の問題については，東北ヒロセ電機が需要搬入企業として機能し，同社が構造的空隙を埋めることでネットワークの効率性が増すため，企業城下町型産業集積が形成されたという仮説を検討したい。後者の問題については，情報共有と学習が宮古市のコネクタ関連企業の競争力を高めているため，現在でも産業集積が持続しているという仮説を検討したい。

2．事例研究[注1]

(1) 東北ヒロセ電機[注2]
イ．東北ヒロセ電機の進出と展開

東北ヒロセ電機は1974年3月に宮古市で設立された，コネクタ製造企業である。親会社であるヒロセ電機は1937年8月に設立され，創業者である広瀬鉎三氏の逝去に伴い，1971年5月に酒井秀樹氏が37歳で社長に就任した。

しかし，酒井氏の就任直後の1973年10月には第一次オイルショックが発生し，日本経済全体もヒロセ電機の経営も危機を迎えた。当時の状況については，「日本を第一次オイルショックが襲い，ヒロセ電機の売上も六割下がり，毎月二〇〇〇万円もの赤字を出すに至ります。このときの経験がヒロセ電機が高利益率を目指すきっかけとなります。（中略）ヒロセ電機のファブレスを核とした戦略は，ここで明文化されたようです」とされている（浪江，2007，p.92）。

一方で宮古市においては，1939年に進出して最盛期には2000人規模であったラサ工業が，1971年に銅精錬事業から撤退して規模を大きく縮小するという事態に陥っていた[注3]。宮古市の産業の1つの中心であったラサ工業の縮小に対応するためか[注4]，宮古市は1972年10月の宮古オーディオ（スタンダード無線工業の子会社，現：宮古マランツ）に続き，1974年3月にヒロセ電機を誘致した。ヒロセ電機側としても，先述のように第一次オイルショックへの対応とファブレス化という新たな戦略を実現させるために宮古市へ進出し，1975年8月には宮古工場が完成した。

ヒロセ電機がファブレス化を進めた結果，東北ヒロセ電機宮古工場の周辺にはヒロセ電機の協力企業の進出や，新規創業が誘発された。たとえば，1988年8月には日立ケーブルプレシジョン（82%）とその子会社の川西工業（18%）の出資で，超精密金型部品を製造する宮古プレシジョンが宮古市に設立された。

ロ．ヒロセ電機の経営

東北ヒロセ電機は1981年8月には福島県郡山市に郡山工場，1990年10月には岩手県一関市に一関工場を設立しているが，1982年6月に郡山工場は郡山ヒロセ電機，1994年10月に一関工場は一関ヒロセ電機として独立している。

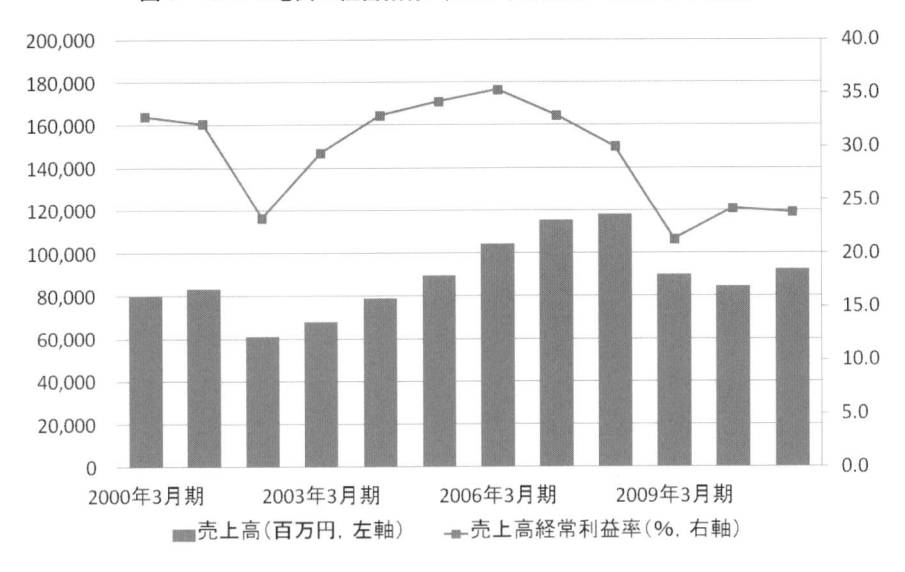

図1 ヒロセ電機の経営指標（2000年3月期－2011年3月期）

資料：ヒロセ電機『有価証券報告書』

　このヒロセ電機の経営指標を示したものが図1である。2001年3月期から2002年3月期の間にはITバブル崩壊の影響を受け，2008年3月期から2009年3月期の間にはリーマン・ショックの影響を受けて大きく売上高が減少している。しかし，2009年3月期でも売上高経常利益率21.3%，直近のピークである2006年3月期には売上高経常利益率35.3%を達成するなど，極めて高い利益率を誇っている。

(2) エフビー[注5]

　エフビーは田鎖巖氏により1975年4月に田鎖製作所として設立された。田鎖氏は動物写真家として活躍していたが，田鎖氏の叔父が東北ヒロセ電機の工場長から「コネクター製造会社が新たに1社ほしい。誰か会社を興せそうな人間を知らないか」と言われたことが契機になり（日経BP，2010a），東北ヒロセ電機で1年間の研修を経た上でコネクタ製造を事業とした。同社は1974年3月の東北ヒロセ電機の設立直後に創業されたことになる。

　エフビーの売上高は，2002年度の14億9,000万円から2007年度の42億600万円ま

で増大し，リーマン・ショックの影響で2008年度には34億5,000万円まで落ち込んだものの，2010年度には44億2,000万円となっている。社員数も2002年度には100人に満たなかったが，2007年度には300人を超え，2010年5月現在で男性178人，女性80人の合計258人となっている。東日本大震災による犠牲者を出したものの，3月22日の通電と同時に営業を再開している。

(3) ジュピター工業 注6)

　ジュピター工業は1990年3月から宮古工場を操業している。ジュピター工業は1973年1月に東京都武蔵村山市で設立された。代表取締役である中野渡國男氏と菅谷詳祐氏はコネクタ製造企業の日本航空電子出身，酒井明氏はミツミ電機出身で，この3人が中心になって創業した。1980年5月に東京都西多摩郡瑞穂町へ本社工場を移転したが，2006年10月に本社を宮古市に移転している。一方で2005年10月には中国山東省青島市に青島木星電子を，20010年9月には中国江蘇省蘇州市に蘇州木星電子を設立しており，「東アジア化」も進展している。

　ジュピター工業が宮古市に進出した背景には，中野渡氏の人的なネットワークがある。中野渡氏は日本電気玉川工場の技能養成所の出身であったが，2年後輩に竹内忍氏がいた（関，2000，pp.209-210）。竹内氏は1972年にヒロセ電機菊名工場に入社し，1975年に東北ヒロセ電機宮古工場に移り，プレス金型とモールド金型を担当していた。1983年に東北ヒロセ電機を退社し，同年6月に福島県安達郡大玉村で金型製造を行うモルデックを創業した。その後，1987年8月には宮古市に進出し，1988年1月から宮古工場を操業している。

　この竹内氏からの勧誘があり，中野渡氏は宮古市への進出を決意した。中野渡氏は宮古工場を設立しただけでなく，単身赴任で宮古市に居を移した。経営者は本社にいて，地方工場には工場長を置くのが一般的であるが，迅速かつ柔軟な意思決定を行うために宮古工場の近くに生活拠点を移し，結果的に本社自体も宮古市に移転している。

(4) エム・アイ・テー 注7)

　エム・アイ・テーは2003年11月に宮古市で設立されており，宮古市への進出企業としては比較的新しい企業である。同社は2004年5月に工場が完成し，2011年9月現在で男性73人，女性30人の合計103人がコネクタの製造および超精密金

型部品の製造をおこなっている。

　エム・アイ・テイーの親会社は横浜市のA社であり，A社は釜石市へ進出して1987年からA社東北工場を操業している。A社東北工場でも東北ヒロセ電機との取引はあったが，宮古市への進出は東北ヒロセ電機との取引だけが理由ではない。この点については，「釜石市は新日鐵の衰退により街全体に活気がなくなってしまっているけれども，その一方で宮古市はこれから成長しようという勢いがある」と説明された（山藤，2005，p.26）。釜石市ではコネクタ製造企業の産業集積が形成されておらず，地域における競争が少なかったが，宮古市にはコネクタ製造企業が多数立地するため競争も激しい。そこで，「企業の活力を高めるためにあえて宮古市に進出した」のである（山藤，2005，p.26）。

　A社東北工場はA社の売上高の8割を占める主力拠点で，5つの建屋で230名が勤務していたが，津波で全ての建屋が被害を受けてしまった。その後，2011年7月からは北上市の貸工場において20名体制で一部の生産を再開している。

(5)　パンチ工業宮古工場 注8）

　パンチ工業宮古工場は，1990年2月に宮古パンチ工業として宮古市に設立された。親会社であるパンチ工業は，金型部品の販売を行う神庭商会として，1975年3月に東京都品川区で創業されている。

　パンチ工業は1983年11月に岩手県北上市に北上工場を設立しており，1990年には宮古市に進出している。パンチ工業の宮古市への進出の経緯については，「当社の社長の経営者仲間に宮古市で立地されている同業者の方がおり，その方から紹介されたという経緯があったようです。ほかにも立地に際して，行政から様々な優遇措置をとっていただき，そうしたことも含めて総合的に判断して立地を決めたものだと思います」とされている（日経BP，2010b）。この「宮古市で立地されている同業者」は，超精密金型製造企業という共通点から，先述した1988年8月に設立された宮古プレシジョンであると考えられる。

　パンチ工業は日本国内に14の営業拠点，中国に31の営業拠点，その他30カ国・地域に代理店および提携会社のネットワークを持ち，世界中の約12,000社の金型製造企業と取引を行っている。これらの取引先からの受注情報は本社に集約化され，パンチ工業宮古工場にも届く。そのため，パンチ工場宮古工場は必ずしも地域内からの受注によって成立しているわけではないが，後述する「宮古金型研究

会」を支える存在の1つとしても重要な役割を果たしている。

3．産業集積と企業間ネットワーク

(1) 産業集積の形成

　第2節では宮古市の企業について検討した。リーマン・ショック後の2009年の統計では，宮古市の電子部品・デバイス・電子回路製造業は従業者数610名，製造品出荷額等で284億6,640万円と（経済産業省，2011），従業者数では2006年の水準，製造品出荷額等でも2005年の水準まで回復している。

　なぜ宮古市にコネクタ産業集積が形成されたのであろうか。1974年3月の東北ヒロセ電機の設立の経緯については，「宮古市が何らかの誘致活動を行ったのかどうかも，今から35年も昔のことで分からない」とされている（日経BP，2010a）。

　しかし，本論文で明らかにしたように，ヒロセ電機は1973年10月の第四次中東戦争を契機とする第一次オイルショックの影響で経営危機に陥り，コスト削減のためにファブレス化へと戦略を転換する。そのためには，周辺に協力工場を集めることができる立地環境が必要であった。一方で，宮古市は市の経済の1つの柱であったラサ工業が1971年に銅精錬事業から撤退し，企業規模を大きく縮小するという状況があり，その代わりとなる企業を求めていた。この両者の思惑の一致から，ヒロセ電機が宮古市に進出したのである。

　宮古市は人口の絶対数は少ないものの，ラサ工業の銅精錬事業からの撤退で1,000人程度の余剰労働力が存在した。この余剰労働力と消費市場との間の空間的空隙を，ヒロセ電機が埋めたのである。さらに，ヒロセ電機がファブレス化戦略を採用したことで産業集積の裾野が拡大した。ヒロセ電機の外注率は約80％とされており[注9]，第2節で紹介したエフビー，モルデック，ジュピター工業，エム・アイ・テイーは，東北ヒロセ電機からの受注のために設立されている。宮古市の産業集積の形成要因は，第1にヒロセ電機の進出があり，第2にヒロセ電機のファブレス化という戦略が影響している。

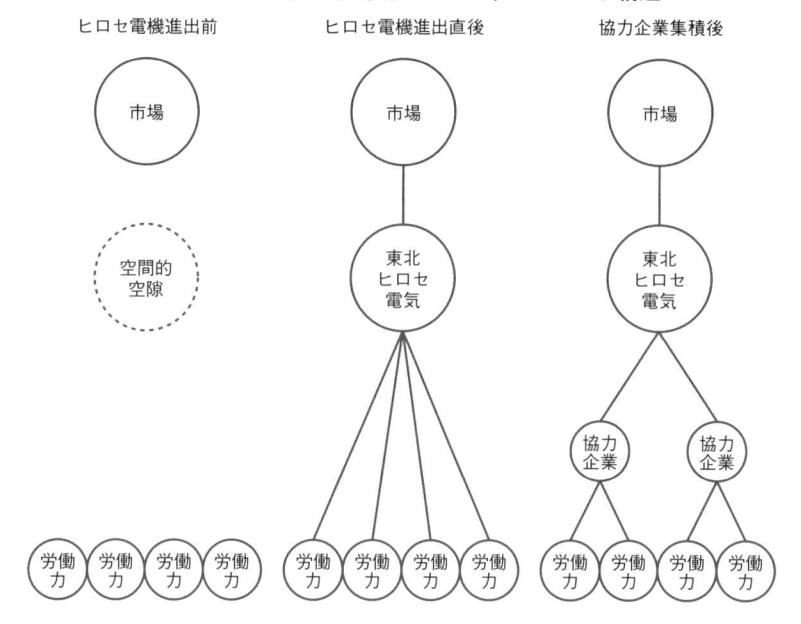

図2　産業集積の形成期におけるネットワーク構造

ヒロセ電機進出前　　ヒロセ電機進出直後　　協力企業集積後

（市場／空間的空隙／労働力×4）　（市場―東北ヒロセ電気―労働力×4）　（市場―東北ヒロセ電気―協力企業×2―労働力×4）

(2) 産業集積の持続

　産業集積について検討する場合は形成要因とともに，産業集積が持続する要因が重要な問題になっている[注10]。こうした状況の中で，なぜ宮古市のコネクタ産業集積は持続しているのであろうか。言い換えれば，ヒロセ電機や一部の協力企業も海外生産化（東アジア化）する中で，宮古市のコネクタ産業集積が競争優位を持ち続けている理由は何であろうか。

　これには2つの理由が考えられる。1つは，東北ヒロセ電機を中心とする取引を通じた情報共有と学習である。東北ヒロセ電機と取引をすることで，協力企業にもコネクタに関する最先端の知識が導入される。現在では端子間ピッチ0.2mm以下という超マイクロコネクタの製造が可能になるなど，協力企業の競争力も向上している。また，製造に関する知識については，協力企業から東北ヒロセ電機にもフィードバックされている。

　もう1つは，直接の取引以外のネットワークを通じた情報共有と学習である。2001年8月に設立された「宮古金型研究会」はエフビーの田鎖氏が会長を務め，

東北ヒロセ電機やパンチ工業といった社員数が数百人の企業から，エス研工やエムデーといった社員数が十人前後の企業まで15社が共同で人材育成をするネットワーク組織である。金型にかかわる同業種の企業が共同で人材育成を行うことで，技術が間接的に共有されるスピルオーバー効果が発生する[注11]。この結果，産業集積内の企業，特に宮古金型研究会のようなネットワークに加盟している企業は，他社の技術的知識の一部を共有することができるため競争力が向上する[注12]。この２つの理由により，東北ヒロセ電機の協力企業の競争力が高まり，宮古市のコネクタ産業集積の持続が可能になっている。

図３　産業集積の持続期（現在）におけるネットワーク構造

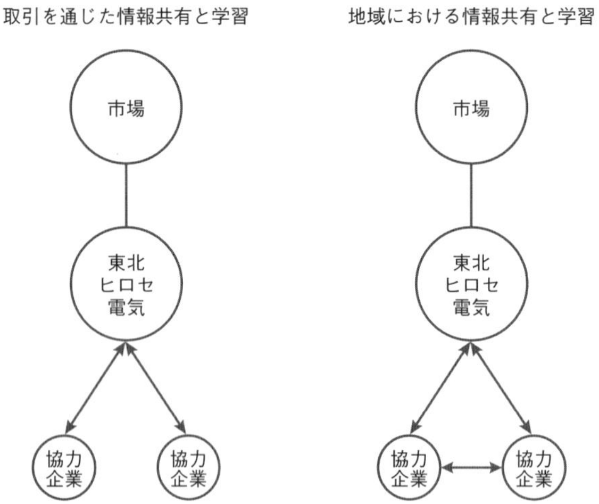

取引を通じた情報共有と学習　　　　地域における情報共有と学習

4．おわりに

本論文では，宮古市のコネクタ産業集積がなぜ形成されたのかという問題と，宮古市のコネクタ産業集積がなぜ持続しているのかという問題について検討した。前者の問題については，東北ヒロセ電機が需要搬入企業として機能し，同社が構造的空隙を埋めることでネットワークの効率性が増すため，産業集積が形成されたことを示した。後者の問題については，「情報共有と学習（information and learning）」が宮古市のコネクタ関連企業の競争力を高めているため，現在でも

産業集積が持続しているということを示した。

東日本大震災の被災地の産業を紹介するために，本論文では宮古市のコネクタ産業集積に注目した。本論文では西口（2003）と同じく，定性的な分析にとどまった。本来であればレントの発生について定量的に検証する必要があるが，ある産業集積内のレントについて定量的に把握すること自体が困難である上，たとえば需要搬入企業の存在以外の条件が同じ比較対象地域を設定することはより困難である。そのため，定量的な検証については今後の課題としたい。

本論文を執筆するにあたり，企業訪問で協力して下さった方々に感謝するとともに，東日本大震災において被災された方々に心よりお見舞いしたい。

〈注〉
1　宮古市において2004年8月2日（月）から5日（木）までに7社を訪問し，2008年1月24日（木）に3社を訪問している。
2　東北ヒロセ電機には2004年8月4日（水）9:00～10:30に訪問している。
3　野崎氏によれば，「1960年代までは，ラサ工業宮古工場は，最盛期には市経済の14%を占め，企業城下町であったが，1971年に田老鉱業所が閉鎖され，ラサ工業（株）は銅精錬事業から撤退した」とされる（野崎，2009，p.147）。
4　当時の状況については，「宮古市が何らかの誘致活動を行ったのかどうかも，今から35年も昔のことで分からない」とされている（日経BP，2010a）。
5　エフビーには2008年1月24日（木）11:00～12:45に訪問している。
6　ジュピター工業には2004年8月4日（水）11:00～12:30に訪問している。
7　エム・アイ・テイーには2004年8月4日（水）13:30～15:00に訪問している。
8　宮古パンチ工業（当時の名称）には2008年1月24日（木）13:00～14:30に訪問している。
9　浪江氏によれば，「ファブレスを徹底するヒロセ電機ですが，外部に依存するのは全体の八割で，残りの二割は自社内で生産します。同社は，生産を最適化する設計をしたり，外注先を指導・指示するためには，自社内部での生産活動を通じて生産ノウハウの蓄積は欠かせないと考えているためです」とされる（浪江，2007，p.106）。
10　粂野氏は大阪府堺市を中心とした自転車産地に注目しながら，「自転車産業においても海外生産化の影響は強く現れており，堺市周辺の自転車産地も大きな変化を遂げている。本稿ではこのような堺市およびその周辺地域について焦点を当て『産地』が持つ限界と可能性について考えてみたい」と主張している。つまり，日本の産業集積の課題として海外生産化があり，こうした状況の中での産業集積の対応が重要な問題となっている（粂野，2010，p.69）。
11　グリリカス（Griliches, 1979）は自社が行う研究開発投資以外で生産性を上昇させる重要な要素としてスピルオーバー効果を指摘した。スピルオーバー効果には，中間

財や投資財など財に体化されるものと，技術的知識が財という形を経ずに伝播するものの2通りが存在する。
12　伊藤氏とマクミラン氏は「インセンティブの側面からは，特定部品のサプライヤー数を増やすことは二つのプラスの効果をもたらす。第一にサプライヤーのパフォーマンスを比較しながら相対的に測定することが可能になり，その結果，より効果的なインセンティブを与えることができる。(中略)　第二にやや長期的視点で，多数のサプライヤーが部品の生産・納入を経験することで，部品産業全体に学習効果が広がりやすい」と指摘している(伊藤，マクミラン，1998，p.78)。

〈参考文献〉
1　青森県(2008年8月)「青森県市町村シンポジウム　記録集」
2　Burt,Ronald S., (1992) *Structural Holes : The Social Structure of Competition*, Harvard University Press.
3　Coleman,James S., (1990) *Foundations of Social Theory*, Harvard University Press.
4　藤本隆宏(1998年)「サプライヤー・システムの構造・機能・発生」藤本隆宏，西口敏宏，伊藤秀史編『サプライヤー・システム―新たな企業間関係を創る―』有斐閣，pp.41-70
5　Griliches,Zvi, (Spring,1979) "Issues in Assessing the Contribution of R&D to Productivity Growth", *Bell Journal of Economics* Vol.10,No.1,pp.92-116
6　堀潔(2007年10月)「国内で将来展望を持つ中小企業の特徴―山形県機械関連製造業の動向から―」渡辺幸男編『日本とアジアの産業集積研究』同友館，pp.45-95
7　伊丹敬之，松島茂，橘川武郎編(1998年)『産業集積の本質』有斐閣
8　伊藤秀史，ジョン・マクミラン(1998年)「サプライヤー・システム―インセンティブのトレードオフと補完性―」藤本隆宏，西口敏宏，伊藤秀史編『サプライヤー・システム―新たな企業間関係を創る―』有斐閣，pp.71-90
9　加藤秀雄(2003年)『地域中小企業と産業集積』新評論
10　経済産業省(2008年2月)「岩手県宮古・下閉伊地域の基本計画の概要」
11　経済産業省編(2011年)『工業統計表　平成21年』経済産業省
12　経済産業省東北経済局(2005年2月)「関東自動車工業(株)岩手工場の増産による経済波及効果と自動車関連産業クラスター形成に向けた取り組みについて」
13　Kogut,Bruce, (May,2000) "The Network as Knowledge:Generative Rules and the Emergence of Structure," *Strategic Management Journal*,Vol.21,pp.405-425.
14　粂野博行(2010年)「産地型産業集積の限界と可能性―大阪府堺市を中心とした自転車産地を中心に―」植田浩史，粂野博行，駒形哲哉編『日本中小企業研究の到達点―下請制，社会的分業構造，産業集積，東アジア化―』同友館，pp.69-90
15　黒瀬直宏(2004年)『地域産業―危機からの創造―』白桃書房
16　熊坂義裕(2008年8月)「改革なくして合併なし―本州最東端のまち宮古市の挑戦―」

17　宮古市編（2011年）『宮古市の統計　平成22年版』宮古市，宮古市編（2010年）『宮古市の統計　平成21年版』宮古市
18　浪江一公（2007年）『プロフィット・ピラミッド―「超」高収益経営を実現する十四のシンプルな原則―』ダイヤモンド社
19　日経PB（2010年1月）「"人づくり"で地理的不利を克服し産業集積を実現」『日経BP.net』
20　日経PB（2010年1月）「仕事に頑張るまじめな人材がいた！」『日経BP.net』
21　西口敏宏（2000年）『戦略的アウトソーシングの進化』東京大学出版会
22　西口敏宏（2003年）『中小企業ネットワーク』有斐閣
23　野崎道哉（2009年）『地域経済と産業振興―岩手モデルの実証的研究―』日本経済評論社
24　小田宏信（2005年）『現代日本の機械工業集積―ME技術革新期・グローバル化期における空間動態―』古今書院
25　大西正曹，グローバリゼーション・リスク研究班編（2001年）『グローバリゼーションと地域の変化―岩手県北上川流域産業集積地の事例―』関西大学経済・政治研究所
26　佐藤日出海（2002年）「海産物加工の現状と将来―岩手県宮古市―」関満博，佐藤日出海編『21世紀型地場産業の発展戦略』新評論，pp.48-73
27　佐藤日出海（2007年11月）「岩手県宮古市の産業振興の取り組みについて」『産業立地』第46巻6号，pp.26-31
28　関満博（2000年）「地方小都市の産業振興―岩手県宮古市の展開―」関満博，小川正博編『21世紀の地域産業振興戦略』新評論，pp.189-222
29　柴山知也，三上貴仁（2011年7月）「岩手県南部を中心とした津波調査の報告」『東北地方太平洋沖地震津波に関する合同調査報告会　予稿集』合同調査報告会東北地方太平洋沖地震津波合同調査グループ，pp16-18
30　総務省統計局編（2011年）『平成22年国勢調査　人口速報集計結果』
31　高橋英博（2004年）『グローバル経済と東北工業社会―場所の個性・場所への意図・場所の思想―』東北大学出版会
32　渡辺幸男（1997年）『日本機械工業の社会的分業構造―階層構造・産業集積からの下請制把握―』慶應義塾大学出版会
33　渡辺幸男（2007年）「誘致工場と産業集積の形成―その可能性と限定性―」渡辺幸男編『日本とアジアの産業集積研究』同友館，pp.97-144
34　渡辺幸男（2011年）『現代日本の産業集積研究―実態調査研究と論理的含意―』慶應義塾大学出版会
35　山藤竜太郎（2005年4月）「岩手県宮古市における産業集積―コネクタ産業に注目して―」『一橋研究』第30巻第1号，pp.21-30

（査読受理）

報　告　要　旨

中小企業における産学連携の意義と効果に関する一考察
―社会科学系学部による産学連携の将来性を探る―
〈報告要旨〉

兵庫県立大学大学院　石澤　雄一郎

　本研究の問題意識としては，経済危機下における中小企業存立基盤の確立を図るとき，昨今の経済危機下において，中小企業は多くの解決しがたい課題に直面している。それは次の3点であると考える。①戦略的・計画的経営の必要性，②経営資源補填のための連携の必要性，③地域社会・経済への貢献の必要性。これらを実現するための手段の1つとして産学連携が有効であることへの考察を図る。
　そこで，中小企業が活性化するということは，第1に自らの意思と行動によって経営革新に取組み第二創業を実現させること。そして第2に，それらを計画的かつ継続的に実施可能な状態に企業内部の組織・システムを維持しておくことである。中小企業が活性化することが自ずと，地域経済の活性化をもたらすであろうとすれば，各中小企業支援と併せて地域の活性化にも産学連携が果たす役割があると考える。その過程において産学連携による外部資源の投入が有効であるということの証明を試みる。
　先行研究としては，自然科学系学部による大企業を対象とした新製品・商品開発等の事例が多いなか，中小企業を対象とした，社会科学部系学部による産学連携の事例を中心に検証する。また公的機関とのインターンシップや，地域コミュニティーとの関わりについても見ていく。
　産学連携の意義と効果としては，兵庫県立大学経営学部と豊岡市（旧日高町含む）商工会が実施した2009年度と2010年度の2カ年分の事例を中心に検証する。成果検証としては，第1に「経営状況の現状把握と存立を考える機会」となったことである。経営資源の不足する中小企業にとって，経営の現状を把握することは重要なことではあるが，殆どの場合において不完全なケースが多いと思われる。

第2に「経営者のモチベーション向上」である。中小企業経営者の多くが，自社の現状について考えたとき，「何とかしなければならない」とは思いながら，その方策が見つけられないなかで困惑していると思う。第3には「中小企業の経営資源の補填」である。これらのようなことから，産学連携による経営状況調査及び改善提案によって，中小企業の経営戦略の一部において，不足する経営資源の補填に貢献できたと考える。

　そこで，「産学連携による中小企業存立と地域活性化」という視点では，中小企業活性化のためのイノベーションの必要性とその創出について検討する。中小企業の存立において，経営の革新を図る場合にはイノベーションの創出が必要であるが，多くの中小企業がその創出に苦慮している。事例を見ると，産学連携を契機にイノベーションが創出されたのではないかと見受けられる事例が，経営革新計画の承認を受けた事業所である。これは，正に産学連携が契機となって，イノベーションが発生したと言えるのである。

　これらの結果，中小企業の活性化が地域活性化へ貢献するということが言えるのではないか。地域資源を活用した中小企業の取組も事例から知ることができる。そして，中小企業の活性化による地域活性化が起こると考えられる。これは同時に，地域内再投資の実現に貢献することにもなると思われる。

　最後に主張したいのは「連携におけるソーシャル・キャピタルの必要性」である。これまで，中小企業の活性化はイノベーションと地域資源の活用であることを見てきたが，中小企業の活性化による地域活性化を実現する場合は，中小企業や地域にとっても連携が有効であるといえる。また，中小企業が連携により存立を図る場合，そのベースとなるのが連携者間の信頼関係である。中小企業や地域を活性化させるような連携は，有機的な関係が必要であるので，相当の信頼関係が必要となってくる。こうした関係が基となって，ソーシャル・キャピタルが形成されることが連携には必要であると考える。最後に，中小企業の存立は，ソーシャル・キャピタルに基づく連携がイノベーションの創出に有効であると考える。産学連携の実施によって，イノベーションを創出する土壌となることが重要である。

中小企業の開発支援と公設試験研究機関の役割
〈報告要旨〉

高知短期大学　梅村　仁

1．はじめに

　厳しい経済情勢が続く中，中小企業の存立には，技術開発，商品開発が必要不可欠である。また，開発にかかる人員や財源も企業規模から限定されるのは中小企業であり，そうした企業を支援することは，公的機関の本分であろう。

　しかし，各地域に所在する公設試験研究機関（以下，公設試とする）は，設立後どのように活用され，地域産業振興にどのような効果をもたらしているのか，あまり明らかにされていない実態がある。本稿では，全国に約150施設あるとされる公設試の中で，全国的にも例の少ない運営形態である公設民営方式により，大学と企業の研究機能を軸とした公設試として設立された近畿高エネルギー加工技術研究所（以下，AMPIとする）の経緯と現状を分析した。公設試の政策的効果と地域振興に研究機関がどのような役割を果たしているのかを明らかにし，AMPIにおける中小企業の開発支援に対する政策的インプリケーションを引き出すことを目的としている。

2．AMPI

(1) 概要

　大学と産業界を結ぶ研究開発ネットワークの拠点として先端的な加工技術の研究開発等を先導し，インキュベーション施設との連携を図りつつ，その研究開発を誘導・普及させる学習的機能と役割を担う施設として，公設民営型で設置され

た。事業内容は，①大出力のCO2，YAGレーザー，プラズマレーザー等による高エネルギー加工技術に関する調査及び研究開発，②研究所設備の各種装置を低廉な価格で開放，利用誘導で中小企業の技術助成を行なう，③諸外国の大学・研究機関と高エネルギー技術に関する国際技術交流が主として実施している。

(2) ものづくり支援センター

ものづくり支援センターは，2001年に開設され，ＡＭＰＩを母体として，①試作をしたいが装置や場所がない，②共同試作や開発のパートナーを探している，③大学や公的機関の支援を受けたいがどこにいけばいのかわからない等の技術支援・相談を受けたいとする中小企業やベンチャー企業，新規創業者等の「駆け込み寺」的役割を担っている。

支援センターには，2名の相談員が常駐し，それを補完する体制として10名の技術員等が技術指導，技術相談，人材育成事業，コーディネート事業，技術開発試作支援事業などに携わっている。また，その活動内容や方向付けは，地域企業がメンバーとして参画している「ものづくり支援センター活用推進委員会」において審議され決定されている。こうした地域企業のニーズを積極的に取り込み，事業を構築していく姿勢と相談員，技術員たち（以下，研究者とする）の親身な対応が評価され，支援センターの活性化に繋がっている。例えば，技術指導の実績では，2010年度の技術指導3645件，技術相談2208件を数え，オープン時の2001年度に比べ飛躍的に伸びている。

3．中小企業への開発支援事例

(1) 直接的支援—ＹＷ社

ＹＷ社は，尼崎市で創業（1986年）し，主に自動車ならびに医薬品機器関連の金型及び金型部品の製造・加工を主たる業務とし，資本金1,000万円，従業員数（2011年8月現在）58名を数え，海外にも子会社を保有している。ＹＷ社とＡＭＰＩとの共同研究がスタートし，約2年の研究期間を経て，「高精度形状計測システム」が完成し，自社使用のみではなく，製品として販売されることになった。この製品は，2011年1月に『日本発明振興協会優秀発明賞』を受賞するなど，ＹＷ社のメーカーとしての実力を現す新たな製品として大きく期待されている。

⑵　側面的支援―ドライコーティング研究会

　ドライコーティング研究会は，ＡＭＰＩが主催する研究会の一つであるが，ＡＭＰＩの研究者が主人公ではなく，参加者が主体的に情報発信，相談できる場の設定に力点を置く研究会である。また，ドライコーティング技術は，歴史的にも長く取り組まれていたが，核となる研究や基本的な技術の継承が行われていなかったことから，研究会の最終目的を製品化ではなく，知識・技術の向上と確立，伝承を主体とするものに変化してきた。つまり，ドライコーティング研究会の役割として，中小企業の技術開発支援の拠点としての場づくりに注力していたことがわかる。また，成果として，2007年にドライコーティング研究会編の書籍が刊行されている。

⑶　研究者間ネットワークの存在

　ＡＭＰＩには，非常に多くの企業からの技術指導，技術相談が持ち込まれる。研究の特徴として，加工に関する事項が多く寄せられるが，すべての事項に対して，常勤及び非常勤の研究者で対応できるものではなく，そうした時には，ＡＭＰＩ研究者の保有する各自のネットワークで問題解決に向けた調査・研究にも取り組まれている事例もインタビューから発見した。つまり，ＡＭＰＩ内で解決できないことは，研究者が所属するあるいはかつて所属していた大企業の研究者に相談したり，研究者の大学院時代のネットワークや他の公設試や研究機関に問い合わせをしたりと様々なネットワークを駆使し，相談者である中小企業の依頼に答えようとする体制が構築されていた。また，大企業からの出向者が，そのままＡＭＰＩに転籍し，ものづくり支援センターを支える人材となっているケースや大企業からの出向者がＡＭＰＩでの任期満了後に大企業に帰っても継続して中小企業と繋がっているケースもみられており，民間企業の研究者が常駐している公設民営型公設試のメリットが活かされた形となっている。

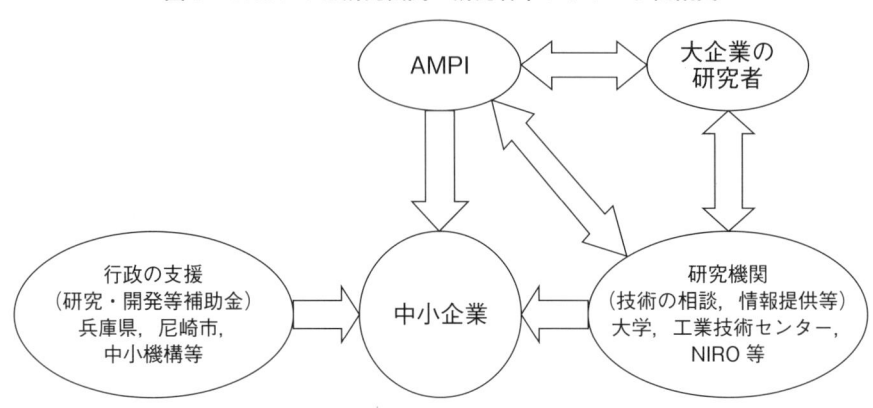

図1　ＡＭＰＩと研究機関・研究者ネットワーク概観図

（図：AMPIを中心に、大企業の研究者、研究機関（技術の相談，情報提供等）大学，工業技術センター，NIRO等、中小企業、行政の支援（研究・開発等補助金）兵庫県，尼崎市，中小機構等が相互に繋がっている概観図）

出所：筆者作成

4．まとめにかえて

(1) 中小企業と研究者の繋がり

　ＡＭＰＩでは，設立以来大型装置などを利用した企業との共同研究や密着型の相談・支援事業を行い，微細精密加工や表面改質，薄膜形成の技術高度化に貢献している。また，中小企業主導型の研究会活動を通じた新技術・新製品開発支援を行い，国や兵庫県等の技術開発助成案件にも認定されるなど一定の効果はあるといえよう。そうした要因の一つとして，本研究においてＡＭＰＩにおける中小企業と研究者の繋がりの存在が明らかになり，以下の点を発見した。

① ＡＭＰＩを介在して大企業と中小企業の実質的な技術交流があること
② 尼崎・大阪地域における研究者のヨコのネットワークが存在していること
③ 中小企業と研究者がネットワークを形成すると，持続的な関係に発展する可能性があること
④ 中小企業と研究者の交流が学習の場となり，モノづくりに付加価値を加える可能性があること

(2) ＡＭＰＩの持続的進展

　全国それぞれの公設試が，それぞれの地域の状況に見合った課題を追求すると

いう立場から、「独自性」を追求している（植田・本多編，2006）。

　ＡＭＰＩにおける独自性は，中小企業のニーズに沿った事業展開にあり，その根幹をなすのが企業と研究者との深いつながりである。今後，ＡＭＰＩがその独自性を維持しつつ，持続的進展を図るためには，第1に，大学と大手企業との強い連携関係を基軸とした産学官連携（人的・財政的支援）の継続が必要である。第2に，工業集積地特有の企業間ネットワークと繋がり，中小企業の開発支援拠点としての認知度と信頼度をさらに高めることが求められよう。

　また，わが国の産業政策史において，現在は，途上国，新興国に追い上げられている段階であり，21世紀の産業活力の源泉は，企業のイノベーションやスキルアップであり，学習プロセスの重要性はますます高まっている。そうした力を強化する企業の「学習」を支援する政策は，重要性が増している。

　ＡＭＰＩで既に実践されている中小企業を中心とした学習の「場」が，ＡＭＰＩの独自性の発揮によりさらに活性化すれば，地域産業振興に繋がるものと期待している。

〈参考文献〉
1　植田浩史・本多哲夫編（2006年）『公設試験研究機関と中小企業』創風社
2　本多哲夫（2008年a）「日本型地域イノベーションシステムと公設試験研究機関(1)」『経営研究』第59巻第2号
3　本多哲夫（2008年b）「日本型地域イノベーションシステムと公設試験研究機関(2)」『経営研究』第59巻第3号

航空機産業における参入障壁の形成とその克服
〈報告要旨〉

日本政策金融公庫総合研究所　海上　泰生

1．研究のねらい

　民間航空機の新造機市場は，新興国での旅客・貨物量の増大，先進国での既存老朽機の更新期の到来，高まる環境保護意識と低燃費要請による新型機需要などを背景として，中長期的に順調な成長が見込まれており，その運行機数は，今後20年間で約2.1倍にまで成長するという。元来，航空機一機の部品点数は約300万点とされ，当該産業は，極めて裾野が広く技術的な波及効果も高い。中小企業のビジネスチャンス拡大への期待は，以前にも増して高まっているといえる。
　一方，航空機産業には，独特の性格（大規模・小ロット受注生産，長期にわたる開発期間と製品寿命，極めて高い安全性への要求，厳格な認証システムの存在など）があり，他産業とは一線を画する要素がある。当然，新規参入を狙う中小企業にとっても，独特の対応が必要と考えられるが，航空機産業特有の部品供給構造に着目し，本格的に考察する試みは，過去にあまりなされてこなかった。
　本件では，こうして未解明の部分が残る航空機産業の裾野に注目し，中小部品サプライヤーを巡る参入環境の実態や，その克服条件について明らかにしたい。

2．既存研究との関係

　航空機産業における取引に着目した先行研究は，多数存在する。例えば，溝田(2005)は，国際共同開発と生産分担でのグローバルネットワークについて明らかにし，竹之内(2008)は，新機種開発時のサプライヤー各社との協働・分業が

強力な内部調整を経て進められ，成果を上げていると指摘する。笠原（2005）は，世界の航空機産業の再編問題を軸に，グローバル化の経緯と企業間戦略提携について分析を行い，国際提携・国際共同開発の必然性について論じている。

この他にも多数の詳細な研究例があり，航空機の開発・生産に際しての完成機メーカーとパートナー及びサプライヤーの連携・協働等については，ある程度解明が進んでいる。今日の新機種開発では，巨額の投資とリスクの負担，先端的技術が必要で，今や完成機メーカー単独では担いきれず，パートナーやサプライヤーとの密接な連携なくしては成り立たない。そこには，多様な戦略的連携を含む取引態様が存在することが，こうした先行研究により明らかになっている。

ただし，総じて著名な欧米完成機メーカーとそれに直結する国際的大手Tier 1についての研究が多く，我が国航空機産業の裾野において実働している中小企業を中心とした部品サプライヤーに着目し，そこに存在する連携関係や特徴的な部品供給構造を考察対象にした研究は，ほとんどみることができない。

そこで本件では，上述の点で未だ手つかずともいえる航空機産業の裾野部分に着目し，特有の連携関係・特徴的な部品供給構造を背景に，高い参入障壁が形成されている点を明らかにし，中小企業が新たに連携関係に入るための要件を探る。

3．研究方法：航空機産業を支える企業へのインタビュー調査

航空機産業は，大きく「機体」「装備品」「エンジン」に分けられ，自動車産業等と同様，完成機メーカーを頂点としたピラミッド型の階層構造となっている。本件では，こうした航空機産業の裾野に注目し，機体，装備品，エンジン各分野のTier 1～3各階層を対象に，詳細な聞き取り調査を実施した。また，近年，各地域で中小企業等が連携して参入を志す取組みが盛んである点に着目し，そこから2地域を調査対象に加えた。さらに，部品供給構造の要に位置する大手の機体・エンジンメーカーに対しても，同様に聞き取り調査を行った。

4．航空機産業の特性を背景とした参入障壁の形成とその克服

航空機産業には，極めて高い安全性要求から独特の規律が存在する。例えば，法と当局による長期間の厳しい検査，国際的な品質管理基準，数十年間に及ぶト

レーサビリティ等が挙げられる。加えて，インタビュー調査の結果，特異な生産体制や取引態様が明らかになった。例えば，①試作・試験段階での長期にわたる頻繁で柔軟な試行錯誤とは対照的に，量産段階では一切の工程が「凍結」("フリーズ"と称する）され，以降，生産性向上のための改良さえ禁止されること，②コスト優先の刹那的連携関係ではなく，安全のため長期安定的関係が重視され，部品供給体制全体の維持を考慮した生産量の配分や新機種開発情報の伝達がなされること，等である。半面，これらが独特の参入環境を生み出す要因にもなる。一般的には，JISQ9100等の「国際的品質管理基準・認証取得の困難さ」が障壁だと言われがちだが，実は，上述の特徴的な生産体制や取引態様を背景として，「参入タイミングの希少性」という最大の参入障壁が形成されているのである。

そうしたなかでも既に参入を果たしている事例企業の参入経緯を観察すると，多くの示唆が読み取れる。特に，①設備能力の先行具備，②特別な技術力（特殊材料や複雑形状部品の加工技術等）の積極的な売り込み，③既存取引先のリード，④航空機製造の周辺事業からのステップアップ，⑤新機種開発や需要拡大のタイミングのキャッチなど，特徴ある動きが抽出できる。

これらを踏まえた参入障壁克服のための諸条件として，次の4点を指摘したい。

(1) 需要の波（特に新機種開発）に合わせた参入活動のタイミング

何より安全性を重んじる航空機産業においては，いったん工程凍結されると，工法・材料・担当企業の顔ぶれはもちろん，工場の所在や設備の個体番号，各種の作業手順まで固定される。後発の参入希望者がいかに有能でも，当初想定しない余程の増産や支障でもない限り，参入余地はほとんどない。従って，新機種開発の波が来て新技術部品等の需要が発生し，新たなサプライヤーレイアウトが模索される動きを見極め，これに参入活動のタイミングを合わせなければならない。ただし，小規模な開発案件では，既存サプライヤーのやり繰りで済んでしまうので，ある程度の大型案件か，革新的な材料や技術を採用する先端的プロジェクトに期待するしかない。その意味では，先のB787開発は好例といえ，記録的な受注数を伴う大規模性に加え，複合材の大幅採用・電動化という革新性，さらに日本企業の役割拡大により，大幅な生産能力拡大が図られた。事例企業の中にも，この絶好のタイミングを捉えた例が多い。言うなれば，航空機産業全体を俯瞰した上で，時期や市場を選んだ参入活動が必要になろう。

(2) 適切なタイミングを逃さない事前の備えと先行投資

　新規サプライヤーの選考時には，既に十分な設備能力や品質管理能力を備えていることが前提となる。「いずれ認証をとるつもり」とか，「受注が取れたら大型設備導入予定」では選考対象にならない。発注元にアピールできる地力を予め備えておく必要がある。無論，先行投資が空振りになるおそれがある上，受注後も計画延期等により，投下資金の回収が遅れるケースもままある。それでも，先行しなければ，足掛りも得られないのが現実という。リスクヘッジのためには，参入後でも航空機産業だけに依存しない経営基盤が必要になる。航空機生産と技術や設備が相通ずる事業を，経営の別の柱にできれば望ましい。航空機産業では将来成長に備えて地歩を固め，他事業で日々の収益を稼ぐという構造にしたい。

(3) 多少タイミングが合わなくても売り込める新技術や特殊技術の獲得

　多少タイミングが合わなくても売り込める新技術や特殊技術を掲げて参入を果たした事例もある。例えば，精密鋳造技術や浸炭処理技術であり，こうした特別な強みを掲げた参入活動によれば，タイミングに左右されるリスクを減じることも可能となる。しかも，対象となるのは，少量生産の航空機部品の中でもさらに特定の部品であり，市場規模が小さ過ぎて大企業が手を出せない分野でもある。中小企業が目指すべき，参入の一つの理想的形態といえよう。

(4) 既参入企業との連携や協力企業への加入

　各自得意な加工分野を持つ中小企業が連携して参入を試みる動きがある。ただし，現実には，法人格のない任意団体等が窓口になって共同受注をし，各中小企業に配分する方式は簡単ではない。一式受注ができる者は，認証云々のレベルではなく，厳格な品質管理を保った十分な実績と信頼が既にあり，工程凍結を承認できる強い権限と責任を持ち，傘下企業の全工程を管理して一式を完成させ，一元的に納品できる中核企業でなければならない。例えば，事例企業では，長年の実績を誇る近隣中核企業を後ろ盾に，実体のある幹事会社を決めた上で一式受注を目指す例がある。このように，独力の参入が困難でも，中核企業と連携して取りまとめ役・後見役を担ってもらい，配分された仕事を足掛りとする方法もある。最初は，単なる外注加工や，治工具・運搬具等の周辺機材供給等の域を出ないかもしれない。しかし，最近の傾向として，完成機メーカーの方針転換によりTier 1が完成機メーカーの役割の一部を担うにつれて，Tier 2以下全体が底上げされている。今後，Tier 2～3企業の役割も一層重みを増してこよう。

〈参考文献〉
1　笠原伸一郎（2005年）「航空機製造業の世界的再編とグローバル構造の構築」専修大学経営研究所報
2　竹之内玲子（2008年）「航空機のサプライヤー・システムと製品開発」日本貿易学会年報
3　日本政策金融公庫総合研究所（2011年）「航空機産業における部品供給構造と参入環境の実態 〜機体・エンジンから個別部品分野に至るサプライヤーの実像〜」日本公庫総研レポートNo.2010-3
4　溝田誠吾（2005年）「民間航空機産業のグローバル化「多層」ネットワーク」専修大学社会科学研究所月報

国際分業生産体制下における
地方ソフトウェア産業の活路
〈報告要旨〉

同志社女子大学　加藤　敦

1．問題意識

　本報告で地方ソフトウェア産業とは，首都圏，近畿圏，中京圏以外に立地する情報サービス業の事業所を指す。情報サービス業の業務はソフトウェア開発・運用・保守，データ処理などである。ソフトウェア開発においては，顧客から開発案件を元請けするSI会社（システムインテグレータ）は，リスク分散と要員確保のため同業者に再委託することが多い。さらに今日ではオフショア開発（海外への再委託）が進み国際分業生産体制の枠組みが成り立ちつつある。こうした中，国内遠隔地に開発案件を持ち帰り開発する「ニアショア開発」が注目されている。本報告は，地方経済における「ニアショア開発」の意義を確認し，オフショア開発との競合や環境変化の下，その将来性について検討したものである。

2．先行研究

　アウトソーシング並びにその一形態であるオフショア開発については，多くの研究者から取引費用論，エージェンシー理論，資源ベース論，経営戦略論など様々な角度から分析されてきた（Wiener, 2006）。我が国のオフショア開発についてはプロジェクト運用上の課題を扱ったZhang et al. (2009)などがある。一方で「ニアショア開発」に焦点をあてた先行研究は少ない。

3.「ニアショア開発」の背景と意義

我が国のソフトウェア需要の7割は首都圏に集中するという歪な構造になっている。一方，開発費用全体に対し人件費が占める割合が高く，人件費が安い地域に立地する方が投入要素面で有利となる。賃金水準が東京を100としたとき70未満か，同業者との契約が全体の40％を越えるか，いずれかに当てはまる県が約20ある。これら地域に立地する地方ソフトウェア産業が，過少な地域需要を補うため，首都圏案件の分業生産体制にどのような形で参画すべきか，みてみよう。

標準的なソフトウェア生産過程は，要件定義・基本設計・詳細設計・実装で作り込みを行い，単体テスト・結合テスト・システムテスト・ユーザテストで検証するという過程を辿る。このうち要件定義やユーザテストは顧客側参画が不可欠であり，セキュリティ問題もあり顧客敷地・近接地で行うことが望ましいとされる。地方のソフトウェア会社からみると，（A）大手SI会社のオンサイト拠点への要員派遣，（B）大手SI会社から再委託を受けた下流工程の「ニアショア開発」（持ち帰り開発）が考えられる。また海外に再委託する（C）オフショア開発は「ニアショア開発」と競合する。

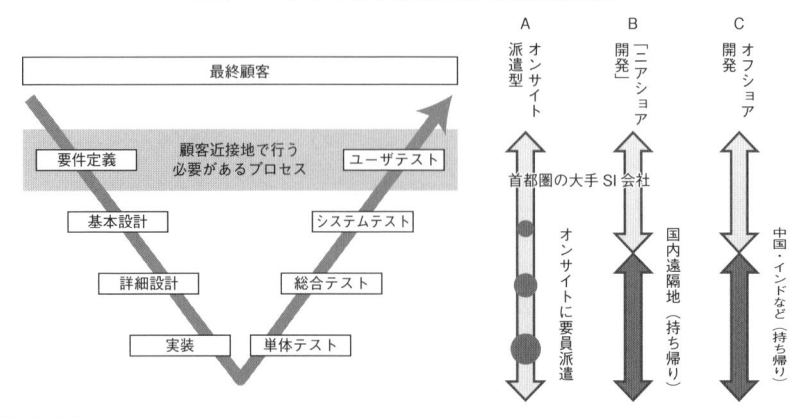

図1 ソフトウェア分業生産の地理的区分

出所：筆者作成

地元需要が少ない地方ソフトウェア産業にとり，大企業や官公庁などをユーザ

とする首都圏案件への参画は，売上確保だけでなく，業務・技術両面で最先端の手法を経験できる利点がある。このうちオンサイト派遣の場合，実績工数で清算するため企業にとりリスクが小さい一方，長期出張により地域社会での生活が犠牲になったり，地元の技術者同士の交流が進まなかったりする問題がある。これに対し「ニアショア開発」は完成責任が義務付けられるリスクはあるものの，個人生活が犠牲になる度合いが低く，持ち帰り開発準備のため上流工程を経験する機会が得られ，地元同業者に再委託できる等の利点がある。地域としての技術基盤を蓄積するには「ニアショア開発」がより望ましいと言えるだろう。

4．沖縄県の取り組み

国内で最も積極的に「ニアショア開発」に取り組んでいるのが沖縄県である。同県は「第3次振興計画」(2008年～2011年) においてITサービスを重要な柱と位置付け，我が国とアジアを結ぶブリッジ機能を担い，新たなIT産業創出拠点の形成とIT人材の創出と集積を実現するという目標を掲げ，2011年度末におけるIT産業雇用者数33,700人，生産額3,900億円を目指している。この中で海外オフショア開発はコミュニケーションや文化のギャップ，品質のバラツキ等の問題顕在化から全体的に満足度が低下しつつあると評価し，高品質と価格競争力を武器に沖縄県が「ニアショア開発」拠点になるべきと述べている。そのため同県では国内最大級のソフトウェアパーク「沖縄ＩＴ津梁パーク」を開設し，県外や海外の案件を共同受注・共同開発する仕組みを築くとともに，(株)沖縄ソフトウェアセンターを地元企業の出資により拡充し，持ち帰り開発を進めるための中核的組織としての役割を果たせるようにした。

5．シミュレーション

技術者契約人月単価，中国労働コスト，為替，危険係数を確率変数として捉え，オンサイト派遣，国内オフショアについて2002年の収益状況の分布をモンテカルロ・シミュレーションにより求めた。その結果，「ニアショア開発」はオンサイト派遣に比べ高リスク高リターンであることが確認された。また「ニアショア開発」は中国オフショアと競合するので，為替が円高になると収益性が悪化する。

ただし中国の労務費上昇が続くと、為替相場にもよるが2005年前後には中国オフショアはコスト的に見合わなくなる可能性がある。

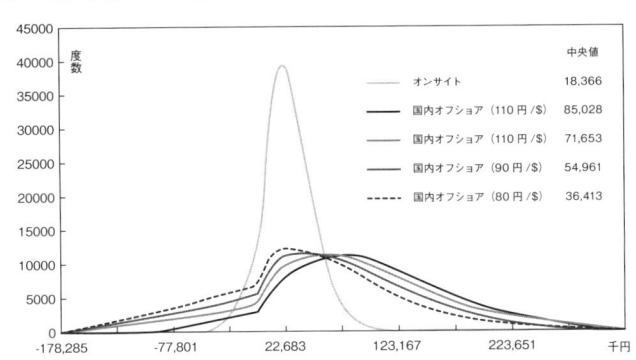

図2　モンテカルロ・シミュレーションによる2002年の収益分布予想

	中央値
オンサイト	18,366
国内オフショア (110円/$)	85,028
国内オフショア (110円/$)	71,653
国内オフショア (90円/$)	54,961
国内オフショア (80円/$)	36,413

6．結び

　第1に「ニアショア開発」は中国の労務費上昇を考えると将来的に有望である。第2に地方ソフトウェア産業の育成には、首都圏案件の「ニアショア開発」（持ち帰り開発）を促すことが有効である。準備のため派遣される技術者が上流工程経験を積んだり、開発業務の一部をさらに地元企業に再委託したりすることを通じ、技術者同士の相互作用が生まれるからである。第3に生産コスト（労務費、オフィス賃貸料）が割安な国内地域にソフトウェア産業の資源蓄積を進めることは、我が国情報サービス業全体の価格競争力を確保する上で合理的であり、大手SI会社や政策当局は「ニアショア開発」を通じた育成・助成を考慮すべきである。第4に沖縄県では持ち帰り開発を推進するためコア会社を設け、本格的なソフトウェアパークの建設に取り組んでおり先進的な試みと評価できる。

〈参考文献〉
1　Wiener,Martin（2006）,Critical Success Factors of Offshore Software Development Project,DUV
2　Zhang et al.（2009）,Solution Proposals for Japan-Oriented Offshore Software Development in China,SEAFOOD2009,pp.14-24

中小企業に環境改善活動を促す政策のあり方について
〈報告要旨〉

日本政策金融公庫総合研究所　竹内　英二

1．問題意識

　環境問題の解決には中小企業の協力が欠かせない。たとえば，政府は温暖化ガスの排出量を2050年までに1990年比で80％削減することを掲げているが，これはすべての大企業が温暖化ガスの排出をゼロにしても達成できない目標である。だが，環境改善活動に積極的な中小企業はそれほど多くはない。

　日本政策金融公庫総合研究所が2010年7月に実施した「中小企業の環境問題への取り組みに関するアンケート」（以下アンケートという）によると，法令とは別に環境改善活動に取り組んでいる企業の割合は56.5％で，そのうち今後「取り組みを拡充したい」とする企業の割合は33.8％にとどまり，現状のままでよいとする企業が64.3％を占めた。

　環境改善活動に積極的な企業とそうではない企業との違いは何か。そして，中小企業が積極的に環境改善活動に取り組むようになるにはどのような施策が必要か。これらに答える先行研究はなく，アンケート結果をもとに探ることが本稿の目的である。

　なお，アンケートは，日本政策金融公庫中小事業および国民生活事業の融資先のうち，建設業，製造業，卸売業，運輸業，情報通信業から19,985社を抽出して実施した。調査票の送付・回収ともに郵送で行い，6,828社から回答を得た。なお，アンケート結果の集計に当たっては，業種別従業者規模別企業数の構成比が「事業所・企業統計調査（2006年）」の業種別従業者規模別事業所数の構成比に等しくなるように重み付けを行った。

また，ここでいう環境改善活動とは，「廃棄物の削減」「エネルギー消費量の削減」「包装・梱包資材の削減」「環境に影響があるとされている化学物質の利用の削減」「リサイクル可能な原材料の使用」「機械や備品に関してできるだけ中古品を購入」「廃棄物の再資源化・製品化」「地球温暖化物質の削減」「資源消費量の削減」「グリーン調達・購入の実施」「納品する部品・製品・商品の環境アセスメント」「リサイクルしやすい製品や部品の開発・製造」「自然エネルギーの導入・利用」「排熱の回収・利用」「その他の環境問題解決に資する活動」を指す。ただし，法令に基づいて行っているものは含まない。

2．環境改善活動を拡充させる要因

　中小企業が環境改善活動を拡充しようと考える要因には，①社会全体の環境意識が高まること，②経営状況が悪くはないこと，③環境改善活動が事業と関連していること，④環境改善活動に真剣に取り組んでいることの四つが考えられる。

　この仮説を検証するため，アンケート結果をもとにロジスティック回帰分析を行った。被説明変数は取り組みを「拡充したい」と回答した場合を「1」，「現状のままでよい」または「縮小したい」と回答した場合を「0」とするダミー変数で，説明変数は次の通りである。

① 内発的動機：環境改善活動を始めた動機として「企業の社会的責任として」「社会・地域貢献のため」「競争上有利になると考えたから」「環境問題を解決するビジネスをしているから」のうち，少なくとも一つを回答した場合を「1」，一つも回答していない場合を「0」とするダミー変数。内発的動機は，「社会全体の環境意識の高まり」を代替する変数である。
② 最近5年間の売上高が増加傾向である：最近5年間の売上高が増加傾向であると回答した場合を「1」，「横ばい」または「減少傾向」を回答した場合を「0」とするダミー変数。「経営状況」を示す変数である。
③ 何らかのメリットがあった：環境改善活動によってコストダウンなど事業上何らかのメリットがあったと回答した場合を「1」，目立った効果はないと回答した場合を「0」とするダミー変数。「事業との関連性」を示す変数である。

④活動の開始時に問題があった：環境改善活動を始めるに当たって何らかの問題があったと回答した場合を「1」，問題はなかったと回答した場合を「0」とするダミー変数。活動がおざなりであれば問題は見過ごされやすいので，活動の「真剣さ」を代替する変数である。
⑤活動を継続していく上で問題がある：環境改善活動を継続していく上で何らかの問題があると回答した場合を「1」，問題はないと回答した場合を「0」とするダミー変数。これも「真剣さ」を代替する変数である。

回帰分析の結果，五つの変数のうち，「活動を継続していく上で問題がある」が5％水準で，あとはすべて1％水準で有意となった。偏回帰係数の符号はすべて正であり，仮説は支持された。

3．事業上何らかのメリットを得る条件

中小企業が環境改善活動を拡充させようと考える要因のうち，中小企業自身がコントロールでき，かつ政策の対象となるものは事業との関連性である。では，環境改善活動によって事業上のメリットを得るには，どのような条件が必要か。

条件としては，①具体的な目標や計画を策定すること，②真剣に取り組んでいること，③従業員の動機付けを行っていること，④必要な知識・ノウハウを外部から獲得することの四つが考えられる。

この仮説を検証するためにロジスティック回帰分析を行った。被説明変数は環境改善活動によって事業上何らかのメリットがあったと回答した場合を「1」，目立った効果はないと回答した場合を「0」とするダミー変数で，説明変数は次の通りである。

①目標・計画の策定：「EMS（環境マネジメントシステム）の認証を取得し，計画を策定している」「EMSの認証は取得していないが，具体的な目標・計画を策定している」「具体的な目標・計画は策定していない」のそれぞれに該当する場合を「1」，該当しない場合を「0」とするダミー変数。
②真剣さ：前節で使用した二つのダミー変数を用いる。
③従業員の動機付け：環境改善活動に当たって，「企業内での環境についての

勉強会」「朝礼等での方針の徹底」「ルールに従わない従業員をその都度指導」「削減できたコストの従業員への還元」「目標を達成した従業員の表彰」のうち少なくとも一つを行っている場合を「1」，一つも行っていない場合を「0」とするダミー変数。
④ 外部資源の活用：環境改善活動に当たって，「現状を把握するためのソフトウエア・装置の導入」「環境コンサルタントの利用」「商工会議所・商工会への相談」「その他の公的機関に相談」「大学・研究機関との連携」「他企業との連携」「EMS認証取得に携わった経験のある人を雇用」「EMS取得企業への相談」のうち，いずれか一つでも行った場合を「1」，一つも行っていない場合を「0」をするダミー変数。
⑤ 従業者数：従業員がいなければ動機付けの必要もないので，分析のモデルには従業者数の自然対数を投入した。

回帰分析の結果，いずれの変数も1％水準または5％水準で有意であり，係数の符号も正である。とくに「EMSの認証を取得し，計画を策定している」が他の変数よりもオッズ比が大きく，最も効果的であると考えられる。以上から，仮説は支持された。

4．政策的含意

環境問題への対応では，費用や人材の問題が注目されがちであるが，環境問題に取り組むことは，中小企業にとって多くのメリットがある。光熱費や燃料費の削減といったコストダウンだけではなく，不良品の削減，工程の改善，新製品の開発，従業員のモラールアップなど，経営革新につながりうるからである。行政や公的支援機関にはこの点を強調した啓蒙活動が期待される。

環境改善活動を，事業の改善につなげるには，EMSの認証を取得することが効果的である。認証取得に必要なPDCAサイクルは，勘と経験に依存した経営にデータと論理を持ち込み，中小企業経営を大きく変える。現状を分析し，問題点を見つけ出し，効果的な対策を打つ。これを繰り返すことでプロセスレベル，あるいはプロダクトレベルでのイノベーションを実現できる。

ただ，国際的な規格であるISO14001は費用負担が大きい。費用負担が小さ

いエコアクション21など中小企業向けの規格は認知度が低い。したがって，認証取得費用を補助するといった従来型の支援だけではなく，中小企業にEMSの認証を取得しようと思わせる施策が必要である。一部の自治体では，中小企業向けのEMSも含めて認証を取得している企業に入札資格審査で加点するようにしているが，加点の程度が大きい自治体では認証を取得する企業が増えている。こうした実効性のある施策が必要である。

信用調査データを活用した地域における金融機関と中小企業の関係の変化

〈報告要旨〉

株式会社帝国データバンク 北村 慎也

1. 集積地域における金融の担い手は誰なのか

　中小企業の資金繰りは依然として厳しい。
　特に，2008年秋以降のリーマンショック後から起きた世界的な金融危機から金融市場が停滞するとともに，それに伴う景気後退の影響で，中小企業の業績低迷はより厳しさを増し，2008年から2009年に掛けて緊張度は高まった。2011年3月11日に起きた大震災の影響もあり，より地域金融のあり方，また中小企業の資金調達の多様化についての重要性は高まっているものと考えている。
　そこで，製造業の集積地域である東京都大田区と大阪府東大阪市における銀行借り入れの実態を，約20年分の信用調査データを活用して，①集積地域の中小製造業がメインバンクとしている金融機関はどこなのか，②貸出実績を基にして政府系金融機関と企業との関係はどうなっているのか，③集積地域の地域金融の担い手は誰なのか，を検討した。
　検討にあたっては，銀行と集積地域の企業の取引関係を特定し，取引銀行を軸に分類，分析を行った。分析に使用するデータは，帝国データバンクが保有する信用調査報告書及び蓄積された過年度データを結合させ，分析用のデータを作成した。
　抽出したデータは，資本金3億円以下並びに従業員数300人以下の企業及び個人で，大田区もしくは東大阪市に本社を置くものを抽出した。

２．大田区と東大阪市の企業と金融機関とを結びつきを示すデータ

　金融機関は，法人を対象とした部署や支店を配置し，企業との関係を結ぶ。そこで，大田，東大阪市両地域の支店配置数を確認した。大田区で支店を多く配置しているのは信用金庫である城南信用金庫（14店舗）とさわやか信用金庫（15店舗）であり，続いて多いのが三菱東京ＵＦＪ銀行（7店舗）である。東大阪市でも同様の傾向があり，大阪東信用金庫（13店舗），大阪市信用金庫（7店舗）となっている。他の都銀，地銀・第二地銀，信金は4店舗以下にとどまっている。地銀・第二地銀の支店数の少なさが目を引く。

　次に，企業が取引を行っている企業数を信用調査データから確認すると，大田区の企業がメインバンクとしている銀行（信金・信組・第二地銀・地銀・都銀）は，2009年時点で30行175支店，同じように東大阪市の企業は，2009年時点で36行197支店であった。20年間の傾向を見ると，大田区は都銀と地銀・第二地銀がメインバンクとしての取引を減らしており，東大阪市は都銀が取引を減らしていた。逆に大田区，東大阪市ともに信金が取引数を伸ばしている。なお，支店数はあくまで取引のある支店であるため，必ずしも大田区・東大阪市内に所在しない。

　次にメインバンクがどのように変化してきたかを確認した。両地域における似た特徴として，都銀はどの売上規模でも幅広く貸出をしているのに対し，地銀・第二地銀，信金は10億円未満への貸出が多いという結果になった。また都銀は売上規模が大きいところの件数が若干多かった。

　両地域とも全体で売上高規模が集中しているのは，売上高1～3億円未満で，大田区で245社（28.8％），東大阪市で290社（29.3％）であり，ともに信金との取引が多いことがみられる。1億円未満の企業との関係でも信金との取引が多いことがみられ，3億円以上からは都銀との取引が信金を上回ることから，売上高規模としては3億円というあたりが中小企業と銀行との関係において都銀と信金のどちらと取引をするかという線があるようにみえる。都銀，信金と売上高規模の関係をみるとさらにはっきりとわかる。大田区において都銀は，3億円未満は139社（31.5％）であるのに対し，信金は173社（61.5％）となっており，売上規模と銀行取引の関係がみえてくる。これは東大阪市でも同様の傾向である。

　次に，大田区，東大阪市の企業の過去からのメインバンクの変更状況を調べた。変更なしの割合は大田区では61.2％，東大阪市では57.4％，1回変更した割合は

大田区では24.7%,東大阪市では20.0%だった。両地域の企業はメインバンクをめったに変更しないということが伺える。

変更の傾向としては,大田区,東大阪市とも「都銀から都銀」が一番多く,その次に「都銀から信金」が多い。都銀とメインバンク取引をしていた企業は変更するときに,同じ都銀系を選ぶ場合か,信金系を多いということである。

3．長期借入金貸出総額からみた実際の取引関係

次に,実際にどれだけ融資を実行しているのかを,金融機関別の貸出額を企業信用調査報告書に記載のある長期借入金で確認した。

まず大田区であるが,長期借入金について,貸出総額は商工組合中央金庫が最も多く,次に日本政策金融公庫であった。この2行の次に城南信用金庫,三菱東京ＵＦＪ銀行,みずほ銀行,三井住友銀行と続いている。

長期借入金貸出総額は政府系金融機関2行が合計で約300億円を超えている。都銀3行でも約262億円,信金2行で約188億円,地銀・第二地銀3行で約98億円であることからみると,政府系の存在感が高いことがわかる。一方で,メインバンクは信金（2行,119社）と都銀（3行,110社）が二分する形になっており,政府系（2行,21社）はあくまでサブ行扱いである。

次に東大阪市であるが,日本政策金融公庫が長期借入金貸出総額及び貸出社数とも最も多く,三菱東京ＵＦＪ銀行がそれに続いている。続いて,大阪東信用金庫,りそな銀行,三井住友銀行となっている。メインバンクとしての貸出総額の順位は,三菱東京ＵＦＪ銀行,大阪東信用金庫,りそな銀行,三井住友銀行となっている。

長期借入金貸出総額は都銀4行が合計で約443億円,政府系金融機関2行で約280億円,信金3行で約211億円,地銀・第二地銀1行で約56億円であることからみると,都銀の存在感が高いことがわかる。一方で,メインバンクは都銀（4行,149社）と信金（3行,120社）が二分する形になっており,政府系（2行,10社）はあくまでサブ行扱いである。

実際の企業の借入金を銀行別で貸出総額という形で集計してみると,大田区,東大阪市ともに日本政策金融公庫,商工組合中央金庫という政府系金融機関からの貸出の多さが目立つ結果となった。メインバンクではない政府系金融機関から

の借入金の多さが大田区と東大阪市における地域金融の特徴ということがいえる。

4．政府系金融機関の「隠れメインバンク化」

では，政府系金融機関を利用している企業と利用していない企業とは違いがあるのか。

まずは大田区であるが，851社中で政府系金融機関を利用している企業は412社である。

政府系金融機関を利用している企業は，都銀をメインバンクとしている企業が225社（54.6％），信金メインが103社（25.0％），その他が84社（20.4％）であり，逆に政府系を利用していない企業は，都銀メインが217社（49.4％），信金メインが178社（40.5％），その他が44社（10.0％）となっている。目立つのが，政府系を利用していない企業で信金をメインバンクとしている割合の高さである。

結果としては，政府系金融機関と取引のある企業は，そうではない企業に比べ，売上高・従業員数などの企業規模が大きく，長期の借り入れも多いという傾向が得られた。かつ，注目したいのは，取引銀行数の多さである。必ずしも規模の小さな企業ほど政府系を頼るということではなく，信金をメインとしている企業の場合，信金との関係で事足りているという傾向がみられる。逆に，都銀をメインとしている場合，取引銀行数が増加する傾向があり，政府系の活用も多い傾向がみられた。

メインバンクを変更する企業は限定されている。東大阪市で8割近い企業が20年間の間で1回以下とほとんど変わっておらず，大田区でも8割を超える企業が変更なしもしくは変更と1回ほとんど変わっていない。つまり，実際には借り入れが必要になった場合において，政府系金融機関への依存度は高まっているといえるのではないだろうか。

政府系金融機関との取引を行っている企業の特徴は，①都銀メインが多い，②企業規模は信金メインより大きい，③取引銀行数が多い，というものがあった。その中で，政府系金融機関の長期借入金貸出総額は，東大阪市で日本政策金融公庫が1位，商工組合中央金庫が6位，大田区で商工組合中央金庫が1位で日本政策金融公庫が2位と上位につけている。中小企業の地域金融の担い手は，政府系金融機関がその多くを担っているといえるのではないだろうか。

この傾向は，政府系金融機関が，長引く不況やその中でのリーマンショックによる世界不況，円高などの要因によって中小企業，特に資金需要の活発な中小企業でも中規模な企業において，都銀がカバーしきれない部分を補完した結果として存在感が増したということがいえるのではないかと考えている。
　メインバンクを変更しない（しづらい）こと，地銀・第二地銀が支店を配置していないこと，都銀が小規模企業との取引に積極的ではないということ，などの複数の要因が合わさって，政府系金融機関の「隠れメインバンク化」ともいえる状況を作り出している。
　不況による資金需要の発生は中小企業だけの問題ではなく，大企業にも当然発生する可能性があるものであり，それをもって都銀とのリレーション云々という問題ではない。ただし，行き場のなくなった資金需要を支えるために政府系金融機関がかなりの部分，特に製造業の集積地における中小企業でも比較的中規模な企業群を支えているという結果は，地域産業の担い手として重要な中規模な企業を支える担い手が政府系であるということをそのままにしておくことは決してよいこととはいえないため，経済の回復，産業の発展を目指すとともに，集積地域における地域金融の担い手を民間ベースで再構築していく取り組みの検討が必要であることを示唆している。

フランスにおける事業承継研究の展開
〈報告要旨〉

関西大学　亀井　克之

1．学術的研究対象としての事業承継問題　－フランスにおける状況

中小企業の事業承継は，経営者の死亡や相続といった個人的な問題であると考えられ近年まで経営学の学術的な研究の対象とはなってこなかった。フランスにおいても中小企業の事業承継が社会問題化し，日仏両国政府共に諸政策を打ち出してきた。日本との違いとして，フランスでは，1990年代後半から，学術的研究の対象として完全に定着している。具体的には，中小企業学会での研究報告や博士論文のテーマとして取り扱われ，シンポジウムも開催されている。

2．フランスにおける中小企業の事業承継の現状

村上義昭氏の研究によれば，フランスの事業支援政策から日本への示唆として，①支援内容や支援対象の多様性，②マッチングサービスで利用されるデータベースが質・量ともに充実，③多様な支援策が互いに関連しあうことによる効果，④雇用や地域経済の活力を維持するためには事業承継支援が重要であるという社会的コンセンサス，⑤仲介手数料が安いことが挙げられる。

3．フランスにおける代表的研究者

(1)　ベランジェール・デシャン

「事業承継」をテーマにフランスで初めて博士論文（『個人による事業承継のプ

ロセス』）を執筆した人物で，指導教授パチュレル教授と共著で『事業承継論』を出版した。これはフランス初の事業承継の学術的研究書として現在第3版まで版を重ねている。「売買契約が締結の「事前」と「事後」に何が必要であるかについての分析が欠如している。現実には，契約の「事前」と「事後」の両面から，会社を買い取る者を支援することが成功のカギだ」と2009年第1回欧州中小企業事業承継コンフェランスにおいて発言した。同氏は主著の中で，「事業承継の決断」→「事業承継」→「移行期」→「承継直後から経年期」→「事業完全掌握」という各段階に適した支援策があると主張する。

(2) ソニア・ブサゲ

同氏は「事業承継」を学術的研究分野として確立したボワランデル教授の下で，「事業承継」をテーマに博士論文を執筆した初めての人物である。論題は『事業承継者による企業への融和：事業承継における社会化のプロセス』。事業承継者がいかに企業に溶け込むかについて，社会化という概念を用いて分析している。事業承継後の新経営者の動向に注目し，孤独やストレスについても論究している。

(3) カティア・リショムーユエ

中小企業研究第一人者マルシェネ教授の下で起業家活動をテーマに博士論文を執筆した人物。ツーロン大学でパチュレル教授と共同研究し，家族経営・老舗企業ならびに事業承継の研究を展開している。2010年『フランス経営学雑誌』家族経営特集号の編集責任者を務めた。

本報告では，以上のように，フランスにおける中小企業の事業承継問題の学術的研究の動向について分析する。

〈参考文献〉

1　村上義昭（2008年）「フランスの事業承継と事業承継支援策」『小企業の事業承継問題』国民生活金融公庫総合研究所編，第5章，中小企業リサーチセンター
2　Messeghem et al., (2009) *GRH, PME, Transmission de nouvelles perspectives*, ems.

国際学会報告助成による国際学会報告要旨

国際学会の発表論文要約および質疑概要

Government-Sponsored Intermediaries and Joint Product Development:Evidence from Three Methods in Japan

Nobuhiro Takahashi
Osaka City University

Summary

This paper addresses three successful methods of promoting joint product development or new transactions between companies. Central or local governments or nonprofit organizations in Japan sponsor these methods and use intermediaries as indispensable to the activities. The methods create opportunities for a company with excellent technology to find an appropriate business partner. In other words, an innovative technology that has the potential to develop into a product is matched with a need for the technology.

Our first method is that the group of former engineers works as intermediaries. They visit small and medium-sized manufacturing enterprises and identify the existing technology seeds and needs. In their meeting, some members present small and medium-sized enterprises (SMEs)' technology seeds and needs. Others listen to the presentation and look for potential business matches for transactions or joint development projects for the SMEs. If they find a potential business partner for an SME, they introduce the SME to the potential business partner. Then, the two firms attempt to negotiate a new deal.

The second method is that large firms present their technology needs to the public, and then look for business partners. Intermediaries help the matching between the large firms and the firms that have these technologies. In the beginning, there were several applications to meet technology needs, but the number of matches was small. Therefore, before firms apply, the intermediaries evaluated the contents of applications and gave applicants advice about how to meet a technology need associated with an applicant's technology seed. As a result, more matches were realized.

The third method involves a meeting facility where expansion of the network of firms occurs as well as matches between firms. A multipurpose institution for robots plays the role of intermediary. Held here are consulting sessions, meetings, lectures, presentations of technology seeds and needs, and so on. This office is a kind of salon, that is, anyone or any firm who is interested in robots comes to exchange information freely. Robots are complex combinations of various technologies, so a place where interested parties can meet each other is very beneficial.

The firms in these methods do not pay for the matching process, thus many firms participate in these methods, resulting in the accumulation of data on firms' technology. Intermediaries implement matching of firms among the technology data. In addition, intermediaries exploit their personal connections and give advice to companies to promote matching. This mechanism facilitates effective matching. The intermediaries also provide advice to firms about innovation, marketing, and management. The three methods in this paper are especially beneficial to SMEs that lack connections, information, and planning ability, and cannot afford to spend large amounts of money on locating partners.

Discussion

The people in the floor seemed to enjoy this presentation and gave me friendly comments. An analyst from an international organization appreciated the increased business through these methods. A professor said it was possible to apply these methods to many other fields including service sectors. Furthermore, the chairperson of the session said that three methods were promising for promoting the joint development of SMEs. These comments were helpful to my further research.

日本語要約

本論文は，日本で実践されている新製品の共同開発の促進策を3つ取り上げて，検討する。これらの方法は仲介者を使う。仲介者は，優れた技術を持つ企業と，その技術を必要とする企業とを結びつける。そして，これらの方法は政府や非営利組織によって運営されているため，企業はマッチング活動に参加するために費用を払わない。それゆえ多くの企業が参加できる。この結果企業の技術に関するデータの蓄積が進むとともに，仲介者自身が持つコネクションを使うことで，効

率的なマッチングが可能となる。つまり，仲介者は多くの技術ニーズと技術シーズを集め，そして適切なパートナーを見つけるためにそのコネクションを活用するのである。さらに，仲介者は企業に対し，マッチング，イノベーション，そしてマーケティングなどに関するアドバイスを与える。中小企業のなかには，コネクション，情報，企画能力に欠け，またパートナー探しに多くの資金をかけることができないものが少なくない。上記の3つの方法は，とりわけ，こうした中小企業にとって有益である。

当該国際学会の開催内容の概要

大阪市立大学　髙橋　信弘

　私は，2011年6月15〜18日にストックホルムで開催された，ICSB (International Council for Small Business) の世界大会に参加し，研究報告を行った。ICSBは，1955年に創設された，研究者，実務家，政策担当者などにより構成される中小企業の成長と発展のための国際的な組織である。ICSBの世界大会は毎年開催されており，私にとっては一昨年，昨年に続いて3度目の報告となった。今回，この世界大会への参加に際して，私は日本中小企業学会から助成を受けた。ここに記して感謝の意を表したい。

　本大会のプログラムは主に，午前中は全体報告として一つの広い部屋に参加者全員が集まっていくつかの講演を聞き，午後は分科会において研究報告を聞くというものであった。また，ポスターセッションも同時並行で行われた。

　午前中の講演では，ノーベル平和書受賞者であるグラミン銀行のムハマド・ユニス元総裁が参加したほか，何人もの研究者や実務家が報告した。2011年のグローバル賞 (Global Award) 受賞者であるSteven Klepper教授などによるいくつかの講演では，中小企業の起業と成長を促すための方法などが論じられ，質疑応答においても活発な議論がなされた。ただし，限られた時間に多数の講演が行われため，一人10分といった短い講演も多数あり，研究内容の概略を説明しただけで終わってしまったもの少なくなかった。今大会のテーマは"BACK TO THE FUTURE:Changes in Perspectives of Global Entrepreneurship and Innovation"であり，起業家精神と技術革新の今後の展望を示そうとしたのだろうが，実際には，伝えたいことがきちんと整理されていないプログラム編成であった。

　分科会では450本以上の論文が報告された。日本からは，横浜国立大学の三井逸友先生，桜美林大学の堀潔先生，島根県立大学の久保田典男先生などが報告した。また，ISBC事務局の井出亜夫先生（日本大学）も議長として参加した。

　分科会における，世界各国の報告者による研究手法は，ケーススタディから，統計学や計量経済学を使った分析まで様々である。ただし，ICSBの世界大会では毎年優秀論文を表彰しているが，私が何回かこの大会に参加したことから得る

印象では，この賞をとるには統計学や計量経済学を用いているほうがやや有利のように思える。また，この国際学会の終了直後に発行された，ICSBが発行するジャーナルの最新号（2011年7月）を見ると，掲載論文8本のうち7本は，統計学と計量経済学のどちらかまたは両方を使って分析している。おそらくこれが，中小企業研究に関する近年の世界的な潮流なのであろう。

　なお，初日に開催されたPolicy Forumでは中小企業政策が集中的に議論された。その一つに日本と韓国の中小企業政策というセッションがあり，中小企業基盤整備機構の前田正博理事長がパネラーとして参加した。また，Policy Forumの始まる前には，博士課程の学生による報告会も行われた。

　本大会は，全体としてみると，中小企業に関する世界各国の現状やその分析を知ることができる貴重な機会であった。今後もこの世界大会の発展が望まれる。

編 集 後 記

『中小企業のイノベーション－失われた20年からの脱却をめざして』（日本中小企業学会論集第31集）は，2011年10月1日（土），2日（日）の両日，兵庫県立大学で開催された日本中小企業学会全国大会の報告論集である。大会は，兵庫県立大学の佐竹隆幸大会準備委員会委員長，太田進一プログラム委員会委員長をはじめ，大会準備に関わられた多くの先生方のご尽力，また，兵庫県立大学のご厚意とご支援，ならびに佐竹ゼミの現役・OBを含む多くの学生の協力により成功裏に幕を閉じた。関係各位の大いなるご尽力に感謝申し上げる。

さて，この学会誌は査読制を敷いている。全国大会の統一論題で発表されたものについては，査読を受けても受けなくてもフルペーパーで掲載されるが，自由論題として報告されたものについては，査読を希望する場合は2人の匿名レフェリーによる査読が行われる。今回の自由論題では28人の報告があったが，査読受理となった人は19人，報告要旨は都合7人となった。

報告者の大半は査読を希望されるが，全国大会で報告したものを完成原稿にまとめあげ，まとめられたものは論集編集担当者の手を経てそれぞれのレフェリーのもとに届けられる。レフェリーは規程に定められたいくつかの審査基準に照らし合わせながら，修正点があればそれを指摘し，第一次段階の審査が取りまとめられる。報告者はその審査結果をもとに論文に修正すべき点があれば修正を行い再度レフェリーの元に届けられる。レフェリーは再度修正された論文に審査を行い，最終的に査読論文として受理するかが判定される。レフェリーは2人なので意見が分かれることがあるが，この場合は7人の論集編集委員が当該論文を読み，査読者の意見も参考にしながら最終の可否が決定される。

今回も複数の論文が，査読論文としての掲載をめぐって意見が分かれた。報告者の中にはなぜ自分の論文が査読受理とならなかったか不満に思う方もおられると思う。しかし，論集編集委員の一員として匿名の査読結果報告書を見ると，それぞれレフェリーは当然のこと，真摯に査読をしていることがわかる。

今回，論集編集委員に回されたものを見ると事例研究が多かったが，たんに事例集のようなものとなっており，仮説，検証が十分でない論文が散見された。この論集が学会誌である以上，なんらかのアカデミズムへの貢献が求められる。

筆者も過去に査読受理とならなかった経験を持つが，今回，受理されなかった人はこれをバネとしてさらなる研鑽を積み，アカデミズムの発展に貢献していただきたい。また，査読者は，特に若い研究者に対して，叱咤激励しながら育てるという観点から報告者に意見を返すことが求められよう。

　さて，今回も論集編集担当の文能照之幹事とともに編集作業を行ってきたが，会員とのやりとりなどで大変なご尽力をいただいた。この場をお借りしてお礼申し上げる。また，出版に当たっては，毎回，同友館にお世話になっているが，心から感謝申し上げる。

2012年3月

論集編集委員会委員長　池田　潔

2012年8月10日　発行

中小企業のイノベーション
〈日本中小企業学会論集㉛〉

|編　者　ⓒ 日本中小企業学会
発行者　　脇　坂　康　弘

発行所　株式会社 同　友　館　　〒113-0033 東京都文京区本郷3-38-1
　　　　　　　　　　　　　　　　　　TEL.03-3813-3966
　　　　　　　　　　　　　　　　　　FAX.03-3818-2774
　　　　　　　　　　　　　　　　　　http://www.doyukan.co.jp/

落丁・乱丁本はお取替えいたします。　　印刷・製本：日本制作センター
ISBN 978-4-496-04894-4　　　　　　　　Printed in Japan